经济所人文库

唐宗焜集

中国社会科学院经济研究所学术委员会 组编

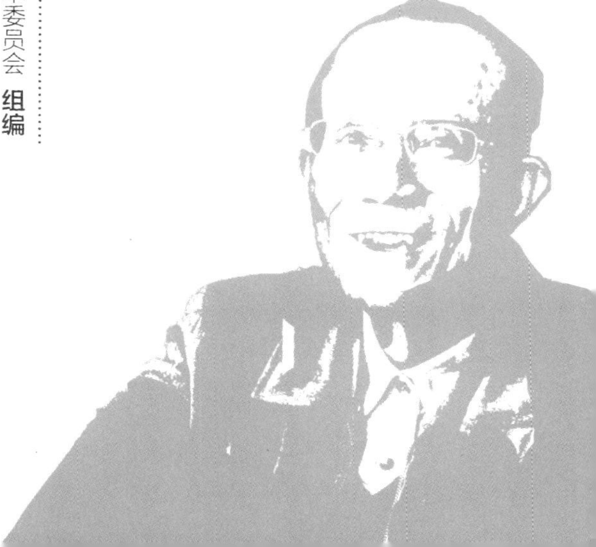

中国社会科学出版社

图书在版编目（CIP）数据

唐宗焜集/中国社会科学院经济研究所学术委员会组编.
—北京：中国社会科学出版社，2020.10
（经济所人文库）
ISBN 978-7-5203-6347-1

Ⅰ.①唐… Ⅱ.①中… Ⅲ.①经济学—文集 Ⅳ.①F0-53

中国版本图书馆 CIP 数据核字（2020）第 065060 号

出 版 人	赵剑英
责任编辑	王 曦
责任校对	李斯佳
责任印制	戴 宽
出 版	中国社会科学出版社
社 址	北京鼓楼西大街甲 158 号
邮 编	100720
网 址	http://www.csspw.cn
发 行 部	010-84083685
门 市 部	010-84029450
经 销	新华书店及其他书店
印刷装订	北京君升印刷有限公司
版 次	2020 年 10 月第 1 版
印 次	2020 年 10 月第 1 次印刷
开 本	710×1000 1/16
印 张	24.25
字 数	324 千字
定 价	126.00 元

凡购买中国社会科学出版社图书，如有质量问题请与本社营销中心联系调换
电话：010-84083683
版权所有 侵权必究

中国社会科学院经济研究所
学术委员会

主　任　高培勇

委　员　（按姓氏笔画排序）
　　　　龙登高　朱　玲　刘树成　刘霞辉
　　　　杨春学　张　平　张晓晶　陈彦斌
　　　　赵学军　胡乐明　胡家勇　徐建生
　　　　高培勇　常　欣　裴长洪　魏　众

总　序

　　作为中国近代以来最早成立的国家级经济研究机构，中国社会科学院经济研究所的历史，至少可上溯至1929年于北平组建的社会调查所。1934年，社会调查所与中央研究院社会科学研究所合并，称社会科学研究所，所址分居南京、北平两地。1937年，随着抗战全面爆发，社会科学研究所辗转于广西桂林、四川李庄等地，抗战胜利后返回南京。1950年，社会科学研究所由中国科学院接收，更名为中国科学院社会研究所。1952年，所址迁往北京。1953年，更名为中国科学院经济研究所，简称"经济所"。1977年，作为中国社会科学院成立之初的14家研究单位之一，更名为中国社会科学院经济研究所，仍沿用"经济所"简称。

　　从1929年算起，迄今经济所已经走过了90年的风雨历程，先后跨越了中央研究院、中国科学院、中国社会科学院三个发展时期。经过90年的探索和实践，今天的经济所，已经发展成为以重大经济理论和现实问题为主攻方向、以"两学—两史"（理论经济学、应用经济学和经济史、经济思想史）为主要研究领域的综合性经济学研究机构。

　　90年来，我们一直最为看重并引为自豪的一点是，几代经济所人孜孜以求、薪火相传，在为国家经济建设和经济理论发展作出了杰出贡献的同时，也涌现出一大批富有重要影响力的著名学者。他们始终坚持为人民做学问的坚定立场，始终坚持求真务实、脚踏实地的优良学风，始终坚持慎独自励、言必有据的学术品格。他们是经济所人的突出代表，他们的学术成就和治学经验是经济所最宝贵的财富。

抚今怀昔，述往思来，在经济所迎来建所90周年之际，我们编选出版《经济所人文库》（以下简称《文库》），既是对历代经济所人的纪念和致敬，也是对当代经济所人的鞭策和勉励。

《文库》的编选，由中国社会科学院经济研究所学术委员会负总责，在多方征求意见、反复讨论的基础上，最终确定入选作者和编选方案。

《文库》第一辑凡40种，所选作者包括历史上的中央研究院院士，中华人民共和国成立后的中国科学院学部委员、中国社会科学院学部委员、中国社会科学院荣誉学部委员、历任经济所所长以及其他学界公认的学术泰斗和资深学者。

《文库》第二辑共25种，在延续第一辑入选条件的基础上，第二辑所选作者包括经济所学术泰斗和资深学者，中国社会科学院二级研究员，经济所学术委员会认定的学术带头人。

在坚持学术标准的前提下，同时考虑的是入选作者与经济所的关联。他们中的绝大部分，都在经济所度过了其学术生涯最重要的阶段。

《文库》所选文章，皆为入选作者最具代表性的论著。选文以论文为主，适当兼顾个人专著中的重要篇章。选文尽量侧重作者在经济所工作期间发表的学术成果，对于少数在中华人民共和国成立之前已成名的学者，以及调离经济所后又有大量论著发表的学者，选择范围适度放宽。为好中选优，每部文集控制在30万字以内。此外，考虑到编选体例的统一和阅读的便利，所选文章皆为中文著述，未收入以外文发表的作品。

《文库》每部文集的编选者，大部分为经济所各学科领域的中青年学者，其中很多都是作者的学生或再传弟子，也有部分系作者本人。这样的安排，有助于确保所选文章更准确地体现作者的理论贡献和学术观点。对编选者而言，这既是一次重温经济所所史、领略前辈学人风范的宝贵机会，也是激励自己踵武先贤、在学术研究道路上砥砺前行的强大动力。

《文库》选文涉及多个历史时期，时间跨度较大，因而立意、观点、视野等难免具有时代烙印和历史局限性。以现在的眼光来看，某些文章的理论观点或许已经过时，研究范式和研究方法或许已经陈旧，但为尊重作者、尊重历史起见，选入《文库》时仍保持原貌而未加改动。

《文库》的编选工作还将继续。随着时间的推移，我们还会将更多经济所人的优秀成果呈现给读者。

尽管我们为《文库》的编选付出了巨大努力，但由于时间紧迫，工作量浩繁，加之编选者个人的学术旨趣、偏好各不相同，《文库》在选文取舍上难免存在不妥之处，敬祈读者见谅。

入选《文库》的作者，有不少都曾出版过个人文集、选集甚至全集，这为我们此次编选提供了重要的选文来源和参考资料。《文库》能够顺利出版，离不开中国社会科学出版社领导和编辑人员的鼎力襄助。在此一并致谢！

一部经济所史，就是一部经济所人以自己的研究成果报效祖国和人民的历史，也是一部中国经济学人和中国经济学成长与发展历史的缩影。《文库》标示着经济所90年来曾经达到的学术高度。站在巨人的肩膀上，才能看得更远，走得更稳。借此机会，希望每一位经济所人在感受经济所90年荣光的同时，将《文库》作为继续前行的新起点和铺路石，为新时代的中国经济建设和中国经济学发展作出新的更大的贡献！

是为序。

于 2019 年 5 月

编者说明

《经济所人文库》所选文章时间跨度较大，其间，由于我国的语言文字发展变化较大，致使不同历史时期作者发表的文章，在语言文字规范方面存在较大差异。为了尽可能地保持作者个人的语言习惯、尊重历史，因此有必要声明以下几点编辑原则：

一、除对明显的错别字加以改正外，异形字、通假字等尽量保持原貌。

二、引文与原文不完全相符者，保持作者引文原貌。

三、原文引用的参考文献版本、年份等不详者，除能够明确考证的版本、年份予以补全外，其他文献保持原貌。

四、对外文译名与今译名不同者，保持原文用法。

五、对原文中数据可能有误的，除明显的错误且能够考证或重新计算者予以改正外，一律保持原貌。

六、对个别文字因原书刊印刷原因，无法辨认者，以方围号□表示。

作者小传

唐宗焜,男,曾用名唐宗煌(小学毕业前),1933年6月2日生于上海市。1947年考入江苏省立上海中学(1950年更名为上海市上海中学),1953年毕业于上海中学后考入北京大学经济系。1957年大学毕业,进入中国科学院经济研究所(今中国社会科学院经济研究所)工作。

从1957年进所到1993年退休,在职期间(除"文化大革命"10年停止业务)约有20年从事编辑业务,包括1957—1966年《经济研究》编辑工作,1978—1983年任学术资料室副主任创办和主编《经济研究资料》,1983—1988年主编《经济研究》。他在编研结合中重视学术研究和编辑业务双重素质的提升,力主研究人员编辑学术刊物。

他在1963年、1980年、1985年先后晋升为助理研究员、副研究员、研究员。1978—1983年任政治经济学研究室副主任兼学术资料室副主任,1983—1988年任《经济研究》常务副主编、经济所学术委员会副主任。1993年起任博士生导师。

唐宗焜的主要研究领域是企业、产权和所有制,还有价值论,主要研究成果有国有企业双层法人化改革论、合作制重建论、所有制结构论和价值规律与市场机制内在统一论。他治学严谨,崇实求真,带着实践中的问题读书思考,形成自己的理论观点。他的研究成果都是建立在调查研究基础上的。

1961年他撰文论证价值是劳动耗费和使用价值的关系,社会总劳动时间只能把必要的比例使用在不同类的商品上,行文前就调查过辽宁省农轻重比例关系严重失调情况。1979年他提交全国价值规律讨论会的论文，有针对性地阐明了价值规律和市场机制的内在联系，价值规律必然要通过价格机制和竞争机制实现对国民经济的调节作用。该文观点形成过程中，他参加过十多次"计划与市场"座谈会，听取经济部门干部畅谈实际经济运行状况。

1979年，他参加经济所召开的一系列讨论所有制问题的双周座谈会，其中包括经济实况调研性会议，使他领悟到所有制问题的争论要追溯到所有制范畴的探索。他将所有制定义为劳动者和生产资料结合的社会形式，并以此为基础展开对所有制内部结构的研究，提出对社会主义公有制应重视其内涵的发展。

1983—1984年他参与的"中国国营工业企业管理体制"调查研究，采取全新的调研方式，选择20个不同规模、行业、地区的企业对其体制进行全面调查，逐个访谈所有厂级领导人和科室负责人，听他们详细讲述业务实际运作状况。这个调研彻底颠覆了他20世纪50年代接受苏联范式的政治经济学教育形成的对计划经济和国有企业的传统观念。1985年他的经济研究报告《计划经济实践中的矛盾》以充分有说服力的事实论证了计划经济不可行，国企体制非改革不可。该调研是经济所和世界银行的合作研究项目。

这个调研也使他对国企体制改革方向有所感悟。1985年11月他在一个讨论所有制改革的座谈会上提纲挈领地提出了他对国家所有制改革的框架设想，核心是构建国有企业的法人化出资主体，以及分工执行国家所有权职能的各种机构的制衡机制。这是他日后展开探索的国有企业双层法人化改革论的萌芽。

国有企业双层法人化改革论的基本论点是国有企业的公司化改革和国有资本出资主体的法人化改革必须同步推进。国家所有权职能不是单一职能，要通过立法形成分工明确、互相制衡的各类机构协调行使国家所有权职能的体系。职能界定和职能分离是国有资产权制度改革的关键。核心是所有者职能与国家政权职能分离，国有资本营运职能与国有资产管理职能分离。政资分开是政企分开的前提。他在中国国有资产管理学会任常务理事，这是他探索该问题的调研平台。

他的国企改革研究成果《国有企业利润转移和企业再生产能力》和《国有企业产权交易行为分析》先后获1994年度和1998年度孙冶方经济科学奖。前者是对课题组问卷调查所得近800家企业连续10年的第一手系统数据所做的分析,后者是对典型案例的国有企业产权交易全过程实地调查第一手资料所做的分析。

合作制重建论的基本论点是合作社是市场交易中对谈判权力垄断者的制衡力量,因而是任何市场经济不可或缺的组成部分;但20世纪50年代的集体化运动,事实上消灭了合作社,现在需要重建合作社。当年集体化在"合作化"名义下推行,导致合作制和集体制混淆,使改革开放以来合作社长期被边缘化。从理论和实践上澄清合作制和集体制的混淆是合作制重建的关键,他的专著《合作社真谛》(2012)就是为此而写。2018年该书获张培刚发展经济学优秀成果奖。对此问题他从1979年起一直跟踪调查研究,并参加有关实践活动。他是中国合作经济学会成立发起人之一和首任秘书长(首任会长为杜润生),随后曾任副会长、顾问;他还曾任中国工合国际委员会执行委员、顾问,并在2019年获得该会成立80周年颁发的工合功勋奖。

唐宗焜在《经济研究》常务副主编任期内致力于《经济研究》转型,推动经济理论研究从20世纪50年代起统治着中国经济论坛的苏联范式解放出来。他指出,苏联政治经济学完全脱离实际,它所谓的"经济规律"是为既存制度辩护而从先验的定义出发虚构的。经济理论研究必须从实际经济过程出发,剖析实际经济过程的机制,才能揭示经济规律和经济本质。着重发表研究经济实践中的重大理论问题并对经济机制进行切实剖析的文章。选用文章坚持学术标准,作者不分亲疏,不论资历,没有门户之见。他特别关注年青经济学者的成长,实现了《经济研究》作者队伍结构的更新。

昌 信 撰

目 录

以最少劳动消耗取得最多使用价值 …………………………………… 1
价值规律、市场机制和社会主义计划经济 …………………………… 11
怎样理解所有制这个范畴 ……………………………………………… 31
计划经济实践中的矛盾
　　——中国国营工业企业的供销体制 ……………………………… 39
对社会主义经济机制研究的几点意见
　　——社会主义经济机制理论讨论会总结发言 …………………… 65
全民所有制(国家所有制)改革设想
　　——在国务院经济、技术、社会发展研究中心召开的
　　　生产资料所有制改革问题座谈会上的发言提纲 ……………… 70
经济理论工作者的社会责任感 ………………………………………… 73
经济科学和社会主义精神文明建设 …………………………………… 85
我国现阶段的私人经济问题 …………………………………………… 91
私营经济在中国经济发展中的地位 …………………………………… 101
经济运行机制改革与所有制改革的关系 ……………………………… 107
职能分离：国有资产产权制度改革的关键 …………………………… 121
产权界定与国有资产 …………………………………………………… 132
国有企业利润转移和企业再生产能力 ………………………………… 142
国有企业固定资产折旧基金的产权问题 ……………………………… 160
国有产权制度建设的当务之急 ………………………………………… 177
股份合作制的产生和政策引导
　　——股份合作制不是单一的企业制度 …………………………… 192

国有资产的产权经营与管理问题
　　——对《国有资产法》起草的若干意见 ………………… 197
国企改革、债权保障和产业重组 ……………………………… 205
国有企业法人化改造难点 ……………………………………… 213
关住无主投资的闸门 …………………………………………… 225
再谈关住无主投资闸门 ………………………………………… 228
破产财　岂可发？ ……………………………………………… 231
学术刊物的生命在于探索
　　——《经济研究》创刊40周年座谈会书面发言 ………… 234
"小金库"清理与大金库改革 …………………………………… 237
国有产权营运体制改革评析 …………………………………… 242
国有企业产权交易行为分析 …………………………………… 252
不完全资本市场的功能残缺 …………………………………… 322
合作制重建和合作社思想再启蒙 ……………………………… 327
市场经济不能没有合作社 ……………………………………… 345
八十年代《经济研究》编辑琐记 ………………………………… 348
从1959年经济所两件事说起
　　——在2019年5月18日经济所建所90周年国际
　　　研讨会上的主旨演讲 ………………………………… 364
编选者手记 ……………………………………………………… 368

以最少劳动消耗取得最多使用价值

社会主义的最大经济效果——以最少劳动消耗取得最多使用价值

在社会主义经济中，讲求最大的经济效果，就是要以最少的劳动消耗取得最多的使用价值。劳动消耗包括物化劳动的消耗和活劳动的消耗两部分。要评价经济活动的效果，既须分别地考察这两部分消耗，又须综合地考察这两部分消耗的总和。这是因为，物化劳动消耗的变化和活劳动消耗的变化，不是互成比例的，也可能是方向相反的。劳动消耗的节约可以表现于诸种不同的情形。（1）某种单位使用价值生产中物化劳动消耗减少，而活劳动消耗不变。例如，在纺纱工人的看台能力和机器转速等条件都不变的情况下，仅仅由于降低棉花消耗定额而使得生产每件纱所需的劳动消耗减少时，情形就是这样。（2）伴随着物化劳动的节约，同时引起活劳动的节约。例如，用压锻法或精密铸造代替机械加工，既能大大节约金属材料，还能由此减少加工量，节约工时。（3）单位使用价值生产中物化劳动消耗增加，活劳动消耗减少，但前者的增量小于后者的减量，从而使劳动消耗的总量有所减少。这种情形，在机器操作代替手工劳动的场合通常都能见到。

物质生产领域中活劳动的节约，能够使原来必须用于某种使用价值生产的一部分劳动时间腾出来，投入他种使用价值的生产，或者用来增加从事为全面发展人的智力和体力所需要的种种活动的时间。物质生产领域中物化劳动的节约，直接表现为具有一定使用价值的生产资料的节约。它的结果是，能够使原来必须用于该种使用价值（生产资料）生产的劳动时间得以减少。从这个意义上说，物化劳动的节约和活劳动的节约，具有相同的意义，物化劳动的节约归根到底也就是活劳动的节约。

一方面，活劳动是生产过程中能动的因素。当作生产资料的过去劳动的生产物，如果没有活劳动与之结合，就只是一堆死的东西，不能发挥任何作用，甚至它的使用价值也难以保持。正如马克思所说："不参加劳动过程的机器，是无用的。不仅如此。它还会在自然物质变化的破坏力下解体。铁会生锈，木会腐朽。不织也不编的纱，会成为废棉。它必须被活的劳动捉住，并从死梦中被唤醒，从只是可能的使用价值，变为现实的发生作用的使用价值。"[①] 所以，活劳动的节约是一种根本的节约。

另一方面，节约物化劳动也有它自身不同于节约活劳动的意义。例如棉花等经过人类劳动加工过的生产资料，它们本身已经是由劳动与自然物质二因素相结合而形成的使用价值；在这些使用价值的形成过程中，不但要有一定量的活劳动投入，同时还需要依靠自然力的支持才能使投入的活劳动凝结起来。人类从事劳动，就是为了改变自然物质的形态，以适合自己的需要。因此，节约物化劳动意味着节约已经和自然物质相结合的、凝结在具有某种使用价值的物质资料中的人类劳动。就一定时期来说，人们所能取得的使用价值量，是既受社会所能投入的劳动量又受自然物质制约的。从这个意义上看，节约物化劳动有其本身的特殊意义。大家知道，表现于生产资料形态的使用价值，是生产新的使用价值的物质条件。如果仅有活劳动的节约，而没有相应数量的生产资料同节约下来的活劳动结合起来，那么，这些节约下来的活劳动也就难以很好地被用来增加使用价值的生产。因此，我们既要注意活劳动的节约，也要注意物化劳动的节约。

[①] 《资本论》第1卷，人民出版社1953年版，第199页。

使用价值是具有一定质的规定性的有用物，它能依某种方法满足人们的需要。一物的效用，由该物本身内含的物质属性所规定。同时，使用价值又有量的规定性，它可以用一定的尺度来衡量。

量的比较要以质的相同为前提。对于具有不同使用价值的产品，不能做使用价值量的比较；对于具有相同使用价值的产品，则可以而且应当做使用价值量的比较。要做使用价值量的比较，需要解决两方面的问题：一是有相同使用价值的不同种类的产品，如何折合、比较它们的使用价值量；二是质量高低不等的同种产品，如何折合、比较它们的使用价值量。例如，氯化聚乙烯和铅是不同种类的产品，但都可以用来制造电缆的包皮。在这场合，就要计算：在其他条件不变的情况下，氯化聚乙烯包皮电缆按其耐用程度可能等于铅皮电缆的多少倍（或多少成）。又如，同是两个手电池，但质量不同，一个放光时间可达 800 分钟，另一个却只能达到 500 分钟，按使用价值量来计算，前者相当于后者的 1.6 倍，也就是说，前一种质量的一个手电池等于后一种质量的 1.6 个手电池。

对于劳动消耗和使用价值分别进行考察之后，必须把它们二者综合起来进行考察，才能确定经济效果。例如，对机械产品的设计进行改革，使机器的结构简化，体积缩小，重量减轻，从而减少了制造机器所费的物化劳动和活劳动，但是单从这一方面还不能确定这种改革的经济效果；必须以劳动消耗同使用价值做比较，如果经过设计改革后的机器的性能和使用年限没有降低甚至还有提高，那么这种改革肯定是提高了经济效果，反之，如果改革以后降低了机器的性能和使用年限，则这种改革就不一定能提高经济效果，甚至可能是降低了经济效果，如果出现降低经济效果的情况，那么这种改革在经济上是不合算的。又如，前面我们已经说过，产品质量的提高也就是使用价值量的增加，质量越高，使用价值量就越多。但是，单从使用价值这一个方面，也同样不能确定经济效果；为了确定经济效果，必须把它同劳动消耗做比较。当劳动消耗不变，而产品质量有所提高时，经济效果肯定是提高的。当劳动消耗随着产品质量的提高而有所增加，但劳动消耗增加的幅度要小于产品质量提高的幅度时，经济效果也仍然是提高的。在通常的情况下，产品质量的提高一般都属于这两种类型。正是由于这样，我们才说，提高产品质量一般能够提高经济效果。

由此可见，在社会主义制度下，人们在从事经济活动的时候，要注意节约劳动消耗，增加使用价值，经常进行使用价值和劳动消耗的比较，并且根据这种比较来判断哪种经济活动在经济上是有利的，应该进行这种经济活动；哪种经济活动在经济上是不利的，不应该进行这种经济活动。也就是说，要根据这种比较，来制订人们从事经济活动的计划，调节社会生产，力求用最少的劳动消耗取得最多的使用价值。

关于这一点，马克思主义经典作家有过很重要的指示。恩格斯早在1844年发表于《德法年鉴》的《政治经济学批判大纲》一文中就指出："价值是生产费用对效用的关系。价值首先是用来解决某种物品是否应该生产的问题……"但是，"在私有制统治下"，生产费用"一开始就被竞争所歪曲"；同样，由于竞争，"物品本身所固有的实际效用和这种效用的决定之间"也是对立的。因此，在资本主义社会里，不可能通过"生产费用对效用"的直接比较来调节生产，只能在盲目的竞争中迂回地进行这种比较，要通过流通过程才能影响生产过程。"而在私有制消灭之后，……价值这个概念实际上就会愈来愈只用于解决生产的问题，而这也是它真正的活动范围。"[①]在上述论文发表后过了三十多年，恩格斯又在《反杜林论》一书中，分析了生产资料公有化的社会中将不再需要用第三种生产品这个相对的动摇的不充分的尺度来表现生产品里面所包含的劳动量以后，紧接着写道："自然，就在这个场合上，社会也应当知道，某种消费品的生产需要多少劳动。它应当使自己的生产计划适合于生产资料，而劳动力亦特别地包括于生产资料之中。各种消费品的有用效果

[①]《马克思恩格斯全集》第1卷，人民出版社1956年版，第605页。

（它们被相互计较并与它们的制造所必需的劳动量相比较）最后决定着这一计划。"① 同时，他在这里还特别加了一个脚注，重申他1844年的观点②。他说："在制定生产计划时，上述有用效果和劳动化费的比较，正是应用于政治经济学中的价值概念在共产主义社会中所能余留的全部东西，这点我在1844年时已经说过了（《德法年鉴》）。可是，读者可以看到，这一见解的科学证明，只在《资本论》出版后，方才成为可能。"③

恩格斯的上述指示告诉我们，在实现了生产资料公有化以后，亦即在社会主义和共产主义社会中，生产计划的制定，要取决于"有用效果和劳动化费的比较"，也就是要取决于"各种消费品的有用效果"的"相互计较"以及"与它们的制造所必需的劳动量"的比较；同时，也只有在社会主义和共产主义生产中，上述有用效果和劳动化费的比较才找到了"它真正的活动范围"，它被直接用来解决生产的问题，使社会劳动能够得到最大限度的节约，使使用价值能够得到最大限度的增加，以保证能用越来越丰裕的产品来满足社会及其成员的需要。所有这些，都是不以人们意志为转移的客观规律性，也是社会主义制度对资本主义制度的优越性的表现。我

---

① 恩格斯：《反杜林论》，人民出版社1956年版，第327页。

② 石再同志在《光明日报》（1961年6月19日《经济学》副刊）发表的《恩格斯〈政治经济学批判大纲〉》一文中说，恩格斯在1844年的上述关于价值概念的见解只是他早期的观点，"后来，恩格斯抛弃了这一观点"。我们认为，石再同志的看法是与历史事实不符的。读者可以从我们这里所引《反杜林论》一书中的这个脚注看到，正是恩格斯自己，在《政治经济学批判大纲》发表三十多年后，重申了这一观点。同时，石再同志认为，恩格斯之所以在1844年说"价值是生产费用对效用的关系"，是由于"这时科学的劳动价值论还没有建立起来"，似乎这个价值定义是同马克思的价值论相矛盾的。其实这也是一种误解。大家知道，按照马克思的价值论，当我们说价值由体现在商品中的社会必要劳动决定的时候，不言而喻，是以商品的一定效用，也即一定的使用价值的存在为前提的，因为使用价值正是价值之物质的担负物。而说"价值是生产费用对效用的关系"，也无非是说，要取得一定的使用价值（有效用的东西），需耗费一定的社会劳动。如果两个物品具有同等的效用，同等的使用价值，那么它们所包含的社会必要劳动量也必须是一样的。因此，无论说价值是生产费用对效用的关系，或者说价值由社会必要劳动决定，都是指同一个意思。恩格斯的价值定义和马克思的价值论之间没有任何矛盾。《资本论》的出版使恩格斯在1844年提出的上述见解得到了科学证明。

③ 恩格斯：《反杜林论》，人民出版社1956年版，第327页。

们应当在社会主义经济建设的实践中努力使这个优越性得到充分的发挥。

个别单位的经济效果和全社会的经济效果

在社会主义制度下，比较有用效果和劳动耗费，既要个别地，又要社会地进行。这就是说，既要在个别单位范围内讲求经济效果，又要在全社会范围内讲求经济效果。讲求个别单位范围内的经济效果，是讲求全社会范围内的经济效果的基础。只有各个企业（以及各个部门和各个地区）的经济效果提高了，全社会经济效果的提高才有巩固的基础。这是自明的道理。

用最少的劳动消耗取得最多的使用价值这个要求，在个别单位（企业）范围内是通过个别劳动消耗和社会必要劳动消耗的比较，力求使个别劳动消耗低于社会必要劳动消耗来实现的。在社会主义经济中，社会必要劳动消耗不仅是一个量的概念，表明这个劳动量是社会为取得某种使用价值所必要耗费的，因而这个劳动消耗量是为社会所承认的；而且是一个质的概念，表明这种劳动消耗是经过比较有用效果和劳动耗费以后确定的具有一般经济效果的一个界限，超过了这个界限，经济活动就没有达到一般的经济效果。所以，对于企业来说，社会必要劳动消耗是一条准绳，通过本企业个别劳动消耗和社会必要劳动消耗的比较，可以看出本企业的经济活动的效果的大小。如果前者小于后者，经济效果就大；如果前者等于后者（这只是偶然的例外），就达到一般的经济效果；如果前者大于后者，经济效果就小。

需要指出，企业降低生产产品的劳动消耗，使个别劳动消耗低于或不高于社会必要劳动消耗，应该建立在改进企业生产经营的基础上，而不应该建立在降低产品质量的基础上。降低产品的质量，孤立地看来也许能够降低产品的劳动消耗，但是，却不能因此使企业的个别劳动消耗低于社会必要劳动消耗（假定它们原来是相同的）。因为产品的社会必要劳动消耗是以产品具有一定的质量（亦即一定的效用）为前提确定的。如果产品的质量下降了，在其他条件不变的情况下，产品的社会必要劳动消耗也就会相应地下降。所谓按质论价，在实质上正是反映了商品的社会必要劳动消耗是按产品的质量来确定的，而在产品的价格根据生产产品的社会必要劳动消耗来制定的条件下，价格的高低自然要以产品的质量好坏为转移。降低产品质量不仅不能做到真正降低生产产品的劳动消耗，而且会对国民经济和人民生活带来不良的后果。如果这种产品属于生产资料，那么它就会对为它所制约的其他产品的质量带来不良的后果；如果这种产品属于消费资料，那么它就会影响人民生活，同人民生活日益改善的要求背道而驰。所以，企图用降低产品质量的办法来降低生产产品的劳动消耗是行不通的。相反，我们应该努力提高产品的质量，在努力改善企业生产经营（提高产品质量也是企业生产经营改善的表现）的基础上来降低产品的劳动消耗，争取更大的经济效果。

在社会主义制度下，有用效果和劳动耗费的比较，除了要在个别单位范围内进行以外，还要在全社会范围内进行。在全社会范围内比较有用效果和劳动耗费，包含两个不同方面的内容。首先，要从全社会的整体利益的角度，来衡量和评价个别单位范围内的经济效果，也就是要考察个别单位范围内的经济活动，对于从全社会范围内以最少的劳动消耗取得最多的使用价值，究竟起着怎样的作用。个别单位范围内的经济效果同全社会范围内的经济效果在根本上是一致的，但是在某些具体情况下，又可能有一定的矛盾。例如，某种产品如果是国民经济所急需的，它的更多的生产有助于提高其他部门以及全社会范围的经济效果，然而按当时的技术水平，仅靠生产条件较好的企业来进行生产还不能满足需要，于是就要求另一些企业在较差的生产条件下也来从事这种产品的生产；这时，从这些生产条件较差的企业范围的经济效果来考察，可能是不合算的，但从社会范围的经济效果来考察却是合算的。在这种情况下，讲求企业范围的经济效果要服从讲求全社会范围的经济效果,这种在较差生产条件下进行的产品生产就应该允许存在和维持下去。当然,如前所述,个别企业范围内的经济效果并不是不重要的。即使上述生产条件较差的企业的该种产品的生产,国家允许它在一定时期内继续存在和维持下去,企业也必须认真进行生产经营,努力降低个别劳动消耗,争取在最短时间内达到一般的社会必要劳动耗费的水平。如果个别的单位虽然经过努力,但因其他条件的限制,经营的结果仍然超过国家所能允许的较高的劳动耗费的限度,那么,它不仅从企业范围内的经济效果来考察是不合算的,而且从全社会范围内的经济效果来考察也是不合算的。这时,这种生产就应该被看成在经济上是不必要的;如果没有其他特别的需要,这种生产就不应该继续进行。

其次,讲求全社会的经济效果,还要充分地利用全社会的劳动资源(包括活劳动和物化劳动),有计划地组织全社会范围内的经济活动,以便最大限度地增加社会物质财富。这是一个更为复杂得多的问题。这里的关键在于正确处理一系列的关系问题,例如,生产比例、生产布局、当前生产与基本建设、基本建设投资的分配、生产的专业分工与综合经营、物资分配体制方面的"条条"与"块块",等等。在安排这些关系时,都需要寻找适当的指标,进行认真细致的计算和比较。在进行具体计算时,不能仅仅局限于进行实物指标的计算,还必须同时计算劳动消耗,并把它与由实物指标所反映的使用价值联系起来进行比较。这样,才能选择出经济效果最大的方案。至于上述各种关系以及其他种种关系究竟应该如何安排才能有利于提高经济效果的问题,都是需要逐一专门研究的问题,本文因为篇幅所限,不可能一一论述。

总之,为了讲求和提高全社会范围内的经济效果,必须在国民经济各部门("条条")和各地区("块块")间,合理地组织与分配社会劳动,做到社会对各种使用价值的需要量同为生产各该种使用价值所必需的社会劳动总量之间建立起直接的联系,使它们相互衔接起来。这也就是马克思所说的:"劳动时间之社会的计划的分配,使不同的劳动机能,与不同的需要,保持适当的比例。"① 这种根据社会的需要确定的社会必须用于生产某种使用价值的社会劳动的总量,也是一种社会必要劳动量。正是这个社会必要劳动量,把社会经济效果两个不同方面的内容统一起来了。也就是说,无论是指从全社会的整体利益的角度,来衡量和评价个别单位范围内的经济效果,还是指充分利用社会劳动资源,有计划地组织全社会范围内的经济活动,都必须以这种社会必要劳动为准则,把一切使用价值生产(和流通)中所消耗的劳动限制在社会必要劳动的范围内。可以说,前面所叙述的生产某种单位使用价值所消耗的社会必要劳动,是狭义的社会必要劳动;而这里所叙述的社会必须用于生产某种为社会所需要的使用价值总量的社会必要劳动,是广义的社会必要劳动。对于社会必要劳动范畴,应该从狭义和广义两个方面去理解,才是比较全面的。

人们通常所说的社会必要劳动,一般是指狭义的社会必要劳动;但是,应该指出的是,在社会主义经济中,广义的社会必要劳动这个范畴有着非常重要的意义。社会主义社会是一个"以集体生产为基础"的社会。马克思曾经指出:"假定进行集体生产,确定时间自然就具有极其重要的意义。社会用来生产小麦和牲畜等等所需要的时间愈少,用来进行其他的生产——物质和精神的生产的时间就愈多。无论是个人,无论是社会,其发展、需求和活动的全面性,都是由节约时间来决定的。一切节省,归根到底都归结为时间的节省。……社会也应当适当地支配自己的时间,以便达到那种适应于它的整个要求的生产。因此,节省时间以及在各个生产部门中有计划地分配劳动时间,就成了以集体生产为基础的首要的经济规律。"② 所以,当我们讲求全社会范围的经济效果的时候,就要把广义的社会必要

---

① 《资本论》第 1 卷,人民出版社 1953 年版,第 62 页。
② 转引自《马克思恩格斯列宁斯大林论共产主义社会》,人民出版社 1958 年版,第 67 页。

劳动作为一个"度"，力求使社会劳动（活劳动和物化劳动）在各类使用价值生产（和流通）间的分配符合社会必要劳动的标准，力求避免由于超过社会必要劳动而产生浪费社会劳动的现象。

社会必要劳动是任何社会化生产中都客观地存在的范畴。要有计划地组织和管理社会化的生产，要把经济工作愈做愈细致，不借助于社会必要劳动（无论是就它的广义而言还是就它的狭义而言）这个范畴，是不可想象的。因为，如果这样，就无法进行社会劳动的计算；无法计划和分配社会劳动；无法在个别单位范围内和全社会范围内比较有用效果和劳动耗费；无法正确评价各项经济活动的效果，区分先进和落后，确定先进和落后的差距，挖掘生产潜力，推动后进赶先进，先进更先进；等等。由此可见，为了提高社会主义的经济效果，必须广泛运用社会必要劳动，作为人们从事经济活动的一条准绳。这在社会主义社会仍然存在商品经济的时候是这样；在将来，当社会发展到共产主义高级阶段的时候，当商品经济消亡以后，也还是这样。

（节录自金珊《试论社会主义的经济效果》中唐宗焜执笔的两节，《经济研究》1961年第9期。"金珊"是张卓元、唐宗焜、赵人伟合作的笔名）

价值规律、市场机制和社会主义计划经济*

正确理解社会主义计划经济中价值规律作用和市场机制问题，对于促进社会主义现代化建设，至关重要。本文拟从政治经济学基本理论方面提出一些粗浅看法，和同志们商讨。

价值规律调节和有计划调节

我国经济学界对于价值规律和社会主义计划经济的关系的探讨，始于20世纪50年代。当时就有这样的观点："计划经济是受社会主义经济规律支配的，它不受价值规律支配，相反地还要约束价值规律，降低价值规律在国民经济中的作用。"只是因为国家直接计划不能包罗一切，价值规律才被"利用"来"作为国家计划的补充"①。所以，"价值规律只可能起辅助作用"②。这是二十多年来很流行的观点。直到近年的报刊上，它还时常出现。例如说，虽然"价值规律在计划比例的形成中，仍然起着重要的辅助作用"，但是，"不能把价值规律看作是安排计划比例的主要依据，让价值规律来调节国民经济各部门的比例关系"。"社会主义经济发展的实践表明，制订国民经济计划比例的主要依据，不再是价值规律，而是社会主义基本经济规律和国民经济有计划按比例发展规律。"③

---

* 本文是提交给1979年4月在无锡举行的"价值规律在社会主义经济中的作用问题学术讨论会"的论文。

① 薛暮桥：《计划经济和价值规律》，《人民日报》1956年10月28日。
② 薛暮桥：《再论计划经济与价值规律》，《计划经济》1957年第2期。
③ 刘国光、何建章、黄振奇：《计划经济和价值规律》，《红旗》1978年第6期。

这里引人注目的是一个"让"字，就是"不能……让价值规律来调节国民经济各部门的比例关系"。问题是能不能这样提呢？笔者认为是不可以的。政治经济学只能这样来提出问题：在社会主义计划经济中，价值规律对于国民经济各部门的比例关系究竟事实上起不起调节作用？

价值规律如同任何经济规律一样，都是客观规律。它起不起作用，以及起什么样的作用，全依它赖以存在的经济条件为转移，根本不存在人们让不让或允许不允许的问题。

任何经济规律都是一定的经济过程内部客观存在的稳定的、本质的、必然的联系。价值规律是基于社会分工的商品再生产过程内部客观存在的稳定的、本质的、必然的联系。

第一，这种联系客观上规定着在社会分工体系中任何生产者生产一个商品所耗费的劳动只能以社会必要劳动为准。就是说，只能限于"在现有的社会正常的生产条件下，在社会平均的劳动熟练程度和劳动强度下制造某种使用价值所需要的劳动时间"[①]。

第二，这种联系客观上规定着，整个社会用在生产一种商品总量上所花费的劳动，只能以满足社会对该种商品的特殊需要所必要的劳动为限。马克思说："事实上价值规律所影响的不是个别商品或物品，而总是各个特殊的因分工而互相独立的社会生产领域的总产品；因此，不仅在每个商品上只使用必要的劳动时间，而且在社会总劳动时间中，也只把必要的比例量使用在不同类的商品上。这是因为条件仍然是使用价值。但是，如果说个别商品的使用价值取决于该商品是否满足一种需要，那末，社会产品总量的使用价值就取决于这个总量是否适合于社会对每种特殊产品的特定数量的需要，从而劳动是否根据这种特定数量的社会需要按比例地分配在不同的生产领域。……在这里，社会需要，即社会规模的使用价值，对于社会总劳动时间分别用在各个特殊生产领域的份额来说，是有决定

[①] 《资本论》第 1 卷，人民出版社 1975 年版，第 52 页。

意义的。……社会劳动时间可分别用在各个特殊生产领域的份额的这个数量界限，不过是整个价值规律进一步发展的表现，虽然必要劳动时间在这里包含着另一种意义。为了满足社会需要，只有这样多的劳动时间才是必要的。在这里界限是通过使用价值表现出来的。社会在一定生产条件下，只能把它的总劳动时间中这样多的劳动时间用在这样一种产品上。"① 马克思这段话最清楚不过地回答了价值规律对社会生产的调节作用究竟是什么意思。

价值规律是社会必要劳动决定价值的规律，就是价值决定的规律。"商品的价值规律决定社会在它所支配的全部劳动时间中能够用多少时间去生产每一种特殊商品。"② 价值规律的这个"决定"作用，如果不是它对社会生产的调节作用，那又是什么呢？

社会总劳动根据社会对每种特殊产品的特定数量的需要按比例地分配在各个不同的生产领域这样一种客观趋势，在一些经济论著中通常被称为按比例发展规律。其实，它正是价值规律的本质内容。

《资本论》第一卷出版一年以后，马克思在批驳自己的论敌由于对他考察价值关系的科学方法一窍不通而"胡扯什么价值概念必须加以证明"时，曾经说过："要想得到和各种不同的需要量相适应的产品量，就要付出各种不同的和一定数量的社会总劳动量。这种按一定比例**分配**社会劳动的**必要性**，决不可能被社会生产的**一定形式**所取消，而可能改变的只是它的**表现形式**，这是不言而喻的。自然规律是根本不能取消的。在不同的历史条件下能够发生变化的，只是这些规律借以实现的**形式**。而在社会劳动的联系体现为个人劳动产品的**私人交换的**社会制度下，这种劳动按比例分配所借以实现的形式，正是这些产品的**交换价值**。"③ 紧接着，马克思明确指出："科学的任务正是在于阐明价值规律是**如何**实现的。"④

---

① 《资本论》第 3 卷，人民出版社 1975 年版，第 716—717 页。
② 《资本论》第 1 卷，人民出版社 1975 年版，第 394 页。
③ 《马克思恩格斯选集》第 4 卷，人民出版社 1972 年版，第 368 页。黑体字是原有的。
④ 同上。

由于决定价值的社会必要劳动,是指"不论从个别产品对同类其他产品的关系上来说,还是从它对社会总的需求方面来说都是必要的劳动"①,社会必要劳动这个概念本身就包含着社会生产和社会需要的联系。价值规律的作用,从根本上说,就是把社会总劳动根据社会对每种特殊产品的特殊数量的社会需要按比例地分配在不同的生产领域,而这也就是它的调节作用。所以,只要有价值规律依以存在的经济条件,价值规律就必然要起作用。而只要价值规律起作用,它就要调节社会生产。这是不以人的意志为转移的——无论长官意志、政府意志或社会意志都一样。社会主义计划经济中价值规律的作用,也不例外。

至于交换价值,商品按照由社会必要劳动决定的价值互相交换,这是价值规律借以实现的形式。在商品经济几千年的发展史上,交换价值经历了多种形式的变化,价值规律通过不同的形式在自身发生作用的范围内实现着它对社会生产的调节作用。

无论在资本主义社会还是在社会主义社会,社会生产和社会需要之间都存在着力求保持平衡的客观趋势,价值规律对社会生产都起调节作用。但是,这丝毫不是意味着社会主义生产和资本主义生产在这里就没有区别了。那么,区别在哪里呢?

在社会主义社会和资本主义社会,虽然都存在着社会生产和社会需要间力求保持平衡的客观趋势,但是它们的出发点是各不相同的。前者把它支配的总劳动时间按照必要的比例量分配在不同类的产品上,是服从于满足社会需要的生产目的的。后者之所以不能没有这样的平衡,只是因为社会使用价值是价值从而又是剩余价值的物质承担者,超过社会需要的商品没有社会使用价值,因而也就不能实现剩余价值。这是它们的第一个区别。

第二个区别是社会主义和资本主义的社会需要的性质和内容也不相同。在资本主义制度下,不仅对生产资料的需求是资本家的需

---

① 《马克思恩格斯全集》第 21 卷,人民出版社 1965 年版,第 216 页。

求,而且占生活资料需求绝大部分的工人的需求归根到底也从属于资本家对劳动力的需求。这种社会需要的内容和规模,最终要依生产和实现剩余价值的需要为转移。在社会主义制度下,社会需要服从于劳动人民当前利益和长远利益的结合,服从于他们的智力和体力随着社会生产的进步而得到日益全面发展的需要。

第三个区别是社会主义社会和资本主义社会实现社会生产和社会需要的平衡的途径不同。社会主义社会按其本性来说有可能经常地、自觉地保持社会生产和社会需要的平衡,而"经常的、自觉地保持的平衡,实际上就是计划性"①。资本主义社会虽然也存在不同生产领域间力求保持平衡的经常趋势,但是,由于个别资本利益的对立,"不同生产领域的这种保持平衡的经常趋势,只不过是对这种平衡经常遭到破坏的一种反作用",它"只是在事后作为一种内在的、无声的自然必然性起着作用"②。"资本主义必须经过危机来建立经常被破坏的平衡"③。尽管资本主义在它的垄断阶段,特别是国家垄断资本主义发展以后,可以有某种程度的计划性,也不能消除整个社会的无政府状态和经济危机。

现在我们可以看到,所谓"社会主义经济发展的实践表明,制订国民经济计划比例的主要依据,不再是价值规律,而是社会主义基本经济规律和国民经济有计划按比例发展规律",这样的论断并不符合事实。社会主义经济发展的实践并没有证明无视或忽视价值规律调节作用的国民经济计划是正确的计划,没有证明不依据价值规律的计划比例的安排能够保证国民经济平衡的高速度的发展。

其实,在社会主义经济中,价值规律对社会生产的调节作用,和社会主义基本经济规律、国民经济有计划发展规律对社会生产的调节作用,并不是不相容的。它们各有自己的调节对象。价值规律调节的对象是社会生产和社会需要的平衡,它调节着各生产领域之

---

① 《列宁全集》第 3 卷,人民出版社 1959 年版,第 566 页。
② 《资本论》第 1 卷,人民出版社 1975 年版,第 394 页。
③ 《列宁全集》第 3 卷,人民出版社 1959 年版,第 566 页。着重号是原有的。

间按照必要的比例量分配社会总劳动，按比例地分配生产资料和劳动力。社会主义基本经济规律调节的是社会主义的社会需要的性质、内容和范围，以及为满足这样的社会需要所必须遵循的发展社会主义生产的基本途径，因而它就调节着国民经济的发展方向，即按照怎样的方向安排比例关系。国民经济有计划发展规律调节的是国民经济的计划性，由整个社会来有计划地组织社会生产过程，经常地及时调整社会生产和社会需要的关系。这里需要顺便说一下，国民经济有计划发展既然是经常地自觉地保持着按比例发展，它本身就包含着按比例发展，而按比例则未必有计划，因此，笔者认为，把有计划和按比例并提，作为一个规律，称为国民经济有计划按比例发展规律，是不够准确的，应该代之以国民经济有计划发展规律这样的概括。

价格围绕价值运动和社会主义经济的计划性

在社会主义社会，价值规律是否还通过价格围绕价值的运动来实现？不承认价值规律在社会主义社会仍然对社会生产起调节作用的同志对此是持否定态度的。他们通常都是说：资本主义社会是通过价格围绕价值的涨落来保持或恢复商品供求平衡的，社会主义社会的生产和需要的平衡则依靠国家计划来保持，不能依靠价格围绕价值的运动。似乎价格围绕价值运动是和社会主义计划经济不相容的。按照这种观点，对于商品供求和价格的关系，就有这样的说法："因为我们的生产资料是按照国家计划进行分配的，它们的价格可以不受供求规律的影响。我们的生活资料虽然还是采取商品形式来进行分配的，但是，国家供应的商品必须服从国家的计划价格，因而它们的价格也可以基本上不受供求规律的影响。"[①] 我们不妨分析一下这种说法是否真有根据。

这种说法的前提首先是国家计划能够保证社会生产和社会需要

---

① 薛暮桥：《价值规律与我们的价格政策》，《红旗》1963 年第 7—8 期。

的平衡。但是，实践证明，作为观念形态的国家计划并不能自动地保证社会生产和社会需要的平衡。这不仅是因为存在着由社会产品千差万别和社会需要千变万化所引起的计算技术上的困难，而且主要还是由于生产关系本身的原因。

在社会主义社会，劳动者在利用归社会公共所有的生产资料进行生产方面处于平等地位。就这个意义来说，社会是把他们每个人的劳动直接作为社会总劳动的一部分来使用的。但是，另一方面，生产力还没有发展到使劳动成为生活第一需要的高度，劳动者个人的生存和发展还不能不依赖于他本身利用社会公有的生产资料进行的劳动，这不仅要取决于他个人在其所在企业总劳动中加入的份额，而且要取决于该企业的总劳动在社会总劳动中所占的份额。这样的劳动，显然还不是不需要社会监督的、完全为了社会公共利益而自觉进行的劳动。就这个意义来说，劳动者个人的劳动还不是整个社会范围的直接社会劳动。这里，虽然劳动者个人作为社会成员彼此之间只存在生产过程中劳动与劳动的交换，不存在产品与产品的交换，可是，一个企业则必须通过与其他企业交换产品，它的全体劳动者的总劳动才能得到社会的承认。这样，企业与企业之间的经济联系就不能不是相对独立的商品生产者的关系。至于集体所有制的经济组织，它的产品的商品性，那就更不用说了。所以，社会主义计划经济还是在商品经济条件下的计划经济。

我们社会主义生产的目的是满足社会需要，归根到底就是要满足九亿人民物质文化生活日益增长的个人需要。不但消费资料的生产要服从于这种需要，而且生产资料的生产也要由此出发来安排。九亿人民的个人需要，今天不能不依靠个人收入，主要以货币形式，在市场上表现出来。这就是有支付能力的需求。但是，需求不仅依赖于个人货币收入，而且同商品的价格有直接的联系。按照价值规律，一方面，在价值已定的条件下，供求会调节价格，即调节价格同价值的偏离；另一方面，价格的升降也会依相反方向调节需求的增减。不言而喻，个人消费需求的变化，又必然引起生产消费需求的变化，因而也就是引起整个社会需求的变化。宣布"价格可以不受供求规律的影响"，无异于宣布价值规律在商品经济条件下停止发生作用。这样的"价格"必然使社会的需求不能真实地反映出来。在这种情况下，怎么能够保证社会生产满足社会需要，又有什么根据使国家计划保持社会生产和社会需要的平衡呢？

价格是价值规律的表现。价值规律支配着价格的运动。价值决定的条件是一种产品的生产量和社会对该种产品的需要量相适应，而这个生产量和需要量都是受整个社会分工体系制约的量。在这个范围内，究竟是中等生产条件还是较优或较劣生产条件下生产该种产品所必要的劳动时间决定它的价值，全依它生产总量当中哪种条件下生产的量占优势而定。既然生产量和需要量是适应的，则价值就能照它本身的量实现，从而价值的货币表现即价格也就和价值相符。所以，供求平衡是价格符合价值的前提。供求平衡打破了，价格或早或迟终究要发生变动。企图人为地阻止价格的这种变动，会产生什么后果呢？我们可以就供过于求和供不应求两种情况分别做一简略考察。

先说供过于求的情况。一种产品的生产量超过了社会当时对它的需求量，尽管在这种产品的"总产品中只体现了一定条件下为生产这个总产品所必要的劳动时间。但是，总的来说，这个特殊部门消耗的社会劳动已经过多；就是说，产品的一部分已经没有用处。"[1] 这里所谓"没有用处"，是相对于现有需求来说的。它可以有两种情况，一是即使降低价格也根本卖不出去，就是说，它生产所费的劳动纯粹是白费；二是降低价格后扩大了需求，从而可以卖出去，这就意味着社会只能承认比原来条件下"为生产这个总产品所必要的劳动时间"更少的劳动时间才是社会必要劳动时间。这两种情况，只要不是转瞬即逝的偶然因素造成的，势必要迫使这个生产部门调整生产条件，这就是，或者普遍降低该部门再生产的劳动耗费，或

---

[1] 《资本论》第 3 卷，人民出版社 1975 年版，第 717 页。

者该部门中生产条件最劣的那部分退出再生产。无论扩大需求还是缩减生产，或者同时扩大需求和缩减生产，都使供求达到新的平衡。但是，按照"价格可以不受供求规律影响"的主张去做，就得依靠人为的垄断，把这种供过于求的产品的价格维持在原来的高水平上，产品全部由国家收购下来。这样，对企业来说，它所费的社会劳动似乎都得到了社会"承认"，因而可以按原来的生产条件进行再生产。可是社会事实上并不承认那部分过多的社会劳动。结果就是代表那部分过多的社会劳动的"没有用处"的产品，既不能进入个人消费，也不能进入生产消费，只能堆积在仓库里。也许国家计划可以限制企业对这种产品的生产，问题是企业生产出来的产品既然都能卖给国家，而且价格也不降低，那又有什么经济动力来迫使企业非改变生产条件不可呢？越是供过于求的所谓"长线"产品，实际产量越是超过国家计划产量，以致仓库里愈积愈多，这种现象我们不是经常可以看到吗？不言而喻，这类产品生产上一部分社会劳动的白费是以夺走其他产品生产所必要的一部分社会劳动为代价的，总之受害的还是社会。社会为了不致继续受害，到头来还是不得不降低这类产品的价格。人们的行动不尊重价值规律，价值规律终究要强制地纠正人们的行动。

　　再看供不应求的情况。一种产品的生产量低于社会对该种产品的需要量，就是说，生产同这个需要量相适应的该种产品总量所必要的社会劳动有一部分已被其他部门夺走，因而没有得到保证。在此情况下，按照价值规律，这种产品的价格会上升。价格的上升，一方面会抑制需求，一方面会使这个生产部门处于较劣生产条件下生产该种产品所费的社会劳动也能得到补偿，从而生产有可能扩大。两方面综合起来，逐渐使供求趋向平衡。可是，按照"价格可以不受供求规律影响"的主张去做，就得依靠人为的垄断，把该种产品的价格压制在原来的低水平上。照此办理，这个生产部门中处于较劣生产条件或者甚至中等以上生产条件下生产该种产品所必要的社会劳动得不到补偿。也许国家计划可以规定这个部门必须增加生产，但是既然它生产越多就亏损越多,那又有什么经济动力能够推动它去千方百计完成和超额完成国家计划规定的增产任务呢?越是供不应求的所谓"短线"产品,生产越难搞上去,这种现象我们不是也经常见到吗?搞不上去而硬要它上去,于是强迫命令等也出现了。结果,这个生产部门的生产条件同其他部门比较,相对地越来越差。到头来,社会为了使这个部门不致永远落后下去,还是不得不提高它的产品的价格。这不又是价值规律强制地来纠正人们的行动了吗?

总之,无论供过于求或供不应求条件下价格不变的情况都是不能长久维持的。这样的价格人为地冻结愈久,各生产部门间比例失调的问题也愈难解决,而且到最后价格还得变动。说到这里,或许会有这样一种质难:资本主义社会中价格时刻随着供求关系变化而波动,为什么它的社会生产总有比例失调呢?

这里有两个问题需要加以区分。一个是价格同供求关系变化相应的升降,是不是可以促使各生产部门调整比例关系,实现供求平衡。一个是这种调整是怎样进行的,供求平衡是怎样实现的;或者说,究竟是社会在科学预测基础上有计划地调整比例关系来实现供求平衡,还是这个平衡仅仅"作为盲目起作用的平均数而实现"[1]。不言而喻,这首先要取决于社会经济条件。

在彼此孤立的私人生产者为他们自己不知道的市场进行生产的社会里,每个生产者自然只能听凭频繁的自发波动的市场行情的摆布。某种商品供不应求了,价格立即上涨,许多人争先恐后地转向这种商品的生产,于是很快超过饱和点,成了供过于求。这时,价格立即跌落,原来生产这种商品的许多人又纷纷转向别的生产,于是供不应求的现象再度出现。如此循环往复,使这个社会里的供求平衡只能是"'仅仅从经常发生的许多波动中确立的平均量'的平衡"[2]。私人生产者之所以不得不受市场自发势力支配而盲目行动,正是由

---

[1] 《马克思恩格斯选集》第4卷,人民出版社1972年版,第369页。
[2] 《列宁全集》第3卷,人民出版社1959年版,第566页。

于他的孤立性。他既不能估量整个社会的需求规模，也无力把握整个社会的供给规模。

社会主义生产者是在生产社会化和生产资料公有制基础上联合起来的生产者。他们的经济利益不仅有赖于本单位生产经营状况，而且有赖于整个社会生产的发展，因此他们可以在社会范围内协调他们的经济活动，避免供求关系因受一时一地偶然因素影响而引起的价格频繁的自发波动。社会依靠对一个较长时间的全国范围内供求关系变化趋势的预测，可以从价格政策上指导企业的产销活动。同时，企业作为独立的经济核算单位，需要拥有价格在一定幅度内摆动的权力。这种摆动有助于及时暴露经济生活中的矛盾，为社会对供求关系变化趋势的预测提供比较可靠的情报，并及时矫正已经作出的预测中的失误，从而减少或避免主观主义对价格政策的干扰，以利于社会生产和社会需要的平衡。

其实，就是在资本主义社会，它的垄断阶段和自由竞争阶段相比，在调节生产方面也有很大不同。恩格斯早在1880年就说过，托拉斯是由"国内同一工业部门的大生产者联合"的"一个以调节生产为目的的联盟"，"他们规定应该生产的总产量，在他们中间加以分配，并且强制实行预先规定的出售价格"①。到了1891年，恩格斯又指出："由股份公司经营的资本主义生产，已不再是私人生产，而是为许多结合在一起的人谋利的生产。如果我们从股份公司进而来看那支配着和垄断着整个工业部门的托拉斯，那末，那里不仅私人生产停止了，而且无计划性也没有了。"② 最近几十年来，随着国家垄断资本主义的迅速发展，这种计划性进一步扩展到超出了一个部门的范围。当然，它仍是一定范围和一定程度上的计划性，并没有也不可能消灭整个社会的无政府状态，因为它终究还是处在资本主义条件下，垄断资本集团之间以及垄断企业和非垄断企业间的利益存在着尖锐的对立。列宁1917年在《国家与革命》中为驳斥那种借

---

① 《马克思恩格斯全集》第20卷，人民出版社1971年版，第707页。
② 《马克思恩格斯全集》第22卷，人民出版社1965年版，第270页。

口托拉斯的计划性而把垄断资本主义或国家垄断资本主义说成已经不是资本主义的资产阶级改良主义思潮，特别引证了恩格斯的上面那段话，然后写道："完备的计划性当然是托拉斯所从来没有而且也不可能有的。尽管托拉斯有计划性，尽管资本大王们预先考虑到了一国范围内甚至国际范围内的生产规模，尽管他们有计划地调节生产，但是现在还是处在**资本主义**下，虽然是在它的新阶段，但无疑还是处在资本主义下。"① 可见，资本主义和不完备的计划性，即一定范围内、一定程度上的"有计划地调节生产"，并不是互不相容的。如果按照我们一些经济论著那样，把有计划地调节生产作为否定价值规律调节作用的论据，那么，在这里是不是也该说价值规律对资本主义生产已经部分地不起调节作用了呢？可是我们看到，这些论著对价值规律调节资本主义生产这点从未表示丝毫怀疑。因此，在这里又一次暴露出它们对价值规律调节作用的论述在理论上有着不可克服的矛盾。

社会主义经济能够实现整个社会范围的计划性，以代替资本主义整个社会的无政府状态。但是，社会主义经济的这种计划性，不是意味着可以忽视市场的作用。如前所说，我们的社会主义经济还不能不是商品经济。而"市场不过是商品经济中社会分工的表现"，"哪里有社会分工和商品生产，哪里就有'市场'"②。社会主义公有制使社会有可能比较正确地预测全国范围的、较长时间的市场供求变化的趋势，从而制定正确的价格政策和经济计划。但它并没有提供可以不顾供求关系主观主义地制定价格而不导致比例失调的条件。今天我们经济的计划性程度仍然很低，一方面是由于受着客观条件的限制，这就是生产的社会化和所有制的公有化程度还相当低；另一方面是由于受着主观条件的限制，这就是对包括价值规律在内的经济规律的认识还存在着很大的盲目性。因此，要提高计划性的程度，不能靠否定市场机制，限制商品经济的发展，相反，需要大力

---

① 《列宁选集》第3卷，人民出版社1972年版，第229页。黑体字是原有的。
② 《列宁全集》第1卷，人民出版社1955年版，第85、83页。

发展商品经济①，以提高生产力和生产的社会化程度，并在实践中加深对经济规律的认识，学会熟练地运用它们。

既然社会主义计划经济中存在着市场机制，价格也就不能长期固定不变。这不仅是因为如前面所说，供求关系的变化迟早会引起价格的变动，而且是因为价值在经常变化。

价格的基础是价值。"价值不是由单独生产某种产品所必要的时间构成，而是与同一时间内所能生产的一切其他产品的数量成比例。"就是说，价值始终是相对价值。"产品的相对价值由生产每种产品所使用的劳动比较量来确定"，"价格是产品的相对价值的货币表现"②。

价值量与劳动生产率成反比例变化。假定社会生产各种产品的劳动生产率都按同一方向同一程度变化，则各种产品包含的社会必要劳动量就与劳动生产率成相反方向在同一程度上发生变化。这样，"生产每种产品所使用的劳动比较量"不变，产品的相对价值也不变。撇开影响价格的其他因素不说，在这种情况下，各种产品价格的比例也可以维持不变。

但是，生产各种产品的劳动生产率的变化事实上是参差不齐的。不仅在程度上不同，甚至在方向上相反。这样，"生产每种产品所使用的劳动比较量"就会发生变化，产品的相对价值也就随之变化。因此，仅就价值调节价格而言，各种产品价格的比例就不能不变，有的需要相对提高价格，有的需要相对降低价格。否则，价格不能反映价值的变化，就会掩盖国民经济各部门发展中的矛盾，不利于及时地调整各部门比例关系。

我们这里讲的是各种产品价格的比例，或者说，是它们的相对价格。产品相对价格的变动，无论是价值变化引起的，还是供求关系变化引起的，都既没有决定整个社会产品价格水平上升的必然性，

---

① 我国至今还是商品生产不发达的国家。国营农场产品的商品率仅达30%，集体所有制人民公社生产的商品化程度就更低。

② 《马克思恩格斯全集》第4卷，人民出版社1958年版，第121、102、88页。

也没有决定整个社会产品价格水平下降的必然性。以社会劳动生产率不断提高的必然性来论证社会主义社会具有不断降低价格的"规律性",这种论点是不能成立的;因为它的出发点是"绝对价值",但是绝对价值是没有的。同样,那种认为价格变动势必造成通货膨胀,因而主张价格固定不变的观点,也是没有根据的。纸币流通条件下通货膨胀的产生,不是价值规律调节价格从而调节社会生产的必然结果。应该从纸币流通规律发生作用的状况去考察它的原因。社会主义社会避免通货膨胀的关键是搞好财政、信贷、物资的综合平衡。

竞争、生产社会化和社会统一计划

竞争是市场机制的重要组成部分。但是,长期以来,竞争和社会主义计划经济被看成互不相容的东西。当人们在事实面前不得不承认社会主义计划经济中存在着商品生产和价值规律的时候,又总想禁止竞争,这样就提出了企图限制商品生产及其规律的种种说法和措施。其实,禁止竞争等于是要商品生产的价值规律不发生作用,因为生产商品的社会必要劳动决定商品的价值这一规律本身就包含着竞争。商品要按照价值来交换,必须具备两个条件,一是生产部门相同、种类相同、质量也接近相同的商品的不同个别价值必须平均化为一个社会价值,二是耗费在这种商品总量上的社会劳动的总量必须同这种商品的社会需要的量相适应,即同有支付能力的社会需要的量相适应。这两个条件的实现,都离不开竞争。所以,马克思说:"竞争实现了产品的相对价值由生产它的必要劳动时间来确定这一规律。""千万不要忽视,一种东西的价值不是由生产它的时间来确定,而是由可能生产它的最低限度的时间来确定,而这种最低额又是由竞争来规定。"[①] 恩格斯更斩钉截铁地

---

① 《马克思恩格斯全集》第 4 卷,人民出版社 1958 年版,第 106、107 页。

说:"在一个进行交换的商品生产者的社会里,如果谁想把劳动时间决定价值这一点确立起来,而又禁止竞争用加压力于价格的办法,即一般说来是唯一可行的办法来确立这种对价值的决定,那就不过是证明,至少在这方面,他采取了空想主义者惯有的轻视经济规律的态度。"①

把竞争看成和社会主义计划经济互不相容的观念,实际上是把社会主义计划经济归结为垄断。按照这种观念,社会主义经济的特征就是单纯的"集中统一",这样的"集中统一",既不是民主基础上的集中,也不是企业自主经营基础上的统一,而是独家垄断,把企业的手脚捆起来。这种观念把竞争看成绝对坏的东西,又把垄断看成绝对好的东西。殊不知,竞争和垄断都有自己的历史,它们总是在彼此对立和统一中发展着。把竞争和资本主义画上等号的同志,往往又忘了垄断还有封建的垄断。结果,由于盲目害怕竞争和资本主义不可分,却落到迷信封建的垄断而不自知,这岂不是莫大的讽刺!

马克思说:"现代的垄断就是由竞争产生的。""但是,大家知道,竞争是由封建垄断产生的。""垄断产生着竞争,竞争产生着垄断。"② 可以说,竞争和垄断共存亡,当社会不再存在竞争的时候,垄断也必将成为历史博物馆的陈列品。

竞争是为共同的市场生产的商品生产者之间的关系,它不是资本主义经济的产物,而是商品经济的产物。因此,只要有商品生产存在,就会有竞争存在。竞争是商品生产者在市场上为自己争取有利的购销地位的特殊形式的竞赛。所以,马克思说:"竞争不是工业竞赛而是商业竞赛。在我们这个时代,工业竞赛只是为了商业而存在。"③ 资本主义企业间的"工业竞赛",即改革技术和管理、提高产品质量、更新产品品种、降低生产成本等的直接目的,

---

① 《马克思恩格斯全集》第21卷,人民出版社1965年版,第215页。
② 《马克思恩格斯全集》第4卷,人民出版社1958年版,第177—178页。
③ 同上书,第173页。

无非是为了在市场上击败自己的竞争者，以夺取最大限度的利润。社会主义企业之间的竞争当然也要在市场上为各自争取有利的购销条件，因为企业有自己特殊的局部利益。竞争及时暴露出先进企业与落后企业的矛盾，使那些产品质量低劣、品种不合需要、消耗大、成本高、亏损严重的企业不能长期维持下去，从而得以腾出原材料、燃料、电力和劳动力用到经济效果高的企业，保证国民经济急需的产品的生产，这对社会主义经济的发展无疑是件好事。

社会主义经济中的市场机制和竞争问题在我国实际上不是今天才提出来的。早在1956年对私营工商业的社会主义改造基本完成的时候，陈云先后在一届人大三次会议和党的八大的发言中就指出，商业部门对工厂的加工订货、统购包销的办法和商业部门内部自上而下分配商品的办法，虽然对私营工商业的改造来说是必要的，但是这些办法就在当时也已暴露出缺点，诸如收购价格不易订准，加工数量时多时少，原料供应不当，某些商品质量下降、品种减少、花色不合销路，许多工厂不热心于降低成本，以及农副产品由当地国营商业或供销社独家收购，当它们不注意收购或购价偏低的时候引起农副产品减产，等等。因此，陈云建议，在对私营工商业改造基本完成后新的社会主义经济基础上改变这种办法，由工业专业公司来组织工厂的生产和销售。除少数关系国计民生且规格简单的商品如纱、布、煤、糖等可以继续统购包销外，大量日用百货和手工业品都改为商业部门向工厂选购的办法，选购剩下的商品，工厂可以自销或委托商业部门代销。国营商业、供销合作社系统内部改为自下而上的选购。下级商店可以向全国任何批发机构选购，也可以向工厂直接选购。全国各地的商品可以进入任何一地去销售，国境以内任何地方都不得采取互相封锁的办法。工厂需要的原料，除某些供不应求的由国家分配外，也由工厂选购。选购商品的价格可以在国家批准的幅度内摆动。对于实行选购的商品，国家计划只给工厂下达参考指标，工厂可以按照市场情况自定指标，进行生产，不受国家参考指标的束缚。对于生产上落后的工厂，国家在计划安排上可以给它们改进生产推销商品的机会，但是其中一扶再扶也扶不起来的，就该淘汰改组。

这些建议，后来没有坚持贯彻。但是，回顾几十年来国内外社会主义经济发展正反两方面的经验，现在看来，这些建议的方向是正确的。它们的出发点是在社会有计划调节下给企业以独立的商品生产者的地位，便于生产者经常了解消费者的需要，并随时接受消费者的监督，以使产品适销对路。这个基本精神，不仅适用于当时建议所涉及的那部分产品，而且具有普遍意义，因为它是符合具有商品经济形态的社会主义计划经济的本性的。除了消费品以外，生产资料的分配，在条件具备时，也可以转移到按商业原则进行供销的轨道上来。

毛泽东在《论十大关系》中曾经提出"工厂在统一领导下的独立性问题"，并且说：中央、省市和工厂的权益究竟应当各有多大才适当，我们经验不多，还要研究。从原则上说，统一性和独立性是对立的统一，要有统一性，也要有独立性。各个生产单位都要有一个与统一性相联系的独立性，才会发展得更加活泼。

我们现在讨论市场在社会主义社会有计划调节社会生产中的地位和作用问题，实质上也就是要研究社会主义制度下社会经济的统一性和企业经营的独立性如何结合的问题。这是社会主义生产关系的一个根本性问题。社会主义企业在生产安排、资金使用、劳力调度、物资采购、产品销售、价格变动、设备更新和收入分配等方面拥有一定程度的经营自主权，这对企业作为社会主义社会中相对独立的商品生产者来说是完全必要的。但是，社会主义企业的这种商品生产者的地位，显然既不同于小商品生产者，也不同于资本主义商品生产者，因为它的基础是社会主义公有制。这里，企业是使用社会公共所有的生产资料进行生产和经营的。因此，企业在依据市场状况作出适合自身利益的生产经营的决策时，要有社会的统一计划的指导。一方面，这样可以把企业的局部利益纳入社会整体利益的轨道。另一方面，这样也可以使企业掌握单靠它自身力量所无法了解的比较全面的产需信息，从而作出比较切合实际的决策，避免生产经营的盲目性。当然，社会的这种统一计划必须是符合客观经济规律的。而要做到这一点，除了其他条件以外，社会的统一计划需要依靠市场机制的检验和矫正。

需要看到，既然有市场存在，也就会有市场自发性和社会主义经济计划性的矛盾。作为商品生产者的社会主义企业，从其局部利益考虑，可能作出不符合整个社会主义经济发展利益的决策。而且，像我国当前这样，在按经济的（不是行政的）组织程度来说许多社会主义企业还处在相当分散状态的时候，社会对它们的计划指导客观上比较困难，而这类分散的小企业对社会上技术进步和供求状况的情报的掌握也有很大的局限，因此它们在市场预测和生产安排上难免会有盲目性。同时，本文以上讲到社会主义社会的市场时，是仅就作为其主体的社会主义商品经济来考察的。但是，事实上，除此以外，这里还存在着作为社会主义经济补充的小商品经济，还有以隐蔽的或公开的形式进入市场的少量资本主义商品经济。因此，市场上资本主义自发倾向和小生产自发倾向必然会经常发生。从根本上说，克服市场自发势力的关键，还是要在发展社会生产力的基础上，提高生产社会化程度。而提高生产社会化程度，也就是加强国民经济计划性的物质基础。

在当前关于经济体制问题的讨论中，对于现在的主要问题究竟是集中过多还是过于分散，大家看法不尽一致。其实，这两种说法各有部分道理。从对于经济事业的行政管理来说，确实集中过多。从经济联系的组织来说，又确实过于分散。经济上的分散，表现在没有按照经济的内在联系组织起来。许多企业只是依靠行政手段联系在一起，而在经济上彼此实际处于隔绝状态或若即若离状态。多年来，经济上的这种分散状态是靠行政上的集中管理来维持的。只要集中的行政管理一放松，分散化经济的自发性就立即暴露出来。所谓"一放就乱"，其源在此。

列宁在十月革命后曾给俄国提出"使生产**在事实上社会化**"①的任务。这个指示，对我们当前社会主义经济的发展也有重大的现实意义。经济体制的改革，正是要使生产在事实上社会化，因此，可以从组织联合企业着手准备。联合企业是在专业化和协作的基础上建立起来的独立经济核算单位。它可以打破行政部门、行政区划和行业的限制，按照经济合理的原则，把生产经营上直接有关的生产单位和供销单位在经济上有机地组织在一起，使人财物、产供销的调度统一起来。在联合企业所属单位之间建立明确的专业分工和协作的关系。当然，提高生产社会化程度并不等于所有企业都要组成大型联合企业。许多中小企业从经济方面来看事实上不可能也不必要都合并成为联合企业。但是有了一批大型联合企业作为骨干，也就便于把许多仍然独立的中小企业从经济上联系起来。中小企业作为专业化企业可以和有关的联合企业建立固定的协作关系，并在经济、技术、管理等方面接受联合企业的指导和帮助，成为围绕联合企业运转的卫星企业。无论在一个联合企业内部各个生产经营单位之间，还是在联合企业相互之间，或者联合企业同跟它协作的中小企业间，都要有明确规定经济责任的合同制来调节彼此经常的经济联系。把产供销衔接起来的这种经济合同，可以成为经济计划的基础。这样，社会的统一计划就可以主要依靠联合企业自下而上的逐级协调来制订。许多作为卫星企业的中小企业的产销活动，则可以通过联合企业跟它们的固定协作关系来纳入社会统一计划的轨道。

关于国民经济计划工作的重点，有同志建议要放在研究和拟定长远规划特别是中期计划上。笔者认为这个意见是正确的。制定一个相对稳定的有科学根据的长远规划和中期计划，是实现社会主义社会有计划调节社会生产的必要条件。如果计划只是年年临时安排，甚至年度计划在一年中间还频繁变动，"一年计划，计划一年"，则势必不是打乱企业之间正常的协作关系和基本建设的正常秩序，就是计划本身

---

① 《列宁选集》第 3 卷，人民出版社 1972 年版，第 495 页。黑体字是原有的。

根本贯彻不了，因而不能真正达到有计划调节社会生产的目的。

　　银行是社会主义社会有计划地调节社会生产的全国性簿记机构。社会主义国家银行通过货币的发行和回笼，通过信贷、结算、现金出纳和外汇收付业务，能够经常及时掌握国民经济各个领域的变化情况，从而不仅为国民经济计划的制订提供可靠的数据，而且从资金活动方面直接给企业以指导和帮助，监督国民经济计划的实施。列宁在1918年《关于银行政策的提纲》中曾经指出："银行政策不限于把银行国有化，而且应该逐渐地、但是不断地把银行变为统一的核算机构和调节机构，调节全国按社会主义方式组织起来的经济生活。"① 充分运用银行作为"统一的核算机构和调节机构"的职能，对于克服市场自发势力，把市场机制的作用方向引导到社会主义社会有计划调节社会生产的轨道来说，是一个不可缺少的条件。要使银行真正能够"调节全国按社会主义方式组织起来的经济生活"，必须保证银行按照自己的职权范围进行业务活动的自主权，坚决摒弃任何一级党政领导人批条命令银行支款的做法。只有这样，才能如列宁所说，使"统一而规模巨大无比的国家银行，连同它在各乡、各工厂中的办事处"名副其实地成为"社会主义社会的一种骨干"②。

　　经济体制的改革是十分复杂的问题，需要积极研究，慎重行事。要在周密的调查研究的基础上，确定改革的战略目标和相应的行动步骤，并且一切经过试验。本文的目的不在设想改革的方案，只是试图从理论观点方面对于如何认识和运用社会主义计划经济中价值规律和市场机制问题提出一些看法，供同志们研究经济体制问题时参考，并望得到指正。

（原载《经济研究》1979年第7期。收录1979年价值规律作用问题讨论会文集《社会主义经济中计划与市场的关系》，中国社会科学出版社1980年版）

---

① 《列宁全集》第27卷，人民出版社1959年版，第204页。
② 《列宁全集》第26卷，人民出版社1959年版，第87—88页。

怎样理解所有制这个范畴

对所有制这个范畴的理解，近几年有许多争论。这个争论并不是纯粹的抽象概念之争，而是实践提出的问题。党的十一届三中全会前20多年中，在"左"的错误思想指导下，我国在所有制问题上一味追求把一切私有都变成公有，然后又把"小集体"所有变成"大集体"所有，再把"大集体"所有变成国家所有（全民所有），而表现为国家所有制的全民所有制被认为是公有制的最高形式。这涉及对所有制范畴的理解问题。

那时，实际上普遍把所有制范畴归结为单纯的法律关系。因此，就把所有制单纯理解为生产资料在法律上的归属，以为它在法律上的归属关系改变了，所有制关系也就改变了。至于它同生产、交换、分配领域的具体关系有什么联系就不管了，当然更不管它同生产力的实际状况有什么关系，尽管口头上也经常讲生产关系要适合生产力。

粉碎"四人帮"以后，特别是党的十一届三中全会以后，在拨乱反正、总结历史经验的过程中，自然会提出如何正确理解所有制范畴的问题，因为不正确解决这个问题，所有制形式和所有制结构的调整和改革就会碰到很多思想上的障碍。正是在这种背景下，经济学界有人提出，政治经济学在研究所有制时，必须分析全部生产关系。也就是说，不能脱离生产、交换、分配领域中的具体生产关系孤立地研究所有制。提出这样一个问题，无论在理论上或实践上显然都是个很大的进步。

但是，在如何联系那些具体的生产关系来理解所有制范畴的问题上，经济学界还一直存在着争论。

有一种意见，把所有制看作法制范畴，因而认为不能把所有制作为政治经济学的一个独立的研究对象。按照这种意见，所有制只是生产关系的法律用语，生产关系的三个组成部分即生产、交换、分配关系就是所有制这个法律用语所包含的全部经济内容。要说明所有制问题，必须把包括生产、交换、分配的全部生产关系从头至尾说一遍。如果把所有制作为政治经济学的一个独立的研究对象，那就不可避免地陷入形而上学的或法学的幻想。

这种观点尖锐地揭露了过去在"左"的指导思想下，脱离了生产、交换、分配领域中的生产关系，依靠国家政权，孤立地在作为法制范畴的所有制上做文章的倾向，以及这种倾向对实践造成的严重危害。这样的揭露是合乎实际的。同时，从理论上看，这个意见在以下三点上也是正确的。第一，它明确指出，不能脱离生产、交换、分配关系孤立地研究所有制。第二，它提出，不能把所有制看作是和生产、交换、分配关系相并列的关系。换言之，所有制关系和生产、交换、分配关系不是同一层次的关系。第三，它肯定所有制有法制范畴这一层含义。

但是，这个观点有不全面的地方。它没有在肯定所有制有法制范畴这层含义的同时，明确肯定所有制也是一个经济范畴，可以成为政治经济学的一个独立的研究对象。诚然，我们不能在生产、交换、分配这些领域的具体生产关系之外孤立地研究所有制。但是，我们在分析、研究了这些具体的生产关系之后，可以而且应该问为什么生产、交换、分配领域中会有这样的而不是那样的生产关系，这些具体的生产关系的性质是由什么规定的。我们应该寻根究底地问，在研究这些具体的生产关系之后，或者更准确地说，从这些具体的生产关系的分析、研究中，有没有必要在理论上抽象出所有制这样一个经济范畴。这也就是承认不承认所有制是客观存在的生产关系，尽管它同生产、交换、分配领域具体的生产关系不是并列的关系。上面的观点，没有回答这些问题。

所有制的德文原义确实有法制范畴的含义，但同时也有经济范畴的含义。我们中文有个方便的地方，可以用所有制和所有权两个词分别表示作为经济范畴的所有制和作为法制范畴的所有制，而在德文中就是 Eigentum 这个词。马克思、恩格斯在他们的著作中用 Eigentum 这个词，有时是作为生产关系的所有制来用，有时是作为法律意志关系的所有权来用的，但他们对这两层含义是有严格区分的。例如，马克思说："政治经济学不是把财产关系的总和从它们的法律表现上即作为意志关系包括起来，而是从它们的现实形态即作为生产关系包括起来。"① 这里的财产关系就是所有制关系。这段话表明，马克思对所有制一词确实有两种含义不同的用法；同时，这段话也表明，马克思并没有把所有制排除出政治经济学的研究对象，而是肯定政治经济学可以而且应该研究所有制，只是它研究的不是作为法律意志关系的所有制，而是作为生产关系的所有制。

有一种意见，在承认所有制有它的法律范畴以外，也承认所有制是客观存在的生产关系，但认为这样的所有制概念不过是生产、交换、分配诸方面的生产关系的同义语。这种观点肯定所有制是生产关系的总和，只有考察了作为所有制的现实形式的生产形式、交换形式、分配形式，才能得出对一种所有制的本质特征的规定。这无疑是正确的。但是，它就此止步，没有进一步问这种所有制的本质特征的规定对生产、交换、分配诸方面的生产关系究竟有没有决定作用，也就是说，它没有回答或者认为不必回答所有制在整个生产关系体系中究竟处于什么地位的问题。它把"所有制是生产关系的总和"这个正确的命题理解为只是所有制＝生产关系＋交换关系＋分配关系，因而简单地断言所有制是生产关系的同义语。按照这样的理解，实质上也就同样否认政治经济学有必要把所有制作为一个独立的研究对象进行研究。

诚然，所有制不能离开了生产、交换、分配诸方面的生产关系

---

① 《马克思恩格斯选集》第 2 卷，人民出版社 1972 年版，第 142 页。

孤立地进行研究，但这不等于说它不能或不应成为政治经济学的一个独立的研究对象。犹如价值是价格的本质或规律，价格是价值的现象形态，我们不能离开了价格孤立地去研究价值规律的作用，但是并不因此而不能或不应把价值规律作为政治经济学的一个独立的研究对象。在这里，独立和孤立是两个不同的概念。

要正确认识所有制同生产、交换、分配诸领域的具体生产关系之间的相互关系，我们应当把研究问题的顺序同生产关系体系内部相互制约的不同层次这二者区别开来。研究问题的顺序是从具体上升到抽象，通过现象形态的考察，找出隐藏在现象形态背后并规定着现象形态的本质。所以，研究所有制时要从生产、交换、分配领域具体的生产关系着手去进行分析，从这些具体关系的研究中找出一种所有制的本质。也就是说，一种所有制是什么性质的所有制，须从对生产、交换、分配的全过程的分析、研究中去寻找答案。但是，这个研究问题的顺序，丝毫不是意味着生产、交换、分配诸领域具体的生产关系决定着所有制性质，也不是意味着这些具体的关系能够替代所有制在整个生产关系体系中的地位。所有制是生产关系的总和，但并不等于生产、交换、分配领域诸具体关系简单的加总。所谓生产关系的总和，是从整体上考察的生产关系，而不是生产关系的各个具体的环节；是全部生产关系的本质，而不是生产关系的现象形态。所有制正是这样的生产关系总和，它决定着、支配着生产、交换、分配各领域的生产关系。前者和后者不是并列的关系。所有制在整个生产关系体系中居于支配的地位。

这不是咬文嚼字，它对实践有直接的关系。理论上怎样理解所有制范畴同实践上怎样对待所有制问题是密切相关的。

究竟什么是所有制？如果回答所有制是生产资料归谁所有，这不过是同义反复。按笔者的理解，所有制是劳动者或直接生产者同生产资料相互结合的特定的社会形式。笔者这个理解是在1977年批判"四人帮"所谓"领导权决定所有制性质"的谬论时形成的，从那时以来它一直是笔者研究所有制形式和所有制结构问题的理论上的指针。任何社会，要进行生产，就须使劳动者和生产资料结合起来。劳动者和生产资料结合的物质形式，即二者作为生产力要素的结合，属于生产力范畴。劳动者和生产资料结合的社会形式，即通过人们对生产资料的关系形成的人与人的关系，就是所有制，属于生产关系范畴。马克思把"所有制形式"作为"他对劳动的客观条件的关系"的同义词，指的就是这个意思。[①] 所有制有时叫所有制形式或所有制关系，这三种提法没有本质的区别。所谓所有制形式，是着眼于上述结合的社会形式；所谓所有制关系，是着眼于上述结合形成的人与人的关系；而这种社会形式就是人与人的关系，是一回事。

马克思主义政治经济学研究的所有制就是生产资料所有制，而生产资料的所有也就包含着对劳动的支配，所以笔者认为，有人提出的同生产资料所有制相并列的"劳动力所有制"，实际上是不存在的。至于产品的所有，那是生产资料的所有的必然结果。流通资料的所有也不是独立于生产资料所有之外的，它不过是流通领域内生产资料的所有。所以，我们讨论所有制范畴问题，只讲生产资料所有制，或简称所有制，完全能够弄清它的实质。

所有制是生产关系最本质的规定。一种生产关系的性质，是由劳动者和生产资料结合的特定的社会形式，即所有制的性质规定的。有什么样的所有制，就有什么样的生产关系。这就是说，所有制是生产关系体系中最本质的关系，它规定着生产、交换、分配领域中全部关系的性质。因此，我们固然必须通过对生产、交换、分配领域中具体的生产关系的分析、研究来揭示所有制的本质，但政治经济学的任务并不到此为止，它要依靠这种对所有制的本质的认识，去更加深刻地认识和正确地处理受所有制规定、制约的生产、交换、分配领域中具体的生产关系。

我们讲生产力决定生产关系，就是指生产力发展到什么样的程

[①] 参见《马克思恩格斯全集》第46卷上册，人民出版社1979年版，第484页。

度决定了必然要有什么样的劳动者和生产资料相结合的社会形式与之相适应。违背了这个规律，就必然会阻碍生产力的发展。生产力的发展程度包括生产条件中物的因素和人的因素两方面的发展程度，即生产资料是否具有社会性或其社会化程度如何，以及与之相适应的直接生产者的文化知识、技术水平和管理能力如何。这两方面是相互适应地发展的。劳动资料是"人类劳动力发展的测量器"①。生产资料的发展是劳动者发展的物质基础，而劳动者的发展是生产资料发展的能动因素。劳动者和生产资料协调的发展综合为生产力。这二者也可能脱节，如从国外引进的某些现代化设备按其性质来说社会化程度很高，但是如果劳动者不具备使用这些设备的知识、技术和管理能力，也就形成不了有机的、综合的生产力。所以，只有生产资料和劳动者相互适应的发展程度，才是决定生产关系的生产力的发展程度。在这个条件下二者结合的社会形式，才是所有制本质的规定。

劳动者和生产资料的发展程度，以及与之相适应的二者结合的社会形式，是不以人们的意志为转移的。它是先行的历史过程的产物。我们拿资本主义作例子，比较好理解。在奴隶劳动、农奴劳动条件下，劳动者是不自由的。奴隶作为会说话的牲口，农奴作为土地的附属物，与再生产的其他无机自然条件同属一类。我们有不少政治经济学著作说奴隶制、封建制下劳动者和生产资料是分离的，其实这种说法不确切。马克思早就说过："在奴隶制关系和农奴制依附关系中，没有这种分离；而是社会的一部分被社会的另一部分简单地当作自身再生产的无机自然条件来对待。"② 劳动者和生产资料的分离是资本主义的特征。资本主义所有制以自由劳动者的存在为前提。这种双重意义上的自由，一是除了劳动力以外，自由得一无所有；二是摆脱了人身的依附，可以自由出卖劳动力。他们只有出卖劳动力，才能同生产资料相结合。③ 资本和雇佣劳动的关系就是资

---

① 《马克思恩格斯全集》第 23 卷，人民出版社 1972 年版，第 204 页。
② 《马克思恩格斯全集》第 46 卷上册，第 488 页。
③ 同上书，第 510 页。

本主义所有制。马克思说："劳动对资本的关系，或者说，劳动对作为资本的劳动客观条件的关系，是以促使各种不同的形式——在这些形式下，劳动者是所有者，或者说所有者本身从事劳动——发生解体的历史过程为前提的。"① "这种历史上的解体过程，既是把劳动者束缚于土地和土地的主人而实际又以劳动者对生活资料的所有为前提的农奴制关系的解体，因而这实质上是劳动者与土地相分离的过程；也是使劳动者成为自耕农、成为自由劳动的小土地所有者或佃农（隶农）、成为自由的农民的土地所有制关系的解体；也是以劳动者对劳动工具的所有为前提并且把作为一定手工业技术的劳动本身当作财产（而不仅仅是当作财产的来源）的那种行会关系的解体；同时也是各种不同形式的保护关系的解体。""所有这些关系的解体，只有在物质的（因而还有精神的）生产力发展到一定水平时才有可能。"②

劳动者和生产资料发展到什么样的程度，必然要求形成什么性质的所有制，才能和生产力相适应，最有利于生产力的发展。正是在这样的意义上，我们说，所有制，即劳动者和生产资料结合的社会形式，是不以人们的意志为转移的。有人可能会问：所有制既然是不以人们的意志为转移的，那为什么过去 20 多年我国在所有制问题上时而这样搞，时而那样搞呢？这岂不是人们的意志可以左右所有制吗？笔者看，过去 20 多年的教训恰恰证明，任何人都不可能强制所有制按照人们脱离生产力实际的主观意愿去发展。当然，在对待所有制问题上，人们可以有自己的能动性。但是，这种能动性只能表现在，当生产资料和劳动者发展到一定程度，要求有与之相适应的它们二者结合的社会形式时，人们对这种客观要求认识与否或认识深浅，可以影响适合生产力发展的所有制形式的形成和发展的过程。但是，归根到底，所有制还是要受生产力发展程度的制约。当人们脱离了生产力发展的要求而任意改变所有制时，就会阻碍或

---

① 《马克思恩格斯全集》第 46 卷上册，第 498 页。
② 同上书，第 504—505 页。

限制生产力的发展，从而给人们以教训。人们不得不遵循所有制发展的客观规律，回过头来调整或改革所有制形式和结构，以适应生产力的发展。所以，它终究还是不以人们的意志为转移的。

综上所述可见，劳动者和生产资料结合的社会形式是作为先行的历史过程的产物而客观存在的生产关系。这就是所有制。它不是脱离了生产、交换、分配领域的生产关系而孤立存在的，但它又是规定、制约着生产、交换、分配领域的关系的最本质的生产关系。所有制作为一个经济范畴，不仅可以作为政治经济学研究的对象，而且政治经济学应该特别重视所有制问题的研究。它是政治经济学中一个非常重要的理论问题，又是对我国社会主义现代化建设具有非常重要的现实意义的理论问题。

（节录自 1983 年 5 月 7 日讲课记录稿《关于所有制研究的几个方法论问题》）

计划经济实践中的矛盾[*]

——中国国营工业企业的供销体制

一　中国国营工业企业供销体制基本格局[**]

国营工业企业供销系统和机构设置

在计划经济体制中，中国国营工业企业的生产资料供应和产品销售是通过两个系统进行的。工业品生产资料通过物资供销系统进行供应和销售，农产品原料和工业消费品通过商业系统进行供应和销售。

按管理的权限划分，工业品生产资料分成三大类。关系国计民生的最重要的通用物资，由国家计委平衡分配，国家物资局统一调拨管理，称为统配物资。重要的专用物资，由中央各主管部门分别平衡分配，称为部管物资。统配、部管物资以外的工业品生产资料称为三类物资，由省、市、自治区安排生产和销售，或由生产企业自销。

农产品原料和工业消费品也按管理权限划分为三类。一类商品

---

[*] 本文是作者参与中国社会科学院经济研究所与世界银行合作研究项目"中国国营工业企业管理体制"调查研究成果，1985年完成，同年提交该项目研究成果国际讨论会，载该项目成果文集《中国工业改革与国际经验》，中国经济出版社1987年版；英文版 China's Industrial Reform，Oxford University Press，1987。原题《中国国营工业企业的供销体制》，现移作副题，按本文主题新加标题《计划经济实践中的矛盾》。该课题于1982年立项，1983—1984年选择不同规模、行业、地区的20个国营工业企业，对其体制进行了全面的、深入的调查研究。中方课题组主持人为董辅礽。

[**] 本项目调查研究的对象是刚启动改革的国营工业企业，反映的基本是改革前国有企业体制原貌。

的购、销、调、存和进出口指标由国家计委平衡分配，国家集中管理。二类商品由国家计委平衡，其中大部分授权中央主管部门管理，小部分由国家集中管理，地区间实行差额调拨。三类商品基本上由地方管理。

物资管理机构按国家行政系统设置。各级政府都设有物资局。国家物资局下设金属材料、机电设备、化工材料、木材、建筑材料等统配物资的专业总公司，专业总公司在各大行政区设采购供应站（简称一级站），组织物资供应。各工业主管部门分别设立供销机构，组织本部门所属企业的产品销售和物资供应。各省、市、自治区物资局也都设有专业公司和供应站。企业生产、建设所需原材料、燃料、设备等物资按企业隶属关系申请分配。统配、部管物资一般通过每年两次全国性订货会由供需双方按国家分配指标签订供货合同。这种合同，物资用量大的企业直接同供货企业签订，用量小的企业由主管部门或地方物资部门集中同供方签订。

国营商业批发机构分三级设置，组织采购供应。在商品的主要产地大城市设一级采购供应站，直属于商业部的专业总公司。在一般大城市或中等城市设二级采购供应站，隶属于省、市、自治区商业厅、局的专业公司。在县城设三级批发商店。专业公司负责商业的行政管理。商业系统内部的商品分配按一、二、三级批发站直到零售商店的顺序进行。国营工业企业通过商业部门销售的工业品由一级站或二级站向工业企业收购。

企业生产建设所需生产资料分配供应程序

由于生产资料分配供应的管理权限是以物资为对象按行政系统划分的，而任何一个工业企业生产建设所需物资都必然同时包括一、二、三类物资，因而国营工业企业必须向各有关行政部门多头申请分配一、二类物资，并采购三类物资。就以中国社会科学院经济研究所与世界银行合作研究项目所调查的20个国营工业企业来说，企业类型尽管有别，但在物资供应方面都无例外地要面对这种复杂状况。下面是其中几个企业的例子。

中国第二汽车制造厂是大型的中央直属企业，产品归国家物资局统一调拨，钢材等主要材料由国家计委分配，国家物资局组织供应。此外，汽车的配套产品（总共14类）虽已实行定点供应，但它们的生产厂分别归机械、电子、化工、轻工、建材等部门主管，二汽仍须每年向这些主管部门分别提报申请供应计划。

宝鸡氮肥厂是个省属中型企业，但又是全省重点化肥企业。它所需要的原料煤、燃料煤和化工专用设备须通过陕西省石油化工局的化肥工业公司逐级上报到化工部申请供应，由化工部"戴帽下达"供应计划；通用机电设备、化工材料、水泥、木材、钢材向省物资局申请，由该局的有关专业公司分别供应；包装材料、五金交电、油漆和地方建材（砖瓦沙石）等由企业就近自由采购。它所产化肥则由省商业部门的农业生产资料公司统购包销。

青岛锻压机械厂是个省辖市的市属中型企业，厂址又在青岛市郊的胶县，企业隶属关系曾数度上收、下放，变动频繁，物资供应关系显得特别复杂。它所需的主要材料（钢材、生铁、有色金属材料、木材、焦炭、耐火材料）须向山东省机械工业厅申请供应，由省机械工业厅从省物资局切块分配给该厅的总指标中给企业下达供应指标，然后由工厂同物资局指定的供方生产企业签署订货合同；原煤由企业向市物资局申请，并由该局所属燃料公司组织供应；汽油、柴油、机械油由胶县商业局系统的石油供应站确定供应指标，并向工厂供货；其他如烧碱、纯碱、油漆、电石、塑料制品、橡胶杂件等辅助材料或低值易耗品由企业向市或县的有关商业公司采购，地方建材由企业就近向农村社队采购。

纺织企业的物资供应又有自己的特点。棉花、原麻由商业部门在纺织工业部配合下按国家分配计划统一调度，羊毛主要由纺织部负责分配，纺织机械、纺织器材和化纤由纺织部负责组织生产和分配，进口纤维和染化料由外贸部门组织进口，纺织部负责分配。分配指标统一下达给省、市、自治区纺织工业厅、局。纺织企业分别向各自的主管厅、局申请供应。例如西北国棉一厂向陕西省纺织局

（现称纺织工业公司）的供销公司申请原料分配指标，由商业部门供销合作社系统的陕西省棉麻公司供应棉花；南宁绢麻纺织印染厂向广西壮族自治区纺织局的供销公司申请苎麻分配，由广西苎麻生产基地平乐县供销合作社供应原麻；天津市色织工业公司用纱，向市纺织局申请分配，由纺织局所属的棉纺织工业公司供应；清河毛纺织厂生产所需羊毛条、羊绒向北京市纺织局所属的毛麻丝工业公司申请供应。化纤原料每年由企业向主管厅、局提报申请供应计划，经批准分配后由企业同纺织部指定供货的化纤厂签订合同。外贸部门对有出口产品的纺织企业也供应部分化纤原料，如南宁绢麻厂在广东口岸每出口一万米涤麻产品，外贸部门就供应一吨涤纶条。其他物资的供应，以清河毛纺织厂为例，如企业所需进口染化料须于每年 2 月初和 8 月初经市毛麻丝公司材料科向市纺织局供应处染料科申报两次供应计划，国产染化料则向市商业局的化工原料公司申请供应；纺织器材须经市纺织局的纺织机械公司分配后，由企业向有关各地纺织器材厂每年订一次货；市物资局对全市纺织行业需用的钢材、木材、水泥统一分配给市纺织局，再由纺织局经下属公司分配到企业，然后市金属材料公司、木材公司、建材公司分别按照分配指标把材料供应给企业。

在国营工业企业中，有一批中央主管部门的所谓"直供企业"，这是由原来中央直属的一些企业下放给地方管理后，因地方无力解决它们的物资供应问题而形成的。像鞍山钢铁公司这样的大型骨干企业，产品面向全国，原材料、燃料、设备等物资需要量大，要靠各地供应。它原由冶金部直属，1969 年下放给辽宁省管理，并由辽宁省委托鞍山市代管时，冶金部曾一度把物资供应的管理同时下放给省，但是辽宁省根本无法保证鞍钢的物资供应。而且，鞍钢的产品，辽宁省既无权也无力在全国统一分配。因此，不久鞍钢生产建设所需主要物资又改由冶金部直接供应，即它需用的统配、部管物资主要由冶金部负责申请、分配和供应。鞍钢的生产建设计划也由冶金部负责安排。目前鞍钢的隶属关系名义上仍为"省、部共管，地方为主",但是鞍钢生产的产量、品种、质量和其他经济技术指标以及技术改造任务都由冶金部直接下达,大宗原料、煤炭、重油和主要设备等都由冶金部直供。在鞍钢需用的791种统配、部管物资中,下放给辽宁省转供的只有电力、天然气等30多种。三类物资由鞍山市组织供应,企业根据需要随时采购。沈阳冶炼厂也是冶金部的"直供企业",它原来直属于冶金部,下放给沈阳市以后,主要原材料如铜精矿、铅精矿等矿石原料仍由冶金部直供,企业直接向冶金部申请,经部平衡分配后,由企业与部指定的供货矿山签订合同;但燃料、钢材、木材、水泥、烧碱等物资由辽宁省冶金厅转供,企业只向省厅申请,由省厅按冶金部分配指标同供方企业签订合同;一部分部管物资由企业向市冶金局申请分配供应,并由市冶金局代企业同供方签订合同。湘乡水泥厂是湖南省属大型水泥企业,又是国家建材局的"直供企业"。它的生产建设计划由国家建材局下达,产品基本上由国家统一分配,主要原材料和设备由国家建材局分配供应(石灰石由该厂的矿山自供)。省建材局在国家下达给企业的生产计划上加码,同时给企业分配供应一部分原材料,从企业取得小部分供省内分配。

以行政性的产品分配代替经济性的商品交换的供销体制

上述情况反映了中国50年代以来形成的国营工业企业供销体制的基本格局。这种体制的主要特征是:每种物资或产品的分配管理权限是按其对国民经济的重要程度和供应短缺程度划分的。但是,企业所需生产资料是按行政系统自下而上申请,然后自上而下分配、供应的;产品生产自上而下按行政系统下达生产计划,生产出来的产品自下而上集中,按上述分类分别由国家的不同机构分配。因此,物资基本上是按企业的隶属关系在行政系统(主管部门或地方)之间切块分配的。所谓"直供企业"不过是下放重要企业的管理权限不可避免地同中央集中掌握物资分配发生冲突时妥协的产物,实际上是中央主管部门收回或基本收回下放给企业的管理权限。

由于生产资料是按行政的纵向程序申请、分配、供应的,需方企业和供方企业之间横向的联系不过是执行国家计划的行政指令的从属的被动的手段。物资或产品的调拨按国家规定的固定价格（国家物资局定价、主管部定价或省、市、自治区定价）结算，因此价格基本上是只起被动的消极的作用。总之，这是一种实质上以行政性的产品分配代替经济性的商品交换的供销体制。

二 依靠行政权力动员和分配物质资源的供销体制和社会化经济发展的矛盾

这种基本上依靠国家的行政权力动员和分配物质资源的供销体制，在社会主义建设初期，对于集中有限的物质资源保证重点建设，奠定社会主义工业化的基础，并保障人民的基本生活，曾经起过一定的积极作用。在经济联系相对而言比较简单的时期，这种供销体制也尚能维持。但是，即使在那时，供求关系紧张、供需脱节的现象也经常发生。随着社会主义现代化建设的进展和生产社会化程度的提高，经济联系越来越错综复杂，这种体制不适应社会化经济发展要求的矛盾越来越突出。

建立这种供销体制时，当初设计的意图或许是想避免市场关系的盲目性，有计划地动员和分配物质资源，以较为简化的程序实现产需衔接和供求平衡，使物质资源得到合理的节约的使用，从而促进国民经济的有计划的协调的发展。但是，几十年来它的运行效率表明，事与愿违。仅就我们这次调查的 20 个国营工业企业的有关事实，已足以证明这种供销体制非改不可。

运用行政权力动员和分配物质资源的供销体制，是以社会主义国家所有制为基础的集权型经济体制的组成部分。在这种经济体制下，国家是投资风险的总的承担者。主管部门、地方、企业归根到底都无须承担投资风险，而它们各自的利益又同争得的投资和物资的多少相联系，凡能争得更多投资和物资者，就有较为优越的物质条件便于完成国家计划和改善职工福利。因此，投资需求膨胀是这种经济体制下经常的现象。投资过度又必然驱动物资需求膨胀，形成物资短缺。物资短缺反果为因，又能成为生产短缺物资的主管部门、地方、企业争投资、争物资的论据。国家掌握的可分配的物质资源，经常面临着物资的过度需求。国家在物资的各种用途之间权衡轻重缓急的分配，受到来自四面八方的物资需求的告急呼声的干扰，事实上很难做到合理分配和供应，以致正常、合理的需要往往反而得不到满足。在我们调查的企业中，除了个别企业需用的个别物资，如棉纺织厂的棉花供应，清河毛纺织厂的羊毛条、羊绒、涤纶条、腈纶条供应，在数量上基本有保证（品种、规格还有问题）以外，普遍反映主要原材料、燃料、动力的计划分配、供应指标同国家下达的企业生产计划相比都有不同程度的缺口。如二汽按当年计划需要量计算，1983年国家计划分配的钢材只占90％，生铁只占54％，纯锡更少，只占20％左右。闽东电机公司按福建省机械工业厅下达的总产值指标计算，计划分配的主要材料只占需要量的60％—75％。上海第十七棉纺织厂需用的钢材，计划分配量只能满足需要量的60％，而供应时品种、规格适宜的又只占计划分配量的70％。三岔子林业局需用的国家统配物资，计划供应量近几年平均只达需要量的60％左右，1983年钢材计划供应量只能满足需要的70％、水泥的50％、生产用煤的40％。西北国棉一厂生产维修用钢材、木材、水泥，计划分配的只能满足需要的20％，粘胶生产用硫酸、烧碱等也都供应不足。经济学家们多年呼吁"计划不能留有缺口"，然而缺口依然存在，就是因为缺口不只是由于计划方法的缺陷造成的，它的更深刻的根源在于国家总揽投资风险的经济体制。

统配、部管物资分配时不管具体品种、规格，只按大类品种分配。事实上，只要是自上而下按行政系统分配，就只能如此。仅以钢材为例，目前国产钢材就有一千多个钢种，两万多个规格，而每个用户企业对钢材又有多种用途，不靠用户选购，而靠分配机构分配，不可能具体入微地顾及每个企业的各项具体需要。在物资分配指标确定以后，像二汽这样规模大、物资用途多的企业，尚可通过全国订货会直接与供方企业洽谈，签订供货合同，力求在品种、规格上使供需衔接；但是，由于供货企业是国家物资局指定的，供货企业能够或愿意生产、供应的品种、规格未必会同二汽的要求相符。二汽在分配到的主要材料指标中，订货时品种、规格对路的材料一般只能订到85%左右。这还是比较好的情况。至于物资用量较少的用户或零星物资，由主管部门或地方物资局代用户同供方企业统一订货，品种、规格就更难保证。湘乡水泥厂基建用木材由国家建材局下达分配指标，只有总量，不分品种，具体供应由省物资局组织，只供应20%的杉木，其余都给湖南省当地产的松杂木，容易变形，正式工程不好用。清河毛纺织厂生产用钢材主要用于设备维修和自制一部分机械配件，需要一些小型钢材，可是你要十来公斤一根的，它却供应一百多公斤一根的，于是钢材进厂后不得不开锯。基建用钢材要论长度，可是计划供应只问吨位，西北国棉一厂扩建工程因分到的钢材太粗，交给施工单位时只好按80%折算，这又加大了钢材供应的缺口，并提高了工程造价。宝鸡氮肥厂通过省主管部门负责人央求省物资局负责人批给了1000吨基建用钢材，可是省金属材料公司说只能供应扁钢、轴承钢，厂方听了哭笑不得，真不知怎能把这种钢材用到基建工程上。纺织厂的原料、染化料的品种、规格、质量也没有保证，工厂对原料来源没有选择权利，只能来什么料生产什么产品。1983年年初化纤产品大幅度降价后，清河毛纺织厂明知市场上混纺条染产品好销，却因受原材料限制而不得不继续多生产当时滞销的纯毛织染产品。棉花供应不顾棉纺织厂配棉需要，工厂要生产粗支纱，却给供应高级棉，致使棉纱成本增高。上海市棉纺织工业公司1983年听说外地有次棉，并愿换好棉，就主动调换了一批，收到很好的经济效益，然而有关部门批评说这样破坏了全国棉花统配计划，以后不许再调换。分配机构做不到按企业的实际需要分配，却又要企业靠牺牲效率来墨守规范。

物资供需的脱节由于企业申报供应计划在先、国家下达生产计划在后的程序而加剧。企业产供销的经济环境每日每时都在变化，而供需双方只靠一年两度的订货会来衔接。一次通常是在上年第四季度召开的预拨订货会，另一次通常是在当年第二季度召开的全年订货会。国家下达企业生产计划一般地说早则也要在当年二三月份。在预拨订货会之前国家不可能下达企业生产计划，因为它还要通过预拨订货会让各部门、各地方提报资源和申报需要，以便安排资源和需要的平衡。否则，它只能凭空下达生产计划。然而，在国家下达生产计划之前，企业要在上年第三季度提报计划年度物资供应的申请，并在第四季度通过预拨订货会订货，它就只能依据经验数据或自己草拟的生产计划大纲来估算提出申请并订货。不订货，计划年度上半年就会没有物资分配和供应；订货，则不免带有盲目性。国家下达的生产计划同企业的估算一有出入，分配的物资就会积压或不足。

企业对这种"有计划的盲目性"的现象颇感头痛。在我们所访谈的企业，普遍对此反应强烈。清河毛纺织厂产品的色号计划尚未定，就得先报送申请染化料供应计划，不报则下半年就一点供应都没有，报了就不能再更改；进口到货就得付款，一批货就是十几万、几十万元，如果实际生产的产品色号同原先估计不一致，供应的染化料就积压，需用的染化料又得另想办法。南宁绢麻纺织印染厂也有类似情况，他们感到这种申请供应和订货办法同现在纺织厂要根据市场变化情况灵活安排生产的要求特别不适应。成都机车车辆厂担负全国东风型内燃机车修理任务。各个地区线路条件不同，磨损部位和程度都不同；西南山区轮箍磨损快，西北风沙大，内燃机内部机件和传动装置磨损快，东北地区对机车的防寒保温装置要求高。每年各条线路需要修理的机车数量不等，再加上机车型号不同，使用年代不同，加装改造情况不同，各年所需替换的零件品种和数量各不相同。每年的生产计划还没有定，就要申请物资和订货，根本无法使进货符合实际的需要。金陵石油化学总公司某些基建工程前期准备工作未做好，项目就要赶在订货会前上报审批，因为误了会期当年排不上号，至少又得等一年；但是一上报，基建计划还没定，材料就分下来了。

任何一个生产资料的生产企业，都要用其他许多生产资料生产企业的产品作为投入，而它自己的产品又是其他企业的投入。从最初的原料到最终的产品，形成一个许多环节结成的投入链。而在上述申请供应和订货都有估算成分的情况下，这个投入链的每个环节在计划时都包含着不确定的因素，这样制订的计划必难合乎实际。

物资供应不仅分配指标留有缺口，订货时在品种、规格上又打折扣，而且供货合同的执行缺乏保证。合同虽规定了违约应承担的经济责任，但在供应紧张情况下，供方交货不足，需方即使像二汽这样的大企业也无可奈何，因为它还有求于供方。华北石油管理局1982年同油田器材供货单位签订的6558份供货合同中，未执行或未全部执行的有2072份，占合同总数的31.6%；原因或是供货单位未安排生产，或是协作生产单位交货不配套，或是运输紧张。沈阳冶炼厂需用的焦炭，供货合同履约率有的年份只有20%。

供货合同的执行也受投入链的先行环节的物资供应的影响。如成都机车车辆厂1983年上半年由于南口机车车辆机械厂未能履行轮对供货合同，而几乎被迫停产，直接影响东风三型机车的改造；南口厂未能履约的原因则是由于马鞍山钢铁厂无法向它供应从动齿轮毛坯，而马钢无法供应的原因又是由于国家没有给马钢分配供生产铁道部门用的从动齿轮毛坯的钼铁指标。由此可见，投入链的一环脱节，就会引起这个链条一连串的相关影响。而在物资按行政程序分配和供应的体制下，这种脱节是很容易发生的。

运输紧张是中国整个经济的"瓶颈"。运力不足，加上运力分配不合理，成为降低供货合同履约率的重要因素。铁道部门对企业只按车皮数分配运力，不管每个车皮的载重量是50吨还是30吨。而且在既有的物资供应体制下，原材料订货如到年底还不到货，分配指标就作废；定点供应的原煤如果当月不运，分配指标也作废。华北石油管理局由于运输困难，计划分配的水泥往往只能到货90%，原煤只能到货75%—85%。鞍钢1982年按合同规定应由河北省供货的铁矿石只完成30%，完全是由于铁路运输紧张所致。湘乡水泥厂1982年曾因运输紧张而一度发生停窑待煤现象，1983年水渣供应因运输不正常而欠供1.6万吨。同时，该厂作为水泥的供方，也往往由于运输问题而影响按合同向需方供货；如1983年一、三季度就因火车车皮分配不足而使该厂水泥库满，不得不发动省内各县、市派汽车到厂抢运水泥，地方固然因此多得了计划外水泥，水泥厂却增加了履行供货合同的困难。鞍山钢铁公司的轧钢厂也常因缺车皮而造成钢材堆积，有的甚至被压坏，用户急需却运不出去。配套产品的运输同二汽均衡生产的需要很不适应，有一次二汽为生产急需而委托空运上海产的尼龙薄膜，可是被机场压了20多天。运输部门不参与供需双方供货合同的签订，对运输误时或损坏不承担经济责任。二汽的进口材料国内转运太慢，而且企业发现了运到的材料损坏，铁道部门拖延十天、半个来月也不签字证明，以致往往延误向外商的索赔；国产材料在运输途中的损坏、短缺，它更不认账，有一次运8000块曲面玻璃，损坏了500多块（值30多万元）。这种运输状况，对现代工业的社会化生产的发展是极大的障碍。

物资库存过多和物资供应短缺同时并存是用行政手段按行政系统分配物资的供应体制的通病[1]。物资按行政系统分配、供应，形成了物资部门、企业主管部门、地方、企业层层设库，物资分散储存，周转不灵。以全国钢材库存为例，"1953年到1981年的29年中，除1958年到1960年的统计数字不准外，其他26年的钢材库存均占当年生产量的50%以上，其中有10年的库存量超过了当年的生产量。特别是短缺品种的钢材，库存量更大"[2]。1981年年末全国钢材库存总量中，分散在用户企业的库存占53.5%，企业主管部门供应机构

---

[1] 据现在居住在国外的捷克斯洛伐克经济学家奥塔·锡克在1979年出版的《人道的经济民主制》一书中引用的捷克斯洛伐克《红色权利报》的数据，捷克斯洛伐克1973年年底的库存总额达2300亿克朗，相当于当年国民收入的2/3；1976年年底库存总额增加到3150亿克朗，相当于国民收入的84.3%；波兰的库存总额高达国民收入的87%。

[2] 周太和主编：《当代中国的经济体制改革》，中国社会科学出版社1984年版，第351页。

库存占 20.2%，这两项合计占 73.7%。此外，物资部门面向社会的周转库存只占 21.6%，钢材生产企业成品库存占 4.7%。可见，库存中大部分是所谓"货到地头死"的不能周转的物资。

签订供货合同时，供方企业往往不考虑用户企业均衡生产要求的供货时间，而是考虑自己安排批量生产的方便，利用物资供应紧张的条件迫使用户接受供方提出的供货时间，且在合同执行中还不能保证按规定日期交货。例如三岔子林业局受自然条件限制，一般每年需要使用大量水泥的季节是第二、三季度，而水泥却总是在第一季度大量到货，不得不占压资金。清河毛纺织厂用的纺织专用器材一年只供一次货，企业至少得储备相当于一年消耗量的器材。成都机车车辆厂由省外供应的物资也是一年只供一次货，而且有的物资（如轴承）型号多，每个品种需要量小，但企业都不能不存，不存则到需用时找不到货，存了又可能长期积压。上海高压油泵厂的无缝钢管用量大约每月只要 1 吨，但生产厂的经济批量至少是 5 吨，进一次货起码可用半年。

由于物资分配常留缺口，加上供货周期长、供货合同履约无保证、运输不均衡等原因，企业总是倾向于多储备物资以备不时之需。愈是短缺物资，大家愈是争相进货和储存；甚至自己生产上不用的短缺物资也争着要，以便往后用来串换自己需用的物资。这样，就使物资更形成库存分散，储备过多，反过来又加剧物资供应的紧张状态。

用行政权力按行政系统分配物资的供应体制，往往使物质资源的配置受制于行政系统（部门或地方）的划分，形成资源的行政性分割。金陵石油化学总公司所属各厂在联合以前，尽管位置相邻，物料管道相通，但因分别隶属于中央、省、市三级，分归石油部、化工部、轻工业部三个系统主管，资源的分配、供应都要经过各自的行政主管部门，完整的石油化工流程被分割，资源不能合理利用。例如南京炼油厂和栖霞山化肥厂从合成氨生产来讲，本是一个工艺流程的前后两道工序，厂区相距仅半公里，有 6 条管道相连，但过去因分属石油、化工两部,"阀门握在北京",栖霞山化肥厂一个月内如要超过计划多用南京炼油厂供应的原料,须报上级主管部门审批,而分配指标用不完则作废。物资按行政系统调来调去,形成往返重复运输。例如鞍山钢铁公司原来有自己的炼油厂,但其所产柴油要按国家计划调出,归国家统配,而它当时要用的柴油又须到抚顺去拉运(鞍钢的炼油厂现已划归石化公司)。

主管部门或地方都是物资分配、供应的当事者,它们无论作为供应的主体还是作为供应的对象,本能地从本部门、本地区的利益考虑而争资源,是很自然的事情。湖南省每年有水渣资源130万吨,但是湘潭钢铁厂的矿渣要由冶金部掌握分配,涟源钢铁厂的矿渣要交省建材局分配;湘乡水泥厂是国家建材局的"直供企业",所产水泥归国家统配,而水渣又规定要省建材局分配,省建材局掌握的水渣资源大部分分配给地方小水泥厂(因为小水泥厂的产品可归本省分配)。分配给省境内的中央直供企业的水渣总共只有20多万吨,湘乡水泥厂1983年需要26万吨,只分给13.5万吨。

依仗行政权力形成物资的部门壁垒和地区封锁是资源的行政性分割的一个突出表现。鞍钢购买汽车须经鞍山市向辽宁省申请,由省分配,但是短线物资轿车省里往往不给,而载重汽车又不许出省去买,只许买本省制造的。成都机车车辆厂所用橡胶杂件本是三类物资,成都市供应充裕,随时可买,但按企业主管上级规定,须向铁道部系统的生产厂订购,尽管价格比成都市供应的还高。三岔子林业局不愿意用省内林业系统的机械厂生产的机械配件,因为它们的质量差,但是吉林省林业厅物资供应公司非分给不可,不许企业出省采购。陕西省生产的纺织器材质次价高,如细纱锭子十个中只能挑三五个使用,价格却比上海每个贵2元,省纺织局供销公司还硬要把它们分配给省内纺织厂;近年由于供应渠道增多,各厂都不愿用这个锭子,它才被迫停产。西北国棉一厂1982年开始有10%的产品自销权,该厂只产坯布,没有印染能力,它就到江苏省南通市、常州市印染加工了一批色布、花布,很快就销完;可是1983年陕西省纺织局下令不许再到省外去印染加工,说"不许肥水流入外人田",要让省内印染厂加工,而省内印染厂花型既少,加工费又高,逼得西北国棉一厂只好销坯布。

物资的行政性统一分配,既使用户没有选择余地,也使生产企业不愁销路,因而缺乏竞争对新产品开发和技术进步的刺激机制。纺织机械行业是典型的部门垄断的行业。纺织工业部的纺织机械工业总公司统一管理全国纺织机械的生产、分配和供应。这种管理体制便于纺织部统一各种技术规范,衔接平衡纺织机械的产销数量,组织纺织设备生产和供应的全国配套,迅速形成生产能力。旧中国纺织机械全部依赖进口,而50年代初新建的西北国棉一厂已用国产的第一套成套棉纺织设备装备起来。现在不仅能生产各种全程设备装备国内纺织业,而且有纺织的成套设备出口。但是,纺织机械的集中统一分配、供应的体制,由于没有竞争,也妨碍了纺织机械的新产品开发和技术进步。现在纺织厂在进行设备更新或新建时普遍碰到"新设备、老机型"的问题。上海第十七棉纺织厂60年代以来陆续更新的国产新织机,基本结构是30年代的机型。有些新设备在加工精度等方面还不如厂内使用的经过多次改造的老设备,新机器一进厂就得改造。1983年该厂更新的240台宽幅布机,进厂后更换了6万多个零部件,花费11万元,平均每台458元,相当于新机器价格的25%。西北国棉一厂1982年扩建时新置的1056台宽幅布织机,也是到货安装时就要改,才能达到该厂已有的使用水平。清河毛纺织厂最近扩建项目中分配到的新织机,进厂后改造了9个月才基本满足使用要求;刚进厂的细纱机,70年代的变型产品还不如60年代的定型产品,安装后调试时开不出车,经改动不少地方后才能使用。

物资的行政性分配的供应体制本身排斥市场机制,但是,既然物资的计划分配和供应不能完全保证生产建设的需要,统配、部管物资也就不可避免地会形成一个同计划分配、供应相平行的市场。这个市场自从有物资的计划分配、供应以来始终存在,而紧缺物资的以物易物是这个市场通行的形式。问题是企业间的物物交换过去一直被视为非法,宣布要"坚决制止"的。为了代替这种物物交换,按照国家规定,曾由中央和省、市、自治区的计划部门、物资部门对企业及其主管部门的库存多余物资组织余缺调剂,作为物资的计划分配、供应的辅助渠道。但是,这种调剂仍然要通过行政程序申报和审批,手续繁杂,也难以适合实际需要,因而它终究未能代替和消灭物物交换。物物交换依然同物资的行政性的计划分配相伴随而存在着。①

1979 年经济体制改革试点开始以后,适应着企业自主权的扩大,撤销了企业间物物交换的禁令,国家允许一部分超计划生产的产品和企业自己组织原材料、燃料生产的产品由工业企业自销,并允许企业用以换取自己生产建设需要的生产资料。这种交换形式相当普遍,在生产短缺产品的企业之间尤其是这样。鞍山钢铁公司所需矿石原料,除公司下属的矿山自给(自给率 85%)以外,1984 年国内供应部分的 40% 要用自销钢材去换。湘乡水泥厂 1984 年由国家建材局下达的国家计划产量是 89 万吨,按规定其中 5 万吨留归企业自销,加上计划外增产部分扣除 3 万吨交湖南省建材局分配,1 万吨交湘潭市物资局分配以后的剩余,总共约有 10 万吨水泥可由企业自销,用以换取自己需用物资的供应,如预计其中 2.5 万吨水泥用于求供原煤,4000 吨用于求供电力,5000 吨用于求供纸袋纸,4500 吨用于求供铁粉,5000 吨用于求供设备备件、配件……还有 3000 吨要供应铁路部门用以换取较好的运输条件。各种物资之间自发地形成了一定的实物交换比例,如 1 吨水泥分别换 1 吨煤、1.25 吨水渣、

---

① 这里有一个表明当时以物易物的原始性质的例子。1977 年,江苏省无锡县物资局利用该县计划外生产的交流电动机通过下列途径换得 2160 吨矽钢片:首先以交流电动机从河北、云南、四川、河南、甘肃、贵州、山西等省换进生铁和钢坯,然后以生铁和钢坯再到外地换矽钢片。(1)以 1000 吨生铁向上海市手工业管理局换取 500 吨小张的矽钢片;(2)用钢坯通过上海市冶金工业局由钢厂加工成钢材,其中 8% 为矽钢片,计 350 吨;(3)用钢材与青海省和上海市物资局金属材料公司、上海铁路局材料总厂、上海交电一级站换取矽钢片 570 吨;(4)用 250 吨钢材向南京市重工业局换 500 吨矽铁,再用 500 吨矽铁换 200 吨矽钢片;(5)通过国家物资局组织的金属材料调剂会,用钢材分别与福建、陕西、江西省物资局金属材料公司和天津市交电采购供应站换矽钢片 540 吨。

1/6 吨纸袋纸，等等。沈阳冶炼厂则用 3 吨硫酸向鞍钢换 1 吨钢材。二汽以 1 辆五吨载重汽车换 10—30 吨钢材。这只是实物的交换条件，价格则另行规定。而且，这种交换比例也因时、因地、因物而异。有时还发生因单方面要求的条件未予满足而故意拖延供货的情况，如某煤矿经理有一次到鞍钢，开口就要 500 吨钢材，鞍钢凑了 100 吨给他，他不满意，回去后多日不给鞍钢发运煤炭。

除了企业间用自销产品以物易物之外，企业还通过其他计划外渠道寻求短缺物资的供应。这样的渠道包括：（1）来料加工，如二汽在 1981—1982 年接受广东省等地提供的钢材，制造汽车后按合同销给他们。（2）自筹外汇进口材料，如二汽曾利用中国国际信托投资公司提供的外汇进口钢材，自负外贸盈亏，但进口事宜要通过中国五金矿产进出口公司同国家计划部分一起安排。又如闽东电机公司近几年有一定的外贸自主权，利用外汇留成（留成比例约占出口创汇的 10%）进口了一部分设备和零部件，但外汇留成的使用要报省计委审批。（3）向物资部门申请供应相关物资，再用以换取企业需用的物资，如闽东电机公司 1983 年上半年急需漆包线，而省物资局也无货供应，公司向省物资局申请分配了一批铜，然后用 5 吨铜向上海的电工厂换了 10 吨漆包线，又用 15 吨铜向浙江省一家漆包线厂换了 20 吨漆包线。（4）在计划分配指标以外向物资部门购买。但物资部门经营的物资，经过层层加费（包括管理费、服务费、进货费、仓储费等），计划外供应部分一般都要程度不同地高于计划内的供应价。（5）向产品不纳入统配、部管范围的地方小型企业（如地方小煤矿、小水泥厂等）购买。煤炭、水泥、平板玻璃、酸、碱等物资，大中型企业生产的由中央主管部门规定价格，地方小型企业生产的由省、市、自治区制定地区价，因此，尽管地方小型企业生产的质量比大中型企业差，价格却往往高得多。如 1982 年原煤调拨价 26 元/吨，而青岛锻压机械厂自行采购的地方煤包括运费在内高达 40 元/吨。企业自行采购的物资，由于受运输规章的限制，加重了企业的负担。焦炭运输按规定须经省冶金工业厅批准，铁路部门才分配车皮；青岛锻压机械厂1982年实际消耗焦炭1175吨，其中计划分配的只有88吨，几乎全部需要企业自行采购，但是自购焦炭未经省冶金工业厅批准，因而企业不得不用汽车到400公里外去运焦炭，焦炭的地方价加上运费就比调拨价高一倍。宝鸡氮肥厂1981年和1982年所用无烟块煤有将近一半是向山西省小煤窑采购的，但山西省规定在该省境内须用其汽车运输，因此要汽车长途运到陕西省的韩城，才能由火车转运到宝鸡，这样，仅每吨煤的运费就高达53元。（6）向生产原材料的企业或地方投资，以取得原材料供应。二汽以无息贷款形式帮助锡矿建设矿山，锡矿以产品逐步偿还贷款。沈阳冶炼厂用报废的生产氧化锌的设备（回转窑）改装成水泥设备提供给本溪县水泥厂，并提供优惠贷款和技术服务，以换取水泥供应的优先权。另有一种形式是无偿拨款，如华北石油管理局在石油部支持下无偿拨给河北省500万元，用于水泥厂的扩建和改造，河北省则保证在1983—1989年累计供应油田30万吨水泥，实际上等于每吨水泥加价16.7元（还未计利息）。以上事实表明，物资计划分配的供应体制既没有也不可能把市场机制完全排除掉，而原因正在于市场机制在社会主义经济中仍有其不可替代的作用。

三 集权化资源分配体制自身克服不了的矛盾

运用行政权力按照行政程序动员和分配物质资源的供销体制存在着一系列不可克服的矛盾。

这种体制本质上是一种资源分配集权化的体制。资源分配的集权化必须以信息的集中化为条件，即要求分散在企业的信息能完整地、真实地、及时地、不断地汇集到资源分配的决策机构。资源分配的决策机构不仅应该掌握所分配的每类物资的供求总量的信息，而且应该掌握每类物资能保证供需双方在具体品种、规格、型号、质量、供货时间、运输条件等方面得以衔接所必要的信息，因而应该了解每个企业、每种产品的生产函数和产供销细节，集中微观经济决策所必要的资料。如此浩繁的信息即使有可能集中起来，这样做的效率也是大可怀疑的，不仅它的机会成本必然高昂得惊人，而且收集、传递、处理信息所占的过长的时间难免使集中起来的信息变成明日黄花①。何况，集权化的资源分配体制本身还给信息的集中化造成种种障碍。

一种障碍是同信息流向有关的。集权化的资源分配要求企业对其投入物的需要按照行政隶属关系自下而上提出申请，同时也按企业的行政隶属关系自上而下地下达生产计划和投入物分配指标，因而信息主要是在行政的上下级之间纵向传递的。这种体制本质上排斥企业之间横向的信息自由交流。但是，纵向传递的信息渠道过于狭窄，容纳不了包含集权化资源分配所需要的一切信息或大部分信息的信息洪流。计划机构和物资分配机构为了不被汹涌而来的信息洪流所淹没，不得不把信息量简化到自己的处理能力范围之内。于是数以百万计的产品和投入物品种被综合为几百种笼统的大类品种②，而

---

① 苏联著名的飞机设计师安东诺夫在《为大家也为自己》（莫斯科1965年版）一书中曾写道："基辅的数学家已计算过，仅仅为乌克兰编制一项精确的和十分完整的物资技术供应年度计划，就需要全世界所有的人工作一千万年。"（第23页）

② 主要年份中国统配部管物资品种数　　　　　单位：种

年份	统配部管物资品种合计	统配物资品种	部管物资品种
1950	8	8	
1952	55	55	
1953	227	112	115
1957	532	231	301
1959	285	67	218
1963	516	256	260
1965	592	370	222
1972	217	49	168
1978	689	53	636
1982	837	256	581

资料来源：周太和主编：《当代中国的经济体制改革》，中国社会科学出版社1984年版，第519页。

把表现产品和投入物的多方面特征的信息舍去。这样简单化的信息，加上供需双方的联系由物资平衡分配机构指定，企业之间信息交流渠道堵塞，使企业的产供销脱节难以避免。同时，纵向的信息流从信息源到信息终端要经过层层行政机构，因而必然流程很长。信息流程过长，不仅减弱了信息的时效，加剧了时滞因素对产供销衔接的不利影响，而且增加了信息传递过程中信息泄露或走样的可能性，降低了信息的质量。

另一种障碍是由经济活动当事者的行为规则引起的。他们的行为规则受集权化资源分配体制的制约。在这种体制下，计划的制订和执行本身成了经济活动当事者上下级之间往来活动的轴心。投入物的需要量理应按产品生产计划和投入物的消耗定额来计算。但是，远离企业的物资分配决策机构，事实上很难了解企业的实际生产能力以及消耗定额实际能够达到的水平；为便于物资平衡分配的安排，往往倾向于要企业多提供短线产品的产出，同时尽力压低消耗定额，减少投入物的供应。企业则倾向于尽可能优先生产能完成上级下达的各项计划考核指标的产品（不问是长线产品还是短线产品），并保持较高的消耗定额，力争更多的物资配额，为便于完成计划提供保险系数。这样，信息的上传下达都存在着经过人为加工而失真的可能性。

集权化资源分配体制不是从经济利益上诱导经济活动，而是主要依靠行政指令作为实现中央决策目标的手段，这就不免同各级经济活动当事者客观存在的经济利益常常不相协调。集权化资源分配体制在实践中由于信息集中化遇到的障碍，不得不以实行部门和地方对资源分配的局部分权作为补充。但是，这种局部分权又带来了新的矛盾。它不是经济性的分权，而是行政性的分权。部门和地方既然分享局部决策权，就可以利用行政指令贯彻各自的决策。但是，各个部门、各个地方进行决策的目标函数未必同中央的目标函数相一致。于是部门垄断、地区封锁接踵而来，形成资源的行政性分割，妨碍资源按社会化大生产发展的要求合理运用。对于企业来说，它的任务就是接受指令，执行计划。它既然无权决策，对资源的合理运用也就既无经济责任，又无经济动力。它关心的是保证完成生产计划的投入来源。为了对付经常威胁着企业的投入来源的不确定性，企业自然要想方设法增大其物资储备的保险系数。即使自己不用的物资，也要作为交换手段来储存。库存积压物资实在没有用处时，无非就是报废，相应地在账面上冲销资金（不管是财政拨给的还是银行贷给的都一样），而任何当事者都不承担经济责任。因此，尽管国家多次自上而下地发动清仓利库，库存过大的问题始终没有解决。

物质资源的行政性分配体制本质上排斥市场机制，把价格的基本职能贬为仅仅是核算和结算的工具。这种体制不容许价格适时地随供求关系变化而变化，因而窒息了价格传递资源稀缺性信息的机能。这样的价格既不告诉人们什么产品最需要生产以及用什么方法生产最经济，也不告诉人们资源用在哪里最有利，什么地方最需要。因此，资源使用的优先顺序和资源的合理配置也就失去了衡量的客观尺度。相反，紊乱的价格体系却给企业以错误的信号，这种错误信号同企业在执行计划时优先完成产值、利润指标的考虑结合在一起，常常驱使企业追求价高利大产品的生产而不问是否适销对路，力争多用廉价原材料和能源而不问其是否稀缺。于是长线产品越来越长、短线产品越来越短的失衡现象长期得不到纠正，直到进行大的经济调整和价格调整。同时，在价格体系紊乱、物资供应紧张的情况下，变相涨价，进行价外交易，或某些人利用职权内外勾结转手倒卖紧缺物资以牟取暴利等现象，尽管政府三令五申，也难以禁绝。

四　中国国营工业企业供销体制改革的目标选择

1979年以来，中国国营工业企业的供销体制开始进行了某些局部性的改革试验。工业消费品从1980年开始由原来主要靠商业部门统购包销改变为商业部门统购统销（统配）、计划收购、订购、选购四种形式[1]，同时按规定工业企业有部分自销权，以后又出现了商业代批代销和工商联批联销的形式。在商业部门内部也开始了冲破按一、二、三级批发站的行政层次分配商品的体制。1983年以来各地城市又陆续建立了一批不受地区、部门、所有制形式的限制，都可进场交易的工业品贸易中心。在生产资料供应体制方面，开始缩小物资计划分配的范围，并改进供应方法。在维持对重要的、短缺的生产资料实行计划分配和调拨的同时，国家允许工业企业自销的生产资料和物资部门的经营单位在完成分配调拨计划以后敞开供应的部分进入市场自由购销。计划分配部分划分"申请单位"和"非申请单位"，对物资需要量大、有定额核算基础的用户继续按隶属关系申请直接分配物资，其余的不再由企业直接申请，而由地区统一申请，并由物资部门的经营网点（供应站、门市部、生产资料商场）组织供应。某些种类通用物资的订货办法开始有所改变，在继续按行政系统分配物资的条件下，实行指标与实物分流（类似商流与物流分离），即物资分配指标按行政系统下达，划转给企业所在城市的物资部门，由它们就地就近组织实物供应。在供应方式上，企业需用的物资，大宗的逐步组织定点直达供应，零星的由城市物资部门中转供应，组织整进零出。物资部门的经营网点按各种物资的不同资源情况和用途分别推行了敞开供应、按需核实供应、凭证凭票供应、配套承包供应等多种供应方法。过去早已为调剂物资余缺而建立的生产资料服务公司，在新的时期进一步开展了以代购、代销、代加工、代托运、调剂串换（所谓"四代一调"）为主的生产资料信托服务业务。近年在一些大城市又由物资部门开始组建物资贸易中心，但目前进入这些贸易中心交易的主要还是指令性计划分配以

---

[1] 统购统销（统配）商品由商业部门统一收购和经营；计划收购商品由国家制定收购计划，工业企业按计划交货，商业部门按计划收购，工业企业超产部分可以自销；订购商品由工商双方衔接产销，由工业部门下达生产计划，工商双方协商签订订购合同；选购商品可由商业部门选购，也可以由工业部门自销。

外的物资。

以上这些改革试验使国营工业企业封闭的僵化的供销体制开始有所松动，对于扩大企业自主权，推动企业从单纯生产逐步转向面对市场的经营，起了积极的促进作用。但是，总的看来，这些都还只是改革的起步，原来国营工业企业供销体制的基本框架还未从根本上触动。物资供应体制方面已经采取的上述改革措施基本上还局限于原有计划分配体制下供应方式、方法的改进，至多是计划分配方法的某些局部性改革。供应方式和供应方法相对于计划分配而言只是从属的第二层次的问题。同时，计划分配方法的某些局部性改革也还没有动摇行政性计划分配的基干。工业消费品生产企业的销售体制的改革比物资供应体制的改革步伐快一些，但是这类企业与商业部门之间平等的商品经济关系尚未真正形成。

简略剖析一下近几年工业企业的自销情况，有助于我们了解国营工业企业供销体制改革已经达到的程度，以及经济运行的新旧机制在交替过程中发生的摩擦。

按规定，工业消费品的生产企业自销范围限于统购统销（统配）和计划收购商品的超产部分，以及商业部门订购、选购以后剩余的部分。生产资料的生产企业自销范围限于计划分配的物资的超产部分、物资部门优先订购的物资在完成订购合同后多余的部分和不列入计划分配或优先订购的物资，以及生产企业自己组织原材料、燃料生产的产品和试制的新产品。

但是，在实践中，工业企业的自销权限不稳定，往往随供求关系的张弛而伸缩，供求关系一松就放，一紧就收。例如，钢材总产量中企业自销的比重，1979年为3.6%，1980年为10.6%，1981年为19.9%，1982年为14.4%，1983年为3.5%。1979年和1980年由于开始实行国民经济调整和开展改革试点，钢材自销比重呈上升趋势；1981年继续进行经济调整，大幅度压缩基本建设规模，钢材供应宽裕，自销比重达到开始部分自销以来的最高点；但是，"从1982年下半年开始，钢材供需矛盾又开始紧张，用户又只能凭分配指标订购钢材，前几年开辟的钢材市场又骤然紧缩，重点企业的产品自销比重控制在2%"①，1983年全国钢材自销比重比1979年还略低。鞍山钢铁公司由于1979年下半年起国家对钢材中的长线产品不予统配，1980年和1981年被迫出去推销，把库存积压的长线品种同短线品种搭配推销出去，同时开始注意调查用户要求，按需求组织生产，增加品种、规格，缩小生产批量。这两年自销比重达15%，但1982年自销骤然下降以后，鞍钢再了解用户的要求，用户分配不到指标也没有用，因而难免降低市场调查的积极性。

　　汽车工业也有相似情况。汽车历来是紧缺物资，1980年以前全部由国家统配，汽车制造厂一辆也不能自销。1981年却突然出现滞销现象，因为该年国家抽紧银根、压缩基建投资，原来有权申请分配的单位这时没钱买车，原来没有申请分配渠道的单位和个人（尤其是农村）即使有钱也仍然无法买车。二汽1981年国家下达的全年计划产量为3.5万辆，可是订货会议上只订出1.6万辆。当时对企业自销尚无明确规定，国家物资部门因无国家拨给的收购资金也无法收购滞销产品。而且物资部门还不愿为二汽经销。二汽被迫进行市场调查，派人到各地推销，按用户需要生产新品种，或接受来料加工，并经国家批准利用银行的卖方信贷赊销汽车，结果自销两万多辆，超额完成了全年生产计划。1982年计划产量5万辆（最初计划4.5万辆，年中追加5000辆），1981年年底召开订货会议时，除了会上订货以外，计划要物资部门经销2万多辆，物资部门只愿接受8000辆，于是二汽就组织自销，自行接受订货。但到1982年2、3月份汽车需求开始回升，二汽的东风牌载重车到5月份已供不应求。这时国家物资局要二汽按全年计划产量如数上交统配。而二汽当年接受的自销订货合同已有1.1万多辆。结果实际产量5.3万辆，超过计划3000辆，但欠交国家物资局8670辆。国家物资局要二汽在1983年用超计划生产的汽车来抵补，二汽感到为难；经一再协

---

① 参见周太和主编《当代中国的经济体制改革》，第357—358页。

商，国家物资局答应二汽在1983年只补交2000辆，其余6670辆由国家物资局抵充1983年的统配指标，按1982年二汽自销的用户名单去扣除1983年对这些用户的分配指标。1983年计划产量6.2万辆，国家正式规定其中10%由二汽自销。1984年国务院决定进一步扩大二汽的自主权，由国家计委单列二汽的计划。该年国家下达二汽的指令性计划产量为5.5万辆，超计划生产的汽车全部归二汽自销，这样二汽的自销权才较有保障。但这是国家对二汽采取特殊政策的结果，一般企业很难做到。即使二汽，也还有它的困难。二汽从1981年以来在自销过程中开展了技术服务业务，在全国除西藏以外的各省市自治区建立了107个特约维修服务站，由二汽直接供应汽车维修用的备品、配件。但到备品、配件供求关系一紧张，物资部门和上级主管部门就想把销售权上收。1983年经协商后采取折中方案，中国汽车工业公司直属的汽车配件公司把二汽三分之一备品、配件的销售权收了上去。另一方面，原材料的计划分配又只管主机配套的需要，不管维修配件的需要，二汽的配套产品生产厂分属各部、各地主管，它们的原材料供应受到各部、各地行政性分割的限制，缺乏保证。

实践表明，在不触动集权化供销体制的情况下的局部分权，不仅随时有可能被上级行政部门收回，而且由于在运行中不可避免地同集权化体制的运行机制发生冲突，它的运行效率受到很大局限。这样的分权只能作为过渡形式，不能作为改革的目标。国营工业企业供销体制改革的目标是完全转到有计划的商品经济基础上来。商业、物资部门同工业企业之间的关系不再是执行行政指令的关系，而是按照商业原则建立的供销关系。这是商品经济的自愿让渡、等价交换的关系。供方和需方不由上级行政部门指定，而是按照经济效益的考虑彼此自行选择。为了形成这样平等交易的商品经济关系，工、商、物资部门都要首先实行政企职责分开，让工、商、物资企业都作为独立的商品生产者和经营者进行经济活动。企业的产供销业务放给企业自己去处理。作为政府机构的经济管理部门应在产业战略、技术政策、信息指导、行政管理等方面更好地履行自己的职责，为企业服务，并对企业进行必要而有效的监督。国家包揽企业产供销的决策，不仅不能保证国民经济按比例的协调发展，反而往往造成产供销脱节。国家对经济的宏观调控应主要通过国民收入的分配政策和经济杠杆等引导，实现总供给与总需求的平衡，以及供给与需求的基本结构的平衡，使企业的产供销决策和投资决策同国家的目标函数相衔接。

物资供应体制改革的实质是使生产资料进入市场，从行政性分配转变为商品流通。仅仅改进供应方式或供应方法，克服不了物资的行政性分配体制的弊端，至多只能使这种体制不可避免的矛盾有所缓和。只有用商品流通体制代替行政性分配体制，才能打破资源的部门的或地方的行政性分割，真正形成社会主义统一市场，使价格成为资源稀缺性程度的指示器，推动企业合理地选择投入，经济地利用资源，实现资源的合理配置。对于短线物资，一般地说，也应该通过由市场机制形成的价格的变动去刺激生产者增加生产和使用者节约使用。至于国家急需的重点建设项目所需要的短线物资，可以通过政府订货或优先订货的方式来首先保证供应，但在整个投入物的总额中，这部分应只占一个不大的比重。从行政性分配转变为商品流通的改革，主要是解决"商流"的问题。"商流"问题解决了，"物流"问题就比较容易解决。究竟是供需双方直接联系，固定协作关系，直达供应，还是通过专业化批发机构中转供应，或者门市零售，完全可以按照不同种类物资的特点和供需批量等要求进行选择。

指令性生产计划、物资的行政性分配和国家规定固定价格，是集权型的三位一体的体制，因此它们的改革必须配套进行。物资的行政性分配是指令性生产计划的支柱，指令性计划范围的缩小应以生产资料市场的开放为条件。但在紊乱的价格体系下开放生产资料市场，生产资料的生产者和使用者得到的是不能正确反映价值和供求的价格信号，这将引起资源配置的紊乱；因此，有步骤地放开价格，逐步理顺价格体系，又是实现物资的行政性分配转变为商品流通的条件。按照中国的情况，目前可行的办法是把以物易物、价外交易等原始形式引导到正常的商品流通的轨道上来，并有步骤地缩小行政性分配的范围，同时按照各类物资当前竞争环境的差异有区别地放开进入市场的生产资料的价格，在竞争环境中逐渐形成能反映价值和供求关系的市场价格。随着市场价格的逐渐合理化，使牌价向市价靠拢，同时进一步放开生产资料市场，让原来靠行政性分配的物资逐步以至最后都转到商品流通的基础上来。

（1985年提交"中国国营工业企业管理体制"国际讨论会，载课题成果集《中国工业改革与国际经验》，中国经济出版社1987年版）

对社会主义经济机制研究的几点意见

——社会主义经济机制理论讨论会总结发言

这次讨论会的气氛自始至终都很好。与会同志各抒己见，自由讨论，实事求是，认真探讨。尽管社会主义经济机制问题的讨论会在我国还是第一次，而且经济机制问题比过去许多讨论会讨论的问题在理论上有更大的难度，这个问题的理论上的深化有赖于对经济过程的深入细致的研究，我们不可能企求第一次讨论会刚刚接触这个问题就在理论上取得很大的突破。但是，从与会同志对这个问题的重视和认真研究的精神来看，我们这次讨论会很可能将是今后社会主义经济机制理论研究健康发展的良好开端。

学术讨论会并不要求观点一致。但是，我也同意马家驹同志在这个会上提出的异中求同的意见。我们可以把共同的认识初步归纳一下。从会议发言来看，我感到大家的看法至少在以下四点上是接近的或者一致的。第一，社会主义经济理论或社会主义政治经济学必须研究经济机制，而且要把这种研究摆在非常重要的地位；如果不了解社会主义经济机制，不知道社会主义经济怎样运行，也就不可能真正懂得什么是社会主义经济。第二，研究经济机制就是要研究经济有机体的结构及其各个要素的功能，并研究它们的相互联系和相互作用。第三，经济机制的研究范围尽管各人看法不一，但是大家同意首先要重视经济运行机制的研究。第四，我们不仅要分别研究改革前后的社会主义的新旧经济体制的运行机制，当前尤其要重视模式转换过程中的经济机制或机制转换。我想，讨论会取得的这些共同认识，对今后社会主义经济理论的研究会起到有力的推动作用。

研究经济机制就要深入研究实际经济过程，只有在实际经济过程中才能真正把握经济机制。这种研究比过去那样孤立地静止地研究所谓经济规律或规律体系在理论上难度要大得多，也比一般地把新旧经济体制或不同模式的特征进行对比要复杂得多。经济机制存在于一切经济过程中。拿经济范畴来说，以社会主义全民所有制这样一个范畴为例，如果简单地认为只要消灭了资本家对工人的剥削，就等于劳动者和生产资料在社会范围内直接结合，而国家所有制就是这样完美的结合，那么怎样解释国有经济中决策失误或经营不善而可以不负经济责任的现象，怎样解释对成千成万甚至成亿的公共财产遭到浪费、糟蹋而不感到心疼的现象？又怎样解释被认为全民所有制主人的消费者到全民所有制的国营商店里去买东西经常要受到也是全民所有制职工的售货员训斥和冷遇的受气现象？不研究所以导致这类经济现象的经济机制，就不可能解释这些现象，也不可能真正揭示社会主义全民所有制或国家所有制范畴的本质。只有研究清楚一种所有制关系在社会再生产过程中是通过怎样的经济机制实际地再生产出来的，才能真正把握该种所有制的本质。再拿社会主义政治经济学一向讲得最多的经济规律来说，比如被推崇为第一位的社会主义基本经济规律，我感到在理论上从来就没有说清楚过。如果说社会主义全民所有制经济的生产目的就是最大限度地满足全体社会成员的物质文化生活的需要，那为什么过去竟在长时期内投资背离这个方向，生产和需要经常脱节？不研究实际经济过程的机制，同样回答不了这样的问题。仅仅讲社会主义生产的目的应该是什么，并不能解决社会主义生产目的的问题。重要的是要弄清楚社会主义经济究竟通过怎样的机制才能实现其特定的生产目的。又如有计划按比例发展规律，过去一向认为指令性计划、行政性的投资分配和物资分配以及固定价格是实现这个规律的形式或保证，但事实上它们造成经常性的产需脱节和周期性的比例严重失调，这难道只是计划工作主观上的失误而没有客观的经济机制在制约着吗？至于价值规律，我国经济学界争论了二十多年，才争得了对价值规律在社会主义经济中的调节作用的承认。这无疑是理论上得来不易的突破。但这还只是在理论上对传统经济体制的突破。要在实践上真正以依据价值规律运行的新的经济体制代替传统经济体制，仅仅理论上承认价值规律的调节作用还是不够的，必须研究价值规律发生作用的具体条件。价值规律就是社会必要劳动决定价值的规律。没有竞争，没有价格围绕价值或其转化形态的运动，价值规律就不可能贯彻和实现。因此，要了解价值规律在实际经济过程中究竟怎样调节生产和流通以及调节到什么程度，或它的作用受到什么障碍，等等，就需要研究竞争机制和价格机制。我们要研究竞争条件和竞争环境，研究价格形成机制和价格传导机制，研究市场条件和经济活动当事者（企业、个人、各级政府经济部门）对市场条件的反应，等等；而这种反应又必然是受各自利益制约的。因此，要真正认识实际经济过程中价值规律的作用，必须研究整个商品经济的运行及其机制。最后，我们拿经济增长和经济发展来说，这里同样是受经济机制制约的。比如当前大家都很关心的需求膨胀，无论投资需求膨胀还是消费需求膨胀，都是一定经济条件下的经济机制驱动的。不研究有关经济机制，并采取切实改革措施改变形成相应机制的经济条件，需求膨胀就不可能从根本上解决。再如总需求大于总供给时，人们想从增加供给来平衡总供求，却往往出乎预料地面临总需求比总供给增长更快的局面；人们想从压缩总需求来平衡总供求，却又往往出乎预料地把总供给都牵动到平衡点以下。这两种情况我们都曾经历过，并曾令人疑惑不解，其实它们也是由一定的客观经济机制形成的。

总之，对任何经济过程来说，经济机制都是无所不在的。反过来讲，脱离了经济过程，也就没有经济机制可言。因此，研究经济机制，必须吸取过去孤立地静止地研究所谓"经济规律"或"规律体系"的教训，不能再走那样一条老路，那样研究是没有出路的。我们研究经济机制，一定要坚持从实际经济过程出发。当前，社会主义政治经济学在我国正面临着重要的转折关头，我希望从实际经济过程出发广泛深入地开展社会主义经济机制的研究将成为实现这个转折的突破口。我们在切实地着手研究具体经济过程中的经济机制以前，似可不必在经济机制的概念、定义、究竟经济机制是主观还是客观、自觉还是自发等问题上过多地争论，以免把我们的注意力引向像过去讨论经济规律时那样经常发生的空泛议论。当然，我并不一般地反对概念、范畴的争论，因为经济理论研究不能没有概念、范畴。我甚至认为社会主义政治经济学中我们历来使用的一些范畴由于含义不清而阻碍着我们政治经济学的发展，因而有必要对那些范畴进行专门讨论。但是范畴的研究和讨论也必须从实际出发，因为经济范畴无非是经济关系的理论表现，它必须能够阐明、回答和解决经济实践中提出的问题，否则争论就没有意义。就社会主义经济机制研究来说，我们现在还刚刚起步，如果一开始就把注意力放到一般概念、定义等争论上去，我看弊多利少，很可能陷入苏联讨论经济机制那样很少产生实际成果的无谓争论。当然，每个研究者在研究和阐明经济机制问题时总会有他使用的概念、范畴或定义，至少在他心目中会有这样的概念、范畴或定义。为便于讨论，在论述有关问题时，把概念明确扼要地交代一下也是必要的。但是，就整个社会主义经济机制研究来说，概念、范畴或定义之类的研究或阐述至多只能是个比重极小的导论部分。我们不必强求先在经济机制这个概念的含义或定义上争出个结果来，可以而且应当允许有不同的认识。但是无论对经济机制的概念怎样认识，都要切实地用你所使用的概念去具体地分析和揭示实际经济过程中客观存在着的经济机制。这样经过比较和鉴别，看哪种观点较为切合实际，反过来也将便于确定概念的科学的含义。

社会主义经济机制的研究，当前首先要从一个一个的具体经济过程着手来研究。这丝毫不是说我们不需要从社会主义经济过程的总体上研究经济机制。问题是我们只有深入研究了一个一个的具体经济过程的机制，取得了比较深刻的认识，在此基础上进行概括、提炼，才有可能创造出反映社会主义经济过程总体的合乎实际的社会主义经济机制基本理论。

　　社会主义经济机制研究的方法，从根本上说，无疑要运用唯物辩证法。至于具体方法，在实证方法和规范方法之间我看不必一般地确定以哪种方法为主。总的讲，二者可以结合。具体到不同的研究对象，则可各有侧重。例如，要设计新的经济体制目标模式，就必须批判旧的经济体制；而要批判旧的经济体制，就免不了要侧重运用实证方法，但批判也有价值判断，不能排斥规范方法。设计新的目标模式，也许要侧重运用规范方法，但同样也不能排斥实证方法。设计时我们不能只想应该怎么样，而不问我们从实际出发经过最大限度的改革后能够做到怎么样。我们设计了理想的目标模式，如果理想到了脱离实际可能达到的程度，理想也就变成了不可能实现的空想。我们讲经济体制改革的目标模式，不是指遥远的未来的目标，而是指我国社会主义现阶段正在进行的改革的目标。这样的目标应该是经过坚持不懈的改革能够实现的目标。至于现阶段的改革目标实现后，还会有未来的改革，从而在未来还会有进一步的目标，那是要根据那时的条件再来研究的问题。就当前我们正在进行的改革来说，我们必须从现阶段中国国情出发，研究怎样从旧体制转到新体制，研究经过努力创造条件，实际将形成怎样的经济机制。这应该是我们设计目标模式的立足点。要做到这一点，没有实证方法也是不行的。

　　总之，研究方法要服从于研究对象。哪种方法更能揭示经济的实质，更能推动经济的发展，我们就采用那种研究方法。至于有人愿意侧重于实证方法，有人愿意侧重于规范方法，也无须强求一致。此外，现代科学的方法，如系统论、信息论、控制论以至耗散结构理论、协同学等，只要有助于我们更深刻地认识社会主义经济机制，当然也都可以运用。各种方法完全可以百花齐放，来一个竞赛，看谁用什么方法能把社会主义经济机制揭示得最深刻、最透彻。

（原载《经济工作者学习资料》1986 年第 29 期）

全民所有制（国家所有制）改革设想

——在国务院经济、技术、社会发展研究中心召开的
生产资料所有制改革问题座谈会上的发言提纲

在整个社会的所有制结构中社会主义全民所有制占主导地位。主导地位不等于在整个经济中占最大的比重。关键要看全民所有制能不能在发展社会生产力的基础上增强它对其他所有制形式的有机联系和影响，发挥自己的优势。因此，主导作用的发挥首先要靠全民所有制自身的生机和活力。全民所有制的现行形式缺乏这种生机和活力。

全民所有制的具体形式的改革势在必行。通过改革，一要改变资金供给制以及由此形成的经济活动当事者对投资和经营都不承担风险责任的无人负责状态，二要改变政府直接掌握企业的投资和经营以及由此形成的部门和地方行政系统对全民所有制的分割状态，真正实现政企分开。

国家资金应由从事企业化经营的投资公司来掌握并用于投资。投资公司不是政府机构，而是企业。它不仅要保证国家资金不受损失，而且要对资金增值负责。

它有权对投资方向作出决策。对接受其投资的企业，它应派人通过董事会影响企业决策。但投资公司不直接干预这些企业的经营业务；它们实行自主经营，自负盈亏。

投资公司不是全国只有一家，而是多家，它们可以在竞争基础上进行投资活动。各家投资公司都直接对全国人大负责，每年定期向全国人大提交其从事投资活动的营业报告，接受审议。

营业报告提交全国人大以前须经国家审计署审计，审计署对经它审计过的营业报告内容的真实性承担法律责任。

同时，政府机构通过计划手段、政策手段、法律手段、行政手段等引导、调节、监督投资公司的投资活动和接受其投资的企业的经营活动。国家银行则通过货币、信贷手段进行调节。

（节录自《所有制结构改革目标选择的几点思考》，《经济学动态》1986年第1期）

关于这个发言的说明

这个发言着重提出建立竞争性的国有资产经营公司（投资公司）的主张，当时有意回避了国有资产管理机构问题。国家国有资产管理局是在此后三年即1988年成立的。笔者当时发言之所以回避这个问题，是因为担心，在政府系统中成立国有资产管理机构，特别是在政府机构的职能没有转变的情况下，有可能不是促进政企分离，而是强化政府对企业的行政控制。一则，新成立的资产管理机构同尚未转变职能的政府其他部门之间难得理顺职能分工关系。二则，弄得不好，新成立的资产管理机构也可能沿用政府历来对企业的行政控制办法去控制企业。因此，笔者主张从组建竞争性资产经营公司着手改革国有资产营运的组织结构。

这个发言建议组建的投资公司显然是以国有企业实行股份制改组为前提的，否则投资公司对企业控股、持股就无从谈起，但是发言中没有直接谈论股份制，因为在这个座谈会上关于股份制争论的是国有企业可不可以推行股份制的问题，而当时笔者不想直接卷入这个争论，却在关心另一个层次的问题，即国有企业实行股份制改组后国家该委托什么样的机构来掌握国家股权，国家控股或持股机构怎样才能既保证经济效率，又置于社会监控之下对社会负责，而不至于利用国家资产凌驾于社会之上统治社会。这个问题至今尚未引起人们普遍重视，尽管现在承认国有企业可以而且必须实行股份制改组的人越来越多。

国有资产管理机构成立迄今近四年的实践表明笔者当时的担心并非杞人忧天。国有资产管理机构现在尚未解决职能如何到位的问题。一方面，它同政府其他有关部门的职能分工仍是悬案；另一方面，它本身的具体职能也尚需在实践中界定。

（节录自《公有制经济的产权结构改革》，载何伟、魏杰主编《中国著名经济学家论改革》，北京出版社1992年版）

经济理论工作者的社会责任感

1984年党的十二届三中全会通过《中共中央关于经济体制改革的决定》（下文简称《决定》）以来一年多时间，我国社会主义经济理论研究出现了前所未有的全面的蓬勃发展的新局面。这篇短文不可能也不必要概括一年多来社会主义经济理论研究的所有丰硕成果。只需举若干要点，就可见理论进展的一斑。

第一，适应在公有制基础上发展有计划的商品经济的要求，形成了增强企业作为商品生产者和经营者的活力、建立和完善市场体系以及把宏观直接控制为主转为宏观间接控制为主的三位一体的改革构想。这是有计划的商品经济体制的具体化。它跨越了以行政的集权或分权为轴心来选择目标模式的框框，是在经济体制改革的目标模式选择上有科学根据的、富有远见的大跨度进展。

第二，从宏观调节和微观基础的协调、经济运行机制和所有制的关系上正面提出并探讨了所有制结构改革问题。现在所有制结构研究已经不仅包括从各种所有制形式的外延来看的所有制结构即社会的所有制结构的研究，而且深入到了从每种社会主义所有制形式的内涵来看的所有制结构的研究，特别是国家所有制的内部结构的研究。同时从全社会存在的多种所有制形式各自固有的机制及其相互联系上更深入具体地研究所有制形式和结构对既有的生产力状况的适应程度。

第三，价格问题的研究，已经突破了在行政规定的计划价格范畴的既定框架内研究价格形成问题的局限，进入到了从价格基本职能和价格形成机制等更深层次上研究价格改革问题，揭示了价格体系紊乱的根源在于僵化的价格体制，因而明确了价格体系改革和价格体制改革必须配合进行并应把重点放在价格体制改革上的价格改革方向。这个价格改革方向也为物资供应体制的改革找到了通过"双轨制"把生产资料的行政分配逐步改革为商品流通的途径。

第四，在改革和建设的关系问题上，以解决1984年第四季度出现的需求急剧膨胀和经济过热增长问题为契机，在主流上肯定大好经济形势的同时，及时研究并如实揭露了国民经济中威胁经济体制改革和长期经济发展的不稳定因素，系统地从理论上提出并阐明了为经济体制改革创造良好的经济环境和社会环境的问题。这为坚持把改革放在首位、使改革和建设互相适应并互相促进的战略指导方针的确定提供了理论依据。

第五，从不同思路对当前我国经济发展的阶段特征进行了开拓性的研究，分别提出了若干界说，诸如经济体制模式和经济发展模式相结合的两种模式转换的阶段、二元经济向现代化经济转变的阶段、以国民经济结构变革为中心内容的新成长阶段等。尽管这些界说尚待各自进一步具体论证并做相互比较，有一点似可肯定，即这种研究本身由于在不同程度上触及了社会深层的错综复杂的矛盾，将有助于形成能使我们从较大的历史跨度上思考和运筹经济体制改革和经济社会发展的必要的理论基础。

第六，对社会主义生产关系的研究趋向深化，开始从过去对经济范畴、经济规律的抽象的静止的描述深入到经济机制这个层次的具体的动态的考察。从实际经济过程出发研究经济机制，将为深刻地揭示社会主义生产关系的本质，切实阐明社会主义经济范畴和经济规律，创造应有的科学前提。这种研究也将能更彻底地揭露僵化的旧体制的弊端，从而更自觉地为经济高效运行的新机制的形成创造必要的体制条件，并为经济体制新旧交替过程中采取适应经济机制转换的正确对策提供科学依据。

第七，鉴于我国传统的社会主义政治经济学体系是以排斥市场机制的实则为扩大的自然经济为基础的社会主义经济体制的理论复制，无法容纳以有计划的商品经济为基础的社会主义经济体制，也回答不了经济体制改革过程中层出不穷的新问题，何况它还有孤立地静止地研究问题的方法论缺陷，因而面临着我国经济的伟大战略转变的经济理论工作者很自然地提出了从理论体系上根本改造社会主义政治经济学的任务。有些经济学家已经开始或正准备着手从不同途径对此进行探索。实现这个任务，当然需要长期坚忍不拔的努力。但是，这个任务的提出，本身就是我国经济学界的一大觉醒。

通观《决定》发表以来一年多时间我国经济理论研究的态势，可以毫不夸张地说，这一年多社会主义经济理论研究领域之广泛和研究层次之深入远远超过了我国过去任何时期。现在我国经济理论研究的形势是新中国成立以来最好的。广大经济理论工作者在《决定》指引下，为推进经济体制改革而呕心沥血，调查研究，勇于探索，开拓前进，表现了他们对社会主义现代化建设事业的强烈的社会责任感。可是，在经济理论工作者中，也有个别同志，自己对《决定》提出的经济体制改革的一系列重大课题不屑一顾，却在当前我国经济研究领域发现了一片"混乱现象"，失魂落魄似的打小报告，谎报军情，主张对经济理论界的"自由化倾向"严加控制。这种对经济体制改革的理论探索的惊人的冷漠甚至傲慢的态度，同广大经济理论工作者强烈的社会责任感形成鲜明的对照。任何有强烈的社会责任感的经济理论工作者都不能不关注这样的同志究竟想把我们控制到哪里去。

前事不忘，后事之师。且不说过去"左"的指导思想怎样把我们推入"文化大革命"，我国经济理论被夷为一片废墟、经济濒于崩溃，我们对此都还记忆犹新；即使拿同过去有天壤之别的党的十一届三中全会以后的情况来说，只要回顾一下十一届三中全会到十二届三中全会期间我国经济理论研究的经历，也足以引起我们的深思和警惕。

党的十一届三中全会之后的头一年，即 1979 年，我国经济学界从社会主义经济中计划和市场的探讨入手，提出了一系列在过去由于人为地设置的种种理论禁区而无法提出的新问题和新观点。诸如社会主义计划经济中的市场机制，社会主义经济是有计划的商品经济，价值规律在全社会范围调节社会主义生产和流通，国民经济计划必须以价值规律为依据，指令性计划应改变为指导性计划，价格不仅要反映价值而且必须反映供求，社会主义企业必须实现政企分开并改革成为独立的商品生产者，社会主义商品经济仍然存在竞争机制，等等，这些在我国历来被视为"资产阶级自由化"而现在已被确认为社会主义经济体制改革的指导思想的观点，都是在1979年开始提出的，尽管当时它们还只是少数人的观点，在提出时就有激烈的争论，许多人对这些观点表示怀疑或犹豫。同时，我国经济学界从经济体制改革一开始就有人注意到经济运行机制改革和所有制改革的关系，在1979年提出了社会主义所有制形式的发展问题，接着在1980年又提出了所有制结构问题，引起了经济学界的热烈讨论。这些都是对长期统治着我国经济理论的不切实际的传统观念的重要突破，对我国社会主义经济理论和实践的发展起了无可否认的推动作用。

我国经济理论研究这种往昔无法想象的生机勃勃的局面的出现不是偶然的。党的十一届三中全会作出的开展经济体制改革的英明决策极大地激发了广大经济理论工作者对社会主义事业的强烈的社会责任感，全会确立的解放思想、实事求是的马克思主义思想路线又极大地鼓舞了他们坚持从实际出发运用马克思主义的立场、观点、方法研究新时期的新情况、新问题的理论勇气。正是在三中全会的召唤和鼓舞下，我国经济理论队伍中过去长期被"左"的指导思想和行为压抑着的社会主义积极性迅猛地迸发出来，表现出富有朝气的马克思主义创造力。

然而，凡是过来人都知道，尽管有党的十一届三中全会路线和方针的指引，我国经济理论研究还不得不在克服种种违背三中全会精神的人为障碍中艰难地前进。1979年开始形成的我国社会主义经济理论蓬勃发展的势头吸引着越来越多的经济理论工作者实事求是地认真研究经济体制改革的理论和实践问题,但经济理论领域正常的学术讨论仍不时受到某些莫名其妙的干扰,例如什么社会主义经济只能讲商品生产不能讲商品经济,社会主义计划经济的基本标志只能讲是指令性计划而不能是指导性计划,计划体制只能改进不能改革,改革计划体制就是否定社会主义计划经济的基本原则,价值规律对经济计划只能起辅助作用而不能作为计划的依据,此外还有什么只准讲两大部类的划分不准讲三次产业的划分,等等。这些看法,如果只是作为个人观点发表出来参加讨论,本不足为怪,在学术问题上谁都可以有自己的观点。而且,无论观点本身正确与否,只要持有这类观点的同志能站在平等的地位上参与学术讨论,这对于整个社会主义经济理论研究的深化也可以起到有益的作用。可是,有人竟以为可以不必以理服人,而摆出一副权威的架势,要在理论观点上充当裁判,这却是根本违背经济科学发展规律的。事实已经表明,这种态度和行为干扰了党的十一届三中全会确立的解放思想、实事求是的方针的贯彻,在经济理论队伍中造成了妨碍创造性探索的心理压力,使1979年以来形成的马克思主义基本原理与我国具体实践相结合的经济理论研究的大好势头的发展受到某些挫伤,以致在两个三中全会之间的某些时候出现过我国社会主义经济理论研究在若干重要问题上短暂的停滞,甚至个别问题上的倒退,同我国正在进行的经济体制改革的实践相脱节。

正是有过这种经历的坚持从实际出发、勇于进行理论探索的广大经济理论工作者,最能深切体会到党的十二届三中全会《决定》的无可估量的理论力量和实践意义。《决定》明确肯定了社会主义经济是公有制基础上有计划的商品经济,从而在社会主义经济理论领域有系统地突破了经过实践检验已被证明是不合乎实际的传统观念。这个马克思主义基本原理与当代中国实践相结合的典范,既是对国内和国际的社会主义建设实践经验特别是我国经济体制改革新经验的科学总结,也是党中央对十一届三中全会以来我国经济理论研究取得的科学成果在更高层次上的概括与发展。它进一步解放了经济学界的思想，同时更明确了经济理论研究面向实践的方向。《决定》不仅给经济理论研究提出了一系列新课题，赋予经济理论工作者以更重的社会责任，而且为指导经济理论研究的健康发展制定了正确政策，明确规定"改革问题上的不同主张和不同理论观点，可以展开讨论"，这为经济科学探索进一步创造了必要的政治环境。正是这样的背景推动了近年我国经济理论研究的大好形势的形成。

当前我国经济理论研究蓬勃发展的势头来之不易，广大经济理论工作者对此十分珍惜，当然不能容忍任何逆转这种大好势头的企图。上述个别经济理论工作者指责当前经济理论研究存在所谓"自由化倾向"或"混乱现象"，究竟是指什么呢？按其罗织的罪名，无非是说有人主张市场机制要在经济系统运行中起重要作用，要建立资金市场和劳动市场，实行自主选择职业和失业保险制度，改革社会福利和社会保障制度，主张价格改革步伐可以更大一些，或者主张国有企业实行股份制，如此等等。这些问题或观点本来是在研究社会主义商品经济运动的内在规律和探索实践中发展社会主义商品经济的各种途径时很自然地提出来的。讨论这些问题或提出这些观点，何罪之有？据说这就犯了不坚持社会主义、不坚持计划经济的弥天大罪。那么试问：所有制结构的改革问题、市场体系的形成和完善问题、价格改革问题以至整个有计划的商品经济发展问题等还要不要讨论？若要讨论，是不是得事先规定讨论范围，哪些观点可讲，哪些观点不准讲，能够作出此种先验的规定的该是哪位天才？无论是禁止讨论或先验地划定讨论的框框，结果都是一样，就是窒息经济体制改革的理论和实践的探索。这也就不难理解，为什么如此大声疾呼要"控制"经济理论讨论的同志竟然认为有人主张在研究新现象、新问题时应该提出新概念都是犯了贬低现有政治经济学教材，因而等于是否定马克思主义政治经济学的大罪。真不知道这样的马克思主义天才是怎样认识理论与实践相结合这个马克思主义的精髓的。马克思要是有幸碰到如此高明的天才，恐怕也会无可奈何，只好声明"我不是马克思主义者"。

需要指出，这里争论的问题，完全不是可不可以或者应不应该对正在进行的经济理论讨论作出自己的判断的问题。毫无疑问，任何同志对当前的经济理论讨论或别人的某种观点可以而且应该作出独立的判断，坚持自己认为是正确的观点。但是，持有不同的观点，应该堂堂正正地站出来参加讨论，可以在学术讨论会或报刊上公开申述自己的观点，并且通过实事求是的分析和有充分说服力的论证批评自己所不同意的观点，当然也要准备听取被批评者的答辩。这样做要花力气，要有真才实学和科学的调查研究，这是不用多说的。但是，只有这样才是对社会主义事业负责的严肃的态度。相反，断章取义地摘取别人的片言只语，罗织罪状，谎报军情，企图借助于某种行政权力来压制讨论，这是对社会主义事业真正负责的严肃的经济科学工作者所不为的，也是他们所不容的。他们强烈要求纠正理论工作中的这种不正之风，是理所当然的。

我们正在十亿人口的中国进行的经济体制改革和社会主义现代化建设，是一场空前广泛、深刻而又持久的社会主义范畴内的经济和社会的伟大变革。它没有任何成功的模式可以照搬，也没有现成的结论可以援用。改革和建设只能在探索中前进，经验只能在实践中积累，理论只能在实践基础上创造和发展。改革和建设的实践需要理论的指导，理论的探索需要立足于改革和建设的实践。中国不改革就没有出路，而不进行改革的理论和实践的探索就根本无法进行改革。因此，打击经济理论的科学探索，也就是打击改革和建设。理论探索既会有成功，也难免有失误。抓住理论探索中的某些失误无限上纲上线，或者把根本不是失误的有益的探索当作"资产阶级自由化"来批判，只能堵塞经济科学探索的道路。现在更需要的是大胆探索。这是实践向经济理论工作提出的要求。

如上所述，当前我国经济理论研究的形势是新中国成立以来最好的，广大经济理论工作者为此感到欣喜。但这只是就各个时期的纵向比较而言的。如果从横向比较来看，即从经济理论工作的现状同改革和建设实践的要求相比而言，经济理论工作仍然显得相当薄弱。这又是一切对奋力推进经济体制改革和社会主义现代化建设怀有强烈的使命感和紧迫感的经济理论工作者深感不安的。

六届全国人大四次会议《关于第七个五年计划的报告》指出："目前，我们的经济理论研究工作落后于改革和建设的实践，还不善于对丰富的实践作出新的概括。我们必须继续坚持理论联系实际的原则，鼓励理论上和实践上的大胆探索和开拓创新精神。"对经济理论研究工作现状的评价十分中肯，提出的鼓励经济理论探索和创新的方针更使我们倍感亲切。

经济理论的大胆探索和开拓创新，当然有赖于经济理论队伍自身结构的改善和素质的提高，以及经济理论工作者个人的理论勇气，同时须有与经济体制改革和社会主义现代化建设相协调的便于学术讨论的良好环境。全党工作的重点从十一届三中全会以来已转移到社会主义现代化建设上来。理论工作的指导也必须与此相适应地切实实现战略重点的转移，即从"以阶级斗争为纲"转移到鼓励理论探索和创新的轨道上来。在改革和建设的新的历史时期，对理论工作的指导的首要职责应是善于敏锐地发现理论研究领域的新的生长点，悉心加以扶持、培育和引导，使其茁壮成长，以适应改革和建设实践的需要，而不该是仍然像"以阶级斗争为纲"时期那样在理论队伍中到处搜索批判对象。

党中央对新时期的理论工作早就制定了正确的指导方针。十一届三中全会提出的解放思想、实事求是，十二届三中全会提出的"改革问题上的不同主张和不同理论观点，可以展开讨论"，都是对理论与实践相结合和百花齐放、百家争鸣的方针在新时期的更明确、具体的规定和进一步发展。1979年以来我国经济理论研究的进展都是在这样的正确方针指引下取得的。只要坚持这样的方针，经济理论研究就可以取得更大的进展。

现在要落实"鼓励理论上和实践上的大胆探索和开拓创新精神"的政策，改变经济理论研究工作落后于实践的状况，关键就在于不折不扣地贯彻上述两个三中全会明确规定的理论工作的指导方针，切实地不受歪曲地开展百家争鸣，创造各种必要的条件使广大经济理论工作者能够真正深入改革和建设的实践调查研究，不是回避客观存在的矛盾，而是勇于运用马克思主义的立场、观点、方法创造性地研究改革和建设实践中层出不穷的错综复杂的情况、问题和经验，实事求是地作出新的概括。对于经济理论工作者坚持从实际出发揭露现实经济生活中的矛盾，不但不应予以非难，而且应予鼓励，因为不深刻地揭露这种矛盾就不可能制定正确的经济政策和改革方案。对于经济理论工作者从理论与实践的结合上提出的不同于传统观念的新的见解，应该慎重地认真地对待，切忌轻率地下结论。既不要把不同意新见解的观点说成"僵化"，更不该由于不同意传统观念就给新的见解扣上"资产阶级自由化"的帽子。新见解自然并不意味着一定就是正确无误的，它们可能是正确的，可能是不正确的，也可能同时包含有正确与错误的成分。一种新的见解提出来，大家有不同的看法，这是自然的，因而也是完全正常的现象。经济理论工作指导者和组织者的责任是采取适当的形式，使持有不同观点的同志能有机会各抒己见，有根据地对自己所不同意的观点提出质疑，并提出充分的事实、资料和论据阐明自己的观点，相互展开以理服人的争辩。只有各种论点、论据充分展开，才便于对不同的观点进行比较和鉴别，使正确的观点通过争辩更趋于成熟和完善，也使错误或片面的观点在争辩中更充分地暴露其矛盾和缺陷。通过讨论，仍有不同观点的，不必也不应强求一致，因为这是理论研究中不可避免的现象，而且一般说来它还有益于推动理论研究进一步深化。更重要的是，理论观点的正确与否，归根到底还要靠实践来检验。对于某些有价值的经济理论观点和相应的政策主张，可以有选择地在实践中组织试验，并逐步总结经验，鉴定理论。许多经济理论观点可能还需要更长时期的实践的检验。因此，在经济理论问题上宜于提倡随着实践的发展进行从容的探索和讨论。只有这样自由的学术环境，才能促进马克思主义的社会主义经济理论的顺利发展，也才能更好地推动我们的经济理论队伍改善知识结构和提高思想理论素质，更快地造就大批既有深厚的理论基础又熟悉实际经济过程的高水平的经济理论人才。

坚持一切从实际出发的科学精神和学术自由，将不是削弱而是巩固和发展经济理论领域马克思主义的地位。意识到自己的社会责任的广大经济理论工作者需要学术自由，是为了在学术自由的环境中能够消除人为地造成的顾虑和偏见，以对社会主义现代化建设事业的高度责任感和使命感，勇于探索实践提出的新问题，真正做到一切从实际出发，把理论与实践紧密结合起来。而理论与实践的紧密结合是发展马克思主义经济理论的必由之路。我国经济理论队伍从总体上说是人民可以信赖的一支努力为社会主义事业奋斗的理论队伍，怀疑他们会利用学术自由去动摇马克思主义，这是没有根据的，而且这种怀疑本身就是对马克思主义缺乏信心的神经衰弱的表现。当然，毋庸讳言，既然是学术自由，发表的意见不可能都是马克思主义的，理论领域的鱼龙混杂是不可避免的。但是，首先，理论观点的是否正确或是否是马克思主义，只能以实践为检验的唯一标准。其次，对于错误的理论观点也要采取科学的分析的态度，区别错误的不同性质。例如，有的可能是由于对实际经济过程不了解或者了解不全面而产生的某种偏见；有的可能是出于对马克思经济学说的某种误解；也有可能是在从学术上的闭关自守转向学术上的对外开放时难以避免的由于还不善于批判地对待国外各派经济理论而产生的某种生硬现象，包括盲目照搬或盲目拒绝；此外也可能有人根本不赞成马克思主义，但这在我国经济理论界终究是个别的。再次，对于错误观点的批评必须采取以客观实际为根据的充分说理的态度，在平等的批评与反批评中恰如其分地揭露错误所在和错误性质，并揭示产生理论上失误的原因。被批评者的反批评也可能纠正批评者的论点或论据中某些片面或不当之处。对于错误理论观点之所以必须采取科学的、十分审慎和充分说理的态度，不仅是因为只有这样才能真正克服错误的理论观点，而且这样将有利于保护一时被视为错误观点错批了的之后经过实践的检验证明是正确的观点。

生活在资本主义社会里的马克思和恩格斯，从来没有也不可能以任何权势压人来强制别人接受他们的理论，但是他们两人完全依靠自己创立的马克思主义理论的科学性和真理性战胜了形形色色的统治着资本主义社会的资产阶级理论以及小资产阶级理论的围攻，说服了世界亿万人民。只要坚持彻底的辩证唯物主义的立场，在我们马克思主义政党执政的社会主义国家，没有任何理由不相信我们能够在学术自由的环境中通过理论与实践相结合的途径来发展马克思主义经济理论，扩大马克思主义经济理论的阵地。

这里需要顺便指出，把自由看作资本主义的专利品，决不是马克思主义的观点。只有资产阶级才把它们的资本主义国家标榜为"自由国家"，以示与社会主义国家相区别。如果一说到自由就归结为"资产阶级自由化"，那么，该不该想一想在这个十分严肃的原则问题上有没有与资产阶级划清思想界限？马克思和恩格斯在《共产党宣言》中曾预言："代替那存在着阶级和阶级对立的资产阶级旧社会的，将是这样一个联合体，在那里，每个人的自由发展是一切人的自由发展的条件。"[①] 重温马克思、恩格斯这样一个以最概括的语言明确表达的他们关于未来社会的基本思想，对于一切真正坚持马克思主义、坚持科学社会主义的同志，将是非常有益的。

处在经济社会伟大战略转变时期的当代中国经济学界，面前有可以大有作为的广阔天地。党的"鼓励理论上和实践上的大胆探索和开拓创新精神"的政策，不是减轻了而是大大加重了经济学界的社会责任。《关于第七个五年计划的报告》中指出："哲学社会科学研究，尤其是经济理论研究，要遵循理论联系实际的原则，积极运用马克思主义基本理论探索和解决改革和建设中提出的重大问题，努力坚持在实践中丰富和发展马克思主义。"这是当代中国经济学界义不容辞的光荣而艰巨的历史使命。面临着经济社会战略转变中许多不熟悉的新情况、新问题，越来越多的经济理论工作者已经意识

---

① 《马克思恩格斯选集》第1卷，人民出版社1972年版，第273页。

到，为了改变经济理论研究工作落后于实践的状况，不仅整个经济理论队伍需要扩大，结构需要改善，而且个人的知识结构也亟须更新和改善。需要重新学习马克思主义，重新学习社会，重新学习历史，并以科学的批判的态度研究历史的和当代世界的各种有重大影响的经济理论和经济思潮，同时尽可能多懂一点现代科学技术发展的趋势以及可以在经济研究中应用的现代技术和现代工具。

近几年来成批成批的有志于为推进改革和建设而愿意在经济研究中有所作为的年轻人进入经济理论队伍，给经济学界增添了新的活力。他们中间不少同志善于学习，勤于调查，勇于探索，敢于创新，表现出很有思想，很有才华。这是十分可喜的现象。个别同志对他们表现出贵族老爷式的苛责态度，动辄扣之以"资产阶级自由化"的帽子，这是完全要不得的。首先，对他们的探索、创新精神应该支持和鼓励，而不是斥责。其次，对他们由于年轻而不可避免地在理论研究中某些方面表现出的不成熟甚至失误，需要的也是满腔热情的帮助和引导。无论怎样，千万不能有意无意地去挫伤他们理论研究的锐气。中国需要更多的孙冶方，需要成批的具有孙冶方那样的理论勇气而在学识上随着时代的前进又大大超过孙冶方的经济学家。这是中国马克思主义经济科学兴旺发达的希望之所在，也是中国经济体制改革和社会主义现代化建设成功的希望之所在。

（原载《经济研究》1986 年第 5 期）

经济科学和社会主义精神文明建设

党的十二届六中全会进一步明确了社会主义精神文明建设的指导方针。这个指导方针是适应着社会主义现代化建设特别是全面改革和对外开放的形势对社会主义精神文明建设提出的新的更高的要求而制定的。这个新的更高的要求，就是要高瞻远瞩地从我国社会主义现代化建设的总体布局的高度确定社会主义精神文明建设的战略地位，并由此规定精神文明建设的根本任务和正确处理精神文明建设中各种关系的方针。

《中共中央关于社会主义精神文明建设指导方针的决议》指出："我国社会主义现代化建设的总体布局是：以经济建设为中心，坚定不移地进行经济体制改革，坚定不移地进行政治体制改革，坚定不移地加强精神文明建设，并且使这几个方面互相配合，互相促进。"

这个以经济建设为中心的总体布局赋予经济科学在社会主义现代化建设中特殊重要的任务。经济科学的发展既是为物质文明建设服务的，又是精神文明建设不容忽视的重要组成部分。

我国各条战线、各个部门的工作都要坚持一切着眼于建设，而一切建设的中心则是经济建设。经济体制改革是从体制上直接为经济发展扫除障碍，形成有利于经济发展的经济机制。政治体制改革，民主政治建设，从根本上说也是为了适应经济发展的需要。整个体制改革和精神文明建设归根到底都要落脚到促进社会生产力的发展。

经济科学是直接为经济建设服务的科学。它既要揭示经济、社会发展的客观规律和实际经济过程的运行机制，又要阐明资源合理配置的经济原则，使经济建设立足于坚实的科学基础上。当前成为我国经济科学研究主题的经济体制改革的研究，旨在从理论和实践的结合上探索能够有效地促进社会生产力发展的生产关系。对于对外开放问题的研究，不仅要揭示对外开放政策的理论基础，而且要阐明我国在当今国际经济环境中现实可行的开放程度和提高我国经济对外开放能力的途径。改革、开放的研究和经济发展的研究又要密切联系，使改革、开放和经济发展能互相促进。

物质文明建设是社会主义精神文明建设的物质基础，又为精神文明的发展提供实践经验。全部世界历史表明，一个国家，一个民族，未有物质文明不发展而有精神文明发展的。从这个意义上说，经济科学在理论上愈是彻底，即愈是抓住客观经济过程的根本，经济理论就愈能正确地指导经济建设的实践，有效地促进社会生产力的发展，因而也愈能为精神文明的发展创造日益雄厚的物质基础，并提供富有说服力的实践经验。所以，对于既不回避更不掩饰实际经济过程中客观存在的矛盾的以实践为唯一准绳的严肃的经济科学研究，理应给予特别鼓励。这不但为物质文明发展所必需，而且为精神文明发展所必需。反之，像过去在"左"的思想指导下那样，动辄以精神文明的名义无端地干涉这种严肃的经济科学研究，甚至发展到"文化大革命"期间取消了经济科学研究，其实是最愚昧不过的。

经济科学除了通过指导经济建设的实践而有助于增强精神文明发展的物质基础以外，它作为一门社会科学，本身又是精神文明的组成部分。经济科学的发展对提高整个中华民族的思想道德素质和科学文化素质能够直接发生巨大的积极的作用。这种作用，至少可以列举如下若干主要之点。

第一，经济科学揭示的经济、社会发展规律，一旦为群众所掌握，就能形成推动社会进步的伟大革命力量。马克思学说的核心内容就是马克思主义政治经济学。它以严密的科学体系揭示了社会主义必然代替资本主义的客观规律和实现变革的社会力量，成了亿万无产阶级和劳动人民争取政治解放、社会解放的强大思想武器。我国现阶段从经济上说属于发展中国家，社会发展则还处于社会主义的初级阶段。我们的经济科学要从中国国情出发，并借鉴国际经验，既认真研究作为发展中国家的经济发展的客观规律，又认真研究处于社会主义初级阶段的社会主义发展规律，并把这二者的研究有机地联系起来。这样的研究将能为制定正确地指导社会主义建设的纲领和政策奠定科学基础，并使广大干部和群众能够自觉地懂得什么才是真正有利于社会进步的事情，应该积极去干，什么是不利于社会进步的事情，应该努力避免。我们的党和人民普遍地提高了这样的自觉性，我国经济、社会的发展也就肯定会顺利得多。

第二，经济科学对体制改革的研究，引出合乎实际的结论，将能形成有利于全面改革的舆论力量，成为实现全面改革的精神动力和思想保证。经济科学对旧体制弊端的揭露和对新体制的探索是统一的。对旧体制的弊端揭露越透彻，改革的目标就越明确，形成新体制的途径也越清晰。这样，我们在改革中将能增强自觉性，减少盲目性。同时，经济科学不仅要告诉人们中国不改革就没有出路，要指出改革的光明前景，而且要把体制改革作为一项巨大社会系统工程的艰巨复杂性、我们在改革过程中必须忍受的暂时困难以及改革可能经受的风险如实地加以阐明。这样将不仅促使体制改革的指导工作更严密、更谨慎，而且将能帮助广大干部和群众做好正确对待全面改革中各种复杂情况的思想准备，增强对体制改革的心理承受力。对体制改革的成败来说，有这种准备和没有这种准备是大不一样的。有了这种准备，改革即使碰到暂时困难以致挫折，依靠群策群力，和衷共济，也会比较易于渡过难关，开辟改革的新的正确途径。没有这种准备，则即使正确的改革措施，也可能由于相当大一部分缺乏心理承受力的人们盲目抵制而难以实现。可见，普遍提高干部和群众对全面改革的心理承受力，将是把全面改革坚持到底的不可缺少的精神条件。

第三，经济科学从理论上正确地阐明生产社会化发展的客观历史进程，将能帮助人们开阔视野，摆脱小生产的狭隘眼界和自我封闭的思维方式。鉴于中国受封建制度统治了几千年，并与之伴随着汪洋大海似的小生产，而在社会主义制度建立以后长达二十多年间又竭力限制和排斥商品经济，这样的理论教育具有特殊重要的意义。首先对各级干部应该进行这样的教育，使他们明确认识商品经济是人类文明发展所形成的能够促进生产社会化发展的经济形式，并逐渐懂得商品经济内在的运动规律。通过他们，鼓励和支持广大群众放手发展商品经济，并引导其正确处理商品经济发展中不可避免的矛盾。广大干部和群众经过商品经济这所发展社会化大生产的实践的学校长期的培训和深造，必将在思想上和精神上得到新的解放，渴求新的知识，努力开拓创新，讲究工作效率，将形成群众性的新的社会风尚。这样，人们才能真正达到立足本职、放眼世界、面向未来的精神境界。

第四，经济科学的发展能够促进社会的价值观念、道德风尚的转变，推动观念现代化的实现。诚然，道德建设不是经济科学本身的研究对象。但是，道德是经济基础的反映，经济科学从生产关系适应生产力发展、上层建筑适应经济基础发展的关系上阐明在一定的历史发展阶段什么才是社会进步的标志，这能为道德准则的形成和道德建设指明一个唯物主义的基础。例如，在理论上明确了我国现阶段在公有制为主体的前提下发展多种经济成分的必然性和社会主义经济是有计划商品经济的性质，将使人们易于理解在商品经济竞争环境中寻求发展机会以及发展在社会化大生产所要求的社会分工基础上相互依赖的协作是合乎现阶段道德建设要求的，而偷懒者侵占勤劳者利益的平均主义则是不道德的行为，封建门第的特权观念和以权谋私的腐朽行为更应遭到全社会的摒弃。这也将使人们易于理解尊重人才、允许人才合理流动不仅为经济上提高效率所必需，而且在道德上也是尊重个人施展才干的愿望、尊重人格的行为，而把个人服从社会整体利益的原则变质为把个人束缚于封建性依附关系中的思想和行为则是不道德的。同时，只有理论上阐明了社会主义社会的经济基础，也才能确立社会主义民主、法制和纪律的正确观念。六中全会决议说得好："在人类历史上，在新兴资产阶级和劳动人民反对封建专制制度的斗争中，形成民主和自由、平等、博爱的观念，是人类精神的一次大解放。马克思主义批判地继承资产阶级的这些观念，又同它们有原则的区别。"从政治上说，社会主义代替资本主义是要扬弃资产阶级民主、自由的阶级局限性和虚伪性，但决不是要抛弃作为人类文明成果的民主和自由，而是要随着社会主义的发展充实它们的社会主义内容，使它们事实上成为人民当家作主和自由发展的权利。与此相反，对人民理应享有的社会主义民主和自由的权利的任何侵犯，且不说同宪法精神相背，即以道德准则来说，也是不符合社会主义政治道德的不文明行为。

第五，经济科学要向从事经济活动的各行各业提供分别适合各个不同层次需要的科学的经济管理知识，并且通过教育和培训，使之普及于全社会有关人员。这本身就是提高人们的科学文化素质的一项重要的精神文明建设，能够形成发展物质文明的智力支持。劳动者这种素质的提高就是生产要素的生产力的发展。它意味着，劳动者和生产资料结合的物质形式作为生产力将有更高的劳动生产率，劳动者和生产资料结合的社会形式作为生产关系将形成更发达的社会经济关系，或者有可能使社会主义生产关系在内涵上朝着逐步完善和成熟的方向发展。

社会主义精神文明建设是以马克思主义为指导的。关键在于怎样才能正确发挥马克思主义对精神文明建设的指导作用。笔者认为，党的十二届六中全会决议概括的两条抓住了这个问题的要领。

首先，决议指出："新时期我国马克思主义理论工作的任务，就是要从经济、政治、文化、社会各方面，研究社会主义现代化建设和全面改革的新情况、新经验、新问题，探索建设具有中国特色的社会主义的规律；同时要研究当代世界的新变化，研究当代各种思潮，批判地吸取和概括各门科学发展的最新成果。只有从实际出发，以实践作为检验真理的唯一标准，勇于突破那些已被实践证明是不正确的或不适合变化了的情况的判断和结论,而不是用僵化观念来裁判生活,马克思主义才能随着生活前进并指导生活前进。这既是坚持马克思主义,又是发展马克思主义,两者统一在革命和建设的实践之中。离开实践的观点,发展的观点,创造的观点,就谈不上坚持马克思主义。"

其次,决议又指出:"必须坚决执行'百花齐放、百家争鸣'的方针,支持和鼓励以科学研究为基础的大胆探索和自由争论,使马克思主义的理论研究大大活跃起来,使各项决策建立在更加民主和科学的基础之上。政策和计划的决定,要遵守民主集中制原则。学术和艺术问题,要遵守宪法规定的原则,实行学术自由,创作自由,讨论自由,批评和反批评自由。这样做的目的,是正确发挥马克思主义对学术和艺术的指导作用,造成科学文化发展所必需的安定团结的环境和民主和谐的气氛,使它们更好地为人民服务、为社会主义服务。"

这两条对经济科学领域也是完全适合的。现在我们的任务是要采取切实有效的措施,并身体力行,把党中央明确规定的这些方针不折不扣地落实到实际工作中去,使经济科学更加繁荣起来,为物质文明和精神文明的建设作出应有的贡献。

(原载《经济研究》1986 年第 11 期)

我国现阶段的私人经济问题

近几年来，我国各地城乡陆续出现了一些私营企业，它们不同于以劳动者个人或其家庭劳动为基础的个体经济。也有一些虽无企业形式但也不同于个体经济的私人经济，如包买商等。我们可以把这些私营企业和私人经济都称为非个体的私人经济，来与个体经济相区别。为了保护生产力的发展和合理地调节各阶层的利益关系，对这类非个体的私人经济的政策，现在已到了非明确不可的时候了。为行文方便起见，下面即以私人经济来专指非个体的私人经济。

一 私人经济的作用

马克思主义对任何经济形式的态度首先是看其对社会生产力发展的作用。我们对待社会主义社会的私人经济也应该采取这种态度。

在我国现阶段社会中，私人经济有促进生产力发展的作用，特别是对从自然经济、半自然经济向商品经济转化具有不可忽视的作用。

首先，私人经济不受禁止的发展对个体经济的发展能起稳定的作用。目前全国城乡个体工商业者已发展到1700万户。个体经济从多方面表现出了对社会主义公有制经济的不可缺少的补充作用。例如温州农村，在近年商品经济发展中，个体经济已成为工商业的主体，并显示出它对促进当地经济发展、人民致富的强盛的活力。但是，个体户经营规模的进一步扩大，除非像美国家庭农场那样有十分发达的社会分工的支持，就只有两个可能性，即或者趋向合作化，或者趋向雇工经营。而当合作化尚未从事实上向参加者表明能够确实保证增进他们的利益的时候，趋向雇工经营的可能性就会更现实。在这种情况下，如果对雇工经营等私人经济采取禁止或取缔的方针，那就势必使个体劳动者心存疑虑而不敢或不愿按市场的需要和自己经营的能力去放手扩大经营规模，从而限制生产力的发展。这类私人经济当然包括私人资本主义经济。从生产力发展来看，私人资本主义的商品经济是比个体劳动者的简单商品经济社会化程度更高的经济形式。因此，如果政策上只是允许个体经济发展而不允许私人资本主义经济存在，是不合逻辑的。

其次，私人经济的正常发展有利于刺激私人经济活动中的高收入者更多地把收入转化为积累，自我抑制过度的个人消费。相反，私人经济如果没有正常发展的环境，私人积累机制势必受到压抑，高收入难免转化为无节制的高消费，甚至高浪费。现在，由于对私人经济的政策不明确，有些人宁愿首先花钱盖高级住宅和购置高档消费品，也不愿多投资改造简陋的厂房和设备。政策一旦要"收"，他们就收摊不干。显然，压抑积累机制就是限制生产力的发展，因为积累正是社会生产力发展和社会进步的基础。尤其是对于我们这样资金短缺的发展中的社会主义国家来说，在人民生活逐步改善的同时，努力通过各种渠道增加积累（其中包括私人积累），更是实现社会主义现代化不可缺少的条件。

再次，私人经济活动当事人的利益和风险紧密相连，在我国当前条件下，私人在追求利润的刺激下敢于主动承担风险，往往能填补其他经济形式未能兴办的经营空白。有不少事，过去就因为国营经济无暇顾及，集体企业也无力或不愿承担风险而办不成，近年却由私人经济办起来了。国营经济因烦琐的行政手续和集体经济因集体成员对利润和风险的预期的分歧而犹豫不决所造成的投资、经营决策贻误时机的情况，在私人经济活动的决策中有可能避免。它可以灵敏地抓住机遇，当机立断，及时兴办，尽管它有时也难免会有盲目性。此外，我们不能忽视温州等地区商品经济迅速发展过程中表现出来的来自农民的广大供销员的作用，他们不无冒险精神地走南闯北，到处建立经济上的联系，疏通流通渠道，尽管在他们的活动中不免杂有个别蒙哄、诈骗的勾当，总的说来对当前正在形成的国内统一市场的成长起了有益的作用。他们中间绝大多数人现在还只是个体商贩，但同时也已经出现一批包买商，后者实际上成了当地家庭工业的组织者。

最后，私人经济的发展是解决剩余劳动力就业的途径之一。尤其是经济落后地区的农村剩余劳动力，在转入非农产业部门时一无技术、二无资金，而当时当地又合作无门的条件下，往往以雇用有资金、有经营能力者为解决就业问题的可行办法。对某些人来说，这还是接受技术培训和学习商品经济知识的一个途径。也有一些人不愿自己担风险，宁可当雇工，挣工资。在这种情况下，私人经济的发展就成了剩余劳动力与资金、技术、经营能力等结合起来的途径。没有私人经济的发展，则剩余劳动力一方和有资金、技术、经营能力的一方都不能形成现实的生产力。

二 私人经济的性质

非个体的私人经济的性质问题是个复杂的问题，需要具体分析。对于其中的雇工经营，人们常常引用马克思在《资本论》中所举的雇佣八个工人的例子，以为这就是划分小业主和资本家的界限。其实，这是一个误解。

马克思是在论述剩余价值率和剩余价值量的时候举这个例子的。他的目的是要论证怎样的最低限度的货币额才能转化为资本。他在论证时提出了若干必要的假定条件。第一，剩余价值率为50%；第二，货币所有者要靠每天占有的剩余价值过工人那样的生活，就必须雇两个工人；第三，他若要使自己的生活比工人好一倍，就得雇四个工人，但这时还不可能有任何剩余价值的资本化；第四，如果他要在自己的生活比工人好一倍的同时，能把剩余价值的一半用作资本积累，他就须雇八个工人，因而他需要的货币垫支额就须达到他原先作为占有生产资料的工人并满足于过工人生活时的垫支额的八倍。到此为止，他尚未变成现实的资本家。正如马克思紧接着以上假定所说的："他自己也可以和他的工人一样参加劳动，但是这时他就不过成了一个混合物，介于资本家和劳动者之间的中间人物，成了'小业主'。资本主义生产发展到一定高度，就要求资本家能够把他执行人格化资本的全部时间，都用来占有并监督别人的劳动，用来出售这种劳动的产品。中世纪的行会力图防止师傅，即手工业行会头头变为资本家，限定每个师傅可以雇用的劳动者的人数不得超过一个极小的最高限额。货币或商品的所有者，只有当他在生产上预付的最低限额大大超过了中世纪的最高限额时，才真正变为资本家。"而且，马克思还说："货币所有者或商品所有者要变为资本家而必须能支配的最低限度价值额，在生产的不同发展阶段上是不同的，而在一定的发展阶段上，在不同的生产部门内，也由于它们的特殊的技术条件而各不相同。"①

可见，尽管资本家和小业主都占有雇工的剩余价值，但他们的雇工经营性质是不同的。不同地方、不同时期、不同行业的技术构成各不相同；只有同既定的技术构成联系起来考虑雇工人数和剩余价值率，才能对雇工经营的不同性质作出切实的判断。因此，马克思举例所讲的雇用八个工人并不是区分雇工经营性质的标准。但是，马克思在这里分析问题的方法，则是我们应该掌握并且可以在实践中分析不同的雇工经营的性质时运用的。

个体劳动者和小业主还有区别。个体劳动者带一点学徒，请一点帮工，即使占有一点剩余价值，也比较轻微。特别是带学徒，开始时师傅可能在时间和精力方面还要作出点牺牲，学徒干活给他提供的也许不一定能补偿他教学徒所花费的劳动。当然，时间长了，

---

① 《马克思恩格斯全集》第43卷，第322页。

学徒可能给师傅提供某些利益。至于过去旧社会里的学徒往往被当作家佣使唤，那又另当别论。在目前条件下，个体户究竟带几个学徒或请几个帮工才有别于雇工的小业主，也不能单纯看人数来确定，理由如同上面所讲是一样的。1981年《国务院关于城镇非农业个体经济若干政策的规定》第五条，规定个体经营户在"必要时，经过工商行政管理部门批准，可以雇一至两个帮手；技术性较强或者有特殊技艺的，可以带两三个最多不超过五个学徒。"这个人数规定是没有经过论证的，只是一定时期的政策，并不是划分个体劳动者和小业主的科学界限。

包买商是一种不同于雇工经营的私人经济形式，它的性质需要单独讲一讲。包买商是分散的零星的个体生产和集中的成批的销售之间矛盾的产物。包买主开始时往往只是个代售产品和代购原材料的经纪人；一旦在购销上对当地生产者形成了垄断地位，就变成独立的商人。当包买主用个体生产者所需要的原材料来换取他们的产品，从原材料采购和产品销售两头切断了他们同市场的联系之后，就使个体生产者完全从属于自己。再进一步，"包买主把材料直接分发给'手工业者'去进行生产并付给一定的报酬"，这时"手工业者事实上成了在自己家中为资本家工作的雇佣工人，包买主的商业资本在这里就转为产业资本。资本主义的家庭劳动形成了"[①]。以使用机器的个体生产者来代替这句话里的手工业者，情况也是一样。包买商的上述发展过程是个体经济演变成资本主义经济的过程，处在这个过程的不同阶段的包买商就具有不同的性质，因此也需要作具体分析。

三　对私人经济应采取的政策

私人经济对社会生产力发展的作用应是我们对私人经济的政策

[①] 《列宁全集》第3卷，人民出版社1984年版，第332页。

的出发点。如果以私人经济是否有剥削来确定是否允许其存在，那就只能在两个极端之间选择。一个极端是以社会主义社会不容许剥削的简单逻辑来否定任何包含有剥削的私人经济，包括其中对生产力的发展尚有促进作用的部分，以保持社会主义社会的"纯洁性"。这就是我国过去二三十年的实践。结果是生产力发展的利益牺牲了，"纯洁性"却并没有保持，封建特权、以权谋私等更腐朽的现象取代资本主义剥削而泛起。另一个极端是看到了某些确有剥削的私人经济仍有促进生产力的作用，因而承认政策上应允许其存在，但是为了避免同社会主义社会不容许剥削的概念发生冲突，就根本否认这些私人经济有任何剥削。这也不是实事求是的态度。

在明确了对私人经济的政策的出发点以后，如实地分析客观存在的各种类型的私人经济的不同性质，对于政策的制定和执行也是重要的，因为不同性质的私人经济包含着不同的利益关系。对于私人经济中不同阶级、阶层的利益矛盾及其经济、社会后果必须审慎地进行研究，并从政策上予以恰当的调节。

对私人经济的政策，我认为，总的说来应是引导、管理、调节。按照整个国民经济发展的利益，引导私人经济的投资方向，依法保护其有利于社会生产力发展的部分，限制其不利于社会生产力发展的部分，同时调节其内外各种关系。

对于私人经济的活动范围，不宜一开始就限制过死，可以在实践中加强调查研究，逐步探索并明确适当的政策界限。即使对于应予限制的部分，除了直接危害国民经济和社会发展利益的应依法禁止或取缔以外，一般应通过发展社会主义经济的优势与之竞争来限制其活动范围。目前在一些私人经济发展迅速的地区，国有经济、集体经济受到很大冲击，表现软弱无力。这些地区应抓住时机，加强国有经济、集体经济体制改革的步伐，首先增强它们自身的竞争力。各种形式的合作经济在一定范围同私人经济有替代关系。根据完全自愿互利原则发展各种适合当时当地经济发展实际需要的对个体生产者有吸引力的开放式合作经济，是增强社会主义公有制经济与个体经济的联系，同私人经济展开竞争，并从经济上引导和制约私人经济发展方向的重要形式。

为便于政府依法管理和监督私人经济活动，须尽快进行相应的立法。1950年政务院曾根据当时情况颁布过《中华人民共和国私营企业暂行条例》，在50年代对私营工商业实现社会主义改造以后，这个条例就自动失效了。近几年，在私人经济发展的情况下，因尚无必要的法律，工商行政管理和税务管理等存在诸多不便。允许私人经营的经济事业不得不在个体经济、集体经济项下进行登记，以致私人经济业主也享受到了国家扶持集体经济、个体经济的政策所给予的优惠，而政府理应从税收、劳资关系等方面对私人经济进行的调节却无法实行。现在亟须对包括私营企业、包买商、包工头、民间信用、私人租赁业等在内的私人经济制定必要的法规，从法律上确定其行为规范。

鉴于私人经济包含各种不同类型和性质的经济，从国民经济和社会发展利益着眼，对待不同情况在政策上应该有所差别。经济性质的差异以及阶级或阶层的关系是客观存在的，理论研究和政策研究对此必须重视，否则我们就不能保持清醒的头脑。但是，对具体的企业和具体的业主不宜定性质（如是不是资本主义企业）、划成分（如小业主或资本家），这不但是因为情况错综复杂，有时界限很难划准，而且更重要的是因为那样做会引起不必要的社会震动，以致对经济社会发展造成损失。对过去二三十年历史形成的干部和群众在这方面的十分脆弱的心理承受力切不可忽视。同时，在实际工作中统称私营企业或私人经济，按照一定的指标或特征也完全能够区别不同情况，在政策上做到区别对待。

对私人经济的收入政策和税收政策是国家调节和引导私人经济的重要的政策工具。对私营业主应该征收累进所得税，但是，对其所得用于积累的部分课税应该低于用于消费的部分，以引导其增加积累。在税收上，同国有经济、集体经济、合作经济、个体经济相比，对私人经济当然不能给予优惠。但是，用税收调节私营业主的收入时，应估计到他的资金、风险、经营等因素的作用和积累资金扩大再生产的需要。至于私人经济在经营中使用基础设施、公用事业设施，则应合理付费，不能像国有企业那样在这些方面吃国家的"大锅饭"。

四 与发展私人经济有关的几个理论问题

联系到私人经济的发展，有几个理论问题似有必要开展研究。现在只把问题提出来，希望大家来探讨。

1. 社会发展阶段和经济发展阶段问题

社会主义国家对私人经济的政策问题同理论上对本国所处的社会发展阶段的判断有联系。过去有个不好的传统，就是把这种判断作为不允许理论上进行讨论的政治定论。在苏联，斯大林逝世以后不久，莫洛托夫由于在一次讲话中讲了苏联只是建立了社会主义制度的基础，就被苏共中央指责为对苏联社会主义制度发生怀疑和动摇，并且被迫作公开检讨。随后赫鲁晓夫关于苏联社会发展阶段的说法越来越不着边际，1961年在关于苏共党纲的报告中就宣布苏联在1980年将"基本建成共产主义"。后来的事实表明，这种不切实际的冒进的判断使苏联在实践中越来越处于被动地位，以致历任苏共领导人不得不为调整这个说法煞费苦心。勃列日涅夫在1967年纪念十月革命50周年大会上宣布"苏联已建成了发达的社会主义社会"，不再提"基本建成共产主义"。安德罗波夫在1982年纪念马克思逝世100周年的文章中宣称，苏联当前的任务是"完善发达的社会主义"，而现在还只"处于这一漫长历史过程的起点"。戈尔巴乔夫上台后则强调"有计划和全面地完善社会主义"，并且说："经验证明，不考虑社会的物质和精神成熟程度，一味冒进并实行共产主义原则的种种做法必然遭到失败。"

波兰最近对其所处社会发展阶段的判断也作了大的修正，认为"波兰统一工人党七大和八大文件中有关波兰向发达的社会主义阶段过渡的论断提得过早"①。今年波兰统一工人党十大通过的党纲所做的判断是：波兰"正处于从资本主义向社会主义过渡时期的最后阶段。在最重要的生活领域，社会主义的基础已经建立"。

匈牙利社会主义工人党中央书记豪沃希前不久在该党第十三次代表大会上说："通向社会主义的道路比我们早些年想象的更要崎岖不平，挫折和失败更多。""我们还懂得了，最先达到目标的并不是那些匆忙行事同时又跳越阶段的人，而是那些在条件许可情况下制订计划并得到群众支持的人。"

苏联、波兰、匈牙利上述情况说明，"跳越阶段"不仅是中国曾经犯过的错误，而且可以说是迄今社会主义国家的国际性现象。"跳越阶段"的结果，不免错误地估量客观存在的社会矛盾，导致错误的政策，从而阻碍经济、社会的发展。要使经济、社会的基本政策不犯错误，必须对客观存在的社会发展阶段有个正确的认识，而取得这个正确认识的必要前提就是从实际出发，充分展开这个问题的自由探索和讨论。人们对社会主义的认识还需在实践中逐步深化，因而对社会主义的社会发展阶段问题不妨从容地进行探讨或随着实践经验的积累重新加以思考。明确了社会发展阶段，使我们有可能更切合实际地探讨经济改革和经济发展问题，对我国现阶段私人经济的发展也不会感到不可理解了。

除了以建立在一定生产力基础上的生产关系总和为基本标志以及相应的政治结构来划分社会发展阶段以外，还可以直接从生产力发展程度来研究经济发展阶段，例如，从商品经济的发育和成熟程度或者从消费结构和产业结构的类型等不同角度来研究一个国家或一个地区的经济成长的阶段。这种研究对于正确地制定和执行对私人经济的政策也是必要的。

2. 社会主义经济在同非社会主义经济竞争中发展优势问题

过去我们把消灭私有制看得过于容易。其实，尽管暴力夺取政

---

① 波兰统一工人党中央理论刊物《意识形态与政治》1985 年 11 月号。

权后可以通过对大资本的剥夺建立社会主义公有制,社会主义公有制却不可能通过一次性行动就消灭私有制。无论个体私有制或资本主义私有制,在它们所能容纳的全部生产力发挥出来以前是不会灭亡的。同时,社会主义公有制也只有在同私有制竞争中才能暴露自身的不完善和不成熟的地方,从而选择适合当时当地生产力的具体形式,使自己逐步完善和成熟起来。只有社会主义公有制在实践中充分表明其优越于任何形式的私有制,它才能在事实上真正代替私有制而巩固和发展起来。如果过度限制或人为取缔私有经济,社会主义公有制也不可能真正得到保护、巩固和发展。

3. 商品经济中的风险问题

经济风险是商品经济的产物,是商品经济中不确定性的表现。商品经济的竞争环境使商品生产者和经营者既有赢利和发展的机会,也难免承担亏损和破产的风险。投资创业、技术创新、产品开发和市场开拓等,对商品生产者和经营者来说都有风险,而它们对社会的技术进步和经济发展却是不可缺少的。就全社会而言,某些不可避免的风险损失可以说是实现技术进步和经济发展所必需的代价,因此,国家对私营业主的收入调节必须考虑他所承担的风险因素以及对风险成本的必要补偿。至于在什么限度内才是对风险的必要补偿,自然是个十分复杂的计量问题。理论上需要研究的问题是风险在经济发展中的作用以及风险补偿的实质和量的界限。

(原载中国社会科学杂志社《未定稿》1986年第21期)

私营经济在中国经济发展中的地位

中国自 20 世纪 80 年代初期以来形成并正在继续发展的私营经济的合法地位最近得到了宪法的肯定。今年（1988 年）4 月全国人民代表大会通过的《中华人民共和国宪法修正案》规定："国家允许私营经济在法律规定的范围内存在和发展。私营经济是社会主义公有制经济的补充。国家保护私营经济的合法的权利和利益，对私营经济实行引导、监督和管理。"这里讲的私营经济是指以雇佣劳动为基础的私有制经济，有别于个体经济——以生产资料所有者个人或其家庭自己劳动为基础的私有制经济。《中华人民共和国宪法修正案》关于私营经济的规定有利于促进社会生产力的发展和有中国特色的社会主义的建设。

私营经济的发展将促进中国商品经济的发展

中国社会主义建设的根本任务是发展社会生产力，而发展社会生产力的中心环节是发展商品经济。中国从 19 世纪后半叶才开始有近代工业的发展。中华人民共和国成立以前，农村中依然是自然经济、半自然经济占极大比重；而全国工业、交通运输业的固定资本总额的 80% 是官僚资本，私人资本则势单力薄。据 20 世纪 50 年代对资本主义进行改造时统计，旧中国遗留下来的私人资本总额折合人民币仅 34 亿元。可见，中国社会主义制度建立时远未形成像西方国家那样在资本主义条件下早已形成的发达的商品经济。社会主义制度建立以后又由于国有经济在全国经济中的垄断地位而窒息了商品经济的发展，在经济上形成了部门、地区的行政分割。因此，中国至今仍是商品经济落后的国家。而没有商品经济的普遍的充分的发展，就不可能形成生产的高度社会化，从而也不可能实现中国的现代化和建成完善与成熟的社会主义。中国当前正面临着生产关系上向有计划商品经济体制转轨和生产力上全面发展商品经济的双重任务。

从中国迫切需要大力发展商品经济这个宏观背景来看私营经济的发展，就不难发现它的不容忽视的重要意义。

其一，个体经济在中国不发达的商品经济中是一支重要的经济力量，而私营经济在生产和流通的社会化程度上又高于个体经济，私营经济的发展将激励个体经济的充分发展，并提高个体经济的素质。

中国经济在1978年以前20余年间实现了单一的公有化，不仅私营经济被取缔，而且个体经济也所剩无几，从而出现了商品经济的退化现象。农村人口完全按居住的地域组织在人民公社里。城镇个体劳动者人数从1952年年末的883万人持续减少到1978年年末的15万人，后者仅占同期城镇在业人口数的0.16%；而1978年城镇待业人员多达530万人。当时的情景是，一方面大量事没人干，另一方面大批人无事干，商品与劳务供应的短缺和人力资源的闲置同时并存。

正是这个尖锐的矛盾促使中国经济体制改革从一开始就提出了所有制结构的调整与改革问题，其中就包括放手发展个体经济。1987年年末，全国城乡个体工商户从业人员已超过2000万人，其中城镇567万人。他们在传递市场信息、疏通流通渠道、推动城乡物资交流、促进农村生产的专业化与商品化以及增加商品与劳务供应等方面都发挥了积极的作用。

但是，中国现有的个体经济还是比较原始的商品经济，不同于现代商品经济条件下依赖于高度发达的社会分工的个体经济。它的社会化程度的提高，就会或者趋向合作制，或者趋向使用雇佣劳动的私营经济。而在个体劳动者尚未具备实行合作制所必要的文化素质或者合作制尚未从事实上向参加者表明能确实保证增进他们的利益的时候，发展私营经济就会成为他们更现实的选择。在这种情况下，禁止私营经济就无异于打击个体经济，势必使个体经营者心存疑虑而不敢或不愿按市场的需要和自己经营的潜力去放手扩大经营规模、提高经营素质，这也就是限制了生产力的发展。相反，鼓励私营经济的发展有助于促进个体经营者形成长远发展的动机和改善其经济行为，从而加速生产力的发展。

其二，当前中国农村正在经历着成亿的农业剩余劳动力向非农产业转移和从自然经济、半自然经济向商品经济转化的历史过程，私营经济的发展是把这两者结合为统一过程的重要途径之一。

首先，私营经济和个体经济便于劳动者自由择业，能激励他们主动地在市场竞争中寻求流动和发展的机会，从而使农业剩余劳动力能按市场需求实现向非农产业转移，特别是在原来经济比较落后、集体经济基础薄弱的地区，个体经济往往成为开始实现这种转移的主要经济形式。在个体经济普遍发展的基础上，各类私营经济随之形成。其中有由家庭工业扩大生产规模而形成的雇工经营的私营工业，还有适应农村商品经济发展需要而形成的私营商业、运输业和民间借贷，以及承包外地建筑工程的包工队，等等。人数众多的农民供销员队伍的崛起在农村商品经济发展中起了引人注目的作用。他们中间一些经营有方的人从为家庭工业生产者代销产品和代购原材料开始，发展到主动用原材料换取生产者的产品，然后又发展到直接把原材料分配给生产者进行加工，并向他们支付报酬，实际形成雇佣关系，这些人成为组织当地商品生产的私营业主。私营经济的发展促进了个体经济向社会化经济的发展。

其次，在农村自然经济、半自然经济向商品经济转化的过程中，私营经济的发展有利于依靠市场机制使分散的生产要素重新组合，形成新的生产力。随着家庭联产承包制的推行和商品经济的发展，中国农村有一部分先富起来的人积累了资金，并且涌现了一批有技术专长或善于经营的能人，而同时农业剩余劳动力中又有许多人缺乏资金、技术或经营能力，不熟悉或完全不懂商品经济，也有人不敢自己经营担风险而宁愿当雇工挣工资，私营经济的发展就为这些分散的生产要素的组合创造了机会。在这种情况下，对于雇工中的一部分人来说，受雇还是他们接受技术培训和学习商品经济知识的一个途径。同时，在不少地区，一些懂技术、善经营的能人率先创业的示范效应带动当地农村形成了商品生产的"专业村""专业乡"甚至几个乡或十几个乡连成一片的"专业片"。

再次，私营经济的发展促进了生产要素的流动，并且通过生产要素的流动使商品经济先发展的地区带动尚不发展的地区发展商品经济。例如，浙江省温州的东部沿海地区商品经济发展迅速首先富裕起来，它的西部贫困山区就有一部分剩余劳动力向沿海地区流动；他们中间一些人在沿海地区挣了钱并学到生产技术和经营管理经验后又回到山区，自己办企业，而沿海地区因生产向较高层次转移而退出生产的产品为这些山区企业提供了进入的机会。又如河北省定县一名女青年到该县贫困山区办了一家刺绣厂，雇工128人，办厂当年就盈利，工人月工资也有100多元。

其三，在农业生产领域，私营经济也开始显示出它对分散的家庭经营的专业户的市场组织功能。

建立在家庭经营基础上的农业生产的专业户和商品化的发展需要社会化服务体系作为联结生产者和市场的纽带，而中国农村合作经济组织的社会化服务体系尚需有一个逐步建设的过程。据有关部门1987年年初对分布在全国各省、市、自治区的293个村庄的调查，90%的村合作经济组织还没有为农户提供运销鲜活产品的服务。在这种情况下，为家庭经营的专业户提供服务的私营企业也就应运而生。温州市郊瓯海县一家禽蛋品产销公司，建设了年孵化60万只鸡雏的孵坊、50吨的冷库和年产2000吨的配合饲料厂，为周围400多家家庭养鸡专业户提供鸡雏，同时回收种鸡蛋以供继续孵化良种鸡雏，并收购肉鸡以向市区成批销售。这样，既利用了家庭生产的效率，又发挥了规模经济的优势。

允许私营经济发展有利于中国社会主义经济的发展

私营经济本身是非公有制经济，但它可以成为社会主义公有制经济的有益的补充，因而为建设有中国特色的社会主义所必需。

在实践中正确区分私营经济和个体经济的界限以及不同类型的私营经济的性质是个比较复杂的问题。中国政府现在把雇工8人及以上的企业列为私营企业，而把雇工7人及以下的视为个体户，这只是为政府对企业进行注册登记和市场管理在操作上的方便而定的尺度，并不是科学的定义。其实，在不同地区、不同行业、不同技术条件之间比较，雇主所能占有的剩余劳动量不一定同雇工人数成正比。而且在不同条件下雇主的经营管理劳动的复杂程度和经营风险的大小有很大差别，因此在雇主收入中要精确划分劳动收入和非劳动收入也不是件容易的事情。

从理论上讲，私营经济既包括私人资本主义经济，又包括介于私人资本主义经济与个体经济之间的私营经济。无论哪种情况，私营经济在生产社会化程度上都高于个体经济。就社会主义公有制所必要的生产社会化来说，私营经济比个体经济同社会主义公有制经济更接近。中国社会主义经济的发展恰恰苦于生产社会化不发达。如前所述，私营经济的发展将从多方面促进中国商品经济的发展和生产社会化程度的提高。因此，在社会主义公有制占主体地位的条件下，允许和鼓励私营经济发展，对中国社会主义经济的发展是有利的。

私营经济的发展必然要同社会主义公有制经济展开竞争，这是毫无疑问的。但是，一方面，社会主义公有制经济的主体地位将使私营经济在全社会范围内必然要受公有制经济的影响和制约，并且接受国家的引导、监督和管理；另一方面，私营经济的竞争也将刺激公有制经济不断克服自身体制上的弊端，通过改革形成适合生产力发展的体制，以获得充满活力的健康的发展。因此，可以说，公有制经济和私营经济的竞争对它们二者起着互相补充的作用。

　　基于以上认识，我们可以肯定，在中国，允许私营经济在社会主义社会存在和发展是长期的政策。公有制经济和私营经济的相对地位将由它们的相互竞争来决定。将来也没有必要再来一次像50年代那样对私营经济的社会主义改造，对它实行国有化。社会主义公有制经济只有以自身的生机和活力在竞争中表明优于私营经济，才能真正具有强盛的生命力。它在社会主义社会中的优势的壮大，将是一个长期的自然发展的过程。

　　［英译文载新华社 *New China Quarterly*（《新中国季刊》）1988年8月号，本文按中文原稿刊印］

经济运行机制改革与所有制改革的关系

一 生产资料所有制

生产资料所有制结构的改革和经济运行机制的改革,是社会主义经济体制改革的两个不可分割的组成部分。生产资料所有制作为一个经济系统是有它的结构的。所有制结构这个概念具有双重含义:一是指整个社会的所有制结构,即整个社会中各种所有制形式的相对地位和相互关系,这是从各种所有制形式的外延上来看的所有制结构;二是指一种所有制形式本身的结构,即一种所有制形式内部各组成要素的相互联结和相互作用,这是从一种所有制形式的内涵上来看的所有制结构。我国当前所有制结构的改革就同时包括这两重含义的所有制结构的改革。

什么是生产资料所有制?如果回答说,生产资料所有制就是生产资料归谁所有,那么,这不过是同义反复。尽管生产资料所有制确有生产资料的归属这层含义,但是,若以"生产资料归谁所有"来说明生产资料所有制则是不科学的,因为这里的所谓"谁"无非是一定的生产关系的人格化,这个"谁"本身的生产关系属性还有待生产资料所有制来规定。比如,当有人说资本主义所有制就是生产资料归资本家所有时,他就没有回答资本家之所以成为资本家的根源是什么。其实,资本家不可能先于资本主义所有制而形成,恰恰是资本主义所有制这样一种生产关系形成了作为"资本的人格化"的资本家。就是说,资本家不过是资本的人格化,因此,资本家要能支配资本,首先资本家自己要受资本支配。再进一层看,现代资本主义社会普遍存在的股份公司，有许多股票是由工人购买的，但是这些股份公司并没有因此而改变了它们的资本主义所有制性质。不少人对这种经济现象感到迷惑不解，就是因为他们只是从一份一份股权"归谁所有"上孤立地去看问题，不从资本主义社会的股份制的整个结构去考察分散的工人股权在经济上究竟是什么含义，以及它有没有改变工人的劳动受资本支配的地位。同样，不具体考察社会主义股份制的整个结构，就既不能理解它同资本主义股份制比较在企业组织形式上的相同点，也不能理解它同资本主义股份制比较在所有制性质上的相异点。

在我国当前经济体制改革中，我国还可以看到一个引人注目的现象，就是许多人在谈论企业体制改革时只承认经营方式的改革，却讳言所有制改革。其实，他们讲的经营方式所指的所有权和经营权的分离，本身就是所有制的内容。他们之所以讳言所有制改革，除了别的原因以外，从理论上来看，就是因为他们把生产资料所有制单纯归结为生产资料归谁所有，而不了解生产资料所有制的整个结构。他们只知道不是私有就是公有或者不是公有就是私有，并且把他们熟悉的某种公有制形式看作唯一的公有制形式，因而以为谁一讲所有制改革就一定是要把公有制改变为私有制，却不理解公有制也有众多不同的结构和形式，在社会主义公有制范畴内完全可以而且应该适应社会生产力发展的需要进行所有制改革。

现在我们来回答什么是生产资料所有制。生产资料所有制就是劳动者同生产资料相互结合的一定的社会形式。这里要特别注意"社会形式"的含义。劳动者和生产资料结合的物质形式只是这二者作为生产力要素的结合，属于生产力范畴。而劳动者和生产资料结合的社会形式则是通过人们对生产资料的关系形成的人与人的关系，这才是属于生产关系范畴的所有制。

劳动者和生产资料相互结合的社会形式是受历史形成的既定的社会生产力制约的。我们讲生产力决定生产关系，就是指生产力发展到什么样的程度，决定了必然要有什么样的劳动者和生产资料相结合的社会形式与之相适应，若不适应，就必然阻碍生产力的发展。生产力的发展程度包括生产条件中物的因素和人的因素两方面的发展程度，即生产资料是否具有社会性或其社会化程度如何，以及与之相应的直接生产者的文化知识、技术水平和管理能力如何，同时包括受这二者制约的社会分工和协作的发展程度以及生产要素流动和社会产品流通的发展程度。劳动者和生产资料的发展程度和受其制约的分工协作，是人们生活于其中的现实社会的先行历史过程的产物。人们对生产资料所有制的具体形式的选择，不能超越这个历史过程形成的生产力条件所容许的范围。

同生产力发展程度相适应的劳动者和生产资料的社会结合形式，能够使生产力系统中各构成要素和谐、协调地结合起来，从而使经济有效运行，充分发挥生产力系统的各个构成要素以及整个系统的效能，并推动其向更高程度发展，这也就是所有制对生产力发展的促进作用。反之就会使生产力系统及其要素的潜能的发挥受到抑制或窒息，甚至使生产力系统及其要素遭到直接的破坏，因而阻碍生产力发展。任何一种所有制形式都有它特定的结构、功能以及客观上由它规定的经济运行机制和经济活动主体的行为方式。所有制对生产力发展的促进或阻碍作用，正是通过经济运行机制，在生产、分配、交换、消费各个环节的具体生产关系中实现的。这就是说，经济运行机制的基础在于生产资料所有制；生产资料所有制是生产、分配、交换、消费各个环节的具体生产关系赖以存在的最本质的基本生产关系。

二 经济运行机制

经济运行机制是经济系统各构成要素之间的相互联系和相互作用形成的制导和制约经济运行方向或轨迹的客观过程。经济活动主体的经济行为是受经济机制制导和制约的。这种制导和制约的关系贯穿在生产、分配、交换、消费的各个环节。

按照宏观经济运行与微观经济运行的协调方式，可以把社会主义经济运行的基本特征概括为若干不同的模式。但是，模式划分的标准在理论上尚有争论。有人以经济管理的集权与分权、计划与市场、行政办法与经济办法的联系和区别作为划分社会主义经济运行模式的标准。这种观点在我国经济体制改革初期曾有相当大的影响，但是这样划分无论在理论上或实践上都会产生混淆不清的问题。

就集权与分权的关系来说，有行政性的集权与分权，也有经济性的集权与分权。把社会主义经济传统体制的弊端归结为集权过多，这并没有真正揭示问题的本质。事实上，在传统体制下，管理经济的行政性集权是和由于行政系统、行政层次的分割而形成的经济分散状态同时并存的。若以行政性分权代替行政性集权作为改革方向，则只会加剧对经济的行政分割，阻碍社会主义统一市场的形成，恶化经济分散状态，而不利于生产社会化和分工协作的发展。社会主义经济传统体制的真正弊端在于经济运行依赖于行政控制。

再以计划与市场的关系来说，也有不同的情况。我们过去的计划是把经济置于行政控制之下的计划，这样的计划经济本质上排斥市场机制，因而与商品经济是无法协调的。但是，计划也可以是按社会化经济内在的有机联系从宏观上协调经济活动的计划，它以健全的市场体系为依托，以价值规律为依据，这样的计划不仅不与市场机制相排斥，而且恰恰需要与商品经济有机地结合起来。"有计划的商品经济"这个概念中的"有计划"，正是如此。所以，问题不应该是笼统地争论计划和市场是什么关系，而是首先需要明确究竟是行政统制下的计划经济还是"有计划的商品经济"。真正的改革不可能是在不触动指令性计划体制的根基的前提下引进市场机制，而是要根本改革计划体制，把行政统制的计划体制改革成为适应商品经济发展的计划体制，同时形成健全的市场体系和社会主义统一市场。

至于"行政办法与经济办法的关系"中的"经济办法"，更有含糊不清的地方。一般把用行政指令来管理经济叫做"行政办法"，而把用经济参数、经济杠杆来调节经济叫做"经济办法"。但是，经济参数，既可以有在市场活动基础上形成的经济参数，也可以有纯粹行政规定的经济参数。例如，价格是一种重要的经济参数，具有诱导资源配置的职能。可是政府凭借行政权力规定的价格完全可能和市场活动形成的价格相左。政府用这种行政规定的价格去调节经济的所谓运用经济杠杆的办法，无非是另一种行政控制，只是不直接用行政命令罢了。

匈牙利经济学家科尔奈把宏观经济运行与微观经济运行的协调方式分为两个基本类型，即行政协调与市场协调。行政协调又分为直接行政协调与间接行政协调，或者叫做直接行政控制与间接行政控制。匈牙利现行体制实行的非指令性计划的行政控制是间接行政控制。市场协调也可以分为完全自发的市场协调与有宏观控制的市场协调，前者原则上同社会主义经济不相容，后者可能是社会主义有计划商品经济将形成的运行格局。行政协调与市场协调的划分，同上述集权与分权、计划与市场、行政办法与经济办法的划分相比，对经济运行的基本特征的概括要明确得多。这种划分在实践中是有相应的所有制形式作为基础的，可是科尔奈没有明确指出所有制形式和这种划分之间的联系。

三 传统国有经济的运行机制

我国传统的社会主义国家所有制基本上是仿效斯大林时期形成的苏联模式建立的，它在经济运行上的基本特征是政府对经济的行政统制。这种行政统制集中体现了传统的国家所有制所固有的利益机制、决策机制、调节机制和信息机制。

劳动成果的分配是生产资料所有制在经济上的实现。传统的国家所有制在分配上的特征是分配的平均化，即人们习惯所说的"吃大锅饭"。分配的平均化在企业之间的表现就是政府把企业的盈利集中到自己手里，政府对企业多盈多拿、少盈少拿、不盈不拿，亏损则给予补贴，企业既不负盈，也不负亏。重要的利益机制既不能激励企业的生产者、经营者主动改善生产经营，也没有风险责任来约束企业行为。唯一能约束企业领导人行为的机制是委派他的上级对他的主观评价，以及由此而来的对他的职位升迁的影响。因此他的义务就是执行上级的命令，向上级负责。管理经济的政府机构，无论是部门的行政机构，还是地方政府机构，则在利益关系中扮演着双重角色。它在对其所有下属企业的关系上，俨然以国家的名义同财政部门一起履行在企业之间抽肥补瘦的统制职能。而它在同国家财政和中央综合经济部门的关系上，又不免充当其下属企业的总代言人。所以，它对其下属企业是既干预，又保护。部门、地方和企业既然都不承担投资和经营的风险，而它们完成国家计划的难易以及同国家计划完成情况相联系的利益又取决于它们能够争得的资金和物资，因此，争项目、争投资、争物资成为部门、地方和企业普遍的共同行为。这样的利益机制不是激励少投入、多产出，而是驱使部门、地方和企业隐瞒产出能力，囤积和浪费投入要素。企业没有自我积累的机制。积累职能集中在政府手里，而积累基金的使用成为各方争夺的对象。这样，经济上对短期利益的追求往往压倒长期发展的动机。分配的平均化还表现在劳动者之间的统一工资标准和大体平均的福利待遇，生产者、经营者的利益不同企业的劳动成果、经营成果相联系，按劳分配原则实际上并没有真正贯彻。平均化的分配促使劳动者不在贡献上比高低，却在收入上相攀比，以致懒惰平庸者安然自得，勤奋能干者受到压抑。

决策机制是保证企业生产经营服从生产资料所有者利益的直接制约机制。传统的国家所有制既无推动企业追求长远发展的激励机制，又无实现企业自我约束的风险机制，于是无论投资还是经营都只能以政府的决策来代替企业的决策。企业的投资决策权和经营决策权掌握在凌驾于企业之上的行政机构手里。中央集权或地方分权都不改变政府与企业之间的这种基本关系。企业既然无权决策，当然无须也无法对决策的后果承担经济责任。行政机构尽管是以国家代表的名义决策的，但是，部门的目标未必符合国家的目标，地方的目标也常同中央的目标不一致，因此政府决策事实上也难以保证作为所有者的国家的利益的实现。1979 年以前我国国有经济始终在中央集权和地方分权之间收收放放，"一统就死，一放就乱"，循环往复，就是反映在投资和经营决策权上的这种利益矛盾的表现。尽管各级政府、各个行政部门在行使决策权上都有各自的利益追求，但是，政府对投资和经营的决策是按下级服从上级的行政程序进行的，因而对于决策后果的责任界限本身就是模糊的。加之任何重要的决策往往都要通过许多不同的行政部门或行政层次审批认可，使得这种决策责任不清的状况更趋严重。于是形成了掌握投资决策权和经营决策权的各个政府机构都不承担投资风险和经营风险的局面。所有风险都由国家包揽，归根到底就是由同决策无缘的全国 10 亿人民来分摊。经济活动中的无人负责现象是同这种决策机制和上述利益机制直接相关的。

传统的国家所有制的利益机制和决策机制决定了它的调节机制是行政指令的调节。由于国有企业不是依据其内在的利益激励去作出适应外界经济环境的决策，而是需要通过与政府的讨价还价去争取便于完成国家计划的条件，以保障自身的利益，企业只有膨胀需求的机制而无自我约束的机制，政府就不得不凭借行政指令来控制企业行为，无论是产、供、销的衔接，还是人、财、物的配置，都基本通过行政系统、行政区划、行政层次，依靠行政指令来调节。指令性计划体制、统购统配的供销体制和行政规定价格的体制三位一体，不可分离。这种行政性调节机制排斥市场机制，窒息企业之间的竞争，导致价格体系的紊乱和僵化，使价格不仅不能反映资源稀缺程度，以指示生产要素的正确流向，反而以僵化的错误信号麻痹投资决策者和企业经营者，引致资源配置长期处于不合理状态。生产要素合理流动是社会化大生产发展的客观要求。行政性调节机制却割断了社会化大生产内在的有机的经济联系。国家投资一旦形成企业资产，就不再流动，从而不能通过生产要素的重新组合实现产业结构的优化。投资决策者和企业经营者不仅由于不存在竞争而对外界经济环境的变化感觉迟钝，而且即使感觉到了，也由于烦琐的低效率的行政决策程序和资金、物资的行政分配的钳制，以及国家可分配的资金、物资和科技人才的短缺，而往往不能及时作出必要的反应。既然国有经济体制内部缺乏自动调节的机制，而行政调节又极不灵敏，经济失衡的状态就不免累积起来，以致酿成国民经济严重失调，结果国家被迫周期性地采取剧烈的行政强制的措施进行国民经济大调整，这种大调整无疑要以大量资源的闲置和浪费为代价。

经济活动中信息的形成、传递和反馈机制受制于经济运行的协调方式。行政协调或市场协调都各自既提出对信息的需求，又制约信息的供给。市场协调首先着眼于综合了各种市场供求变量的价格信号，行政协调首先着眼于各种投入和产出的具体数量的非价格信号。政府集中决策，无论中央集权或地方分权，都要求分散在企业的一切投入和产出的信息能完整地、真实地、及时地、不断地汇集到政府决策机构。政府决策机构不仅应掌握企业每一种生产要素的需求和产品的供给的总信息，而且应该掌握它们足以保证供需双方在具体品种、规格、型号、质量、供货时间、运输条件等方面得以衔接所必要的信息。涵盖众多企业的产供销细节的如此浩繁的信息即使有可能集中起来，则不仅它的机会成本必然高昂得惊人，而且收集、传递、处理信息所占的过长的时间难免使集中起来的信息变成明日黄花。更值得注意的是，政府集中决策的体制一方面必须以信息的集中化为条件，另一方面它本身却又给信息的集中化造成了种种障碍。一种障碍是同信息流向有关的。行政决策要求信息主要在行政上下级之间纵向传递，从而排斥企业之间横向的信息自由交流。纵向的信息传递，不能不受各级行政机构的信息处理能力的限制，因而必然舍弃大量对决策有用的信息，把信息量简化到纵向传递信息的过于狭窄的渠道所能容纳的范围。另一种障碍是同利益机制有关的。经济活动当事者的行为规则受到利益机制的制约。在国有经济中，计划的制定和执行本身成了经济活动当事者上下级之间往来活动的轴心，因而成为讨价还价的对象。上级倾向于要求下级少投入、多产出，特别是增加短线产品的产出。下级则倾向于尽可能隐瞒实际生产能力，夸大投资的需求，特别是短缺资源的需求。这样，信息的上传下达都存在着在利益考虑的影响下经过人为的加工而失真的可能性。所以，政府集中决策要求的信息集中化和政府决策机构极端有限的信息集中能力之间形成了不可克服的矛盾，于是使国民经济在计划制定过程中实际上就埋下了产需脱节的不平衡因素，计划本身就不免带有盲目性。

综上所述，可见国有经济的运行机制是以国家所有制为基础的，同时又是国家所有制借以实现的条件。

四 经济运行机制改革的基础在于所有制改革

我国近几年来的经济体制改革，从扩大企业自主权开始到建立和发展社会主义市场体系，在经济运行机制方面的改革取得了毋庸置疑的进展。但是，实践也表明，它们同传统的国家所有制存在着不容忽视的冲突，因而这些改革往往不能取得预期的效果。

传统国有制的利益机制决定了政府依靠行政控制来强制企业服从国家利益。行政控制的结果是把企业管死。因此，改革从扩大企业自主权开始，是很自然的。企业有限度地获得了某些生产经营的日常决策权，并在利润分配中得到了某种份额。但是，国家依然总揽投资风险和经营风险。在放松对企业的行政控制的同时却没有形成企业在财务上自我约束的机制，因而企业一有留利就首先用于职工奖金、福利，生产建设资金不足则仍向国家要，缺乏在企业内部积累资金实现企业长期发展的动力。即使亏损企业也照样在工资、奖金上同盈利企业攀比，亏损再大也不怕上级行政机关见死不救，而上级行政机关对自己办起来的企业事实上总能设法通过补贴、减免税收、变动价格等办法使其继续生存下去。对亏损企业的补贴加剧了国家财力紧张状况，于是政府反过来又以各种形式加重对高盈利企业的课征，减少它们的留利，从而分配的平均化就难以克服。

传统国有制企业对价格变化的反应是消极的。在改革前，企业既无权也无力依据价格变化作出生产要素重新组合的积极反应。而且那时价格体系的紊乱对企业利益的影响也不是那么直接，企业通过同政府讨价还价争得的利益足以弥补它在价格上可能受到的损失。改革中企业得到了程度不同的留利和经营自主权，在生产经营中开始形成利润动机，从而增强了对价格变化的敏感。但是，由于企业尚未成为自主经营、自负盈亏的独立的商品生产者和经营者，企业并不真正承担价格变化等市场风险。有了某种程度自主权的企业，在仍然紊乱的价格体系中有可能利用其对自己有利的方面，而对于不利于自己的价格变化，例如原材料涨价等，企业往往不是首先着眼于内部消化，从改善生产经营上寻求出路，而是更多地依赖上级行政机关准予其产品提价，或者减免税收、给予补贴，以转嫁负担。

政企分离是形成社会主义统一市场的必要前提。而政企分离本身就是国家所有制结构改革的不可分割的组成部分。不改革国家所有制的整个结构，政企分离就不可能真正实现。企业领导人由上级行政机关委派，他的业绩主要不是由市场来评价，他的地位取决于上级的信任程度，而且企业经营的许多困难有赖于上级行政机关帮助解决。在这种情况下，即使像匈牙利那样在经济运行机制方面实行了完全取消指令性计划等重大改革，企业领导人对于来自上级行政机关的各种形式的烦琐的行政干预（包括以"协商"名义提出的干预）事实上不能不照办。在我国改革过程中企业仅有的一点经营自主权还常常不能落实，上级行政机关对企业领导人的行政控制就更厉害。有些致力于改革并且作出了显著成绩的企业领导人，只因对上级领导人的意志有某种冒犯而被撤换或审查的事，时有所闻。再如企业下放到中心城市的改革，同样碰到所有者的障碍。企业由中央主管部门或省（市、自治区）政府下放到中心城市管理，本意是要以中心城市为依托，便于发展企业间的横向联系，打破部门和地方的条块分割，实现政企分离，但是，城市政府及其行政机关很容易把下放给它的企业视为划归它所有的地方企业那样来管理，结果往往形成更细小的条块分割。在物资体制方面，近年较大幅度地缩小了国家统配物资的范围，但是部门和地方又往往把退出统配范围的物资纳入它们各自的行政分配的轨道，以保障它们下属企业的需要。更值得注意的是，在当前物资供应和生产资料价格的双轨制条件下，掌握物资的行政机构兼具物资分配职能和经营职能，它以国家名义行使分配职能，又以企业名义行使经营职能，就很容易把平价分配所得物资转为高价销售，从中渔利，并以各种借口把利润转化成个人收入。这种依仗行政权力化公为私的腐化现象是对改革的严重威胁。

宏观调控机制的转换同样离不开所有制基础。近年来基本建设投资改财政拨款为银行贷款，把资金的无偿使用改为有偿使用，使企业有了按期还本付息的压力。但是，在企业普遍反映现有留利水平难以承受还贷重担的呼声下，国家财政又不得不让步，允许企业税前还贷，于是财政承担了大半还贷任务，实际上等于大部分投资仍由财政拨款。同时，即使亏损企业无力还贷，在现行体制下银行也无可奈何。所以，"拨改贷"事实上没有改变资金供给制的实质，因而并未收到抑制企业盲目扩张投资的效果。在这种情况下，利率的调节作用微乎其微，很难成为调节企业投资的经济杠杆。宏观调控机制的转换和微观经济机制的转换还碰到一个共同的问题，即国家经济职能的问题。我们的国家集国有企业的所有者和国民经济的管理者双重职能于一身，并且这双重职能都由政府来执行。各级政府在实际执行中往往把这双重职能互相混淆。作为所有者，本来要求按风险责任和经济利益统一的原则行使决策权力。作为国民经济的管理者，则要求主要运用行政、法律手段引导和监督企业的经济活动遵循社会规范和法律规范，服从社会的利益。但是，兼行上述双重职能的政府行政机构，在自己行政系统内倾向于运用行政手段以所有者名义把下属企业的权益统起来，却并不承担风险责任；而在对待行政系统外部的关系上，又容易袒护自己下属的企业。这样，事实上既没有真正落实代表国家的所有者职能，又削弱了政府对企业的必要监督。在改革过程中，随着中央对地方权力的下放，这个矛盾愈益突出；近年引人注目的所谓行政性公司，其实就是这个矛盾的反映。

总之，不改革作为国有经济运行机制的微观基础的国家所有制结构，经济运行机制的改革是不可能真正深化的。

五　经济运行机制改革要同所有制改革相互协调

我们当然不能从上面的论述反过来得出结论，说所有制改革必须先于经济运行机制改革。原因在于，所有制改革也是不能脱离经济运行机制改革而"孤军突进"的。

国有企业要改革成为自主经营、自负盈亏的独立的商品生产者和经营者，从行政机构的附属物转变为市场活动的主体，必须以市场体系的存在为条件。而市场的发育和市场体系的形成要有一个过程，不是政府对企业简单放权就能放出市场来的。在改革前，我国只有消费品市场，而且主要存在于零售环节，即使在零售环节也有许多凭票凭证的配给制因素。消费品的收购和批发环节主要还是行政分配办法，因此，充其量也只有半个消费品市场。近几年来，商业体制进行了不少改革，市场大为活跃，但是商品流通堵塞的问题还远未完全解决。至于生产资料市场、资金市场、劳动力市场、技术市场、信息市场等生产要素市场，有的刚刚开始出现，有的还处于萌芽状态，有的尚在孕育之中。所以我们面临着一个组织市场和促进市场发育的任务。每一种市场内部形成合理的结构，各种市场之间有机地衔接起来，才能形成健全的市场体系。独立的商品生产者之间错综复杂的经济联系是靠市场来组织的，市场使他们处在商品经济内在的生产社会化联系之中。而我国国民经济尽管从行政控制来说是集中的（包括中央集权和地方分权），但从生产社会化的意义来看，它在经济上却是分散的。这样分散的经济一旦放弃行政控制，若没有相应的市场成为替代的组织力量，将不免发生经济混乱，并滋生腐化现象。因此，行政控制的放松和市场力量的加强要衔接起来，国家所有制结构的改革要和市场的发育以及市场体系的形成过程同步展开。

市场运行的关键是价格。价格的基本职能是以货币表现价值，反映供求关系，调节资源配置，即调节社会总劳动（包括物化劳动和活劳动）在各个产业部门和各个地区的分配。合理的价格体系是实现资源合理配置的必要前提。前面说过，国有企业若不改革成为独立的商品生产者和经营者，就不可能对价格变化作出积极的反应。但是，问题还有另一个方面。即使存在着能够对价格变化作出积极反应的独立的商品生产者和经营者，紊乱的价格体系也只能给他们以错误的信号，从而导致资源配置状况的恶化。我国价格体系的紊乱是众所周知的。纠正价格体系紊乱状态的治本之道是改革价格管理体制，即把行政制定价格的体制改革成市场形成价格的体制。价格体制的改革要同市场的发育和市场体系的形成相互适应。同时，价格体制的改革以及价格体系的调整意味着社会各类人员的利益关系的重大调整，因此必须统筹设计，有准备地逐步展开，这也需要有一个过程。

从宏观调控来说，同国有企业改革成为独立的商品生产者和经营者相适应，需要实现政府经济职能的转换和管理经济的组织结构的改组。这种转换和改组要同市场的发育和市场体系的形成相协调，并且需要重新训练各级干部和逐步积累经验。尤其重要的是要突破行政系统、行政区划、行政层次的界限，建立和发展企业之间的分工、协作关系，把被行政条块分割的经济改组成为企业之间具有生产社会化联系的经济。当前正在发展的横向经济联合以及正在形成的企业集团，对于实现这种改组具有不可忽视的作用。它将在企业组织结构方面为计划体制的改革和实现宏观直接控制向宏观间接控制创造条件。而横向经济联合不能靠行政命令来捏合。只有从生产经营的实际需要出发，按照自愿互利原则形成的横向经济联合和企业集团，才会具有生命力。从整个社会经济来看，这样的改组显然不是一次性行动所能实现的。

我国经济体制改革的中心环节是增强企业活力，增强企业活力的支点是建立和完善社会主义市场体系，社会主义市场体系是有宏观控制的市场体系。传统的国家所有制结构不改革，社会主义市场体系就不可能正常发育，宏观间接控制也不可能使企业对经济参数作出预期的反应。但是，没有社会主义市场体系的正常发育和宏观调控机制的相应转换，国家所有制结构的改革也难以取得实质性的进展。所以，国有经济的运行机制改革的基础固然在于国家所有制结构的改革，而国家所有制结构的改革又必须同经济运行机制的改革相协调。

（原载董辅礽、唐宗焜主编《中国企业改革的理论和实践》，江西人民出版社1988年版）

职能分离:国有资产产权制度改革的关键

我国国有资产有效实现产权管理的必要前提是实行职能分离,包括政府各有关机构之间的职能分离,以及政府和企业之间的职能分离。

一 传统体制中的职能混淆

我国国有经济传统体制的弊端在于产权不明,产权不明表现在政府和企业的各种经济职能混淆不清。

(1) 财政拨款形式的国家投资混同于国家财政经常项目支出,包容于财政统收之内的资金积累又混同于国家财政经常项目收入。国有企业的投资职能和积累职能都集中在政府手里,很长时期甚至连折旧基金都全部或部分上缴财政,作为财政收入,以致企业不能形成有效的资金自行循环和增值的机制。由于国家投资混同于财政经常项目支出,无论握有投资分配的垄断权力的投资决策机构,还是能够分享无偿投资实惠的获得投资的部门、地方和企业,都无须承担投资风险,投资决策权力、投资收益和风险责任不对称。

(2) 在对国有企业的资金供应上,财政职能和银行职能相混淆。国家投资建设,由计委立项,财政拨款,银行出纳。银行成为附属于财政部门的出纳机构。财政拨款的资金缺口,特别是流动资金缺口,让银行弥补,从而导致投资和信贷相混淆。企业资产的报废损失,一并冲销财政所拨资金和银行贷款。国家银行在国有经济中履行的基本上是被动的消极的资金供给职能,未能有效地发挥作为金融机构对国民经济应有的调节功能。

（3）政府作为国有资产所有者代表的职能和它的行政管理职能相混同。几乎任何政府机构都能以国有资产所有者的名义对企业发号施令，而对企业的经营实绩和可持续发展却不承担任何责任。企业与政府的行政隶属关系使地方政府或企业主管部门对其下属企业既庇护，又控制。在同中央政府或综合职能部门谈判时，地方政府或企业主管部门以其下属企业权益的总代表自居。而在同其下属企业交往中，它们又俨然是政府权益的化身。地方政府或企业主管部门的这种双重角色，使它们在宏观经济调控中被置于既是被调控的对象又是调控职能执行者的矛盾地位，从而削弱了宏观经济调控的有效性，同时也不能有效地维护国有资产所有者的权益。

（4）资产管理职能、资产经营职能和业务经营职能混为一体。国家作为所有者对资产的管理职能，淹没在政府对企业的业务经营的行政控制之中。国家对国有资产的管理，又以对其实物形态的控制取代了对其价值形态的管理，以资产的实物形态的维持取代了对资产的价值增值的追求，从而也取消了资产经营职能。由于这个缘故，加之企业与政府的行政隶属关系所造成的国有资产在部门之间和地区之间的行政分割，使国有资产存量不能随着社会需求结构的变化而灵活转移，实现重新组合，因而损害了资源配置效率。

（5）企业实现经济效率目标的职能和实现社会目标的职能合而为一。一方面，企业许多日常经营业务往往由政府包揽或干预；另一方面，本应靠国家财政支持的社会福利事业、社会保障事业甚至社会治安等事务，以及可以通过金融机构举办的社会保险事业，等等，都推给企业去承担。在国家财政发生拮据状态的时候，尤其是这样。国家赋予企业的过重的实现社会目标的任务，不仅迫使企业在财务上忍受沉重的压力，而且极大地分散了企业负责人的精力，使他们不能专心致志于企业经营业务。同时，经济职能和社会职能在企业内的合一，大大增加了政府考核企业经营实绩的难度。所有这些，都显然损害了企业经营效率。

二 若干重大改革措施引起的职能混淆

我国国有经济体制迄今的改革基本上是沿着政府对企业放权让利的思路进行的，同时在财务方面试图采取一些变企业对国家资金的无偿使用为有偿使用的改革措施。这些改革对激励企业改善经营可以起到一定程度的作用。但是，有些改革措施的决策，在理论上缺乏论证，在实践上局限于权力、利益和义务的转移，没有注重于职能的分离，因而它们的实施未能取得预期的效果，反而引发了一些新的矛盾。我们不妨考察几项同国有资产管理体制直接有关的改革措施。

1. 国家对国有企业固定资产投资由财政拨款改为银行贷款（以下简称"拨改贷"）

这项改革的目的，是企图通过国家资金由无偿拨款改为有偿占用，加重建设单位使用国家资金的经济责任，缓解无偿拨款所造成的争投资、争项目的矛盾，减少资金浪费，提高投资效益。实施结果，在有限范围内和某种程度上也达到了这些目的。但是，这项改革混淆了投资职能和信贷职能的原则界限，因而蕴含着不可克服的矛盾。

第一，投资是投入企业生产经营的垫支资金，它要在企业再生产过程中长期持续循环和周转。尽管投资收益可以分配，但是，只要不想使再生产过程中断，用于形成经营性资产的实际投资是不能从企业抽回的。用于购买股票的金融投资虽然可以转让股权，但不能从企业抽回已经形成实际资产的股本。而银行贷款是要按契约约定的期限和利率还本付息的。用银行贷款取代投资，是同投资的本质相悖的。

第二，"拨改贷"的实践已经证明，并不是任何建设项目都能按规定期限还本付息的。1979年政府决定推行"拨改贷"时，仅限于有偿还能力的项目。1985年曾规定固定资产投资全面推行"拨改贷"，结果完全出乎决策者的预料，许多建设单位因缺乏偿还能力而纷纷要求豁免。于是从1986年起固定资产投资又被迫恢复财政拨款和银行贷款并存的双轨制。这个双轨制无异于在原则上承认能还则还，不能还就不还。而且，对于原则上规定必须偿还的以银行贷款形式拨付的那些投资，如果建设单位事后偿还不了或不按期偿还，银行事实上也无可奈何。所以，国家投资由财政拨款改为银行贷款，只是改变了资金拨付的方式，并没有改变国家拨款的实质。所谓"有偿还能力"的项目，无非是能迅速得到投资回报的项目。它并不能证明国家作为所有者和投资者从企业抽回投资是可行的。

第三，"拨改贷"引起了新的产权争议。（1）国家作为所有者对企业的投资，有没有理由要企业的经营者和劳动者偿还？若偿还，究竟谁是投资主体和所有者？（2）贷款一旦偿还，由贷款行为引起的债权、债务关系即告终止。债权、债务关系终止后，国家还收取不收取企业利用这些贷款建设形成的资产的收益？若继续收取，依据何在？若不再收取，又何谓国家所有？（3）按"拨改贷"的有关条例规定，国家对企业固定资产投资的银行贷款，在合同规定的还本付息期内，由企业以新增固定资产的基本折旧基金和投产后应上缴的利润来还本付息。这样，企业用折旧基金偿还了贷款，往后固定资产更新改造资金从何而来？企业何以实现自身的资金循环？至于用利润还贷，在1983年实行"利改税"以后又成了所谓"税前还贷"。有人主张，税前还贷中相当于免缴所得税的金额应视同国家对企业的追加投资。于是又引出了新的问题：一是免税有没有投资功能？税收职能和投资职能可否混同？二是企业创造的利润用来为国家投资偿还了银行贷款，其实它已不是企业所得，有何根据仍要企业承担所得税缴纳义务？

2. 基本建设基金制的设立和国家专业投资公司的建立

这两项相互联系的改革措施是1988年开始实施的。

从产权角度观察，基本建设基金制基本上是"拨改贷"的延伸，因而上述关于"拨改贷"的分析也适用于基本建设基金制，无须赘述。

六个国家专业投资公司在行政上隶属于国家计委。它们的主要任务是对国家的基本建设基金承包本行业新增生产能力的建成,并负责回收投资。而基本建设基金则由国家交给中国建设银行以贷款的发放和回收方式进行管理。这样的体制结构又引起了产权上、职能上新的混淆和矛盾。

第一,现行国家专业投资公司基本上没有投资决策权,不成其为投资主体。中央投资的经营性项目,由国家计委会同国务院有关主管部门批准立项,并由国家计委将投资按行业切块分配给各专业投资公司,然后由投资公司再分给已批准的建设项目,并监督投资的使用和回收。这样的投资公司,就实质而言,基本上是执行国家计委对投资的行政分配的行政机构,不是资产经营实体。

第二,国家专业投资公司和建设银行之间的委托关系和监控关系紊乱。建设银行受国家委托,管理基本建设基金。各专业投资公司按国家计划分配的基金份额同建设银行签订借贷合同。这样,建设银行作为国家基金的受托管理者对作为基金使用者的投资公司具有财政监督的职能,建设银行作为债权人对作为债务人的投资公司又具有银行监督的职能。但是,投资公司对建设单位只是分给投资指标,并不直接分拨资金。因此,投资公司从建设银行借来的基金,又得回过头来委托建设银行向国家计划指定的建设单位发放和回收基建贷款,由建设单位和建设银行签订借贷合同。这时,投资公司成了委托方,而建设银行成了受托方。按照委托与受托的关系,投资公司对建设银行关于建设单位与建设银行之间借贷合同的执行实绩理应具有监督职能。可是,一方面,这同建设银行作为国家基金管理者对投资公司使用资金的监督职能相冲突,因而建设银行未必听从投资公司的具体委托要求,难免发生建设项目"计划到位、资金滞后"的问题;另一方面,投资决策和分配的权力不在建设银行,因而建设银行只能受托办理贷款回收业务,却负不了同投资决策和分配相联系的投资回收责任。可见,这样职能紊乱的体制结构使国有资产依然处于产权模糊、无人负责的状态。

3. 国有企业流动资金由国家财政和国家银行双轨供应和管理改为由国家银行统一供应和管理

所谓双轨供应和管理，就是企业生产经营周转最低限度需要的定额流动资金由国家财政拨款，临时需要的超定额流动资金由国家银行贷款。

鉴于流动资金定额不能随着企业生产经营变化及时灵活调整，且无偿拨款造成资金多占、浪费，从1983年7月1日开始，国有企业的流动资金改由国家银行统一管理，即国家财政不再增拨流动资金，除企业自有流动资金外，生产经营周转最低限度需要和临时需要的流动资金都由银行发放贷款。

这样改变的结果造成了企业流动资金对银行的依赖。尽管有关条例规定了在安排固定资产投资时须对项目建成投产后所需要的流动资金预作安排，也规定了企业补充自有流动资金的最低限额，但是并没有落实这些规定所必要的资金来源的保证，于是事实上形成了银行一家包企业流动资金的局面。一旦银行不能充分满足企业的流动资金需求（无论其需求合理与否），企业资金周转就发生故障。近年企业之间相互普遍严重拖欠货款的难解的债务链（"三角债"现象），就是这样一种体制现象，尽管它不是形成债务链的唯一原因。

固定资产投资和流动资产投资的脱节，无论政府有关部门还是企业把流动资金缺口留待国家银行去弥补，这种状况恰恰反映了体制上产权主体模糊和有关当事者职责不清，因而在交易中未能确立起当事者在财产上权利和义务相互对称的真正的契约关系，以致无论银行或企业的债权事实上都得不到切实有效的法律保障，即使已有立法也难真正执行。

4. 国有企业对国家财政上缴利润改为缴纳所得税（简称"利改税"）

这项改革决策的意图，是要改变企业与政府间经常为上缴利润的基数和比例争论不休的状态，用固定的所得税率把国家与企业之间的利润分配关系稳定下来，在保证国家财政收入稳定增长的前提下逐步扩大企业的财务自主权。但是，这个目的并没有达到。

这项改革模糊了税收和投资收益的实质性区别。税收是政府凭借国家政权强制征收的贡赋，旨在保证财政收入，并调节整个经济和社会的发展。投资收益是以投资为前提，并与承担投资风险责任相对称的，作为所有者权利的收益；所有者通过投资收益的索取、分配和使用实现对经营者的监控和调节，并追求资本增值。但是，从50年代后期到70年代末，我国在国有经济大一统的财政统收统支体制下，否定了税收所固有的特殊调节功能，除了流转税简化为单一的工商统一税以外，在国有企业利润分配上把税收完全融合于上缴利润之中。1979年开始在个别城市试点，并在1983年和1984年分两步全面推行的"利改税"，则又走到相反的极端，把上缴利润融合于所得税之中。"利改税"前后两端的共同之处都是税利不分，投资收益没有从税利合一的财政收入中分离出来，国有资产的产权没有在投资收益上得到独立的表现。

国有资产的产权未能在投资收益上得到独立的表现，就为国家财政经常项目收支侵蚀国有资产的投资收益以至资产存量开了方便之门。

第一，"利改税"方案设计税率的出发点首先是保国家财政收入的稳定增长，而不是改善国有资产的产权结构。原先想仅用所得税率把国家与企业间的利润分配比例固定下来。但是，最后定案实施的已经无法再高的所得税率55%仍然保持不了国家财政收入的原有水平。由于这个原因，同时为了平衡企业之间的留利水平，就对缴纳所得税后的利润加征了"一户一率"的调节税，有些企业则按固定比例或递增包干上缴一部分税后利润。这样，留给企业的财务上的机动余地相当狭窄，从而大大抑制了企业的积累机制的形成，并减弱了对企业改善经营的激励，影响了企业的效率。反过来，这种状况也未能保证国家财政收入预期的稳定增长。结果，带有讽刺意味的是，"利改税"所否定了的企业承包经营责任制，正是在国家财政状况发生困难的背景下，1987年起在全国普遍推行的。承包制首先是承包企业的上缴利税，事实上否定了55%的所得税率，也否定了"利改税"。当然，承包制也没有解决"税利合一"的弊端和原有体制上产权不明晰的问题。

第二，国家财政发生困难时，往往以开设新的财政上缴项目来缓解财政赤字。例如，对企业留利和其他预算外资金，继1983年起已经开征15%的国家能源交通重点建设基金之后，1990年起又开征10%的国家预算调节基金。尽管对这些基金本身规定了使用范围，但是，由于国家财政经常项目收支同国家投资及其收益混在一起，此长彼消，这类基金的开征事实上就缓解了财政经常项目收支的压力。而对国有资产具体的产权主体来说，它却显示出对投资收益和企业留利缺乏必要的法律保障。

第三，国家能源交通重点建设基金和预算调节基金的征集范围都把企业的折旧基金包括在内，国家财政通过这两项基金就收缴了25%的折旧基金。这是一种吃老本的办法，是对企业内运行的国有资产存量即资本金的直接侵蚀。它势必阻碍企业的更新改造，削弱企业的再生产能力。

三　从职能分离着手，理顺国有资产的产权结构

对改革前的体制和若干重大改革措施的上述分析，使我们看到，我国国有资产产权结构中的职能混淆，是形成国有资产运行中有关当事者的角色错位和行为扭曲，从而降低经济效率的体制原因。要通过改革对国有资产实行有效的产权管理，必须首先从职能分离着手理顺国有资产的产权结构。在这个意义上，可以说，职能分离是我国国有资产的产权制度改革的关键。

下面就职能分离的范围和相应的组织结构改革谈一些个人设想。

1. 职能分离

从以往实践的教训给我们的启示，笔者想，我国国有资产要有效运行，并使产权得到切实保障，至少必须实行如下职能分离：

(1) 国家财政经常项目收支同国家投资及其收益相分离，使国有资产的产权得以独立运行。这既能摆脱企业对国家财政的依赖，又能避免财政经常项目收支对国有资产产权的侵蚀，并为国有资产的正常的资金循环和健全的积累机制的形成创造前提。

(2) 政府的行政管理职能同国家所有权代表职能相分离，使国有资产的产权运行脱离行政控制的轨道。这有助于改变政府各个机构对国有资产人人都管又人人都负不了责的局面，为建立投资决策权力、投资收益和风险责任相互对称的产权结构提供必要的条件。

(3) 国家投资职能和国家银行信贷职能相分离，使国家银行摆脱了事实上被迫包揽国有企业资金供给的困境。国家投资必须保证国有企业形成其作为企业法人所必要的独立支配的资本金，并以其法人财产作为企业取得银行贷款和其他债务的担保，使企业在交易中能真正承担民事责任，并使银行能独立地履行其调节国民经济和促进经济发展的金融职能。

(4) 资产管理职能、资产经营职能和业务经营职能相分离，使三者职责边界分明，各自的权利和义务对称。这既便于简化并理顺委托和受托的关系、监控和受控的关系，也利于资源向优化配置方向流动和重组，从而提高经济效率。

(5) 企业实现经济目标的职能同实现社会目标的职能相分离，使企业摆脱"企业办社会"的重负，集中精力于提高经济效率的生产经营业务。企业由于不得不接受某些社会目标的任务而在经济上遭受损失时，政府应给予相应的补偿。政府更不宜出于转移财政负担的考虑而把实现社会目标的任务推给企业。

2. 组织结构改革

职能分离要求在国有资产营运的组织结构上进行相应的改革。

(1) 国有资产管理局的成立，为分离政府的行政管理职能和国家所有权代表职能，分离国家财政经常项目收支和国家投资及其收益，提供了组织前提。但是，就国有资产管理部门本身来说，在职能上依然面临着两种可能的选择。

一种选择是国有资产管理部门直接面对几十万家国有企业，履行原来计划部门的投资分配职能、财政部门对企业的财务收支职能和企业主管部门对企业经营的决策职能。这将是职能的简单转移，而不是职能分离。它不仅会使国有资产管理部门自身陷于不堪重负的行政事务而不能自拔，而且会由于它同其他政府部门的职能重叠、混淆而使企业更无所适从，更难增强企业活力，从而降低整个经济效率。

另一种选择是国有资产管理部门通过产权这个轴心去驱动整个国有资产的运行。具体说，就是按照资产管理和资产经营职能分离的原则，国有资产管理部门作为专职管理国有资产的政府机构，集中履行资产管理的职能，而资产经营职能则让作为经济实体的资产经营机构去履行。

国有资产管理部门管理国有资产的职责应主要是规划、协调、指导、监督。规划，就是制定国家投资战略和国有资产该进入或该退出行业的战略性规划。协调，就是协调资产经营机构的经营目标和政府经济政策的关系，以及各资产经营机构相互之间的关系。指导和监督的直接对象主要是资产经营机构。这样可能使国有资产管理部门的主要注意力放在更高层次的战略性管理上，而不是局限于低层次的事务管理，这有利于提高国有资产运行的整体效率。与这些主要职责相适应，国有资产管理部门的人员构成宜于少而精，特别需要熟悉业务而有战略头脑的人才。

（2）国家资产经营机构是专职经营国有资产的经济实体。它们是企业，而不是政府机构。

国家资产经营机构可以是国家控股公司，也可以同时包括国有大型企业集团或其他合适形式的经济实体。

国家控股公司或国家投资公司可以通过控股关系建立子公司，但是不宜按行政层次或行政区域层层建立具有行政隶属关系的分支机构。母公司和子公司是以产权相连接的都具有独立法人地位的资产经营企业，都是在国家法律范围内具有自主经营决策权的投资主体。

为避免国家控股公司居于垄断地位，宜于形成若干家跨行业、跨地区的综合性国家控股公司彼此平等竞争的格局。它们的子公司可以是专业性的控股公司。它们可以对彼此的子公司相互参股。同综合性国家控股公司平行，可以有特大型企业集团从事行业性投资与资产经营活动。

国家控股公司的母子公司之间、它们与工商企业之间以及企业集团内部实现产权连接的企业组织结构应是公司制的组织结构，以形成股东大会、董事会和经理分层监控和相互制约的机制，并保障企业经营自主。

（3）国家国有资产管理局和国家控股公司都是受国家委托，分别在资产管理和资产经营领域行使国家所有权职能，按照委托者监督受托者的原则，它们都必须接受国家的监督。国家国有资产管理局不仅作为政府机构应对国务院负责，而且作为受托行使国家所有权职能的政府机构应向国家最高权力机关全国人大或其常委会报告全国国有资产营运状况，特别是国家控股公司和国有大型企业集团的实绩，接受审议、质询和监督。国家控股公司和受托行使国家控股职能的大型企业集团也应定期向全国人大常委会或其专门委员会提交营业报告以及资产负债表和损益表，接受审议和监督。同时，国家审计署应提交对这些控股公司和企业集团的账目审计结果的报告。

（原载《改革》1991年第5期）

产权界定与国有资产

一

关于社会主义国有资产有没有产权界定问题，理论界存在着相互对立的两种观点。一种观点认为，传统的社会主义国有经济存在着"所有权缺位"或"产权虚置"问题，没有一个明确的权利与义务相统一的主体履行所有者职能，因而存在着产权界定问题。另一种观点则认为，社会主义国有资产的所有者既然是国家，产权本来就很明确，因而不存在产权界定问题。

笔者在这里暂且不从理论上来争论这两种观点孰是孰非的问题，而想首先观察一些很普遍的经济现象。

一类经济现象是国有资产受到严重侵蚀，却无人或很少有人能够实际过问。属于这类现象的，至少可以列举如下几个方面。

（1）固定资产有形损耗补偿不足。它的表现是：①折旧率长期偏低，而且还不是所有企业都能保证按率足额提取折旧基金，这样造成少提折旧基金，虚增利润或掩盖亏损，用于固定资产更新的补偿基金不足；②按现行规定，企业提取的折旧基金，要分别以15%缴纳能源交通重点建设基金，以10%缴纳预算调节基金，这样使本已不足的补偿基金又有1/4被法定地移作他用；③通货膨胀使固定资产重置价格上涨，而现行折旧制度是按固定资产的账面原值提取折旧基金，这种折旧基金在通货膨胀情况下实际已经贬值，因而更不能保证固定资产的重置。

（2）由技术进步造成的固定资产无形损耗使原有资产贬值，却没有必要的补偿来源。

（3）流动资金即使保持账面价值，也因通货膨胀而实际贬值。同时，产品积压报损通常冲销流动资金，库存产品涨价却往往作为收入处理，前者使流动资金绝对减少（账面价值减少），后者使流动资金相对减少（账面价值不减少，实际价值减少）。

（4）土地不仅是农业的基本生产资料，而且在非农产业中也是一项基本的资产，但是企业历来没有土地资产账，从而有些股份制试点企业在评估国有资产时并不包括土地在内，土地没有折价作为股权参与分红。

（5）国有企业的无形资产，无论在国内联营或中外合资经营中，往往不受重视，没有得到应有的评估和报偿。

国有资产的上述所有这些损失谁来承担？没有任何具体的机构或个人来承担，只有抽象意义上的国家来承担，实际上是全国11亿人口平均分摊。这种情况说明什么？它至少说明国有资产运营的决策者无须承担国有资产保值和增值的责任，而无权参与决策的广大人民群众却要实际分担国有资产损失的后果，这正是缺乏一个权责对称的产权结构的反映。

这里列举的国有资产受严重侵蚀的情况，仅限于现行体制和政策本身所造成的，或者至少是它们所容忍的范围，还完全没有涉及种种非法的侵蚀。换言之，它们尽管在经济上显然不合理，但就体制和政策上看却都是合法的。这种所谓"合法侵蚀"的现象说明什么呢？它说明，在我国国有经济既存体制下，没有一种足以形成同侵蚀国有资产的行为相抗衡的机制的产权结构。

让我们再来看另一类经济现象。我国适用于全民所有制企业的《中华人民共和国企业破产法》早已通过立法程序颁布试行，然而迄今仍鲜见国有企业破产处理的事例。这是不是因为不存在已到破产界限的企业呢？显然不是。

企业破产制度的基本职能是通过法律程序，强制已经丧失清偿到期债务能力的负债企业变卖资产，破产偿债，以理顺债权人与债务人的关系，维护信用制度的正常运行秩序。可是，事实表明，面对我国现实生活中高达几百亿、上千亿元的企业间相互拖欠的所谓"三角债"，或曰"连环债"，企业破产法竟显得无能为力。这是为什么呢？

就我们现在讨论的产权界定问题的相关情况而言，笔者想不妨从如下三个方面来寻找这种经济现象的来由。

第一，我国国有企业的资金不是通过商品经济的契约关系筹集的，而是依赖于国家银行的供给（财政拨款也要通过银行供给资金）。企业对其取得的银行贷款要还本付息，从这个意义上说，国家银行的资金供给是有偿的。可是，一旦企业对贷款丧失偿还能力，银行往往也无可奈何，从这个意义上说，国家银行的资金供给事实上归根结底又是无偿的。企业既然都依赖国家银行的最终无偿的资金供给，企业之间人欠欠人，欠来欠去，最后无非都落脚到银行账上。因此，当"三角债"或"连环债"累积到严重阻滞整个经济运行时，国家银行不得不出面清欠，事实上让企业拿银行钱还银行债，而同时却出现有些企业（无论人欠或欠人的企业）及其上级主管部门对银行帮助清欠反应并不积极的现象。问题是，这时如果银行不出面清欠，而是真的依据企业破产法对丧失清偿到期债务能力的企业进行破产处理，且不说整个国民经济对此承受不了，也不说企业完全有可能以银行资金供给不足而导致其资金周转困难为借口来对抗破产处理，即使能够处理，破产处理的结果还得从银行账上勾销最终损失的资金。这种情况说明，在资金供给制条件下，产权界限不清，融资事实上并不受现代信用制度的签约原则约束，因而破产法也就不能真正发生效力。

第二，在政企不分的体制下，国有企业和它的上级行政管理部门（包括主管部门与综合部门）之间决策权限混淆不清，从而对决策后果也没有明确的责任范围。这样的一个企业沦落到破产界限之内，往往是种种混淆不清的多头、多重决策共同作用的结果。在这种情况下，要让企业领导人和企业职工单方面吞下企业破产的苦果，是于理不公的。因此，处理这样的破产案件，不免会由于难以分清责任而旷日持久地扯皮。当然，有些企业陷入破产境地显然是主要由于企业领导人的无能或失职造成的，但是，对于任命这些无能或失职的企业领导人的有关行政管理部门来说，至少在企业人事安排的决策上仍有用人不当的责任，而企业破产法对行政部门的这种决策是不发生效力的。总之，在政企不分的体制下，决策权限及其相应的责任是边界不清的。经济活动的决策结构是反映产权结构的，决策权限边界不清正是产权边界不清的表现。而在产权边界不清的条件下实施破产法，是难免"罚不当罪"的。再退一步讲，即使在企业和上级行政部门之间决策权限及其应负责任能够分清的场合，由于上级行政部门的决策权混淆了行政权与产权的界限，企业破产法仍然不能有效实施，因为破产法只适用于产权，不适用于行政权。

第三，我国国有经济中所谓"企业办社会"的企业组织结构，使产权的经营目标和政府的社会目标相混淆。这种企业组织结构和政企不分的决策结构结合在一起，形成了产权的经营目标受制于以至服从于政府的社会目标的状态。企业不仅承担了在职职工的社会福利和社会保障职能，以及离退休职工的社会保障职能，而且承担了保障职工子女的就学、就业安置的社会职能。在这种情况下，企业破产就意味着使由此形成的失业职工的家庭失去基本生活保障，势必要求将企业卸下的社会保障职能转移到政府身上。因此，企业不堪重负的社会职能，自然使只适用于产权原则的企业破产法的实施受阻。正是基于这种背景，依靠行政手段的企业关停并转又代替了依法实施的企业破产处理，并且出现了"多并转、少关停"的呼声。而依赖行政权力的"并、转"，难免迫使经营状况好的企业背起经营状况差的企业的包袱。

综上所述可见，国家作为国有资产的所有者并不等于实践中不存在产权边界不清的问题。所有权要通过它的权能来实现。产权就是所有权的权能，包括资产的占有权、使用权、处分权、收益权或用益权。可以说，所有权是产权的基础，产权是所有权的实现形式。

产权边界不清势必损害所有权，我国在既存体制下国有资产不断受侵蚀并且得不到切实保障的事实就是明证。这种状况说明，我国国有资产确实存在着产权界定问题。当然，要界定产权，须先明确资产的所有权。我们目前正在进行的国有资产的清产核资，就属于确定资产归属的所有权界定。对国有资产来说，所有权界定是产权界定的前提，不界定所有权，就无从界定产权；同时，产权界定又是所有权界定的必然要求，没有产权界定，所有权的实现就没有切实保障，因而所有权界定也就失去了实质意义。所以，笔者认为，如果说所有权界定是当前加强国有资产管理的第一步，那么第二步就应该是产权界定。

二

国有资产的产权界定是保证社会主义经济有效运行、提高资产运营效率的必要条件。关于这个问题，本文不拟展开论述，仅就如下三个方面讲点粗略看法。

1. 产权界定与风险承担

投资的目的是获得预期的未来收益。由于投资预期受制于投资主体掌握的信息的有限性和未来收益受制于诸种因素变化的不确定性，实际收益可能背离预期收益，投资就有风险，投资者必须承担投资风险。投资者既受利益激励，又受风险制约。收益和风险的对称是诱导投资活动有序进行的机制。

社会主义国家传统的国有经济普遍存在着所谓"预算软约束"，关键就是投资能给资金的使用者带来实际的利益，而国家则包揽投资风险。因此，任何地方、部门或企业都有向国家争投资的强烈冲动，却无承担投资风险的后顾之忧。投资决策者拥有分配资金的巨大权力，但对投资风险同样不承担财产责任。这里，在财产责任上没有明确的授权和受托的关系，而这正是产权不明晰的表现。

无独有偶。南斯拉夫的社会主义自治经济在投资行为上存在着类似的现象。南斯拉夫尽管早就否定了国家所有制，但是它的企业投资仍然依赖于国家银行。有一位南斯拉夫经济学家对他们自治企业的投资行为作了这样的描述："让我们考察一个力争把大笔银行贷款弄到手的自治企业。企业为了达到这个目的，就高估项目的收益，而低估它的成本。结果，在项目完成以前，投资资金就用完了；然后，经过讨价还价，企业通常获得银行短期贷款，以便完成早已动工的投资项目。"这同我国的"钓鱼工程"如出一辙。那位南斯拉夫经济学家接着说："许多企业对银行贷款的依赖达到极点，一旦预期可得到的银行贷款停止发放，它们马上就表现出没有偿债能力。""企业借款并不按实际价值偿还，有时还不按名义价值偿还（不支付到期本息，把短期贷款转换成长期贷款，等等）。企业亏损由商业银行接纳，并由南斯拉夫国民银行负责弥补它们的亏损。"（J. 普拉斯尼卡：《南斯拉夫自治制度下的企业行为》）这就是说，投资风险都由国家银行（南斯拉夫国民银行）兜着。可见，南斯拉夫在企业投资行为上反映出来的问题同样是产权边界不清、财产责任不明的问题。正因如此，那位南斯拉夫经济学家得出结论说："南斯拉夫体制是以资本的高积累率同它惊人的高度分配失误结合在一起为特征的。"

要提高投资效率，必须通过投资体制改革形成投资的受益和风险相对称的有序运行机制。我国1989年建立的六个国家专业投资公司并不具有这样的机制。这些专业投资公司隶属于国家计委，实际上仍然是按照国家计委决策分配和管理投资的行政机构。它们不可能承担投资风险。

只有同产权界定结合起来，投资体制改革才会有实质性意义。产权界定使投资风险的承担主体得以落实。产权主体通过契约关系相互制约，进行投资活动，才能形成投资的受益和风险相对称的有序运行机制。

2. 产权界定与要素重组

生产要素在各自孤立状态下不能成为现实生产力。现实生产力是各种有关的生产要素以一定方式和比例结合而形成的。在要素的量和质既定的情况下，要素组合状态就决定着生产力的高低。

经济环境的经常变化要求生产要素相应地重新组合。只有这样，才能实现资源的优化配置，满足社会需求。

生产要素能够适应需求变化实现重新组合，必须具备一个基本前提，就是资产能够灵活转移。而资产要能够向更有效率的部门转移，使要素组合能合理化，就必须对资产有正确评价。

可是，我国传统体制下的国有资产既不能灵活转移，又不存在客观评价机制。国家资金一旦投入企业形成资产，除非依靠政府命令划拨资产，或实行企业的关停并转，资产就不能转移。而政府划拨又是无偿的。无偿划拨的根据就是只有一般意义的国家所有权，而无明确的具体的产权主体。在没有具体产权主体的情况下，若允许国有资产的占用单位自动有偿转移资产，由于不存在对资产保值和增值的财产约束机制，就难免发生化大公为小公以至化公为私的侵吞国有资产的现象。因此，这时就只能是要么不让转移，要么由政府划拨。资产不能随着需求变化而灵活转移，势必造成一方面资产闲置，另一方面重复投资建设同时并存的资源浪费现象，并使经济结构调整受阻。政府划拨或企业关停并转则不仅使结构调整在时间上严重滞后，而且资产没有客观评价标准，事实上无偿划拨也只能按账面价值照转，不问资产的实际价值。

产权界定是资产能够灵活地实现有偿转移的前提，也是资产有可能得到客观评价的前提。产权主体有权处置其资产，同时又对资产负有保值和增值的财产责任，无论资产的实物形态怎样变换，资产的价值必须保持完整无损，并且不断增值，否则就会危及产权主体本身的存在。资产的实际价值只有在产权主体之间实现有偿让渡的过程中才能得到客观评价，因而资产的客观评价就是它的市场评价。资产的市场价格是资产未来收益的贴现值。所以，产权界定是使资产不受侵蚀，并保证资产不断增值的必要条件。

3. 产权界定与资金积累

资金积累的国家化是国有经济的特征。所谓资金积累的国家化，就是资产收益（利润）集中在国家手里，并由国家投资，形成新的生产能力。在我国传统体制下，这种集中和分配的职能是通过各个政府机构（中央部门和地方政府）以及它们同企业的交互作用实现的。在这种集中和分配的过程中，谁真正关心积累呢？要回答这个问题，首先须明确积累概念的内涵。

积累是利润的资本化，即把利润转化为投资，并通过投资形成实际的生产能力。积累需要投资，但是没有形成实际生产能力的投资只是虚费，不是积累。这就是说，积累的含义，包含着从利润的形成、分配到新的实际生产能力的形成和有效运行这样一个利润资本化的全过程。那么，在我国传统体制下，国有经济中有没有一个对这样的积累全过程实际负责的主体呢？让我们来观察投资的有关当事者。

企业及其主管部门关心的是本企业、本部门的建设项目能否列入国家计划，从而能否在国家投资总额中分配到尽可能多的份额。至于投资的资本形成和实际积累效果，则事实上由国家承担责任。

财政部门关心的是组织财政收入，以应付财政支出。为了平衡当年财政收支，财政部门往往倾向于组织更多的当年财政收入，而在组织更多当年财政收入和促进未来更多利润形成之间难免有顾此失彼之虞，以致同企业及其主管部门之间经常发生所谓"杀鸡取蛋"和"养鸡生蛋"的争论。同时，在财政的经常性收支和建设性收支合二为一的预算体制下，不问财政收支来源如何，在财政支出方面，事实上只能在保证最低限度的经常项目支出以后的剩余部分当中安排投资。而投资项目的决策不属财政部门的职责范围，投资拨款却是它的法定任务。这样，钱拨出去就完事，财政部门对投资的积累效果也就不承担责任。

计划部门负责投资分配，在资金需求与资金供给之间求得平衡，并在此前提下，通过同政府各部门和主要企业的讨价还价，在各种投资需求之间进行协调。资本形成对计划部门来说是既定的前提，它只是对已经形成的资本进行分配。至于投资的积累效果，尽管计划部门在审批立项、分配投资时也要组织论证，但是，对投资分配以后形成的生产能力及其实际运行的经济效率，计划部门事实上也不承担经济责任。

从我们对投资的有关当事者的观察，可以说，在传统体制下，我国国有经济中没有一个对积累全过程负责的主体。高投资、低效益，投资不能保证达到设计生产能力，建设项目投产后企业长期亏损，无效工程的报废，以及因投资规模过大而造成的紧缩时期的停缓建损失等现象层出不穷，而又没有任何机构对其承担经济责任，这不能说同缺乏一个对积累全过程负责的主体没有关系。

这样一个主体必须是产权主体，它承担积累职能。产权主体地位的稳定性是保证持续的积累的必要条件，是克服经济行为短期化的基本前提。而要保障产权主体地位的稳定性，国家作为所有者对国有企业的管理必须从行政管理转变为资产管理。在行政管理体制下，代表国家的政府可以凭借行政命令对国有企业的资产无偿划拨；在资产管理体制下，政府不能划拨资产，只有产权主体之间通过契约关系自愿让渡，才能转移资产，从而使产权得到保障。

三

我们从上面的分析中可以得出一个结论，就是对国有资产不仅要进行所有权界定，而且要对作为所有权的权能的产权进行界定，以明确产权主体以及它们之间的契约关系。国有资产的产权界定的目的，就是要消除对国有资产的无人负责现象，维护社会主义公有制，保证有计划商品经济的有效运行，从而促进社会生产力的发展。

国有资产的产权界定意味着资产管理与资产经营必须分开。作为政府机构的国有资产管理局如果集资产管理与资产经营于一身，直接控制企业或参与企业经营决策，将仍不免陷于产权与行政权相混淆的状态，解决不了政企不分的问题及其造成的弊端，从而也不可能建立起对国有资产的明确的经济责任。因此，国有资产管理局作为政府代表应致力于对国有资产的管理，而国有资产的经营职能应由依据国家授权建立的投资公司或其他形式的资产经营公司来承担。

投资公司或资产经营公司不同于国有资产管理局，应是企业，而不是政府机构。它们在国家授权基础上自主经营，自负盈亏。

投资公司或资产经营公司既然是企业，就不应像国有资产管理局那样按行政层次来建立，而应遵循经济原则来建立，可以跨地区、跨行业，同政府部门没有行政隶属关系。

投资公司或资产经营公司经营的对象是国家资本，它们按照营利原则进行投资决策。它们同作为其投资对象的企业之间的关系是投资者与经营者，而不是债权人与债务人的关系，所以必须对投资的长期经济效果承担风险责任，并持续地依靠投资收益形成日益增多的积累。与此职能相适应，它们要通过企业董事会参与企业的经营决策。

投资公司或资产经营公司作为企业，必须建立在竞争性基础上，因而不能是独家，而应是多家，以形成竞争格局，防止垄断局面及其可能造成的腐败现象，并提高投资效率。

投资公司或资产经营公司以及作为它们投资对象的企业应形成股份制企业结构，从而能依股份制经济机制运行，按照需求变化灵活地有偿转移资产，通过要素重组实现资源优化配置。

投资公司或资产经营公司的产权必须依法受到保护，任何政府机构无权凭借行政命令以任何形式划拨它们的资产，以保障它们所掌握的资产的有效运行和不断增值，增强它们的长远发展动机。

这里所讲的投资公司或资产经营公司都只是指经营国家资本的公司，它们是由国家授权经营的，因而必须对国家负责，并接受国家的监督。它们应向国家权力机关定期报送经过审计的营业报告、损益表和资产负债表，并接受审查。

（原载王凤岭主编《国有资产产权界定问题研究》，经济科学出版社1991年版）

国有企业利润转移和企业再生产能力[*]

本文目的在于分析我国国有企业利润转移与企业资金状况的联系及其与企业再生产能力的关系。分析所用资料是中国社会科学院经济研究所国家所有制改革课题组1990年在四川、江苏、吉林、山西四省抽样调查的769家国有工业企业1980—1989年数据；行文必要处在脚注中引用国家统计局统计或其他部门和地方的调查资料以作佐证。

一 工业总产值中净产值率下降

利润分配的基础是净产值分配，而净产值的生产又是净产值分配的基础。所以，本文的分析就从样本企业的工业净产值占其工业总产值的比重（净产值率）分析开始。

样本企业的净产值率从80年代总体上看有所下降。但是，分阶段看，1984年以前基本呈上升趋势，1985年以后则持续下降。1984年比1980年上升1个百分点。1989年比1984年下降3.2个百分点；若按净产值占总产值的30%计算，它等于同期净产值绝对额少增加10.67个百分点（=3.2/30）。净产值率下降意味着，在净产值分配中利润份额不变条件下，利润相对减少。

净产值率的下降就是物质消耗占总产值比重的上升。影响后者

---

[*] 本文系笔者参与国家社会科学基金重点项目"国家所有制改革"的研究成果。该项目主持人为董辅礽。本文观点概由笔者负责。课题组成员邵琍玲承担了部分数据处理，谨致谢意。样本企业净产值率1980—1989年在29.5%至32.7%波动。又据《中国统计年鉴 1991》数据，"七五"期间（1986—1990年）包括各种经济成分在内的全国工业净产值率为29.3%。

的因素有经济效率、部门结构和技术条件等变化。由于这里用以比较的资料是同口径样本企业的数据,样本企业在此期间的部门结构相对稳定,技术条件的变化趋向相对节约物质消耗,因而可以认为净产值率的下降主要是经济效率下降所致。

二 净产值初次分配中利润流失的基本流向

样本企业工业净产值的初次分配如表1所示。

表1　　　　　　　　工业净产值的初次分配　　　　　单位:%

年份 项目	1981	1982	1983	1984	1985	1986	1987	1988	1989
销售利润	46.23	47.38	48.63	47.33	43.29	37.35	37.49	37.78	33.03
销售税金	24.37	24.68	22.90	22.20	25.06	25.72	24.27	24.48	24.69
利息	2.13	2.91	2.90	3.11	3.88	4.77	5.31	5.84	9.24
工资总额	20.28	19.92	18.25	18.50	20.47	22.56	21.58	22.61	24.70
其他费用	4.50	4.74	5.61	6.43	7.23	8.32	8.61	8.45	8.50
合计	97.51	99.63	98.29	97.57	99.93	98.72	97.26	99.16	100.16

表1给我们提供了如下信息:

(1)净产值分配的变化趋势在销售利润、销售税金和工资总额三项上表现出阶段性特征。1983年以前,销售利润占净产值的比重呈上升趋势,1983年比1981年上升2.4个百分点;而销售税金、工资总额占净产值的比重呈下降趋势,二者在同期分别下降1.5个和2个百分点。1984年以后则相反,销售利润比重显著下降,1989年比1983年下降15.6个百分点;而销售税金、工资总额比重均在略有波动中呈上升趋势,二者在同期分别上升1.8个和6.5个百分点。

(2)利息和其他费用占净产值的比重逐年持续上升,并未表现出阶段性变化特征。但是,1984年以后利息份额的上升趋势比1983年以前更为显著,1983年比1981年上升0.8个百分点,而1989年比1983年上升6.3个百分点。

（3）以1989年数据同1986—1988年比较，可以看出1989年的明显变化。1987年、1988年，除两年累计利息份额上升1个百分点和销售税金下降1个百分点外，其他各项比重基本稳定在1986年水平。而1989年销售利润份额比1988年剧降4.75个百分点，同期利息、工资总额比重则分别猛升3.4个和2.1个百分点，销售税金和其他费用份额基本稳定、轻微上升。1989年的变化显然同当年进入治理整顿时期的宏观经济紧缩环境有关。资金周转滞缓和贷款利率大幅度提高双管齐下①，使企业利息负担大大加重。就业刚性的劳动制度则使紧缩时期减产甚至停工停产的企业也无法裁员，从而相对提高了产品的工资成本。

（4）纵观1981—1989年整个时期的变化，可以概括地看出净产值初次分配过程中利润流失的基本流向。我们分别以分配份额已连续两年较稳定的1988年和分配份额急剧变化的1989年同1981年作比较，可以看出，1988年销售利润份额比1981年下降8.5个百分点，同期工资总额和利息份额分别上升2.3个和3.7个百分点；1989年销售利润份额比1981年下降13.2个百分点，工资总额和利息份额分别上升4.4个和7.1个百分点。1988、1989年销售税金份额则都同1981年基本持平。

这个比较显示，利息份额的上升已成为促使销售利润份额下降的主要因素。从整个80年代来看，尽管工资总额在净产值中的份额也上升，但利息份额的上升幅度明显大于工资总额。在目前国有企业借入资金仍然基本依赖国家银行的情况下，利息份额的上升就是国家所得份额的增加。不断上升的利息份额和基本持平的销售税金份额合计，国家总的所得份额的增加更多于工资总额的增加。因此，就国家和职工个人的关系而言，似乎还不能简单地得出净产值初次分配向个人倾斜的结论。如果销售利润和工资总额在净产值中的相

---

① 1988年8月和1989年2月先后两次调高银行贷款利率。但是，相对而言，企业利息支出增加的主要原因是占用贷款余额的增长，利率提高是第二位原因。

对地位的消长可以说是"工资侵蚀利润"的话，那么更快增长的利息份额更可表明"利息侵蚀利润"。而且，如果注意到基期（1981年）的利息仅为工资总额的1/10，那么就更能明显地看出利息上升的速率为工资总额所望尘莫及。撇开1989年因进入经济紧缩时期而发生的剧变不说，仅以1988年比1981年而言，工资总额相对地位上升的2.3个百分点只是其基数20.3的1/8.8，而利息上升的3.7个百分点却是其基数2.1的1.8倍。

同时，考察工资总额在净产值中的相对地位时，有三个因素还不能忽视。第一，我国历来实行低工资政策，且在改革以前冻结工资长达十多年之久，因而改革开放以来净产值分配中工资总额相对地位的上升，有相当部分属于补偿性质。就样本企业数据看，1986—1988年工资总额还只占净产值的1/5稍多一些，1989年也尚未达到1/4。第二，原来依靠国家补贴的个人消费项目，改革开放以来（特别是近几年）正在逐渐转入工资总额。第三，改革开放以来显示的国有企业职工工资明显低于"三资"企业以至某些乡镇企业的差距，正在对国有企业稳定技术熟练工人和优秀工程技术人员队伍，构成潜在的甚至现实的威胁[1]。

至于表1所列"其他费用"项，所含内容比较复杂，既有企业正常支出的非物耗和非工资性开支的生产、销售费用，也有外界乱收费、乱罚款、乱摊派或以广告等名义拉"赞助"之类的企业非正常支出[2]。

---

[1] 据北京市劳动交流中心对该市10家国有大中型机械企业调查，尽管这些企业近年采取了控制机加工工人外流的措施，1989年、1990年累计还是净流出车、钳、铣、刨、磨等机加工技术工人755名，调查时它们的机加工缺л达20%（《经济参考报》1991年12月24日）。在国有企业普遍存在冗员无法安置的同时，熟练技术工人却不顾企业控制而外流，这个现象向我们发出了一个小小的但不能忽视的信号，就是在往日国有经济一统天下的环境中劳动工资制度上掩盖着的矛盾，今天在多种经济成分并存和竞争的环境中已不可避免地暴露出来。它昭示着国有企业劳动工资制度已到了非改革不可的关头。

[2] 据安徽省工商联调查，该省国有工业企业1987—1989年三年累计，各种摊派、"资助"等支出相当于同期上缴利润的20.7%（《中华工商时报》1991年12月11日）。又据安徽省经委对合肥市7家企业调查，摊派金额的90%属于政府部门的摊派。摊派款在企业成本中列支66.9%，在销售收入中列支29%，在企业留利中列支3.2%，在营业外支出中列支0.9%（《中华工商时报》1991年3月30日）。

可惜样本数据未能细分，反映不出这两类不同性质的支出各占多少。但是，无论属于哪一类，它的份额的增加就意味着既定净产值中利润的流失。从表1可见，1988年和1989年其他费用都比1981年增加了约4个百分点，从增长速率来看，仅次于利息。

三 利润在企业和国家之间的转移

前面的分析显示了利润在形成过程中的流失或转移[①]，现在我们开始进入对利润分配本身的分析。

销售利润要扣除营业外净支出等费用以后，才形成实现利润。样本企业净产值分配中实现利润和销售利润的差额如表2所示。

表2　　　　销售利润和实现利润分别占净产值的比重　　　　单位：%

年份 项目	1981	1982	1983	1984	1985	1986	1987	1988	1989
销售利润（1）	46.23	47.38	48.63	47.33	43.29	37.35	37.49	37.78	33.03
实现利润（2）	43.00	41.82	46.25	44.42	40.68	32.74	32.72	34.10	27.32
（1）-（2）	3.23	5.56	2.38	2.91	2.61	4.61	4.77	3.68	5.71

表2反映，除个别年份外，基本趋势是1985年以前实现利润和销售利润的差额略有缩小，而1986年以后，则在净产值分配中销售利润份额明显下降的同时，实现利润和销售利润的差额还趋向扩大，也就是说，实现利润在净产值中的份额比销售利润份额下降得更快，因而加剧了利润的流失。这种差额扩大的主要原因是营业外支出的

---

① 上述分析没有涉及国有企业目前相当普遍地存在着而账面未能反映的隐性亏损与损失。据中国工商银行40个分行对10508户国有工业企业调查，占调查户数63%的6625户企业存在着隐性亏损与损失，相当于账面亏损企业户数的1.96倍。截至1990年6月末，这些企业的账外隐性亏损与损失金额共计108.3亿元，相当于调查企业账面亏损金额的1.72倍（《中国金融年鉴 1991》，第529页）。

膨胀①。

实现利润在国家和企业之间的分配如表 3 所示。

表3　　　　　　　　　实现利润的分配　　　　　　单位：%

项目＼年份	1981	1982	1983	1984	1985	1986	1987	1988	1989
上缴财政	63.51	67.87	66.64	62.49	59.98	59.85	53.13	45.80	46.33
企业留利	15.70	18.18	22.66	25.80	28.99	33.20	33.64	38.74	42.92
专项贷款的税前还贷	6.10	7.49	6.75	8.96	13.07	17.55	22.44	25.05	28.52
合计	85.31	93.54	96.05	97.25	102.04	110.60	109.21	109.59	117.77

表 3 显示，实现利润分配中企业留利份额逐年持续上升，而上缴财政份额除个别年份略有波动外呈下降趋势。但是，在上缴财政份额下降的同时，企业对固定资产投资专项贷款的税前还贷份额除 1983 年外都逐年持续上升。值得注意的是，表列三项合计数自 1985 年以后都超过 100%，1986—1988 年超额 10% 左右，1989 年超额高达 17.77%。这种超额表明，税前还贷中有一部分只是在税基计算意义上属于"税前"，实际是用企业的税后留利或折旧基金偿还的。因此，我们不能从表 3 反映的企业留利份额上升趋势不加分析地就得出企业自身实际可支配财力已很宽裕的结论。何况企业留利在实现利润中份额的上升，还是在净产值中实现利润份额大大下降的情况下出现的。正因为这样，企业留利占净产值的比重从 1981 年的 6.7% 上升到 1984 年的 11.5% 和 1989 年的 11.8%，远没有企业留利占实现利润的比重上升那样明显，而且 1989 年还基本停留在 1984 年的水平上。

---

① 据国家统计局工交司对武汉市 7 家国有大中型企业调查，它们的营业外支出占销售利润的比重 1985 年为 14.1%，1989 年上升到 41.9%，营业外支出增长快的原因，一是老企业离退休职工增多，二是医疗费用猛增，三是各种摊派、"资助"费名目越来越多（《中华工商时报》1991 年 9 月 7 日）。

同时，如果把企业留利和销售税金的增长作一比较，我们还会发现一个有趣的现象。以实行税制改革和推行第二步"利改税"的 1984 年为基期，则 1988 年销售税金和企业留利分别为 1984 年的 1.95 倍和 2.03 倍，1989 年分别为 1984 年的 2.19 倍和 2.0 倍。尽管不是出于事先有意的安排，结果却是企业留利和销售税金的增长基本同步。

四　企业留利和还贷能力

上节我们只涉及了专项贷款的税前还贷，但是专项贷款还有税后还贷。税前还贷事实上已有一部分占用了由企业留利形成的生产发展基金，税后还贷更有赖于生产发展基金。我们不妨测算一下这二者对生产发展基金的占用程度。

由于样本企业数据未能提供企业还贷的资金来源的细分情况，我们暂且假定，专项贷款税前还贷和用于还贷的税前利润的差额，以及专项贷款的全部税后还贷，都使用生产发展基金[①]。测算结果，这二者占用生产发展基金的比例，1985 年为 31.44%，1986 年为 87.18%，1987 年为 83.27%，1988 年为 70.38%，1989 年为 101.91%。可见，1986—1988 年专项贷款还贷已经用掉了企业当年提取的生产发展基金的大部分以至绝大部分，1989 年提取的生产发展基金全部用于专项贷款还本付息还略嫌不足。

除了专项贷款，企业用于固定资产投资的负债还有银行基建贷款、财政周转金贷款、企业债券、国外银行贷款和向其他企业拆借；按截至 1989 年的数据，其中主要是基建贷款。

现在让我们仅将样本企业用于固定资产投资的未偿银行贷款余额的历年净增额同当年提取的生产发展基金作一对比。这里的未偿银行贷款包括基建贷款和专项贷款，不包括国外银行贷款（数量还

---

① 就企业自身可支配财力来看，除了生产发展基金，就只有折旧基金可能用来偿还固定资产投资的专项贷款。而用折旧基金还贷，不过是寅吃卯粮。

不多）。比较情况请见表4。

表4　　　　未偿银行贷款和生产发展基金（样本企业均值）　　单位：万元

年份 项目	1980	1981	1982	1983	1984	1985	1986	1987	1988	1989
企业投资占用的未偿银行贷款年末余额（1）	42.39	70.71	97.26	121.11	385.80	448.33	576.37	776.20	1001.77	1230.48
比上年净增额（2）	—	28.32	26.55	23.85	264.69	62.53	128.04	199.83	225.57	228.71
当年提取的生产发展基金（3）	13.24	15.49	19.29	27.15	30.88	42.53	49.60	65.88	110.58	111.75
（2）/（3）	—	1.83	1.38	0.88	8.57	1.47	2.58	3.03	2.04	2.05

从表4可见，企业用于固定资产投资的未偿银行贷款（基建贷款和专项贷款）余额的每年净增额，除1983年以外，都超过当年企业从留利中提取的生产发展基金，1986—1989年分别超过1—2倍，1984年竟超过7倍半[①]。1989年年底平均每个企业尚未偿还的银行贷款余额1230.48万元，相当于1980—1989年生产发展基金10年累计提取额486.39万元的2.53倍。这就是说，即使10年提取的生产发展基金都未用掉，全部积累起来，也仅够抵偿1989年银行贷款余额的40%。何况，事实上，如上所述，专项贷款除使用税前利润以外的还贷，已经占用了当年提取的生产发展基金的大部分或绝大部分。因此，现有未偿银行贷款余额就只有指望用今后的税前利润和生产发展基金来偿还。按1989年的实现利润、税前还贷和生产发展基金水平测算，即使今后不再有任何新贷款（当然不可能），税前还贷金额和全部生产发展基金合计，要大约8年才能还清1989年贷款余额

---

① 1984年的突出情况可能同当年第四季度国家决定1985年全面推行"拨改贷"和各专业银行竞相提前发放投资贷款有关。

的本金。如果停止税前还贷，则用全部生产发展基金还贷，要还清1989年银行贷款余额的本金就需11年。若再加上利息，还清的年限还得延长。此外，我们当然不能忘记上面已经提到的，企业固定资产投资还有其他负债。

本文至此尚未涉及企业流动资金的负债情况。1989年样本企业占用的全部流动资金的负债率已高达88.9%，且在1980—1989年无例外地呈逐年持续上升趋势。鉴于上述固定资产投资的还贷状况，可以肯定，除了临时周转的流动资金以外，对于经常周转需要长期占用的流动资金的负债，企业自身已无清偿的资金来源。

在市场经济条件下，企业负债经营本不足怪，问题在于企业有没有偿还能力。而当前我国国有企业的情况恰恰是，按照现有的资产负债结构和利润分配体制，望不到可能偿清债务的尽头。

五　企业留利的使用

人们自然可能提出的一个疑问是，企业留利中是否有潜力能提高生产发展基金的提取比例，从而增强企业的偿债能力。我们不妨看看企业留利的使用情况（见表5）。

表5　　　　　　　　　企业留利的分配　　　　　　　单位：%

年份 项目	1981	1982	1983	1984	1985	1986	1987	1988	1989
生产发展基金	38.96	40.56	36.80	33.09	40.50	46.41	50.18	58.20	59.91
职工福利基金	40.68	35.23	23.25	22.41	23.70	21.01	22.43	23.76	23.92
职工奖励基金	26.35	27.97	33.64	35.84	26.40	25.24	19.40	13.44	12.81
后备基金	—	—	10.58	10.20	10.08	9.55	8.49	5.95	7.17
合计	105.99	103.76	104.27	101.54	100.68	102.21	100.50	101.35	103.81

注：合计数稍高于100%，除了统计误差以外，也可能是由于有些样本企业在填写"职工福利基金"数据时未扣除按工资总额的比例提取的那部分职工福利基金。

表5显示，企业留利使用中生产发展基金的份额在1981—1984

年有较大波动，自 1985 年以后则是持续地并以较大幅度上升的，1989 年几乎已占 60%，这个比重已不算低。后备基金所占比重有所下降，但 1985 年以后生产发展基金和后备基金合计所占比重仍然是逐年以 3—7 个百分点上升的。职工福利基金份额从 1981 年至 1986 年趋于下降，1988 年才回升到 1985 年水平。职工奖励基金份额在 1981—1984 年逐年上升，但自 1985 年以后逐年持续下降，且降幅不小，1985 年一下就降到 1981 年水平，1989 年的份额还不到 1985 年或 1981 年的一半，同 1984 年相比低得多。

问题是，既然企业留利在实现利润分配中的份额以及生产发展基金在企业留利使用中的份额都是较大幅度上升的，那么何以会出现生产发展基金加上用于还贷的税前利润还远远不足以还贷，且差额日趋扩大的现象？要回答这个问题，就不能不了解出现这种现象的体制背景。

六　企业偿债能力不足的体制背景

我国历来实行国家财政管理国有企业财务的体制。改革开放以前，国家财政对国有企业实行统收统支。企业利润上缴财政，固定资产投资和定额流动资金由财政拨款（有的时期财政将应拨给企业的定额流动资金的一定比例拨交银行发放定额贷款），超定额流动资金由国家银行贷款。银行只是国家财政的出纳机构。在这种情况下，企业的投资者（所有者）和债权人合而为一，都是国家。企业资产构成根本没有资本金和债务的区别。

改革开放以来，国家对国有企业的投资在资金供应方式上有若干重大改革。一是固定资产投资由财政拨款改为建设银行贷款，但投资决策权仍在计划部门和有关主管部门。二是企业流动资金由国家财政和国家银行双轨供应改为银行单轨供应，国家财政不再增拨流动资金，定额和超定额流动资金都实行银行贷款。三是国家不再禁止信贷资金用于投资，除运用财政资金的"拨改贷"外，国家各专业银行还利用信贷资金发放固定资产投资贷款,如专项贷款。

可是,这些投资的资金供应方式的改变,并没有伴之以相应的企业产权结构和企业财务体制的改革。国家以银行贷款代替财政拨款对企业投资,却没有同时界定国有企业作为负债和偿债基础的资本金。于是本该给企业投入的资本金却变成了企业的债务。在实际运行中,形成了政府以所有者名义作投资决策,而由银行贷款、企业偿债的三角格局。这就是说,政府依然作为所有者和投资主体,却不对企业注入资本金,企业则要为所有者、投资者(政府)向债权人(银行)偿还投资贷款,而在债务清偿以后,政府还以所有者(投资者)身份继续向企业收取投资收益。这样,就在同一笔投资上,企业同时面对着两个对立的索取权,即银行的索债权和政府的剩余索取权。一方面,通过偿债,企业的资本金被抽走;另一方面,在国家财政管理国有企业财务的体制继续维持的情况下,投资收益又未能首先保证清偿银行贷款,却要首先保证财政上缴,服从平衡预算的需要。结果是企业既缺乏资本金,又难以自我积累。处于如此困境的企业,只要没有能为其筹集资本金的其他投资者介入,就不得不越来越依赖对银行的负债。

还应指出,"拨改贷"和其他固定资产投资贷款是在国有企业历史上没有自身积累且实际已经形成了资本金缺口的背景下推行的。在改革开放以前的统收统支体制下,国有企业由于利润全部上缴国家财政而不可能形成企业自身的积累。同时,由于固定资产折旧基金全部或部分上缴国家财政,或者部分上缴主管部门,企业的资本金实际上相当大部分已被逐步抽走而形成了缺口[1]。在这样的历史背景下,企业以银行贷款投资于更新改造项目,无非是以当前新创造的利润和企业留利去填补历史上形成的资本金缺口,并且在仍然部分上缴折旧基金和用折旧基金还贷的情况下继续造成新的资本金缺

---

[1] 详见唐宗焜《国有企业固定资产折旧基金的产权问题》,《财贸经济》1993年第1期。该文对我国国有企业固定资产折旧基金管理制度从1950年至1992年的逐年演变及其对企业资本金的侵蚀作了系统考察,是为本文立论的背景资料。——2019年注

口。至于企业以银行贷款投资于新建、扩建项目，实际使用税前利润还贷的部分，对于企业的资金运行来说，就相当于原来的财政拨款和企业上缴利润的关系，可是区别在于企业新增了利息负担；而实际使用税后企业留利还贷的部分，等于企业以其当前提取的积累基金（生产发展基金）去抵补项目建成投产后立即被抽走的资本金；用折旧基金还贷，更是直接抽走了企业的资本金。由此可见，结合历史背景来分析现行投资贷款体制，就更不难理解国有企业还贷能力严重不足的原因。

七　企业投资和内部资金来源

为了考察现行体制下国有企业的简单再生产和扩大再生产能力，我们不妨看看样本企业在80年代历年投资的资金来源中来自企业内部的资金所占的比重（见表6）。企业投资的内部资金来源原则上只包括企业留利（生产发展基金）和基本折旧基金。但是，我国国有企业自20世纪60年代后期以来一直实行折旧基金和大修理基金分提合用的办法，在统计上未能将这两项基金的使用情况分离开来，因而我们这里的分析也把大修理基金包括在内。

表6　　　　　投资总额中企业内部资金来源的比重　　　　单位：%

年份 项目	1980	1981	1982	1983	1984	1985	1986	1987	1988	1989
企业留利	4.70	5.61	7.29	9.13	6.26	7.0	6.27	6.98	10.73	10.11
折旧基金和大修理基金	20.88	26.25	26.04	27.79	16.52	19.14	20.31	19.64	20.10	20.08
合计	25.58	31.86	33.33	36.92	22.78	26.14	26.58	26.62	30.83	30.19

表6所列数据，无论来自企业留利还是来自折旧基金和大修理基金的资金在投资总额中所占比重，就10年来看，都波动较大，且它们的波动方向基本相同，这主要是由于投资总额的各年增长速度

波动较大的缘故。至于这两类企业内部资金来源的绝对额，则都是逐年稳步增长的。

但是，分阶段看，表 6 中后 5 年（1985—1989 年）折旧基金和大修理基金所占比重可说相对稳定，仅在 20% 左右轻微波动。而来自企业留利的资金所占比重，1985—1987 年为 6%—7%，1988—1989 年为 10% 强。总体来说，1985—1989 年，企业内部资金来源大体占投资总额的 26%—30%。换言之，企业投资 70% 以上要依赖外部资金。

同时，需要说明，由于资金供应体制上的原因，这里所谓投资总额，90% 以上是固定资产投资。据样本企业 1985—1989 年平均数，企业固定资产原值和实际占用的定额流动资金的比例约为 3∶1[①]。这就意味着投资实际占用资金比账面投资总额至少要高 20%，这个投资缺口是靠银行流动资金贷款弥补的[②]。按此估算，企业内部资金来源至多只占实际（不是账面）投资总额的 22%—25%，其中来自企业留利的资金为 5%—8%，来自折旧基金和大修理基金的约为 17%。经这样调整以后，可见国有企业的投资至少 75% 以上要依赖企业外部资金。这表明，企业投资的内部资金来源显然严重不足[③]。

在国有企业投资的内部资金来源严重不足的情况下，政府断绝

[①] 全国国有工业企业"七五"期间各年定额流动资金相当于固定资产原值的比例，1986 年为 28.94%，1987 年为 28.85%，1988 年为 29.14%，1989 年为 32.33%，1990 年为 34.46%（《中国统计年鉴 1991》，第 410 页）。由此可见，样本企业数据与全国统计数据比较接近。

[②] 1983 年 7 月起实行银行统一管理国有企业流动资金以后，虽在原则上曾规定，企业须以税后留利的 10%—15% 补充自有流动资金，新建、扩建企业须由主管部门或企业自筹项目建成后投产所需的 30% 铺底流动资金，但事实上并未落实资金来源。企业对固定资产投资贷款的还贷能力既已远远不足，且可供企业筹资的资本市场尚未形成，因而这些关于补充或自筹流动资金的规定基本未能执行，也就不足为怪。

[③] 作为比较，让我们看看美国股份公司的有关数据。据美国联邦储备委员会统计，美国非农场、非金融性的公司 1970—1978 年投资（包括固定资本和流动资本在内的全部投资）的资金来源中，公司内部来源占 71%，包括公司保留利润（22%）和折旧基金（49%）；外部来源仅占 29%，包括新发行股票筹资（5%）和举债（债券、抵押和银行贷款）（24%）。见 S. 克里·库珀·唐纳德·R. 弗雷泽《金融市场》，中国金融出版社 1989 年版，第 362 页。

对国有企业投资的财政拨款，而又不开放企业通过发行股票筹集资本金的渠道，却让企业依赖向银行负债来投资，企业对债务的还本付息自然就不堪重负。

八　企业折旧基金的欠提和外流

影响企业留利的因素，上面各节的分析已先后涉及，不再赘述。这里引起我们注意的却是投资中来自企业折旧基金的比重。

如上节所述，样本企业折旧基金连同大修理基金一起才占实际投资总额的17%左右。而美国股份公司投资的几乎一半（49%）来自其内部的折旧基金。这个鲜明对比从一个侧面反映出我国国有企业自身更新改造能力的极端薄弱，或者说，它们的更新改造在资金上严重依赖外部"输血"。

企业能用于自身投资的折旧基金过少的原因，概括起来，一是折旧基金提取不足，二是企业已经提取的折旧基金外流过多。

折旧基金提取不足，包含诸多因素。不仅规定的折旧率偏低，而且企业承包经营后有些企业为完成承包的利税目标而有意少提或不提折旧基金[①]。但是，当前尤其值得注意的是，在80年代以来物价不断上涨的情况下，折旧基金仍按固定资产的账面原始价值提取，而不按固定资产重置价值提取，并且我国现行折旧制度基本没有考虑固定资产的无形损耗，这样形成的实际折旧率过低，比之名义折旧率偏低更严重地导致企业资本金流失。折旧基金提取不足，就等于将企业的部分补偿基金转成了利润或弥补了账面亏损，因而这又可说是利润侵蚀了企业的资本金。

至于企业已经提取的折旧基金的外流情况，可从表7窥见一斑。

---

①　我国国有工业企业固定资产基本折旧率，据统计，1952—1970年在3.6%—3.8%，1975—1980年在4.0%—4.2%，1981—1984年在4.3%—4.6%，1985—1989年在5.0%—5.3%（《中国统计年鉴　1991》，第28页）。另据中国工商银行内蒙古呼和浩特市支行对18户国有工业企业的定期调查，近年这些企业基本是按固定资产原值的2%—2.5%提取折旧基金的，有的企业则根本不提折旧基金和大修理基金（《中国金融年鉴　1991》，第529页）。

表7　企业折旧基金、大修理基金的提取和使用（样本企业均值）

单位：万元，%

年份 项目	1981	1982	1983	1984	1985	1986	1987	1988	1989
当年提取的折旧基金（1）	67.07	73.66	85.18	95.10	127.14	155.69	175.23	202.65	229.12
当年提取的大修理基金（2）	40.30	44.13	48.66	55.11	64.01	82.81	88.15	103.58	110.50
用于企业投资的折旧基金和大修理基金（3）	53.60	60.10	68.45	71.58	95.55	128.14	152.90	175.69	198.78
（3）/（1）	79.92	81.59	80.36	75.27	75.15	82.30	87.26	86.70	86.76
（3）/[（1）+（2）]	49.92	51.02	51.14	47.65	49.99	53.73	58.05	57.37	58.53

由表7可见，企业用于自身投资的折旧基金和大修理基金合计毫无例外地还明显低于当年提取的折旧基金这一项，最低的只及其75.15%，最高的也只有它的87.26%。样本企业1981—1989年平均，光是这个差额就等于冲销掉同期从企业留利提取的生产发展基金的43.76%。如果再计入当年提取的大修理基金中除保证大修理以外可用于投资的部分，则投资使用和基金提取的差额就更大。这个事实表明国有企业的资产长期处于"失血"状态。在这种情况下，企业若无外部"输血"，就连简单再生产都难以维持。

折旧基金是企业固定资产的补偿基金，在改革前，国家财政和企业主管部门全部或部分集中折旧基金，已属不当。在固定资产投资"拨改贷"以后企业已经负债经营情况下，国家财政或企业主管部门再收缴折旧基金，就更无理由。可是，现实情况是，企业一要将一定比例的折旧基金上缴主管部门，二要用新增固定资产的折旧基金偿还银行贷款，三要分别按折旧基金的15%和10%缴纳国家能源交通重点建设基金和国家预算调节基金。折旧基金在性质上本属企业的资本金范畴，折旧基金的外流无疑是吃企业的老本。国务院现已决定，对国有大中型企业的折旧基金，从1992年起分三年逐步停止征收"两金"。但是，折旧基金的资本金地位尚需明确界定，全部折旧基金留归企业问题仍有待解决。

九　资本金界定和债务股权化

从上面的分析可以看出，我国国有企业现行财务体制存在着深刻的矛盾，企业资产负债结构具有严重的缺陷。不改革这种体制和结构，就不能解决投资风险和资产增值无人负责的问题，国有企业就会始终为越来越沉重的债务所累而无法自拔，且有一朝被拖垮的危险。这种改革客观上已经不容再拖延。

这种体制和结构改革的关键是理顺国有企业的产权关系。国有企业产权制度改革是个需要专门探讨的问题。这里仅限于本文主题范围提几个要点。

（1）对国有企业的投资与信贷的界限必须明确划定。在这个界限未予明确的条件下，简单地把政府对企业投资的财政拨款改为银行贷款，实践证明是不适当的。所有者或受托执行所有者职能的投资者必须承担投资风险，并对企业的债务负法定责任。银行同企业的债权、债务关系不能代替政府或国家对企业的投资关系。

（2）国有企业必须明确界定资本金。所有者（投资者）须对企业实际（而不是名义）注入资本金，并以资本金作为企业负债的基础和偿债的保证。所有者（投资者）投入企业的资本金及其增值，形成企业法人资产，代表所有者（投资者）的权益。负债/权益比率应保持在企业能够有效运行的限度内。

（3）企业法人资产应经法定程序界定，并受国家法律保护。企业的全部法人资产，包括固定资产折旧基金在内，国家财政或政府其他部门都不能以任何名义收缴。企业法人资产只能依产权原则有偿转让。

（4）企业以法人资产为财务基础，作为独立的商品生产者和商品经营者即独立的市场活动主体从事生产经营活动，并改革国有企业财务由国家财政管理的体制，以形成企业的补偿机制和积累机制，使企业留利和折旧基金等内部资金成长为企业投资的主要来源。

鉴于当前我国国有企业普遍的沉重债务无法清偿的状况，亟须为它找一条出路。但是，国家财政现在没有能力拨出新的资金给企业偿还银行贷款。国家银行也不可能豁免或从账户上冲销对国有企业已经发放的投资贷款，因为银行自身的资金来源绝大部分也是依赖负债①（这是正常现象），如果银行豁免或冲销对企业已经发放的贷款，那就只能陷入货币超经济发行的泥潭，导致恶性通货膨胀。这就是说，国有企业现有负债中由于所有者该投入而未投入资本金所造成的这部分银行贷款，按照现存体制，财政和银行都无法解决。这个问题却又非解决不可，且不容拖延。否则，不仅企业被不堪重负的债务压得难以增强活力，而且势必成为国有企业深化改革的障碍。对于国有企业进行股份制改组的必要性，目前国内取得共识的人越来越多。可是，如果国有企业不能摆脱普遍无力清偿的这部分债务，它们的股份制改组就很难推行，除非原有资产贬值，因为新的股东谁也不会甘愿用自己的股金去给企业补这个窟窿。

怎么办呢？天无绝人之路。从已经形成的现状出发，并同企业体制改革的方向相协调，可以设想的一个改革方案是，对国有企业现有负债中由于所有者该投入而未投入资本金所造成的这部分（且仅限于这部分）银行贷款实行债务股权化，即把银行对企业的债权转化为对企业的股权。笔者并不认为这是一个理想的方案，尤其是在中国现有银行体制下。但是，它仍不失为一个现实可行的方案，既有助于理顺国有企业的资产负债关系，也便于同国有企业的股份制改组相衔接。当然，它是仅限于解决这部分银行贷款问题的方案，不能代替整个国有资产的产权结构和体制的改革②。而且，仅就这部分银行贷款而言（切忌企业其他银行贷款乘机搭车赖账），在实行债

---

① 国家银行信贷资金来源中，银行自有资金所占比重，1985年为13.43%，1986年为11.73%，1987年为10.88%，1988年为10.42%，1989年为9.70%，1990年为8.80%。《中国金融年鉴 1991》，第42页。

② 唐宗焜：《职能分离：国有企业产权制度改革的关键》，《改革》1991年第5期。

务股权化以后，银行也应组建独立的法人实体来从事股权经营和投资业务，同整个国有资产管理体制改革后将形成的产权结构和体制相衔接，而不宜同银行的信贷职能相混淆。这样的法人实体可以通过股票发行和股权经营有步骤地理顺这部分企业股权同银行内部的信贷资金的关系。

（原载《经济研究》1992年第7期）

国有企业固定资产折旧基金的产权问题

我国国有老企业，特别是老工业基地的企业，设备陈旧、技术老化的问题越来越引人注目。这个现象反映了我国国有企业缺乏自行补偿和更新改造的机制。而这种机制的缺乏，除了体制上的原因，就是旧的固定资产折旧制度的直接后果。本文拟考察这种折旧制度的实际状况和症结所在。

一 我国固定资产折旧基金管理制度的演变

要了解我国固定资产折旧制度的实际状况和症结所在，须对企业提取的基本折旧基金[①]的上缴和留用情况的演变作具体的历史考察。

现在就按时间顺序来考察它的演变。

（1）1950年8月，东北人民政府颁发的《东北区国营企业财务制度暂行规程》，规定企业提取的折旧基金"全部解缴国库，不得留用"。

（2）1952年2月，政务院财经委员会发布《1952年度国营企业提交折旧基金办法》，规定企业提取的折旧基金全部上缴中央财政，由国家统一安排使用。这个规定一直执行到1966年。

（3）著名经济学家孙冶方在60年代初就明确提出折旧基金应全部留给企业，把固定资产更新工作全部交给企业负责的建议。他指出，

---

① 我国国有企业财务制度规定，固定资产折旧基金包括基本折旧基金和大修理基金。本文以下所称折旧基金均指基本折旧基金。

折旧基金是老本，将它上缴财政作财政收入就是吃老本①。但是，在1964—1965年开展的"四清"运动即所谓"社会主义教育运动"中，他的这个主张被作为"修正主义的企业自治论"遭受批判。

（4）由于一批老企业设备日趋老化而无自我更新能力，企业强烈呼吁："现有企业的折旧基金不应再集中了，希望留给企业使用"，因而毛泽东于1966年8月批示："把什么东西都统统集中起来，把工厂的折旧费也都统统拿走，使得生产单位没有一点主动性，那是不利的。"

（5）1966年12月17日，国家计委、财政部发出的《1967年固定资产更新和技术改造资金的管理办法和分配计划（草案）》提出，基本折旧基金必须留给企业一部分。留给企业多少，由各主管部门和各省、市、自治区自行确定。同时，实行基本折旧基金和大修基金分别提取、合并使用的办法。

该文件分析了当时固定资产更新和技术改造资金管理办法上存在的主要问题。第一，更新改造资金渠道的划分十分烦琐。有的从基本折旧基金抵留，有的由财政拨款。在财政拨款中，又划分"三项费用"、固定资产更新和各项专款等。第二，基本建设投资中，有一部分为老企业安排的属于简单再生产性质的投资项目，工程简单，投资少，同基建一起用对大项目的管理办法，容易误事。第三，各项资金条条控制过死，企业机动少，有些企业一分钱也拿不到。针对这些问题，该文件提出，把"三项费用"、固定资产更新和基本建设中属于简单再生产性质的投资合并为一个渠道。固定资产更新和技术改造资金实行基本折旧基金抵留的办法，不再采取预算拨款和利润留成的办法。汽车、机车等设备更新专款，统一并入更新改造资金开支。②

---

① 孙冶方：《固定资产管理制度和社会主义再生产问题》，载《社会主义经济的若干理论问题》，人民出版社1979年版，第238—257页。

② "三项费用"是指技术组织措施费、劳动安全保护措施费和零星固定资产购置费。有的时期，将新产品试制费同"三项费用"合在一起，称为"四项费用"。

（6）1973年5月，财政部颁发的《国营工业交通企业若干费用开支办法》规定，"固定资产更新改造资金，应当大部分留给企业（一般应占70％左右）。每个企业单位的留用比例，由主管部门根据企业的设备状况和其他生产条件，分别核定。在保证企业固定资产更新改造需要的前提下，上级领导机关可以适当集中一部分，作为企业之间调剂使用"。

（7）由于"文化大革命"期间国家财政状况日趋恶化，1975年10月全国计划会议规定中央财政从企业集中30％折旧基金，地方财政集中20％，企业留用50％。

（8）1977年12月，国家计委、财政部《关于改进固定资产更新改造资金管理的报告》（以下简称《报告》）认为，从1967年起实行的基本折旧基金全部留给企业和主管部门，"这个办法有利于发挥企业和主管部门的积极性、主动性，但也存在一些问题：一是企业折旧基金全部留给企业和地方，下放得多了一些，资金使用上有分散，不利于集中财力，抓住生产中某些薄弱环节，有计划、有重点地进行技术改造。二是地区之间、行业之间、新老企业之间分布不平衡，苦乐不均，而又没有适当的调剂。三是这部分资金没有纳入国家统一计划，材料和设备没有专项安排，不能充分发挥资金使用的效果。四是不少地区和企业挪用更新改造资金搞了计划外的基本建设，拉长了基建战线"。

因此，《报告》提出，"为了有计划有重点地对现有企业进行技术改造，加快国民经济的发展速度"，更新改造资金要"由国家财政适当集中一部分，统一安排，调剂使用"。从1978年起，企业提取的基本折旧基金，50％留给企业，50％作为"上交基本折旧基金"，随同企业利润一并交入国库，纳入国家预算和国家计划。此50％"上交基本折旧基金"，由国家计委、财政部和各主管部门掌握安排30％，"用于重点地区和重点企业的设备更新、技术改造和发展新技术，解决某些全国性的生产薄弱环节"；国家分配给各省、市、自治区20％，由地方掌握安排，"用于本地区某些生产上的薄弱环节和重点项目的更新改造"。同时规定,"由国家财政集中50%以后,留给企业的部分,是否还要集中调剂一部分,由各地区自行决定"。此外,地、市以上新投产的企业(包括新建大型的生产车间和分厂),在建成投产后三年内提取的基本折旧基金全部上交财政。

国务院于1978年1月30日批转了该《报告》。1978年3月13日,国家计委、财政部就该《报告》内容下达《关于国家财政集中一部分企业基本折旧基金的具体规定》,从当年1月1日起执行。

(9) 1979年7月13日,国务院发出《关于扩大国营工业企业经营管理自主权的若干规定》(以下简称《若干规定》)《关于提高国营工业企业固定资产折旧率和改进折旧费使用办法的暂行规定》(以下简称《暂行规定》)等企业改革试点文件。

《若干规定》在原则上规定"逐步提高固定资产折旧率"的同时,规定"折旧基金大部分归企业支配,小部分按企业隶属关系,由企业主管部门调剂使用";"挖潜、革新、改造费用不足时,企业可向银行申请贷款,用折旧基金和利润留成资金归还";"企业在保证固定资产大修理的前提下,有权将基本折旧基金、大修理费、利润留成中的生产发展基金等合理地结合起来,用于挖潜、革新、改造"。

《暂行规定》指出:"目前工业交通企业固定资产折旧率偏低,不利于企业的挖潜、革新、改造和充分发挥现有企业的作用,不利于加速国民经济的发展。从1980年起,对工业交通企业固定资产折旧率,要在增加盈利的基础上逐步提高。"同时规定,"企业提取的固定资产折旧费,70%由企业安排使用;30%按隶属关系上缴主管部门,由主管部门在企业之间有偿调剂使用,有借有还"。"固定资产原值在100万元以下的小型企业的折旧费,全部留给企业安排使用。""企业暂时不用的折旧费,专户存入银行。银行可以用这笔资金向其他企业发放更新改造贷款,贷款企业用折旧费和利润留成资金归还。"本《暂行规定》在扩大经营自主权的试点企业试行。

(10) 1985年2月8日,国务院同意并批转国家经委《关于改进技术进步工作的报告》,其中规定,从1985年起,企业的折旧基金，由企业留用70％，其余30％国家不再集中，按企业隶属关系返回给主管部门和地方。沿海14个开放城市、国务院批准的计划单列城市直接返回给市。

同日，国务院同意并批转国家经委、财政部、人民银行《关于推进国营企业技术进步若干政策的暂行规定》，其中也规定，从1985年起，原由国家集中的30％企业折旧基金，不再上交中央财政，由主管部门、地区集中使用。

（11）1985年4月26日，国务院发布《国营企业固定资产折旧试行条例》（以下简称《条例》），推行分类折旧。

《条例》关于"折旧基金的使用"，对折旧基金的上交和留用问题未作规定。只是规定，"企业留用的折旧基金，可以同企业税后留利中的生产发展基金、新产品试制基金统筹安排，用于企业固定资产的更新改造和技术进步措施。企业在进行固定资产大修理时结合进行技术改造的，在保证正常大修理的前提下，折旧基金可同大修理基金结合使用"。

（12）1986年5月19日，财政部发布《国营企业固定资产折旧试行条例实施细则》规定，用基本建设"拨改贷"资金新建成的企业（包括新建、扩建的大型车间和分厂），以及用基建"拨改贷"从国外引进的大型建设项目，建成投产后提取的折旧基金的分配，除另有规定者外，应按1985年4月23日国家计委、财政部、建设银行《关于执行〈关于国家预算内基本建设投资全部由拨款改为贷款的暂行规定〉中若干问题的说明》的有关规定处理，即项目建成投产后三年内，国内项目提取的折旧基金20％留给企业，80％归还贷款；国外引进大型项目提取的折旧基金10％留给企业，90％归还贷款。项目投产三年以后，所有贷款企业提取的折旧基金50％留给企业，50％归还贷款。

（13）1986年12月5日，《国务院关于深化企业改革增强企业活力的若干规定》，在"进一步增强企业自我改造、自我发展的能力"这一项中规定，"工业企业全面实行分类折旧。对技术密集的新兴产业，经财政部会同有关部门批准，可试行加速折旧办法。目前仍由上级部门集中掌握的30%的折旧基金，要全部留给企业"。

（14）1987年3月7日，财政部《关于国营工业、交通企业自1987年7月1日起全面实行分类折旧的通知》规定，实行分类折旧办法增提的折旧基金全部留给企业。

（15）1982年12月15日，国务院发布《国家能源交通重点建设基金征集办法》，自1983年1月1日起，对"一切国营企业事业单位、机关团体、部队和地方政府的各项预算外资金"开征国家能源交通重点建设基金，企业及其主管部门提取的折旧基金和地方财政集中的企业更新改造资金也在征集范围之内。

1989年2月17日，国务院发布《国家预算调节基金征集办法》，"为了加强国家宏观调控能力，适当集中一部分财力，为改革和建设的顺利进行创造条件"，自当年1月1日起对各项预算外资金开征国家预算调节基金，折旧基金也在征集范围之内。

上述"两金"共征收折旧基金的25%。

（16）1991年9月，国务院提出改善国营大中型企业外部条件的12项措施，其中第三条是："适当提高企业折旧。有两个办法，一是提高折旧率，二是进行固定资产重估，增大基数。对大中型企业增提的折旧基金，具体落实到若干技术改造任务重的企业。逐步取消对折旧基金征收'两金'（能源交通重点建设基金和预算调节基金）。准备按国家产业政策，逐步落实到企业，分三年实施。"[①]

（17）1992年7月，国务院发布的《全民所有制工业企业转换经营机制条例》规定了14项企业经营权。在"企业享有投资决策权"一项中规定，"按照国家统一制定的有关固定资产折旧的规定，企业有权选择具体的折旧办法，确定加速折旧的幅度"。在"企业享有留用资金支配权"一项中规定，企业"可以将折旧费、大修理费和其他生产性资金合并用于技术改造或者生产性投资"；同时规定，

---

① 李鹏：《关于当前经济形势和进一步搞好国营大中型企业的问题》，《人民日报》1991年9月23日。

"企业有权拒绝任何部门和单位无偿调拨企业留用资金或者强令企业以折旧费、大修理费补交上交利润。国务院有特殊规定的，从其规定。"但是，该《条例》没有规定折旧基金全部留给企业。

二 我国折旧基金管理制度剖析

综合上述演变情况，我们可以看出一些什么问题呢？

（1）我国国有企业固定资产折旧基金的提取和使用，同国有企业的整个财务一起，始终置于国家财政管理之下。国有企业财务从属于国家财政，为各个时期的财政体制和财政状况所左右。国家财政管理国有企业财务被视为社会主义公有制经济的职责。在国家财政对国有企业财务统收统支体制下，1966 年以前，甚至连企业折旧基金全部上缴国家财政都被普遍认为是社会主义国有经济不可移易的固有属性，以致把孙冶方关于折旧基金留给企业的建议也当作离经叛道的主张加以挞伐，就是这种体制和观念的极端表现。只是由于国家财政收缴企业全部折旧基金的体制在实践中的矛盾日趋激烈，才促使高层领导开了折旧基金留给企业的口子。但是，这只是国家财政管理国有企业财务的体制范畴内的局部调整，折旧基金给企业留多留少以及如何使用仍受政府行政控制。

（2）企业留用和企业主管部门集中的折旧基金，以及地方财政集中的不纳入预算的折旧基金，构成预算外资金的重要组成部分。1967—1977 年企业及其主管部门的预算外资金主要是折旧基金。1978 年试行企业基金制度，特别是 1979 年起实行利润留成制度以及企业利润分配的其他改革以来，企业留利和折旧基金共同构成企业的预算外资金。

（3）按照财政部 1983 年 2 月 28 日发布的《预算外资金管理试行办法》的定义，"预算外资金是指根据国家财政制度、财务制度规定，不纳入国家预算，由各地方、各部门、各企业事业单位自收自支的财政资金。预算外资金包括：（一）地方财政部门管理的各项附加收入和集中的各项资金。（二）事业和行政单位管理的不纳入预算的资金。（三）国营企业及其主管部门管理的各种专项资金。（四）地方和中央主管部门所属的不纳入预算的企业收入。"

（4）预算外资金是国家财政事实上不可能将各地方、部门、企业事业单位的资金全部纳入国家预算而设立的，但它没有改变财政资金的性质，依然受国家财政部门管理。预算资金和预算外资金只是国家财政管理方式不同的两种财政资金。预算外资金项目的设立，由财政部规定或批准。"预算外资金的收费标准、留成比例、开支范围和标准，必须按现行的财政、财务制度规定执行。"（《预算外资金管理试行办法》）

（5）企业留用的折旧基金，作为预算外资金的组成部分，由于其财政资金性质，它的留用比例以至是否留用都要服从于国家财政制度的规定，并受财政状况变化的制约。从实际情况看，有的时期（如1966年以前）折旧基金全部列为国家预算科目，有的时期（如1967—1975年）折旧基金全部列为预算外科目，另有一些时期对折旧基金同时设置预算内外科目。大体上说，企业亟须更新改造的呼声高的时候，折旧基金从国家预算内向预算外转移；而国家财政拮据的时候，又从平衡预算的需要出发，将折旧基金从预算外转入预算内。企业留用比例也这样因时而异。

（6）改革开放以来，老企业、老工业基地的更新改造迫在眉睫，而国家财政又连年赤字（除1985年以外）[①]，这样使折旧基金的收或留在现行财政体制下面临着两难选择。

由于改革是大势所趋，它抑制了从"文化大革命"末期到1978年日趋高涨的将折旧基金从预算外转回预算内的势头。但是，对预算外资金"过快"增长的抱怨以及要求抑制预算外资金增长的呼声始终不绝于耳。在改革时期，尽管折旧基金从国家预算内外同时设

---

① 国家财政赤字，1979—1980年合计298.1亿元，"六五"时期（1981—1985年）累计121.2亿元，"七五"时期（1986—1990年）累计460.6亿元。见《中国统计年鉴 1991》，第209页。

置科目重新改为全部列作预算外科目，但是，国家在财政拮据的压力下，又对预算外资金先后从1983年和1989年起开征国家能源交通重点建设基金和预算调节基金，列入财政收入，折旧基金作为预算外资金的重要组成部分自然未能幸免于征。

随着国家财政困难的加剧，"两金"的征集呈逐渐加重的趋势。国家能源交通重点建设基金1983年开征时征收率为10%，当时预定征集期限为"六五"时期的后三年，即1983—1985年（1982年12月1日中共中央、国务院《关于征集国家能源交通重点建设基金的通知》）。可是，从1983年7月1日起，征收率就提高到15%。"1986年国务院明确，征集能源交通基金是一项长期的任务。"（1987年8月《财政部税务总局关于进一步加强国家能源交通重点建设基金征集管理的通知》）1987年5月1日起，能源交通基金征集范围扩大到过去尚未开征的城乡集体企业和个体工商户（城镇所谓"大集体"企业一开始就已在征集范围之内）。到1989年，又开征国家预算调节基金，征收率为10%。

（7）国有企业的固定资产投资（包括基本建设和更新改造投资）由原来财政拨款改为银行贷款以后，企业以折旧基金还贷，对企业来说，就相当于原来国家财政拨款和企业上缴折旧基金的关系，还增加了利息负担。尤其是用基本建设"拨改贷"资金新建成的企业以及新建、扩建的大型车间和分厂，按现行规定，企业在项目建成投产后三年内要以当年提取的折旧基金的80%（大型引进项目为90%）用于还贷，三年以后要以50%用于还贷，直至还清。这就为企业往后的更新改造又留下了隐患。

（8）折旧基金即使在全部列入预算外科目的时期，企业留多留少也仍然要企业主管部门或省、市、自治区政府决定，相当大的部分由主管部门和地方政府"调剂使用"。

同时，企业留用的折旧基金，使用时还要上报政府审批。1986年4月《国务院关于加强预算外资金管理的通知》规定，基本折旧基金的使用，"企业和企业主管部门应按有关规定，编制固定资产更新改造计划，报经批准后执行"。各级政府，甚至政府的各个部门，利用其掌握的审批权，都有可能对企业更新改造计划行使否决权。①

可见，不仅企业留用全部折旧基金的问题始终未能解决，而且企业对其留用的折旧基金的实际支配权也相当有限。

这种折旧基金管理体制的后果如何呢？请看下节引用的数据和所做的分析。

三 固定资产更新改造欠账

让我们先以全国用于国有企业固定资产更新改造的投资同企业提取的折旧基金的历史数据作个比较（见表1）。

表1 全国国有企业提取基本折旧基金和更新改造投资比较

单位：亿元，%

年份	固定资产原值	基本折旧率	提取基本折旧基金	更新改造及"其他固定资产"投资额	其中更新改造投资
1952	240.6	2.9	6.98		
1953				1.15	0.92
1957	522.9	3.1	16.21	7.91	6.33
1962	1209.3	3.2	38.70	16.02	12.82
1965	1445.8	3.2	46.27	37.29	29.83
1970	1967.7	3.2	62.97	55.53	44.42
1975	3414.3	3.6	122.91	135.62	108.50
1976	3728.1	3.6	134.21	147.50	118.0
1977	4052.9	3.7	149.96	165.93	132.74

---

① 据报道，湖南省委书记熊清泉说："我在企业调查到一件事：长沙有个企业自筹资金搞技术改造，但有关部门在批的报告上盖了400个印章，拖了五年时间，还是没有结果。"见《经济参考报》1992年9月22日。

续表

年份	固定资产原值	基本折旧率	提取基本折旧基金	更新改造及"其他固定资产"投资额	其中更新改造投资
1978	4488.2	3.7	166.06	167.73	134.18
1979	4892.5	3.7	181.02	175.88	140.70
1980	5211.1	4.1	217.76	187.01	149.61
1981	5769.2	4.1	236.54		195.30
1982	6258.8	4.1	256.61		250.37
1983	6833.3	4.2	287.0		291.13
1984	7370.5	4.4	324.30		309.28
1985	8004.9	4.7	376.23		449.14
1986	9041.8	4.9	443.05		619.21
1987	10200.5	4.9	499.82		758.59
1988	11787.11	5.0	589.36		980.55
1989	13394.7	5.0	669.74		788.78
1990					830.19

注：（1）固定资产原值、基本折旧率、更新改造及"其他固定资产"投资额摘自《中国统计年鉴 1991》，第27、28、147页。
（2）提取基本折旧基金数由固定资产原值和基本折旧率计算所得。
（3）更新改造及"其他固定资产"投资额在1980年以前合并统计，1981年以后分别统计。1981—1990年累计，"其他固定资产"投资额占二者合计数的20%。表中1980年以前的更新改造投资额按更新改造及"其他固定资产"投资额合计数扣除20%折算而得。
"其他固定资产"投资是指不纳入基本建设和更新改造投资管理的如下工程投资：用油田维护费和石油开发基金进行的油田维护和开发工程，用维简费进行的采掘采伐业开拓延伸工程，用商业简易建筑费建造的仓库工程，用公路养护费进行的公路改建工程。

从表中数据看，1982年以前，更新改造投资额都低于当年提取的基本折旧基金；1983年略有超过，但1984年又低于折旧基金；只是1985年以后更新改造投资才稳定地超过提取的基本折旧基金。

由于国家统计局公布的国有企业固定资产原值，1975年以前只有每个五年计划期和1963—1965年调整期的最后一年数据，缺乏历年连续的数据，因而这里无法测算1975年以前更新改造欠账规模。但是，从表列数据不难看出，这种欠账是明显的，而且是连续的。1957年和1962年更新改造投资额只分别相当于同年提取的基本折旧基金的39%和33%，1965年和1970年分别为64%和70%，1976—1980年即"五五"期间累计为79.5%，"六五"期间（1981—1985年）累计基本持平。因此，可以肯定，至少长达30年间（1952—1982年）更新改造是连续欠账的，欠账幅度少则20%（如1976—1980年），多则达60%以上（如1957年和1962年）。

另据中国人民银行提供的数据，1953—1966年国有企业提取的折旧基金全部集中到中央财政的14年间，国家财政共集中企业折旧基金355亿元，而以"三项费用"或"四项费用"名义返还企业的折旧基金只有105亿元，占30%，"其余70%的补偿基金集中安排了基本建设"。[①]

当然，上述更新改造欠账情况只是就更新改造投资低于提取的折旧基金而言的，如果将折旧率长期偏低、固定资产重置价格上涨以及一部分名义的更新改造投资实际被挪用于基本建设等因素考虑在内，那么更新改造实际欠账情况就更严重。

国有企业设备和工艺陈旧、产品老化等技术落后状况在经济改革前夕早有发现，因此，国务院1981年提出的新时期10项经济建设方针中，第四项就是"有重点有步骤地进行技术改造，充分发挥现有企业的作用"，明确指出"今后扩大再生产必须主要靠技术改造"。"六五"期间（1981—1985年）更新改造情况有所好转，但离这个方针的真正落实还很远，如表1显示的，1984年更新改造投资比同年提取的折旧基金还低5%。

1985年，政府制定了一系列推进国有企业技术进步的政策。如表1所示，"七五"期间（1986—1990年）加快了更新改造步伐，更新改造投资超过了同期提取的折旧基金。但是，第一，它包含着对过去拖欠的更新改造的还账性质；第二，它尚未反映固定资产重置价格上涨因素的影响。

更值得注意的是更新改造投资占固定资产投资总额的比重，见表2。

[①] 周道炯主编：《当代中国的固定资产投资管理》，中国社会科学出版社1989年版，第128页。

表 2　全民所有制单位更新改造投资占固定资产投资的比重

单位：亿元，%

年份	固定资产投资总额	更新改造投资	更新改造投资占投资总额的比重
1981	667.51	195.30	29.26
1982	845.31	250.37	29.62
1983	951.96	291.13	30.58
1984	1185.18	309.28	26.10
1985	1680.51	449.14	26.73
1986	1978.50	619.21	31.30
1987	2297.99	758.59	33.01
1988	2762.76	980.55	35.49
1989	2535.48	788.78	31.11
1990	2918.64	830.19	28.44

资料来源：《中国统计年鉴 1991》，第 147 页。

为便于判断固定资产投资总额中更新改造投资的水平，我们不妨拿国外有关数据来比较一下。美国固定资本形成总额中，折旧投资比重，即折旧额占当年固定资本形成总额的比重，1961—1970 年平均为 58.49%，1971—1980 年平均为 63.20%，其中 1975 年、1976 年和 1980 年都在 70% 以上。英国折旧投资比重 1961—1970 年平均为 44.94%，1971—1980 年平均为 54.85%，其中 1976—1980 年为 56.92%、61.62%、62.83%、64.65%、67.53%。法国折旧投资比重 1961—1970 年平均为 41.86%，1971—1980 年平均为 45.95%，其中 1976—1980 年都在 50% 以上。联邦德国折旧投资比重 1961—1970 年平均为 39.98%，1971—1980 年平均为 47.69%，其中 1975—1980 年每年都在 50% 以上。[1]

可见，美、英、法、德等国折旧投资比重都大大高于我国更新

---

[1] 《中国固定资产投资统计资料 1950—1985》，中国统计出版社 1987 年版，第 386—390 页。

改造投资在固定资产投资总额中的比重,而且它们的折旧投资比重还呈继续上升趋势。暂且撇开1980年以前我国固定资产更新改造的严重欠账不说,即使以情况有所好转的80年代而言,我国更新改造投资占固定资产投资总额的比重,如表1所示,1981—1990年10年间,有5年不到30%,有3年在31%左右,只有2年分别为33%和35.5%,"六五"期间(1981—1985年)和"七五"期间(1986—1990年)的5年累计平均分别为28.05%和31.8%,而且在1984—1988年间呈上升趋势后,1989年、1990年又急转直下,1990年还低于1981年和1982年水平。日本折旧投资比重尽管低于美、英、法、德等国,也明显高于我国更新改造投资比重,它1961—1970年平均为37.43%,1971—1980年为40.30%,其中1976—1980年每年稳定在41%—43%。

还有一点不能忽视的是,由于体制原因,我国更新改造投资统计中含有相当大的水分。例如,1983年国有企业、事业单位千万元以上的更新改造措施项目共600多个,其中45%的投资被挪用到新建、扩建性质的基本建设上去了[①]。因此,上述表列更新改造投资占固定资产投资的比重,实际中还要大打折扣。

同时,我国更新改造投资的资金来源中,很大部分依赖银行贷款。"六五"期间(1981—1985年),来自国内银行贷款的资金占更新改造投资总额的比重平均高达63.13%,"七五"期间(1986—1990年)这个比重虽有较大下降,但仍占29.26%。还贷的资金来源是更新改造项目建成投产后新创造的利润和提取的基本折旧基金。以利润归还更新改造贷款意味着用新的投资收益去弥补历史形成的补偿基金缺口,以折旧基金归还更新改造贷款则在弥补过去补偿基金缺口的同时又制造了未来的缺口。

此外,更新改造投资的资金来源中,还有利用外资,以及除财政拨款、国内银行贷款、企业自筹资金和利用外资以外的"其他投

---

① 朱镕基主编:《当代中国的经济管理》,中国社会科学出版社1985年版,第623页。

资"。"七五"期间利用外资和"其他投资"两项合计在更新改造投资总额中占 8.7%，它们显然也不是来自补偿基金。

四　企业折旧基金上缴和投资的内部资金来源匮乏

现在我们再来看国有企业提取折旧基金和本企业使用情况的比较。这里所用的是中国社会科学院经济研究所国有制度改革课题组调查的 769 家国有工业企业的数据，这些企业分布在吉林、山西、四川、江苏四省。详见表 3。

表 3　　　769 家国有工业企业折旧基金、大修理基金的
提取和使用（均值）　　　单位：万元，%

年份 项目	1981	1982	1983	1984	1985	1986	1987	1988	1989
当年提取的折旧基金（1）	67.07	73.66	85.18	95.10	127.14	155.69	175.23	202.65	229.12
当年提取的大修理基金（2）	40.30	44.13	48.66	55.11	64.01	82.81	88.15	103.58	110.50
用于企业投资的折旧基金和大修理基金（3）	53.60	60.10	68.45	71.58	95.55	128.14	152.90	175.69	198.78
(3)/(1)	79.92	81.59	80.36	75.27	75.15	82.30	87.26	86.70	86.76
(3)/[(1)+(2)]	49.92	51.02	51.14	47.65	49.99	53.73	58.05	57.37	58.53

从表 3 可见，1982—1984 年折旧基金用于企业投资的比率呈下降趋势，这显然同 1983 年开征国家能源交通重点建设基金直接有关。1985 年以后折旧基金上缴比例有所下降，反映了国家为加速企业更新改造和推进技术进步而给企业逐渐多留折旧基金的政策的实施效果。但是，直到 1989 年折旧基金还不能全部用于企业自身的投资。

由于国有企业折旧基金外流，加之折旧率本来就过低，国有企业投资的企业内部资金来源严重不足。可用于投资的企业内部资金

来源包括企业留用的折旧基金和企业留利形成的生产发展基金。上述 769 家企业 1985—1989 年投资总额（包括固定资产和流动资产投资）中，来自折旧基金（连同用于更新改造的大修理基金在内）的资金平均只占约 17%。而美国 1970—1978 年全国非农场、非金融性的公司投资总额的资金来源中，平均有 49% 来自公司内部的折旧基金。

五　简要结论

综上所述，笔者得出如下几点基本认识。

（1）从国有企业折旧基金管理体制演变过程的现象看，企业折旧基金的上缴或留用，始终是在缓解国家财政困难或缓解企业更新改造资金困难之间来回拉锯，陷于两难困境。上缴或留用，似乎都有理由。上缴的主要理由是，企业留用"过多"，导致资金使用分散，不利于国家集中财力，调剂使用，也不便于随财政拨款一起安排材料、设备的国家计划的制订和实施。留用的基本理由是，折旧基金上缴，使企业缺乏更新改造资金，导致企业设备陈旧，技术老化。而企业留用折旧基金被看作只是更新改造资金财政拨款的"抵留"形式。

（2）在国有企业财务从属于国家财政的体制下，上述拉锯现象及其各自理由是合乎逻辑的。它是财政资金中预算资金和预算外资金的矛盾的一个表现。只要这种国家财政体制和企业财务体制不改变，从而既定的国家财政职能不转变，预算外资金的增长始终面临着出于预算收支平衡需要的压力，预算资金和预算外资金之间财权收放之争也就不可避免。企业留用折旧基金既然是预算外资金的重要组成部分，自然不能不受这种财权收放之争所左右。因此，在既存体制下，折旧基金全部留给企业并由企业自主支配的问题就解决不了；即使文字上作了规定，事实上依然可能改变。

（3）企业折旧基金的上缴或留用所涉及的核心问题是政府和企

业之间的产权界定问题。产权界定意味着产权边界内的权利依法不容侵犯。折旧基金是企业资本金的组成部分,是必须在企业中周而复始地营运的资金,因而在企业存续期间是不能抽走的,也不能成为国家财政征税、征费的对象。否则,就是对企业的一种侵权行为。将折旧基金作为财政资金,在预算资金和预算外资金之间划来划去,就避免不了这样的侵权。解决这个问题的途径,是将折旧基金从财政资金中分离出来,同国有资产整个产权改革一起,纳入国有资产经营轨道。

(原载《财贸经济》1993年第1期,有较多删节,本文按原稿刊印)

国有产权制度建设的当务之急

建立社会主义市场经济体制的目标确定以后,最重要的任务就是要致力于市场经济的基础结构的建设,包括市场制度的建设和企业制度的建设。1991年度诺贝尔经济学奖得主 R. H. 科斯说得对:"如果没有一些恰当的制度,任何意义上的市场经济都不可能建立起来。"① 他这里所说的制度,正是企业这种支配着生产过程的制度安排和市场这种支配着交易过程的制度安排,以及相应的制度环境。

市场制度和企业制度建设的核心是产权制度的建设。没有边界清晰的产权制度,任何市场交易都不可能有序进行,任何企业制度都不可能有效运行。我国自70年代末以来市场取向的改革进程中引入的市场经济国家通行的某些具体制度或组织形式,经常发生"逾淮而枳"的制度畸变现象,可以说,莫不同产权关系不顺有关。

这个教训,在当前正展开的对国有企业的公司制改革中,不可不加注意。股权、股票市场和股份公司治理结构三位一体的产权制度,形成了所有者对经营者的激励和约束机制,以及竞争性市场对所有者、经营者和劳动者的激励和约束机制,从而才使股份制经济能够有效运行。在经济活动中,离开产权和市场的约束,任何个人、企业或机构的"慎独"的自我约束是不存在的。如果以为国有企业一旦发行股票或股票上市,而不从产权结构和治理结构上按照市场经济原则进行规范化改造,就能自然而然地理顺产权关系,或者以为只要所有权和经营权简单地分离,而无须构建所有权和经营权相

---

① [美] R. H. 科斯:《生产的制度结构》,《经济社会体制比较》1992年第3期。

互制衡的产权结构和治理结构,企业就能成为有效运行的市场主体,那就未免过于天真。

本文暂且将股票市场和公司内部治理结构问题存而不论,只从国家或政府同企业的关系方面,就当前国有企业的公司制改革中在产权结构和组织上急需解决的若干问题略抒己见。

一 国有资本金的法律地位问题

所有者(投资者)以其投入企业的出资额对企业债务承担最终责任,是现代企业的基本准则。投资者投入的和增值的资本金以及企业公积金和未分配利润等,构成所有者权益。所有者权益是企业举债和偿债的财务基础。企业负债同所有者权益的比率,或资产负债率,必须约束在一定限度内,否则就可能发生清偿不了的危险。尽管各个国家、地区、行业或企业具体情况不同,这个比率会有差异,甚至很大的差异,但是不能没有这个约束。

计划经济体制中的国有企业却恰恰没有这样的约束。一方面,国家作为企业所有者的权益(首先是资本金)经常遭受来自政府自身的侵蚀;另一方面,银行又作为政府的附属机构,奉政府之命对企业放贷,企业没有具体的出资者对企业债务承担最终责任。事实上,连所有者权益和企业负债的关系这样的概念都不存在。国有企业财务以资金平衡表代替了市场经济条件下国际通行的资产负债表,就是这种混沌关系的表现。

政府对国有企业的资本金的侵蚀,首先而且突出地表现在对企业提取的固定资产基本折旧基金的收缴[①]。我国国有企业的基本折旧基金,1966年以前全部上缴国家财政,1967年以后部分上缴财政部门和企业主管部门。上缴财政的形式,包括直接上缴和作为"两金"(国家能源交通重点建设基金和国家预算调节基金)的上缴。

---

① 详见唐宗焜《国有企业固定资产折旧基金的产权问题》,《财贸经济》1993年第1期。

折旧基金上缴国家财政的根据在于，我国国有企业财务是从属于国家财政，而不是独立的。这种企业财务体制不承认企业的资本金，因而也不承认折旧基金是资本金的组成部分，而是将折旧基金作为财政资金处理。折旧基金列作国家预算内资金还是预算外资金，全部上缴还是部分上缴，上缴财政部门还是上缴企业主管部门，企业留不留用或留多留少，以及如何使用，都服从于国家财政制度的规定，始终不改变财政资金的性质，因而往往为各个时期不同的财政体制和财政状况所左右。例如，企业设备严重老化而更新改造呼声高涨时，折旧基金可能从国家预算内科目转为预算外科目；国家财政拮据的时候，又从平衡预算的需要出发，从预算外科目转入预算内科目。总之，包括折旧基金在内的资本金的法律地位从未确立，资本金不受法律保护。这是国有企业产权模糊的一个突出表现。

资本金的法律地位没有确立的一个直接后果，就是企业资本金的严重流失。这从国有企业固定资产更新改造的长期欠账可见一斑。笔者根据国家统计局公布的有关数据计算结果，发现1952—1984年全国国有企业历年更新改造投资额，除1983年以外，均低于当年企业提取的基本折旧基金总额。"一五""二五"时期更新改造投资还不到基本折旧基金的40%，1963—1965年调整时期和"三五"时期这个比率历年在70%以下，"五五"时期（1976—1980年）累计也只有79.5%，"六五"时期（1981—1985年）累计才基本持平。这还只是账面数字。它没有剔除隐藏在更新改造投资名义下的那部分基本建设投资，也没有反映折旧率长期偏低和固定资产重置价格上涨等因素。因此，更新改造的实际欠账比上述账面反映的情况还要严重得多。而更新改造欠账对企业而言就是资本金流失。历史事实表明，国有资产管理从属于国家财政管理的体制不能保证国有资产安全、有效地运行。

与资本金相对应的是，在我国国有经济体制中，企业负债实际上也不受偿债能力的约束。改革开放以前，财政统收统支，国家银行无非是国家财政的出纳机构；企业偿还不了银行贷款时，不是财政拨款挽救，就是银行冲账了事。改革开放以来，无论固定资产投资或流动资金增补，政府都将企业推到了依赖银行贷款负债投资的地位。可是，一方面，政府并未界定企业的资本金，从而企业债务依然没有法定的责任承担者；另一方面，银行并未改变听命于政府发放贷款的从属地位，依然没有根据企业的偿债能力自主放贷的决策权力。因此，企业偿还不了的贷款，银行只得自己兜着，而且还不得不给丧失了清偿能力的企业继续贷款，以维持其生存。在市场经济条件下，企业一旦丧失清偿能力，债权人就有权诉诸法律迫使其破产偿债。而在我国当前条件下，对国有企业的破产处理，却首先就遭到最大的名义债权人银行的反对，因为这种在债权人和出资者混沌不清情况下的破产其实是破银行的产。

二　国有企业对其他企业的持股问题

股东权益和企业负债的明确界定是股份制经济的基本前提。因此，国有企业的公司制改革，必须根本改革国有企业既存的紊乱的资产负债结构。这就是说，企业营运的国家资金，必须分清哪是国家作为资本投入的投资，哪是作为信用关系发放的贷款。前者既属于所有者（投资者）的出资义务，在企业存续期间不得抽回，又属于所有者（投资者）的权益，其他任何机构或个人都不得收缴或侵犯；后者属于放贷者的债权，债权人只承担贷款风险责任，不承担投资风险责任，企业丧失偿债能力时理应破产还债。

国家体改委 1992 年印发的《股份有限公司规范意见》和《有限责任公司规范意见》都开宗明义规定，股东以其所认购股份或以其所认缴的出资额对公司承担有限责任，公司以其全部资产对公司债务承担责任。对企业的资产负债关系的这个原则规定无疑是正确的。这个原则的落实，对国有企业的公司制改革来说，关键在于以国家资金作为资本投入公司的股东资格究竟如何界定。

《股份有限公司规范意见》把以国家资金投入公司形成的股份分

为国家股和法人股，并作如下规定：

> 国家股为有权代表国家投资的政府部门或机构以国有资产投入公司形成的股份。国家股由国务院授权的部门或机构，或根据国务院决定，由地方人民政府授权的部门或机构持有，并委派股权代表。
>
> 法人股为企业法人以其依法可支配的资产投入公司形成的股份，或具有法人资格的事业单位和社会团体以国家允许用于经营的资产向公司投资形成的股份。

《有限责任公司规范意见》关于股东出资的规定较为简单，基本精神与《股份有限公司规范意见》相同。

让我们先看法人股。暂且不说事业单位和社会团体的投资，就以国有企业而论，什么是它作为法人"依法可支配的资产"？

从原则上说，企业法人依法拥有或控制的全部资产都是法人资产，而法人资产就是法人"依法可支配的资产"。如果这个理解可以成立，那么国有企业法人"依法可支配的资产"就是企业的全部资产。

《中华人民共和国民法通则》第48条规定："全民所有制企业法人以国家授予它经营管理的财产承担民事责任"，这同上述两个《规范意见》所规定的"公司以其全部资产对公司债务承担责任"具有对等的含义。换言之，对国有企业来说，"国家授予它经营管理的财产"，就是企业的全部资产。这似乎可以支持企业全部资产是企业法人"依法可支配的资产"的理解。

事实上，《中华人民共和国民法通则》并未指明国家按照什么程序和以什么方式"授予"国有企业"经营管理的财产"，其他法律和行政法规也从未作过这种规定。而从国有企业实际运作来看，它的资产既有国家财政拨款形成的，又有国家银行贷款形成的，还有所谓"信贷化财政资金"即以贷款方式发放的财政资金形成的。如果这些资金全部属于国家"授予"国有企业"经营管理的财产"，那么，"国家授予它经营管理的财产"本身就是没有界定企业资本金（或包括资本金增值在内的所有者权益）和企业负债的概念。国有企业若以这种未界定资本金和负债的"国家授予它经营管理的财产"，作为其"依法可支配的资产"，去认购股份有限公司的股份或认缴对有限责任公司的出资，则很可能是拿银行贷款去"冒险"，尤其是在当前国有企业的资产负债率已经普遍很高的情况下。而国家银行信贷资金来源中，自有资金还不到8%，因此，企业拿银行贷款去"冒险"，也就是拿银行对社会和老百姓的负债去"冒险"。在国有企业尚未形成所有者的有效约束的情况下，这样的"冒险"一旦普遍化，将蕴蓄着对社会的真正的危险。

也许可以将上述《规范意见》所说的国有企业法人"依法可支配的资产"理解为企业的净资产，即企业的全部资产减全部负债后的净额，那么，企业的净资产其实是所有者权益。国有企业以所有者权益去认购股份有限公司的股份或认缴对有限责任公司的出资，就涉及国有企业有没有从所有者那里得到执行国家所有权职能的授权问题。

依照《中华人民共和国民法通则》第82条规定，"全民所有制企业对国家授予它经营管理的财产依法享有经营权"。《中华人民共和国全民所有制工业企业法》将经营权具体化，并按两权分离原则作如下规定："企业的财产属于全民所有，国家依照所有权和经营权分离的原则授予企业经营管理。企业对国家授予其经营管理的财产享有占有、使用和依法处分的权利。"《全民所有制工业企业转换经营机制条例》（下文简称《条例》）又据此对企业经营权下了这样的定义："企业经营权是指企业对国家授予其经营管理的财产享有占有、使用和依法处分的权利。"这些法律和行政法规规定的都是企业经营权，并没有对企业执行国家所有权职能的授权问题作过明确规定。

关于国有企业向其他企业投资和持有企业股份问题，《中华人民共和国全民所有制工业企业法》只是原则规定："企业有权依照法律和国务院规定与其他企业、事业单位联营,向其他企业、事业单位投资,持有其他企业的股份。"然而,在产权问题上不明确的恰恰是,国有企业依照什么法律的正式授权,才能向其他企业投资或持有其他企业的股份,而且能保证国有资产的产权有效运行?

《条例》相应的规定较为具体,它在"企业经营权"一章的"企业享有投资决策权"一条中规定:"企业依照法律和国务院有关规定,有权以留用资金、实物、土地使用权、工业产权和非专利技术等向国内各地区、各行业的企业、事业单位投资,购买和持有其他企业的股份。经政府有关部门批准,企业可以向境外投资或者在境外开办企业。"

这个规定把国有企业向其他企业投资或持有其他企业股份的权利定为经营权,并对为此目的而动用资金或资产的范围作了特殊的限定。我们在上一段讲到的《中华人民共和国全民所有制工业企业法》没有明确的授权问题,在《条例》的这个规定中依然存在,而且它又提出了新的问题。企业留用资金基本上由税后留利和折旧基金构成。企业有权以留用资金对其他企业投资或持股,是不是包括折旧基金在内?如果包括的话,本企业的更新改造如何保证?也许限定以留用资金去投资或持股是为了防止动用国家财政拨款或银行贷款用于这个目的,但是这个规定中允许动用的"实物"岂不既有财政拨款形成的,又有银行贷款形成的吗?这里区分了实物形式和货币形式的资金,却没有界定其所有权的归属或不同的产权之间的边界。至于企业的"土地使用权、工业产权和非专利技术",也属于企业的所有者(投资者)权益,企业经营者用它们去再投资,同样涉及所有者(投资者)如何授权问题。

《条例》中说的"经政府有关部门批准,企业可以向境外投资或者在境外开办企业",需要进一步明确的是什么样的部门才有权批准?批准与否的依据是计划经济的行政原则还是市场经济的产权原则?如果按产权原则决策,那么,有权向境外投资的国有企业本身的产权须先界定,有权批准国有企业向境外投资的机构本身须先得到执行国家所有权职能的授权。

总之，未经公司制改革的国有企业对其他企业投资或持股，和规范的股份公司对其他企业的投资或持股在产权结构上有原则区别。公司法人拥有独立的财产，而且股东权益和负债的边界是清晰的，公司制度结构又在公司内部形成了所有者（投资者）对经营者的激励和约束机制，公司对其他企业的投资或持股是受到代表所有者权益（股东权益）的股东会和董事会控制的。而国有企业在尚未进行实质性的公司制改革的情况下，只存在政府从外部对它的行政约束，并没有在企业内部形成产权约束机制，而且它的产权边界又是模糊不清的。这样的企业对其他企业的长期投资或持股一旦普遍放开，却没有相应的制度规范，则所有者和债权人都将难免失控，以致造成产权关系的新的紊乱。

三 国家所有权职能的授权问题

股份公司由于其特定的产权结构和治理结构所形成的法人制度，以及所有者（投资者）对经营者的激励和约束机制，使公司之间有可能形成有效运作的层层控股或持股关系。国有企业经过公司制改革后也可以形成这样的公司法人之间的控股或持股关系。

但是，企业之间以国有资本投资形成的控股或持股关系，层层上溯到国家出资的源头，总有一个该由什么样的机构代表最终出资者来对企业控股或持股，以及这些机构怎样对国家负责的问题。国有企业改制为股份公司时，原企业的国有净资产形成的股份也有一个该由什么样的机构持有的问题。这就是前述《规范意见》所说的国家股问题。

按《规范意见》规定："国家股为有权代表国家投资的政府部门或机构以国有资产投入公司形成的股份。"什么部门或机构才"有权代表"呢？《规范意见》说明，是指"由国务院授权的部门或机构，或根据国务院决定，由地方人民政府授权的部门或机构"。问题在于，按照建立社会主义市场经济体制的改革目标，该授权给什么样的部门或机构，又该依据什么法律或按怎样的立法程序来授权？

国家所有权的主体无疑是国家，然而，国家在抽象意义上不可能直接行使所有权，总得授权具体的机构代表国家行使所有权。这类机构不是国家所有权的主体，只是国家所有权职能的执行者。既然是授权，就有授权程序、授权范围、权责对称和授权者对被授权者履行职责的监督等问题。

我国社会主义国有经济已经存在和发展了40多年，可是执行国家所有权职能的授权问题却是近几年才提出的问题。过去根本不问授权问题，结果是任何政府部门都能以所有者代表自居而干预企业，却不对干预的后果承担责任。

关于执行国家所有权职能的授权，迄今仍然不能说是明确的。如前所述，《中华人民共和国民法通则》和《中华人民共和国全民所有制工业企业法》只规定了授予企业经营权，未涉及国家所有权职能的授权问题。

国务院的行政法规对于代表国家行使所有权的机构先后有过不同的规定。1988年8月31日国家机构编制委员会在李鹏总理主持下通过的《国家国有资产管理局"三定"方案》指出："国有资产管理局是国务院管理国有资产的职能机构，其主要任务是对中华人民共和国境内和境外的全部国有资产（包括固定资产、流动资产和其他国有资产）行使管理职能，重点是管理国家投入各类企业（包括中外合资、合作企业）的国有资产。""国有资产管理局作为国有资产的代表者，为了维护全民所有制财产，保护所有者利益，应行使国家赋予的国有资产所有者的代表权、国有资产监督管理权、国家投资的收益权、资产处置权。"1990年7月国务院发布的《关于加强国有资产管理工作的通知》[①]指出："国务院确定，由财政部和国

---

① 在此《通知》发布半年以前，"1990年年初，李鹏同志说，财政部和国有资产管理局是国有资产所有者的总代表，由资产局具体行使总代表的职权"。国家国有资产管理局科研所编：《国有资产管理理论与实践》，经济科学出版社1991年版，第2页。

家国有资产管理局行使国有资产所有者的管理职能,国家国有资产管理局专职进行相应工作,并由财政部归口管理。"1992年7月23日国务院发布的《条例》规定:"企业财产属于全民所有,即国家所有,国务院代表国家行使企业财产的所有权。"

这样,我们面前就有三个规定:一是国有资产管理局行使国有资产所有者的代表权,二是财政部和国家国有资产管理局行使国有资产所有者的管理职能,三是国务院代表国家行使所有权。

这三个规定显然不同,却包含着一个共同的思路,就是想确定国有资产所有者的总代表。其实,这个思路本身就值得研究。

如果说"全民所有,即国家所有",国家就是代表全民来拥有所有权,而代表国家行使所有权的只能是国务院,那么全国人民代表大会呢?诚然,国务院是最高国家行政机关,对行使国家所有权有义不容辞的责任。但是,国务院是最高国家权力机关的执行机关,而最高国家权力机关是全国人民代表大会,它的常设机关是全国人大常委会。全国人大及其常委会行使国家立法权。国有资产的国家所有权是国家的根本权力。国务院及其有关部门行使国家所有权,应由全国人大通过正式立法程序授权,对授权的执行情况应向全国人大负责,并受其监督。而全国人大则应对人民负责,受人民监督。因此,不能说只有国务院才能代表国家行使所有权,似乎全国人大及其常委会却不能代表国家行使所有权。

同时,国务院行使国家所有权,又总得通过它的具体部门或机构去执行。因此,单纯说国务院代表国家行使所有权,仍然没有解决执行国家所有权职能的落实问题。在计划经济体制下,国务院倒真是国家所有权的总代表,国务院的一切经济部门以及某些非经济部门都在行使国家所有权。问题是把国家所有权职能同政府的行政管理职能和宏观经济调控职能混为一体,从而一方面对企业实施行政控制,把企业管得死死的,另一方面又不问执行国家所有权职能须对国家承担什么责任,以致国有资产的产权管理处于无人负责状态。

1988年国家国有资产管理局的成立,本意就是想将国家所有权职能从政府的一般行政管理职能和宏观经济调控职能中分离出来，对国有资产实行专业化的产权管理。这个改革思路应该说是正确的。但是，它的成立设计有缺陷，加之刚成立后全国即进入"治理整顿"时期，使得它成立后多年实施其职能步履维艰。第一，专职实施国家所有权职能的国家机构的建立，应通过正式立法程序授权，确定其法律地位，并明确界定其职责范围，非经法定程序不得任意改变。可是，国家国有资产管理局的成立，并没有采取这样的步骤，以致它成立以后一直地位不定、职责不明。第二，国有资产管理局是在政府为计划经济体制服务的一整套行政机构的基本格局根本未动的环境中成立的，国家所有权职能的独立性必然受到原来早已存在的各个行政部门的既有权力和利益格局的掣肘，这就注定了国有资产管理局职能难以到位。第三，国有资产管理和国有资产经营的职能分离当初在决策思想上并不明确，因而没有相互协调的配套机构。相反，几乎在成立国家国有资产管理局的同时，却单独成立了六个实质上行政化的国家专业投资公司，而且因原有部门的行政分割，将新成立的国家国有资产管理局归口财政部管理，国家专业投资公司则隶属于国家计委，实际成为执行国家计委投资决策的投资分配机构，国有资产管理局和国家专业投资公司完全脱节；同时，与国家专业投资公司一起建立的基本建设基金制，又由财政部将财政资金委托建设银行实行信贷化管理，结果也因关系不顺、职责不明而造成有关部门诸多扯皮、相互争夺权力和推诿责任。

四 国有产权经营公司组建问题

国家所有权职能的配置必须从国家所有权本身固有的特点出发。作为国家所有权主体的国家，既不同于自己出资的自然人，也不同于自然人出资组成的企业法人，因而不可能像他们那样直接行使所有权，必然要通过授权来行使所有权。

国家通过授权来行使所有权，必须同时解决两方面的问题。一方面，要使国家所有权职能和政府的一般行政管理职能、宏观经济调控职能相分离，实行国有产权的专业化经营和管理，这样国家才可能明确授权。另一方面，国有产权的专业化经营和管理并不等于任何唯一的机构独揽国家所有权，充当国有资产所有者的总代表。国家所有权的行使，需要形成分工协调执行国家所有权职能的明确界定职责范围的各类机构间相互制衡的体系。

国家所有权不可分割，但是，国家所有权职能必须分工，才能有效运作。国有产权管理和国有产权经营要分工，国有产权经营和国有企业工商经营要分工，国家所有权职能的执行系统和监控系统也要分工，国家所有权职能的授权机构和被授权机构更要分工。

在国家所有权职能的分工体系中，要使各类机构相互衔接和协调地开展工作，每类机构都应由国家通过立法授权，确立其法律地位，依法行使不可侵犯的职权，同时承担相应的责任，接受一定的监督。任何行使国家所有权职能的机构，对国家来说都是代理人，从而都不排除因追求自身局部利益而损害国家所有权主体即国家的权益的可能性。因此，对任何机构都需要有制度化的监督机制。监控系统的机构也要受法律的监督。立法授权机构则应受社会监督。

就国家所有权职能分工体系的组织建设来说，当务之急是国有产权经营公司的组建，同时明确界定国有资产管理机构的职责，使其职能尽快到位，形成产权管理和产权经营既分工又衔接的组织结构。

鉴于国有企业的公司制改革迅猛发展之势，国有产权经营公司的组建已刻不容缓。这类公司应该成为国家股的控股、持股主体。目前，只有极少数几个城市成立了类似机构，而且尚待规范。更普遍的情况则是，国有企业改制为股份公司时，原存量资产形成的国家股仍按行政隶属关系由原企业主管部门或主管部门的翻牌公司持有。这样，在主管部门控股的情况下，行政权和财产权结为一体，有可能比原来的行政控制更厉害，使新组建的股份公司完全扭曲。许多地方，对未曾进行公司制改革的国有企业，在必要的产权控机制尚未建立的情况下，就贸然推行所谓"无主管企业"，提倡企业"自由恋爱"兼并，这就难免发生经营者对所有者权益的侵害；同时，往往哪家企业后台更有行政权威，从而能得到更多政策优惠，就更有可能通过无偿划转或花极低代价兼并其他企业，兼并方或母企业可以因此而得实惠，但对国家并没有明确界定的责任，它的子企业或孙企业将来一旦破产，母企业实际上不担风险，风险还是由国家兜。当前还有一个值得注意的动向。有些行政部门，赶在国家行政机构改革之前，纷纷建立貌似控股公司或企业集团之类的机构，其属下却绝大多数甚至几乎全部是它"全资控股"的企业，实际换汤不换药，行政权依然控制着财产权。

凡此种种，不能不令人怀疑，在国家授权的产权组织缺位的情况下，在国有企业的公司制改革和国家行政机构变动过程中，现有国有资产有没有可能不是按产权原则而是按行政权力大小被握有行政实权的机构或集团以股权形式实际上瓜分掉。它们既可得实惠，又不必对资源配置效率负责，尽管这种瓜分无须改变国有的名义。如果未来的事实证明这种怀疑纯属杞人忧天，则笔者将深感幸甚。

国有产权经营公司形式可以不拘一格，如控股公司、投资公司或具有产权经营职能的企业集团公司等。但是，无论哪种形式，产权必须明确依法界定。同时，国有产权经营公司务必实行政企分离，按现代企业制度运作，不承担政府行政管理职能。

国有产权经营公司可以分层控股。最高层可设若干综合性国家控股公司或具有控股职能的巨型集团公司，次层可设专业控股公司、投资公司或一般集团公司，由它们对从事工商业务经营的一般企业控股或持股。不同层次的控股公司之间，以及控股公司和一般企业之间，遵循公司制的规范，按人事权和财产权相统一的原则运作，使产权机制进入企业，以便既保持所有者对经营者的激励和约束，又放开公司法人的自主经营。

国有产权关系的理顺要从源头理起。唯有最高层国家控股公司的资本金和负债能力明确界定，才可能理顺次层控股公司的资产负债结构。国家控股公司以其实际出资额对次层控股公司承担有限责任，次层控股公司以其法人资产对本公司债务承担责任。这样的原则同样适用于次层控股公司同其控股、持股的一般企业的产权关系。在如此理顺产权关系的前提下，公司之间的层层控股或持股，才可能避免我们前面曾说过的自身产权不明的国有企业持有其他企业法人股的弊端。当然，即使在这种情况下，控股层次也不是无限的，它要受控股公司的产权控制能力的约束，但这是另一个问题。

鉴于国有产权关系首先要从源头理顺的必要性，当前组建国有产权经营公司，最紧迫的是组建最高层的国家控股公司（包括同其职能和地位相当的集团公司）。显然，这样的国家控股公司上面不再有控股主体，因而不可能按股权原则对其进行管理和监督。但是，它们作为受国家委托经营国有产权的代理人，又必须受国家所有权的主体即国家的管理和监督，而国家的管理和监督是通过最高国家机关（全国人大和国务院）来实施的。同时，这种管理和监督必须分清行政权和财产权的边界。因此，国家通过正式立法授权，使管理者和被管理者的行为都受法律规范，有法可依，就十分必要。立法要真正有效，规范就须明确、具体、可操作。这就要求对全国人大和国务院以及国有资产管理部门、国家控股公司和其他有关部门在执行国家所有权职能方面的职责范围都作出明确界定，并对授权、行使权力和执法监督的程序予以具体规定。

关于国有企业进行公司制改革时存量净资产形成的国家股通过怎样的程序归国有产权经营公司持有的问题，笔者倾向于模拟拍卖的主张，而不赞成行政划拨的办法。这里的所谓"拍卖"，就是在各个国有产权经营公司取得股权的过程中引入竞争机制，谁家出价高就"卖"给谁家，从而使股权进入更有竞争力的产权经营公司，同时意味着这些公司将对国家承担更重的责任。这种拍卖所以是模拟的，就是产权经营公司并没有拿现金或其他金融资产来买这些股权，而是以其签发的模拟股权证交给国有资产管理部门，据此取得国有企业改制的股份公司的真实股票或股权证。模拟股权证是国有产权经营公司接受国家授权持股的契约，日后它要依据这种承诺对作为所有者的国家负责。模拟拍卖同行政划拨相比，有利于减少企业改制时资产评估由于缺乏市场机制而不免带有的主观随意性，以及政府和企业一对一的谈判，同时也有利于避免或减少以行政权力为背景的对股权的争夺。

国有产权经营公司组建并持有企业的国家股权以后，要致力于通过股权流动和投资决策实现产业重组，以提高国有资本配置效率。这是需要专门研究的课题。

此外，国有企业的公司制改革在界定股权时，原企业存量净资产形成的股份，应划出适当比例由国家授权养老基金持有。这既是弥补国家过去没有建立职工退休基金的欠账和分离企业的经营职能与社会保障职能的可行途径，又是国际上已有成熟经验的一种机构持股形式，也有利于国有企业改制后的公司适当分散股权。

（原载《改革》1993年第2期）

股份合作制的产生和政策引导

——股份合作制不是单一的企业制度

股份合作制不是单一的企业制度。它事实上包括了经济内涵各不相同的几种类型的企业，并且各有其产生的特殊背景。其中，有的是城乡集体企业改革难以一步到位而采取的分步推进的过渡形式，有的则是由于意识形态和体制、法制和政策环境等障碍，使市场经济中通行的那些企业制度在全国发展受阻而发生的变形。因此，对股份合作制的不同类型不能一概而论。

股份合作制是在城乡集体企业改革中首先出现的。针对集体企业同其成员个人完全失去产权联系以及政企不分等弊端，城乡集体企业改革在界定产权的实践中都分别试行了职工入股分红和企业存量资产折股量化等办法。但是，由于对集体积累能否量化到成员个人存在很大争论，同时历史上频繁变动造成的复杂的产权关系使产权量化在操作上有相当难度，加之还有既得利益者的阻力，各地在对集体企业积累进行产权量化时一般采取了变通的分步推进的办法。量化到个人的比例，城乡之间、地区之间、企业之间都有很大差异，而且这种股权一般只作分红依据，不许兑现、继承、转让或馈赠。除个人股外，这类企业通常都设置了集体股或企业股。城镇集体企业，有联社利用从其所属企业集中起来的合作事业基金进行投资的，还设了联社股。乡村集体企业的积累，除了企业职工的贡献，也有社区农民的贡献，而且至今还是乡镇政府和村委会的重要财源，因此设了乡村股。由于融资困难，企业还尽量吸收企业外部的个人和法人入股。这样就形成了企业间差异很大的复杂的股权结构。对这一类股份合作制实践中提出的许多问题，理论界和有关部门正在研讨，这里暂且不说。但是，有一点笔者以为可以肯定，就是它的兴起对集体企业改革具有不可低估的作用。它突破了集体企业制度的僵化模式。股份合作制对集体企业改革来说具有可操作性，且因弹性很大而可设定为有关各方都接受的方案。然而它只是集体企业改革的过渡步骤，本身尚未实现制度创新。

有些新办企业本来是其成员自愿甚至自发按合作制原则组建的，并不存在集体企业那样的改革问题，可是，由于我国尚未确立合作企业（合作社）的法律地位，它们也被强制改成股份合作企业。例如上海有的企业一开始就完全由其成员职工入股筹资，自选厂长，一人一票民主决策，税后利润提取了必要的公积金和公益金以后形成职工按份共有的企业积累，这样的合作企业在进行企业注册登记时却碰了壁。我国《民法通则》规定了各类企业的法律地位，唯独没有合作企业（合作社）。企业注册登记历来依所有制定性，只承认集体所有制企业，不承认合作企业。按照有关行政法规，集体所有制企业又被界定为"使用集体投资举办的企业"，职工入股自筹资金的，则要"自愿放弃所有权"，或者"股金从公共积累中逐年偿还，偿还后不再提取股金分红"，才可被认定为集体所有制企业，否则只能定为个人合伙，归属私营企业，根本没有合作企业的地位。这就迫使合作企业不得不至少部分地放弃合作制原则，"依法"掺进集体企业制度因素，以换得一个亚类"股份合作企业"的资格。这是股份合作制的又一个来源。其实，它是把本来比较规范的合作企业反而变得不规范。

个体、私营经济的发展在企业制度上分别选择公司制、合伙制或个人业主制，真正自愿的也可转到合作制，这都是顺理成章的。可是，有的个体、私营经济发展较早、较广泛的地区，在社会上姓"资"姓"社"争论激烈的那些年，受到了很大的政治压力，于是推行股份合作制，以确立公有制在当地经济中的主体地位，并提出"发展股份合作企业是引导个体、私营经济向社会主义集体经济发展的必由之路"。那里的股份合作制，核心的一条是政府规定企业必须提取税后利润的15%作为公共积累，形成"不可分割的集体财产"，除此之外就各显神通。从当地这类企业基本的产权结构、决策结构和组织结构来看，其实多半还是合伙企业和股份公司，也有独资企业。那里的干部顶着压力保护生产力发展的良苦用心完全可以理解，而且难能可贵。可是，这块"不可分割的集体财产"，实质上反而使本来明晰的产权变得模糊起来。在市场经济中，企业兴衰和要素流动都是常规。在这种情况下，这块"不可分割的集体财产"在流动中最终难免分割到不该拥有它的人手里。这一类股份合作制，可以说是个体、私营经济的自然发展受到特殊政治环境阻碍而发生的变形。

政策怎样引导

股份合作制的非同质性和易变性决定了它的非规范性，于是对它怎样进行政策引导就成了十分重要的问题。其实，上述合作制发展受阻而被纳入股份合作制轨道，以及私营企业戴"集体"帽，也是一种政策引导，不过是逆市场经济的引导，即逆引导。现在需要的是顺应市场经济发展的引导。

对股份合作制进行政策引导的关键问题在于，注意力究竟放在对股份合作制本身实行规范化，还是致力于造成一个使股份合作企业能向着市场经济通行的规范的企业制度发展的政策环境？就这种政策引导而言，立法是至关重要的。现有股份合作企业的进一步发展必然会分化，有的会发展为合作企业，有的发展为公司或合伙企业，现在我们已有了《公司法》，公司的发展有法可依；可是，合作社法的制定尚未列入立法的议事日程，合作企业（合作社）要待何时才能取得其法律地位还不得而知，而合作企业的发展离开合作社立法是寸步难行的。在这种情况下，政策引导很可能是把股份合作企业都推向公司方向发展，而堵塞其向合作企业发展的道路。事实上，现在已经出现有的城市按公司制（股份制）去规范股份合作企业的情况。那么，制定一部《股份合作企业法》，情况是否会好些呢？鉴于股份合作制本身的不可规范性，制定这样一部法律去规范它，很可能会将其种种非规范的做法以法律的形式固定下来。因此，笔者认为，与其制定《股份合作企业法》，还不如加快合作社立法工作。此外，合伙企业和独资企业当然也需要立法。有了公司、合作企业、合伙企业和独资企业等各类企业的立法，新办企业就完全可以由当事人按这些规范去选择企业制度，无须绕到股份合作制上来。刚才说过，股份合作制作为一种过渡形式对城乡集体企业改革有它的作用，对这类企业需要制定一些行政法规进行改革操作的指导，但也不应去通过立法将股份合作制的非规范性固定下来。

社会上有种种流行的说法，认为股份合作制是股份制与合作制的结合，并且兼容了二者的优点。其实这只是一种表象。股份制（公司制）的决策原则是一股一票制，合作制的决策原则是一人一票制，前者是股东基于股份的财产权利，后者是基于合作社成员资格的权利，二者在原则上是结合不起来的。尽管公司可能有内部职工股，或者合作企业可能有外来股，但是，市场经济中公司内部职工股通常难以达到足以控制公司的程度，企业制度还是公司制，而合作企业的外来股如果大到足以控制企业决策的程度，这个企业也就不再是合作企业。

现在有一个问题值得注意，就是合作企业缺乏必要的融资环境。由于这个原因，有些想按合作制组建和运行的企业，遇到资金"瓶颈"时举债无门，往往就尽量吸收外来股。可是，天上掉不下馅饼来。你要吸收外来股，就得让出相应的对企业的控制权。所以，现有的融资环境对合作企业的生长和发展十分不利。合作企业的健康发展，需要有直接为合作企业服务的或由合作企业联合举办的融资机构。政府是主动地有意识地去促进有利于合作企业发展的融资环境的形成，还是去限制它，这也是一个政策引导问题。

还有一个政策引导问题，就是税收政策。由于合作社的发展对社会稳定和经济增长具有不可忽视的作用，现代市场经济国家的政府对合作社一般采取扶持政策，这在税收政策上表现很明显。例如，美国对一般公司的股东分红，既征公司所得税，又征个人所得税，而对合作社社员的分红不实行这样的双重征税。社员的劳动分红，如果记入其个人资本账户，用于本企业再投资，就只征公司所得税，不征个人所得税；当社员从其个人资本账户兑现时，则要征个人所得税，但同时将先前征收的相应的公司所得税款退还给合作社。此外，社员股金的股息，则作为合作社使用资本的成本，不列入所得税税基。我国情况正相反，对合作企业和股份合作企业的职工分红，不管劳动分红或股金分红，一律双重征税，既征企业所得税，又征个人所得税。而且沿用对集体企业的税收政策，将成本列支的工资标准压低到国有企业水平以下，从而增大应税所得额。同时，职工所得股息，即使仅相当于银行同期利率，也不得在成本列支，照样双重征收所得税。职工在银行存款或买国库券和金融债券，利息免税，而职工将入股资金连同自己的就业岗位都押在企业，承担了双重风险，股息都要纳税，显然不是鼓励而是限制职工在自己的企业入股。这样的税收政策对合作企业的形成和发展实际是抑制，也是政策的逆引导。

（原载《中国工商管理研究》1994 年第 6 期）

国有资产的产权经营与管理问题

——对《国有资产法》起草的若干意见

一 行使国家所有权职能的机构要得到国家法定程序的授权

（1）管理国有资产的政府行为和经营国有资产的企业（机构）行为，即管理和经营国有产权的行为，要有《中华人民共和国企业国有资产法》（简称《国有资产法》）来规范和调整。

（2）国家所有权不是政府所有权，更不是政府某个部门的所有权。政府及其有关部门只能按国家委托，行使国家所有权职能；对国家而言，它们行使这种职能的行为只是一种代理行为。因此，它们代理行使国家所有权的职能必须得到国家的正式授权。《国有资产法》应对这种授权的法定程序作出规定，明确界定政府及有关部门在代理行使国家所有权职能方面的权力和责任，并规定执法监督程序。

（3）国有资产的国家所有权是国家的根本权力。全国人民代表大会是最高国家权力机关，而国务院是最高国家权力机关的执行机关。因此，国务院及其有关部门行使国家所有权，应由全国人大依法授权，并对全国人大负责。国务院在行使国家所有权职能方面对有关部门和地方政府的再授权，受全国人大对国务院相关授权范围的约束。全国人大通过正式立法程序的这种授权，是它作为最高国家权力机关行使国家所有权职能的重要体现。

二 国家所有权职能不是单一职能,而是一个需要分工协调执行的体系

(4) 国家所有权职能的行使要同政府对社会、经济的一般行政管理职能相分离,实行国有产权的专业化管理和经营。但是,国有产权的专业化管理和经营并不等于任何唯一的机构能够充当国有资产所有者的总代表,独揽国家所有权职能的行使。

(5) 国家所有权职能不是单一的职能,而是其诸职能的总和。其中包括行使国家所有权的立法授权、行政管理、资产经营、审计评估、执法监督的职能。这些职能要由分工明确、互相制衡的各类机构来执行,形成分工协调行使国家所有权职能的体系。《国有资产法》要给这些机构分别确立其受托分工行使国家所有权职能的法律地位,界定它们各自的职权和责任,使它们各自能依法行使不可侵犯的职权,同时依法接受相应的监督,以实现作为所有者的国家的目标。

三 国家控股公司的授权和监控问题

(6) 国有资产的经营职能必须同国有资产的管理职能分开。前者是企业职能,而后者是政府职能,政企分离要从这里开始。

(7) 国有资产经营公司或国家产权经营公司可以适当分层控股。不分层,权力过于集中,运作不便,且控股公司容易蜕变为官僚机构。但是,分层过多,也容易失控,致使国家所有权旁落。

(8) 分层控股的关键在于最高层控股机构的设置和运作。最高层控股机构可以包括国家控股公司和巨型集团公司(不是一般集团公司)。国家控股公司宜于综合性,而不宜专业性,以便国家资本流动和产业重组,并避免行业垄断。同时,国家控股公司要有适当数量,以形成必要的竞争格局。国家最高层控股机构(国家控股公司和巨型集团公司)上面不再有控股主体,从而国家不可能按股权原

则对其进行管理和监控，因此，需要由最高国家权力机关全国人大或其常委会按法定程序对其授权和监控，同时由全国人大授权国务院依法对其进行必要的行政管理。《国有资产法》对这类控股机构的授权原则、授权程序和监控程序要作出规定，并明确界定其地位、职能和责任以及资本金来源和获得资本金的法定程序，规定其主要负责人的任免程序。同时，对国务院及其有关部门管理这类控股机构的权限和责任要作出规定。

四 国家控股公司同次层控股公司的产权关系受《公司法》调整

（9）国家控股公司同次层控股公司的产权关系应受《中华人民共和国公司法》（简称《公司法》）调整。前者对后者必须承担足额出资责任，以出资额为限对其债务承担责任，同时按股权份额享有权利。出资和贷款不容混淆，不能以贷款替代出资。丧失清偿到期债务能力的控股公司适用《中华人民共和国企业破产法》（简称《破产法》），要破产偿债。被授权作为最高层控股机构的巨型集团公司同被它控股的一般集团公司的产权关系，也适用这些原则。

（10）国家控股公司的子公司，即次层控股公司，可以是综合性控股公司或专业性控股公司。但专业性控股公司的投资领域也应允许交叉。同时，一家次层控股公司应由几家国家控股公司分别持股。后者对前者的控股关系，可以是一家控股、多家持股，也可以是多家共同实现国家控股。总之，要尽量避免独资，股权适当分散便于按《公司法》运作，能引入竞争机制，防止国家控股公司同其子公司的产权关系蜕变为上下级行政隶属关系。

（11）国有资产的产权经营公司应按产权联系来建立，不宜按行政系统和行政层次设置。这样做，开始时可能有困难，可以采取适当的过渡步骤。企业主管部门和地方政府在其管辖范围内可先组建国有产权经营公司，抽调精干的熟悉专业的人员去经营。以后通过各个国有产权经营公司间的产权交易和流动，逐步打破行政系统和行政层次的界限，并通过政府机构的进一步改革实现政资完全分离，纳入国有资产产权经营的统一系统。

五　政府对国家控股公司等产权经营公司的行政管理

（12）国务院在全国人大授权范围内，对国家控股公司及其子公司和企业集团的国有产权经营实施行政管理。国家国有资产管理局应从财政部独立出来，成为国务院实施这种行政管理的专职机构，直接对国务院负责，并向全国人大常委会定期报告工作。为了协调国务院各部委对国有产权经营公司的政策，国务院可成立一个由总理或一位副总理主持的有关部委负责人参加的专门委员会，就有关政策问题定期进行磋商，但它不是决策机构，只是国务院决策的协商、咨询机构。该委员会的成员可包括中国人民银行行长以及财政部、国家计委、国家经贸委、国家体改委、中国证监会、国家国有资产管理局和对外经贸部等负责人。该委员会的办公室可设在国家国有资产管理局。

六　国家控股公司的报告制度

（13）国家控股公司以及相当的企业集团须定期向全国人大常委会报送营业报告，以及资产负债表、损益计算表和资金流量表等财务报表，并附其子公司的营业报告和财务报表。国家国有资产管理局负责监督此项报告制度的实施，并对全部国家控股公司以及相当的企业集团公司的营业报告和财务报表作出综合分析报告和汇总表，经国务院审定后，同时提交全国人大常委会。

（14）上列公司营业报告和财务报表，报送全国人大常委会以前，须经国家审计署审计，并对审计指出的错误予以改正。国家审计署须在规定时限内向全国人大常委会报告审计结果，并对其审过的公司营业报告和财务报表的真实性承担法律责任。

七　最高国家权力机关对国家控股公司的审议和人事任免

（15）全国人大常委会可成立一个常设的精干的专家委员会，负责审议上列公司营业报告和财务报表，并向全国人大常委会全体会议报告审议结果。同时，该专家委员会受全国人大常委会的委托，可对上列公司的有关需要审议的问题组织专门的调查或检查。

（16）国家控股公司以及相当的企业集团公司的主要人事任免是实现国家所有权的组织保证。因此，它们的董事长，经国务院提名后，应由全国人大常委会审议后通过任免。

八　国家控股公司对其控股或持股的公司的责任和权力

（17）国家控股公司对次层控股公司，以及它们对工商企业的控股或持股关系，完全按《公司法》的规范运作。出资者对其控股或持股的公司必须承担《公司法》规定的财产责任，同时在《公司法》规定的权力范围内行使权力不受干预。不受产权约束的企业人事任免制度应该改变。公司的人事权和财产权必须统一，否则，出资者的财产权将被架空。出资者务必要拥有选派其产权（股权）代表的权力，并按《公司法》规定的程序产生公司的董事会。行使国家控股权力的巨型集团公司对其子公司，以及子公司对孙公司等的关系，也照此办理。在这样的产权约束下，企业就完全可以自主经营，以其法人财产独立行使民事权利和承担民事义务。

九　国有资产管理与经营同国家财政管理的职能分工

（18）国有资产的产权管理与经营同国家财政管理应分开，因为它们的职能不同。国家财政的基本职能是凭借政权力量实现既已形成的社会财力的分配。而国有资产的产权经营的职能是实现国家资本的增值，国有资产管理的对象则是这种产权经营。我国国有企业财务历来直接附属于国家财政，企业资金作为财政资金（包括预算内资金和预算外资金）管理。这种体制不仅造成企业对财政的依赖，而且造成财政对企业寅吃卯粮，侵蚀企业资本金。它是当前国有企业资本金严重不足和沉重"社会负担"难以解脱的历史根源。这种体制，如果在财政对企业统收统支的计划经济中尚可维持，那么同市场经济和现代企业制度绝不相容。企业财务成为国家财政的附属部分，企业资金作为财政资金管理，就不可能形成企业独立的法人财产，因而不可能形成现代企业制度，同样也不可能实现国有资产的独立的产权经营。

（19）分离国有公司（国有产权控股的公司）的经济目标和社会目标，是准确评价公司业绩的前提。国有资产的产权管理与经营同国家财政管理的职能分工，则是国有公司实现经济目标和社会目标分离的必要条件。公司实现经济目标的经营，遵循商业原则，以出资者的出资为基础形成的法人财产承担民事责任。政府指定公司承担社会目标所必要的投资或补贴，则需要财政专项拨款。

（20）国有资产的产权经营公司及其控股、参股的公司对国家财政的义务是，按照国家统一的税制，依法纳税。税后利润不再与财政分利，主要用于公司再投资，形成公司积累，属于出资者权益（股东权益）。

十　国有资产管理部门不宜成为"第二财政"

（21）按照国有资产的产权经营职能和国有资产的行政管理职能分离的原则，国家资本的投资以及以其投资收益形成积累用于再投资都属于国家控股公司及其子公司、孙公司等产权经营公司的职能。国有资产管理部门作为对它们实施行政管理与监督的政府部门，不宜分取它们的投资收益。国有资产管理部门和产权经营公司之间，要避免因袭原来财政部门和国有企业那样的财务依附关系。国有资产管理部门不应成为"第二财政"，以免形成新的"政资不分"。

十一　国有产权经营公司通过"模拟拍卖"程序获得现有国有企业存量净资产的授权

（22）现有国有企业存量净资产对国家授权的国有产权经营公司的产权归属关系宜于通过"模拟拍卖"程序形成，不宜采取行政划拨办法。"模拟拍卖"，由国家国有资产管理局主持。企业存量净资产（所有者权益），经有资格的资产评估机构评估以后，确定底价，然后由各个国有产权经营公司竞价，按其报价高低"拍卖"。这些产权经营公司并未以现金购买，所以只是"模拟"。但是，它不是单纯的形式。竞价成功的产权经营公司，要向国有资产管理局签发国家出资证明书，以换取它在企业可拥有的股东权益。这种国家出资证明书，就是国有产权经营公司的董事会往后必须对其受托经营的国家资本的保全和增值承担责任的凭证。所以，"模拟拍卖"有可能避免行政划拨办法造成的政府各部门凭行政权力争夺国家产权而又不承担责任的弊端，从而有利于提高国家资本的配置效率和企业效率，并防止或减少国有资产的流失。但是，这种国家出资证明书的出资主体是国家，而不是国有资产管理局。后者只是受国家委托保管国家出资证明书，它不能以此作为向国有产权经营公司分取投资收益的凭证。国家的出资，通过法定程序授权给国有产权经营公司以后，就由其依法经营，并实现国家资本的增值。

（原载全国人大财经委员会《国有资产法》起草领导小组印发《〈国有资产法〉起草工作参阅资料》1994年第5期。收录《国有资产法》起草工作组编《国有资产立法研究》，经济科学出版社1995年版。另载《经济学动态》1994年第7期，题为《国有资产产权经营与管理的授权问题》）

附　录

（1）《〈国有资产法〉起草工作参阅资料》第 5 期编者按：

唐宗焜研究员就国有资产产权的管理和经营问题，提出了自己的独到见解：行使国有资产所有权的机构应得到人大授权；所有权职能的行使应形成协调的分工执行体系；经营职能与管理职能应相互分开；资产管理与财政管理应相互分开。

（2）《〈国有资产法〉起草领导小组第三次工作会议纪要》（《〈国有资产法〉起草工作简报》1994 年第 14 期）摘录：

会议……汇报了第二次工作会议以来《国有资产法》起草工作的进展情况，并就"国有资产法起草基本思路"第二稿的基本内容作了说明。……大家对"基本思路"（第二稿）基本持肯定态度。……洪虎同志则认为："基本思路"提出的政府管理社会经济的职能可以而且应该分散到政府的不同部门管理，所有者的管理职能应该集中到一个权威的专司国有资产管理的产权管理机构的意见，我认为不妥。我赞成唐宗焜同志的观点，所谓所有者的职能是一个综合的职能，在国务院这个层次体现的是一个政府的职能，不是某个部门的职能，应通过多种机构来实现，不是单一的集中在一个专门的委员会，由它来作为国家所有者的代表。如果必须要成立一个委员会，它应该是一个协调机构，不能是一个权力机构。主要的问题是要把国有资产的管理职能和运营职能划分开。……不需要有一个统一的机构来行使所有者的权力，而国有资产的运营职能可能不是由一个机构，而是由多个机构来行使。

国企改革、债权保障和产业重组

当前我国国有企业的症结在于：（1）对企业承担责任的出资主体缺位；（2）企业资本不足和负债过度，负债/权益比率严重失调；（3）存量资产难以流动和重组；（4）国有企业的全国总体规模过大，超出了国家财政和国家银行的承受能力。

为了从现状出发，寻求新的启动点使国有企业改革能取得实质性进展，需要正确处理如下五个关系。

企业制度改革和产业重组结合进行

国有企业改革的方向是建立现代企业制度。建立现代企业制度的起点是清理和调整企业现有的资产负债结构，增补资本和减轻债务，为确立所有者（出资者）以其权益对企业负债承担责任的制度创造前提。

据财政部清产核资办公室透露，截至 1994 年 8 月 31 日已完成清产核资的 12.4 万户国有工商企业，资产总额为 41370 亿元，负债总额为 31049 亿元，所有者权益为 10321 亿元。由此可见，国有企业的负债/权益比率已高达 3∶1。

国有企业如此严重的资本不足和负债过度，除了企业经营不善和资产流失的原因外，主要是由国家财政对企业欠拨投资和通过收缴利润与折旧基金，依赖对现有企业持续"抽血"去铺新摊子所造成的后果。应该说，这是财政的欠账，理应由财政给企业增补资本金。但是，目前国家财政已连年依赖负债对建设项目投资，因而没有财力给现有企业普遍增补资本金。

有人寄希望于国家银行豁免企业债务。这显然也不现实。银行信贷资金百分之九十几来源于负债。目前国家银行的全部自有资金，远远不足以抵补国家财政向银行的透支、借款和其他财政性拖欠所占用的信贷资金。而银行对国有企业的贷款余额中，据有人估计，约有40%属于不良债权。在这种情况下，如果让银行豁免企业债务，则只能牺牲存款户利益，首先是城乡居民利益（城乡居民储蓄存款占银行存款一半以上），并加剧通货膨胀。

上述情况表明，国有企业的全国总体规模早已扩张到了国家财政和国家银行都难以支撑的程度。因此，即使不说配置效率和企业效率如何，国有企业总体规模的适当收缩也势在必行。

这种收缩不是单纯的量的缩减，而是产业重组的过程。要通过存量国有资产的调整和重组，让国有资本退出那些无须保持国有的领域，腾出国有资本去充实那些尚需保留和发展的国有企业，提高国有企业的整体素质，改善产业结构，并为建立现代企业制度创造条件。

这种产业重组是体制结构和产业结构相结合的战略性调整过程。这个过程如能在正确的全国性战略规划指导下推进，使产业重组和企业制度改革有机结合起来，将减少无序性，降低重组成本。

近年来，国有企业总体规模缩小和产业重组的过程事实上一直在一些地方、部门和企业自发地进行着，只是由于各自为政，带有很大的盲目性，并增加了重组成本。一是产权交易中，国有产权主体不明，受让方（包括外商）往往利用国有企业困境和出让方急于摆脱困境筹集资金的饥不择食心态，而压低国有资产价格，并轻易取得控股权。二是产权转让收入，有的并未用到企业技术改造和制度改革上，而是继续用于铺新摊子的建设，甚至挪作他用。三是有些地方将产权转让单纯作为筹集资金的手段，没有把产业重组和企业制度改革有机结合起来，而是以筹得的资金用于旧体制的复制。这样，不但会造成国有资产流失，而且难以达到产业重组和企业改革的目标。

企业与出资主体双层法人化改革同步推进

对我国国有企业来说，建立现代企业制度，需要同时进行两个层次的改革。一是企业的公司化即法人化改组，二是构建以国家资本对企业出资并能对企业承担责任的出资主体。这两个层次的改革缺一不可。但是，鉴于国有企业出资者缺位的现状，这个出资主体的构建更是关键。

公司必须具有能对其承担责任的出资者。只有出资者以足额出资对公司承担责任，才能建立公司的法人财产制度和法人治理结构，使公司成为能以其全部资产对其债务承担责任的独立民事主体。因此，国有企业的公司化改组，首先要解决出资者缺位问题。只要不是非国有化，那么，以国家资本出资并对公司承担责任的出资机构的构建，就是国有企业实行公司化改组的必不可少的前提。

什么样的机构能承担这样的职能呢？我国四十多年的经验表明，对我国规模庞大的国有资产和国有企业来说，政府机构承担不了这样的职能，因为政府机构是按照行政权规则和程序运作，而不是按照财产权规则和程序运作的，它不可能对产权营运进行有效的操作。

有资格代理行使国家所有权的出资机构，本身应是具有独立的法人财产制度和法人治理结构的法人实体。出资主体的法人化改革和企业的法人化改革同步推进，才能使国有企业的改革取得实质性进展。

为了构建法人化的国有资本出资机构，即国有产权经营实体，需要实行如下四个方面的职能分工：

（1）政府的社会经济管理职能和国有资产所有者职能分开，取消企业同政府部门的行政隶属关系，以防止行政权与财产权混淆，甚至以行政权替代或侵犯财产权；

（2）国有产权经营和国有资产管理实行职能分工，机构分立，前者由法人实体承担，后者由政府专职机构承担，彼此不存在行政隶属关系，以避免政府部门自身介入产权经营运作而弱化甚至替代政府对国有产权经营的依法监督管理；

（3）国有资产管理职能和国家财政管理职能分开，解除国有企业财务对国家财政的隶属关系，建立国有资本出资机构对其出资的国有公司财务监管体系和对国家授权机关的报告制度，以保证国有公司的法人财产依法独立运作，不受国家财政从平衡预算需要出发的侵蚀，同时也防止国有公司对国家财政的依赖；

（4）国有产权经营机构的投资（出资）职能和国有商业银行的信贷职能分开，公司的出资者对公司的债权人承担责任，对不能清偿到期债务的公司依法进行破产处理。

国家分层控股和产权行政分割不能相容

委托代理行使国家所有权的出资机构，即国有产权经营实体，可以采取国家控股公司形式。其中也包括企业集团内执行国家控股职能的母公司。

然而，并不是任何控股公司，只要用国家资本组建而成，就能实现国家控股职能。如果以为任何一级政府甚至政府部门单凭一纸行政命令宣布"授权"某机构经营国有资产，就能实现国家控股，那是一种误解。这样的机构尽管运用的是国有资本，可以对企业实现控股，实质却未必是国家控股，可能只是某级地方政府控股或部门控股。

国家控股机构本身不是国家资本的所有者，只是行使国家所有权的代理人，因此它要得到作为所有者的国家的正式授权，才能履行国家控股职能。所谓正式授权，就是授权须有法律依据，并遵循法定程序。没有法律依据的政府"授权"经营，只是不产生法律效力的行政行为。授权必须先授责。国家控股机构要承担什么责任，对应其责任应授予哪些权力，谁有资格对其授权，应按怎样的法定程序授权，并对其经营实绩和财务状况实施监督管理，这些都要由法律明确规定，依法执行。

国家所有权是国家的根本权力，因而对国家控股机构的授权以及对其业绩的审议监督，是国家最高权力机关全国人民代表大会及其常委会权力范围内的事。

但是，全国人大及其常委会并不代替政府对国家控股机构的行政管理和监督。这种行政监管由政府在国家法律授权范围内行使。

国家控股可以实行分层控股，即通过母子公司、子孙公司关系层层控股。只有在下层控股公司受国家控股公司产权控制与约束的前提下，分层控股才能成为国家控股的形式。

对我国国有企业改革来说，控股系统的构建，现实中有三种可能的选择。

第一种选择是国家最高权力机关通过正式立法授权成立国家控股公司。国家控股公司除对企业直接控股外，还通过作为其子公司、孙公司的控股公司实行分层控股。这种控股系统的产权关系是明确的，并且分层控股可以在政府与企业间建立起防止行政控制的隔离区，因而国有产权可以有效运作。但是，我国国有资产和国有企业面广量大，情况复杂，如果全部纳入国家分层控股系统，则有难以克服的困难。分层过少，国有产权营运将难于操作；分层过多，又会弱化下层的产权约束。

第二种选择是存量国有资产分解为国家所有和地方公有的资产，在前者实行国家分层控股的同时，后者由地方权力机关依法授权成立地方公有控股公司或以其他适当形式进行经营。国家分层控股和地方公有控股并存的控股体制，在产权关系上有明确界定，彼此的财产责任可以分清，因而也可以有效运作。至于哪些该归地方公有，哪些须由国家控股，则应由国家立法规定统一的准则，不能凭各级政府以行政命令任意划拨。

第三种选择是原则上坚持对国有资产只能实行国家统一所有，而实践中则容忍各级政府以至政府部门自行"授权"设立各自的控股公司（它们基本是由企业主管部门或行政性公司改组而成），对其所属企业实行控股经营。这种行政分割的控股实践同国家统一所有的原则显然矛盾。但是，由于它对各级政府或政府部门很有诱惑力，当前正有日益发展之势。问题不只是在于原则与实践的矛盾，更具有实质意义的是按行政层次、行政系统如此逐级、逐块切割控股，由此形成的林林总总的所谓国有控股公司（或称国有资产经营公司）之间都被行政壁垒割断了产权联系，它们在产权关系上将何以运作?! 这种控股体制，其实只是在不同级别的政府或政府部门同其各自所属企业之间插进一个控股公司。这类控股公司本身并没有明确的出资者对其承担责任，也不受产权约束，同级政府对它则只能实施行政控制，因而实质还是政企不分的机构。这种政企不分的机构，对其所属企业则很有可能将行政权与财产权结合在一起实施控制，从而企业机制能否转换实属可疑。

企业增资和债权保障统筹安排

增资减债是当前国有企业进行法人化改革的必要前提。企业法人化的实质要求企业的所有者权益有足够能力对企业债务承担责任。所有者权益是企业资产减去企业负债以后的净值，保障债权是保障所有者权益的前提。绝不能倒过来说，企业负债是企业资产扣除所有者权益以后的差额，保障所有者权益可以优先于保障债权。所以国有企业增资减债，不能靠损害债权人对企业的债权来增加企业的资本金。增补资本金和保障债权应统筹安排。

基本建设投资"拨改贷"资金是财政对企业该拨未拨的资金，理应以财政资金给企业补充资本金。

银行以信贷资金对企业发放的贷款不能豁免，但是，在目前国家财政没有能力给国有企业补充资本金的情况下，可以考虑有条件地实行债股置换。债股置换只适用于确有发展前途和盈利潜力而资本金不足的企业。置换的方式，宜于组建独立的、规范的投资公司，由其向社会公众发行股票、债券等证券，筹集资金来购买银行对这些企业的债权，并将债权转换成对企业的股权。这样既可保障银行债权，又避免银行持股，而且能为国有企业的公司化改组增加新的机构持股主体。

在我国当前条件下，应尽量避免银行债权直接转为银行对企业控股或持股。首先，国家银行政企不分以及国家银行同国家财政、国有企业三位一体的体制尚未改革，在这种情况下，银行对企业控股或持股，将使企业的所有者权益和负债的界限更混淆不清，银行债权更无人承担责任，银行对自己拥有所有者权益的企业将更弱化信用约束。其次，在巨额不良债权和财政无限期占用信贷资金的重负下，国家银行自身事实上也存在着资本不足问题。这样，银行如果再靠负债去对企业控股或持股，一旦发生信用危机，将引发对经济、社会难以预料的危险的后果。

企业之间的债权转股权，亦须慎行。如果债权人企业资本充足，且债务人企业盈利潜力高于债权人企业，它们的债转股可能对双方都有利。然而，现在企业间这样的格局似乎并不多见。对债权人企业来说，债权转换为股权将减少本企业可周转的生产经营资金，如果它本来就资本不足，那么，债转股的结果将迫使它加重债务负担。

尤其值得注意的是，在当前国有企业资产负债结构普遍紊乱、所有者权益与负债混淆不清的情况下，企业之间的债转股有可能是企业以其占用的银行贷款转换成对其他企业的股权，这样将使银行债权更无保障，银行贷款更难收回，而且这种持股企业本身缺乏产权约束，很难指望它对被持股企业经营业绩能实施有效监控。

国家控股制度建设和多元投资主体培育同时并进

目前国有企业改组的股份公司，国家控股比例普遍过高。据中国企业家调查系统1994年对371家股份有限公司调查，所谓国家股与法人股合计，国有资本控股比例高达79%。国家控股比例过高，政企分开和企业机制转换难以实现。这 371 家公司中，仍有行政主管部门的占 56.2%，有"挂靠部门"的占 19.7%，合计占 75.9%。公司董事（含董事长）由党政部门委派、董事会拟聘经理人选须经上级审批、股东会有名无实等，仍是普遍现象。

  国家控股比例应有所限制，但国家控股比例的限制需同多元投资主体特别是机构投资者的培育相配合。目前国有企业改组的公司，同国家控股比例过高同时并存的是，非国有资本的持股者几乎全是散户。国际经验表明，股权过于分散会弱化股东对公司经营者的监控，因为相对于个人投资收益而言，股权分散的个人股东对公司实施监控的成本显然过高。我国目前的散户股东，面对占绝大比重的国有股权，更无力影响公司决策。独立的信托投资公司、共同基金、养老基金等机构投资者的成长和进入，既有可能降低股份公司中的国家控股比例，形成多元持股主体，又比个人股东更有可能监督公司经营，并有利于促进股市的稳定和成熟。

  目前，即使以国有资本对企业增资，也应尽可能避免复制旧体制的单纯增资，力求将增资与改制有机结合起来。资本增量的投入可以成为塑造产权明确的国有资本出资机构的契机。举例来说，国有土地使用权转让收入，现在各地通常仍是在财政列收列支，或者由当地政府简单划拨给企业充作资本金，使这部分资本本可明确的出资主体依然缺位。中央既然一再重申国有土地使用权转让归国家垄断，那么，由国有土地使用权转让收入形成的增量资本，为什么不可以由国家授权组建专门的土地公司来持股呢？这样不仅可使对企业增补的资本金一开始就明确出资者，而且国家控股公司的多元化也比单一控股主体有利于政企分开和企业机制转换的实现。

（原载《经济导刊》1995 年第 1 期，中央文献出版社出版的大型文献丛书《中国改革开放二十年·〈企业改革〉》卷收录）

国有企业法人化改造难点

中国国有企业改革包含两个层次的改革，一是国有企业公司化即法人化改造，二是构建以国家资本对企业出资的机构，使其成为能对企业承担责任的法人实体。只有这两层改革协调推进，才能使国有企业转到现代企业制度的轨道。

中国国有企业法人化改造实际上包含着双重任务，一是将国有企业改革成真正的企业，二是实现企业制度的现代化。由于中国国有企业是在计划经济向市场经济转轨过程中来建立现代企业制度，因而它要解决整体体制转轨过程中的一系列难点和矛盾。

现代企业制度是法人制度

现代企业制度是从非现代企业制度即古典企业制度（个人业主制和合伙制）演变而来的。现代企业制度同古典企业制度的根本区别在于它是法人企业制度，而古典企业制度是自然人企业制度。

现代企业制度的典型是公司制度，而公司制度就是法人企业制度。法人是依法注册登记而由法律赋予的独立人格，不同于自然人与生俱来的人格。这种法律上的独立人格意味着，法人具有同组成该法人的自然人相独立的法律地位，也就是说，法人在法律上能作为独立的民事主体行使权利和承担责任。

法人既然是由法律授权而产生的人格，即法律拟制的主体，那么，法人的产生和存在，首先要有规范其组织和行为的立法。我国《中华人民共和国公司法》（简称《公司法》）最近才制定。可是，在此以前注册的各色公司就已多如牛毛，其中许多连最起码的公司条件都不具备。现在既然已经制定了《公司法》，就应依法规范化。特别是国有企业的公司化或法人化改造，更须遵循《公司法》，否则它难免流于"翻牌"。

企业法人制度的根本在于法人财产制度

公司要成为独立的主体行使民事权利和承担民事责任，必须拥有独立的法人财产。建立法人财产制度是建立现代企业制度的第一要义。

我国的国有企业同财政、银行构成了连体三胞胎，相互间你"吸"我，我"吸"你，谁也不能独立地自我循环。因此，国有企业的公司化，必须对这三者动分体大手术，使它们各自独立，形成自我循环的机制。

我国《民法通则》等法律尽管规定了国有企业是企业法人，可是它并不真正拥有法人所必需的产权独立的财产。

《民法通则》规定："全民所有制企业，以国家授予它经营管理的财产承担民事责任。"《中华人民共和国全民所有制工业企业法》和《全民所有制工业企业转换经营机制条例》作了同样规定。但是，这个规定对有关的几个关键性问题并没有回答。

第一，国家授权必须有法律依据和法定程序。国家依据什么法律，按照什么法定程序授予企业财产？企业的财产权利怎样才能得到法律保障？法律又如何能切实监督企业履行其对财产的责任？这些问题在我国现行法律中都找不到答案。它们需要通过正式立法来规定。

第二，"国家授予它（企业）经营管理的财产"究竟是哪些财产？除了国家财政拨款，是不是还包括国家银行贷款在内？如果包括（事实也是），那么，企业"以国家授予它经营管理的财产承担民事责任"，岂不是其中相当大部分（而且历年来其比重越来越大）其实是以最大债权人国家银行的贷款来对企业债务承担责任，这样，企业对银行事实上不承担民事责任。银行对到期无力偿还贷款的企业无可奈何，企业间的"三角债"还要迫使银行贷款清理，各级政府实际又都有权强制银行给企业贷款，其原因均在于此。

第三，按照破产定义，企业一旦丧失清偿到期债务能力，就该破产偿债。这是企业法人以其全部财产承担民事责任的终极表现。可是，就我国现实状况而言，国有企业若破产，究竟该破谁的产？由于财政欠拨、欠补、欠退和企业超亏等原因造成的企业挂账，1991年累计全国就已达1045亿元，都由银行贷款垫补。如果企业由于财政拖欠原因而不能清偿到期债务，要作破产处理的话，究竟该破企业的产，还是破财政的产？如果不作破产处理，让银行冲账，显然银行无力承受，因为仅上述挂账总额已达银行自有资金的约3/4。况且，国家银行贷款中，逾期、呆滞、呆账贷款余额1991年年底就已超过2000亿元，高达银行自有资金的1.6倍。在这种情况下，若让银行冲账，其实是破银行存款户的产，首先是破老百姓的产，因为城乡居民储蓄存款占国家银行各项存款余额的一半以上。所以，财政、银行和国有企业的连体三胞胎不解开，就既不可能建立现代企业制度，也不可能建立国家商业银行。

第四，国有企业财务历来从属于国家财政，财政拨款和企业留用资金（包括企业留利和折旧基金等专项基金）都作为财政资金管理，区别只是财政拨款作为预算资金管理，企业留用资金作为预算外资金管理。因此，预算外资金并不是企业独立支配的资金。财政通过对预算外资金的征缴或者减少企业的预算外资金的留用，不仅可以减少企业留利，而且可以收取企业折旧基金，直接侵蚀企业资本金。至于企业的预算资金，更直接受国家财政控制。将企业资金划分为预算资金和预算外资金并且都作为财政资金管理的体制，完全是计划经济的产物。这种体制不改革，企业就不可能有独立的法人财产，从而不可能真正作为独立的主体行使民事权利和承担民事责任，也就建立不起现代企业制度。事实上，企业预算外资金收入中，80%是企业留用的和企业主管部门集中的专项基金。企业留用资金无疑应是企业法人财产的组成部分，主管部门集中的资金本来也该是企业的资金，它们都不应再作为财政资金来管理。即使财政拨款，一旦投入企业，形成企业的资本金，作为企业独立的法人财产，也不应和财政资金再混同。财政管理职能和企业法人财产管理职能必须明确区分开来。

法人财产制度的基础是出资者责任制度

企业法人要能以其法人财产独立承担民事责任，首先必须对出资者及其责任作出明确界定，因为出资者的出资是形成企业法人财产的基础，企业之所以能以其法人财产承担民事责任，就由于有出资者能对企业承担责任。

出资者负有相互联系的双重责任。一是出资者必须按其承诺的出资额缴足资本金，并且不能以任何形式或任何借口从企业抽回资本金，只能依照法律和公司章程转让股权，这是保障企业法人财产的完整性所必需的。二是在有限责任制度下，企业的债务、赔偿和亏损等，要由每个出资者以其各自的出资额承担责任，直到其投入企业的资本金赔光为止，这是维护现代企业赖以运行的信用制度的正常秩序所必需的。

我国国有企业产权不清，首先就是出资者缺位，即没有明确界定对企业的责任承担者。而在出资者缺位情况下，是根本谈不上维护所有者权益的。

国有企业的出资者缺位有诸多表现，例如，（1）国家投资决策与分配部门权力很大，而责任却不必承担。（2）国家财政拨款和银行贷款混同为国家授予企业经营管理的财产，对企业资本金和企业负债未予界定，并且让作为债权人的银行替代出资者，以贷款填补出资缺口。（3）本该属于企业资本金组成部分的折旧基金被作为财政资金管理，并以直接上缴或税费形式上缴财政部门和企业主管部门。（4）折旧基金长期提取不足，从而使相应的资本金转化为虚假的利润被分配到其他用途。(5)在上述诸种原因和其他原因已经形成企业资本金巨大缺口的情况下,让企业负债进行更新改造投资,这样,得不到贷款的企业无力进行更新改造,得到贷款进行了更新改造的企业,债务又不堪重负,今天面对市场都步履维艰,以致不少企业负责人感叹,企业技术"不改造是等死,搞改造是找死"。(6)政府部门以没有财产作后盾的行政担保让银行给企业贷款,近年又有政府部门和银行机构为企业发行债券凭空担保,企业不能偿还到期债务时,实际上无人对它承担责任。

国有企业出资者缺位的直接后果,就是企业资本金缺口越来越大。资本金缺口意味着已有企业的资本金被挪用去铺了新的摊子或作了别的开支。现实状况是我国国有企业的总体规模已经扩张到了国家财政和国家银行都难以承受的程度。此话根据何在?

根据之一,当前国有企业的普遍状况是资产负债率极高。1991年年底,全国企业占用的全部流动资金的负债率早已达91.5%,自有流动资金仅8.5%。国有企业全部资产的负债率,据有关部门最近统计,全国平均已达70%,即负债与所有者权益的比率已是7∶3。这就是说,企业现有资产的很大部分是由负债形成的,特别是流动资金基本依赖负债。当然,如果企业经济效益很好,其盈利足以偿债且有余,企业资产负债率高点也无妨。问题是,国有企业的资金利润率,早在1992年,工业企业就已降到2.7%,商业企业更是负数。因此,非常明显,国有企业现有债务的相当大部分是无力清偿的。

根据之二,国家财政拮据,赤字与年俱增,根本无力弥补国有企业资本金缺口。1979—1991年累计财政赤字1080亿元,这还是政府债务收入计入了财政收入以后的数据。而1991年年末政府净负债额就已达1760亿元,这尚未包含由于财政原因造成的企业在银行的挂账。再看国家财政的偿债能力。据财政部部长在全国人大会议上所做的国家预算报告,1993年和1994年中央财政建设性预算收入总额分别只有316亿元和222亿元,而当年到期的国内外债务还本付息支出分别需 349 亿元和 480 亿元，建设性预算收入全部用来偿债，还分别缺 33 亿元和 258 亿元。可见，中央财政对企业投资，已完全仰赖于举借新债。在这种财政状况下，现在不可能指望财政拨款来弥补历史形成的巨大的企业资本金缺口。

根据之三，国家银行自有资金占其信贷资金来源总额的比重已低于《巴塞尔协议》规定的低限，同时银行的短期资金来源被各项长期资金占用过多的情况日趋严重，因此国家银行现在根本没有能力通过冲账办法来为国有企业弥补资本金缺口，且不问这样弥补是否合理。1991 年年底，仅财政性占用的信贷资金就已高达国家银行自有资金的两倍多，其中包括财政向银行的透支、借款，因财政欠拨、欠补、欠退而造成的企业在银行的挂账，由银行垫支的本应由财政拨款建立的国家专项储备所需资金，以及财政债券长期占用的信贷资金，等等。这个数据表明，在财政和银行连体的情况下，只要财政无力归还其长期占用的信贷资金，国家银行的自有资金实际上已成空壳。国家银行对其本身的资产负债结构尚且自顾不暇，何来资金冲账为企业弥补资本金？

国有企业因资本金严重不足而偿还不了银行贷款，国家财政拮据无力拨款弥补企业资本金缺口，国家银行自有资金也承受不了企业贷款的冲账，这是我国国有企业和财政、银行这个连体三胞胎的现实状况。这个棘手问题现在已经到了不能再久拖不决的时候了，否则这三者都有被拖垮的危险，更谈不上建立现代企业制度和市场经济体制。这个问题在现行体制范围内是解决不了的。然而，出路是有的。

出路就在深化改革。问题是怎么改，需要寻求相对而言改革成本较低而收效较大的可行途径。从既已形成的现实状况出发，我认为，在当前若干可供选择的方案中，银行对企业的一部分贷款由债权转化为股权可能是这样的一个途径。

但是，将银行的债权转化为股权的改革措施，在操作上需要明确几个原则。

第一，债权转股权的措施，应作为国家产业重组战略的一个组成部分，而不宜孤立地推行，因此，债权转股权的范围应严格限定，不是任何债权都宜于转为股权。具体讲，只有因国家该出资而未出资或者国家抽走了企业资本金所造成的企业无力还贷的那部分银行贷款，才可考虑债权转股权。对于企业经营亏损造成的坏账和挽救无望的企业，以及属于该淘汰或收缩的产业、行业或产品，则不宜将银行的债权转股权。

第二，债权转股权以后，银行应将股权经营同信贷业务分离开来，因为它们的职能不同，需要不同的资金支持。具体办法是银行设立专门的投资公司来从事这部分股权的经营。

第三，债权转股权弥补了企业资本金缺口，但是尚未解决银行因收不回贷款而造成的信贷资金缺口，因此，接着该做的事情，就是由银行设立的上述投资公司向社会发行股票或投资基金证券，吸收社会公众和法人投资，这样获得的资金不是用去铺新的摊子，而是用来归还银行信贷资金。通过这样的程序，该投资公司就改组为社会公众和法人持股的股份公司，而它的主要资产是它在工商企业所持有的股权，它的业务是从事投资和股权交易活动。

按照上述原则和程序实现债权转股权的改革，可以收到一举多得的功效。一是弥补企业资本金缺口，二是缓解企业负债过重对财政的压力，三是使银行信贷资金免受或少受损失，四是社会公众得到新的投资机会，五是部分银行存款转为社会公众直接投资，有利于分散国家银行过于集中承担的风险，六是企业和银行的资产负债结构的调整为建立现代企业制度和商业银行创造条件，七是便于投资公司或资产经营公司的启动，八是利于促进资金合理流动和国家产业重组。

需要再指出的是，上述原则和程序是一个整体，不能将其分割开来任取一点而不及其余。因此，在操作上，应作统筹规划，合理部署实施步骤，不应零敲碎打，各自为政。否则，债权转股权将不可能收到预期效果，甚至可能引发新的问题。

除了债权转股权以外，出卖一些不必继续保持国有的企业，并将出售所得资金用来给那些需要保留的国有企业补充资本金，也是适当收缩国有企业总体规模的一个途径。

有人主张国家财政通过增发财政债券来筹资，给现有的国有企业增拨补充资本金。据我看，这不是一个好办法。一是它将继续加重已经超负荷的财政负债，二是它只能复制旧体制，三是目前长期性财政债券的发行和交易已很困难。

我们在调整和理顺国有企业的资产负债结构，为建立现代企业制度创造条件的时候，还有一个问题不可忽视。我指的是现有退休职工的社会保障问题。我国在计划经济体制下实行的是低工资制而且经历了长达十几年的工资冻结的时期，职工个人不可能为其退休后的生活保障储蓄。同时，改革开放以前，国家和企业都没有建立职工退休基金和退休职工的医疗保障基金，因而退休职工的退休金和医疗费就从企业当年营业外支出中列支，以致现在老企业普遍感到职工退休负担越来越重，而且成为存量资产调整的严重障碍。其实这是寅吃卯粮的结果。80年代以来，各地实行退休金的不同范围和不同程度的社会统筹，缓解了退休职工多的老企业的困难，不过这只是将它们的部分负担转嫁到年轻职工多的新企业，而且统筹范围和统筹项目有限，并未完全解决老企业的职工退休负担重的问题。问题的实质还不在于企业负担，而是尚未针对其根源采取治本的办法。低工资条件下职工没有为养老储蓄的可能，国家和企业当时又没有为他们日后退休建立相应的基金，这就意味着国家和企业对职工的事实上的负债，现有国有资产存量中，有一部分其实是由这种对职工的隐性负债形成的。因此，当前在调整和理顺国有企业的资产负债结构时，应将国家和企业对职工的这一部分负债分离出来。办法是国有资产存量按适当比例划归国家保险机构持股，作为对现有退休职工退休基金和医疗保障基金，由保险机构将其股权收益用来对这些退休职工支付退休金和医疗费。顺便再说一句，由于计划经济体制下对集体企业有意压低工资和过度征税，由集体企业的财政上缴形成的国有资产中,事实上也有一部分来自对集体企业职工的退休养老保障的负债,因此,在按上述办法解决国有企业现有退休职工养老问题时,对集体企业现有退休职工的养老问题也应作相应安排。

同法人财产制度适应的公司治理结构

上面分析的现代企业的财产制度和责任制度以及我国国有企业在这些方面存在的问题,核心都是企业的产权结构问题。任何企业产权结构,都是通过相应的企业治理结构贯彻和实现的。现代企业的财产制度和责任制度也是同现代企业的治理结构不可分割的。

公司制度的治理结构是一种委托与代理的结构,但不是所有权与经营权的简单分离。公司董事会既是所有者即股东的代表,又是公司经营的战略决策者。它一头受股东会委托,由股东会选任,执行股东会决议,对股东会负责;另一头又聘任总经理,委托总经理负责日常生产经营决策和指挥。这种治理结构有三个特点,在我们今天建立现代企业制度时值得注意。

第一,人事权与财产权的统一。这本来在任何产权制度的企业都是共同的,因为只有通过企业的主要人事安排才能落实和实现所有者的财产权利。但是,在个人业主制企业和合伙制企业里,所有者职能与经营者职能都集中在业主个人或合伙人身上,因而尚未明确提出人事权与财产权的关系问题。而在公司制度下,公司在法律地位上作为独立的主体法人和作为股东的自然人相分离,就使人事权与财产权的关系问题成为公司的委托与代理的治理结构的关键问题。公司的组织制度安排,包括股东会选举和罢免董事会和监事会成员,以及按股权多少分配投票权,并授权这样产生的董事会聘任总经理,都体现了人事权与财产权统一的原则。

第二,公司决策与治理机构职能明确界定,各司其职。股东会对董事会、董事会对总经理,都有授权关系。在授权范围内,董事会和总经理分别都有职有权，全权负责，不受干预，否则干预者应承担责任。但是，无论董事会、董事个人或总经理，若超越授权范围行事，就要对越权而给公司造成的损失承担责任，直至个人赔偿责任。

第三，任何监督管理者本身都要受监督管理。总经理负责企业生产经营的统一指挥，监督管理企业内各个管理部门履行各自的职责和全体职工遵守劳动纪律、完成岗位任务。同时，总经理要受董事会监督管理，对董事会负责。董事会则要受股东会监督管理，对股东会负责。股东则不仅要受市场约束，而且要承受股东会决策是否正确和选择董事用人是否得当的后果。股东若是自然人，他就自己承受这个后果。股东若是机构，它由此后果所得的损益归根到底又要落到组成该机构的股东头上，因此该机构也必须法人化，形成公司的委托与代理的治理结构，最终受其自身的股东监督管理。股东对公司的监督管理，既通过股东会直接行使，又通过股票或证券市场交易间接进行。所有上述监督管理根本上都体现产权约束。

同时，企业职工要维护其作为劳动者的利益，也需要对企业的所有者和经营者有所约束。在涉及职工的劳动条件、工资福利待遇等问题上，他们通常通过工会对总经理、董事会以至股东会施加影响或进行监督，以防止其决策侵犯职工的合法权益。此外，近几十年来，一些市场经济发达国家的公司，为缓和劳资矛盾和提高劳动生产率，还推行了职工在某些层次和某种程度上参与企业管理的制度。

我国国有企业的体制是行政控制的体制，财产权从属于行政权，而人事权是这种行政权的核心。行政长官选择和委任企业领导人的标准，首先是能执行直接上级命令的行政纪律，而掌握人事任免权的部门和个人都不受产权约束。目前，不少地方对国有企业改组为股份制的试点企业，依然沿用行政任命办法，由上级行政部门任免企业的董事长、董事和总经理。这样，人事权与财产权脱节，既是对股东的侵权，又使股份制试点企业难以有效运行。国有企业的公司化或法人化，势必要求改革人事制度，使人事权与财产权统一起来。

我国在计划经济体制下的机构设置，无论是管理企业的上级部门，还是企业内部的机构，都是按行政控制的需要设置的，不存在受产权制约的职能界定。因此，职能混淆、职责不清的现象到处可见。监督管理者本身不受或少受监督管理的情况也相当普遍，监督管理企业的上级部门往往有权无责，而企业领导人却有职无权。这种机构配置的基本格局和各机构的职、责、权不对称的状况迄今尚未根本改变。显然，它是同现代企业制度不相容的。

国有企业的法人化改造，就组织结构来说，不仅要改革企业内部的组织结构，而且必须改革企业上面的组织结构。

企业上面的组织结构的改革，实质是要解决国家所有权职能应由怎样的机构承担以及它们如何履行这种职能的问题。①

国家所有权职能总要由国家授权的机构来行使。离开了具体的机构，国家不可能直接操作其所有权职能。而任何这样的机构，都只是作为所有者的国家的代理者，它们本身并不是所有者。因此，这里就有如何界定这些机构的职能和规范这些机构的行为，以及对其行为怎样实施监督，才能使其不致背离作为所有者的国家的目标而行事的问题。这种职能界定和行为规范必须通过国家的正式立法来实现。立法要明确规定行使国家所有权职能的有关机构各自的具体职能，国家授予的权力，它们对国家承担的责任，以及国家对它们实施执法监督的程序。这样的立法过程，实质是国家授权过程。离开国家立法，单凭政府行政命令的所谓授权，不能真正产生法律效力，因而不是有效授权。

国家所有权职能必须同政府对社会的行政管理职能相分离，同时国家所有权职能也不应集中于某个机构一身，由某一个机构代替国家充当所有者的总代表。国家所有权职能不是单项职能，而是一

---

① 详见拙作《国有资产产权经营与管理的授权问题》，《经济学动态》1994年第7期。

组职能，包括实施国家所有权的立法授权职能、执法监督职能、国有资产管理职能和国有产权经营职能。按照职能分工的原则，应分别由特定的不同机构来承担，并形成相互制衡的体系。

在这些机构中，同工商企业直接发生产权关系的是国有产权经营机构。它们也是法人化的企业，不过是从事国有产权经营的特殊企业。作为法人化的企业，它们本身的产权必须首先明确界定，并将资产负债比率保持在合理的限度内。这样，它们作为其他企业的投资主体和持股者，才有能力承担其应该承担的责任，从而也才有资格行使其应该行使的权力。

（原载熊映梧、刘常勇主编《公营企业改革·海峡两岸的共同课题》，黑龙江教育出版社1995年版）

关住无主投资的闸门

我们面前摆着一组已见诸报端的统计数据。

（1）截至1994年8月31日，已完成清产核资的12.4万户国有工商企业资产负债结构的汇总数据为：资产总额41370亿元，负债总额31049亿元，所有者权益总额10321亿元。据此，资产负债率为75%，即负债/所有者权益比率为3∶1。

（2）据有关部门对山东省企业清产核资情况的分析，约有27.6%的国有企业负债总额超过了账面资产总额，即资不抵债；另有21.5%的企业，损失挂账总额超过所有者权益总额，也就是说，若冲抵的话，所有者权益就成为零。这两个数据的合计表明，49.1%的国有企业事实上所有者权益已是乌有。

（3）国有企业占用的银行贷款，40%已无力偿还银行，其中包括企业实际作为铺底流动资金经常性占用的贷款，以及已属有账无物的坏账。

这些数据反映了一个基本事实，就是国有资本所有者权益远远不足以支撑全国国有企业目前这样大的总体规模。企业负债过度只是表象而已。

从总体看，对国有企业的投入，其实并不少。进入90年代以来，在国有经济占国民经济的比重持续下降的同时，全社会固定资产投资总额中国有部门所占比重却呈上升趋势，从1989年的61.27%剧增到1990年的65.60%和1992年的67.14%，1994年更上升到71.29%。1994年6月底，全国500万元以上在建项目建设总规模中，国有部门占78%。这是同发展市场经济的改革方向显然相悖的现象。再看收益：国有工业企业在全部工业企业中的比重，1993年年末固定资产净值为75％，而1993年实现利税仅为66％，1994年上半年又下降到62％。

为什么国有部门固定资产投资膨胀和企业资本不足、负债过度同时保存呢？这是计划经济外延扩张机制依然支配着国有部门投资的结果，尤其是在国有资本供给愈益短缺的情况下仍然持续地依赖负债投入去铺新摊子的结果。目前国有部门投资约有80％的资金来源依赖负债。因此，投资愈多，负债也就愈重。据辽宁省经贸委统计，该省国有企业现有债务的54％是1990年以后形成的。这说明国有企业负债过度的情况有加速发展之势，而它正是发生在全国国有部门固定资产投资加速膨胀之时。

由此可见，国有企业资本不足和负债过度问题，不是靠单纯增加投入所能解决的。只有能够有效地置换企业债务的增资，才能将负债/所有者权益比率调整到合适的程度。

但是，多年实践表明，只要出资主体缺位问题不解决，国有企业及其主管部门追求外延扩张的动机就始终远强于调整企业资本结构的动机。这是因为，出资主体缺位的投资，即无主投资，是对投资风险和清偿债务事实上都无人承担责任的投资，任何人（任何机构）都不会有因投资决策失误而破产之虞。

某些国有企业近年即使在进行股份制试点时也依然表现出这种行为方式。它们的主要注意力是在发行（而且是溢价发行）股票筹集资金，一旦资金到手，就由分离出来的股份公司去铺新摊子，而历史债务则留在被称为其控股公司的原企业，这样的"控股公司"本身仍然没有明确的出资者。有些国有企业在引进外资"嫁接改造"时也采取类似做法。投资的外延扩张根源于出资主体缺位。因此，要抑制国有部门固定资产投资膨胀，并合理调整企业资产负债结构，首先要关住无主投资的闸门，即停止国有资本出资主体不明的投资。无论对现有企业增加资本还是投资新建企业，都不宜继续沿用计划经济的行政分配投资的办法。国有资本应经由依法构建的能对企业承担出资和债务清偿责任的法人出资机构注入企业。

对国有资本无力予以增资减债的重债企业,或者国有资产存量配置不合理而需要转移的企业,应适时开放民间资本进入的渠道,通过有序的产权交易进行企业财产重组。尤其是对吸收公众投资的规范化的投资公司的组建和进入,要给以应有的重视。

(原载《改革》1995年第3期)

再谈关住无主投资闸门

笔者在《改革》1995年第3期发表的短文《关住无主投资的闸门》提了一个建议，即"停止国有资本出资主体不明的投资"。无论对现有企业增加资本还是投资新建企业，国有资本都应经由依法构建的能对企业承担出资和债务清偿责任的法人出资机构注入企业。该文集中谈了这个建议的主要根据。现在笔者想就当前国有企业增资减债的方式再谈谈这个建议。

现在，人们对解决国有企业资本不足和负债过度的必要性已取得共识，需要进一步研究的是资本怎样投入才有效率，并能防止旧病复发。

我们不妨以若干增资减债措施为例试作分析。

对80年代的"拨改贷"资金转为国家对企业的投资，已无争议。该项资金本来就是财政资金，现在"贷改投"在技术处理上没有困难。但是，从经济上看，就有个怎样转法更有效率的问题。如果只是经过政府规定的部门批准，在账户上一转了事，那就无非是回到财政拨款。我们也可以有另一种选择，为几百亿"拨改贷"资金组建精干的具有法人实体性质的投资机构，每一个企业的"贷改投"也只需要经过账户处理就能转，但转了以后就建立起该投资机构对企业的持股关系，即"拨改贷"资金转成该投资机构对企业的股权，同时使企业以资本金置换债务。这样做，可使该项资本营运变无人负责为有人负责，让企业的这部分资本先行明晰出资主体，该投资机构对国家要承担这项资本的增值责任，对企业要以其股权承担财产责任。

另一项增加企业资本金的措施是,在国有企业"优化资本结构"试点城市,由同级财政部门将企业实缴所得税收入的15%返还给原企业,作为国家对企业注入的资本。尽管政策上明确这是增资,不是减税,但这种注资形式易使企业将其视同于以往的减税让利,而且企业的产权模糊状态也没有改变。如果换一种形式,情况就大不一样。企业实缴所得税收入的15%仍可由财政部门直接返还给原企业,但在返还的同时,将其股权记入为这项退税设立的基金账户,由该基金组织对企业持股,并为这项退税形成的资本的增值对国家承担责任。这样通过税收返还注入企业的资本,就有了明确的出资主体,从而无论在事实上还是观念上同减税让利明确区分开来。

国有土地特别是大城市繁华地段土地使用权转让收入,已成为各地政府可以用来增加企业资本金和调整产业结构的重要财源。目前,土地使用权转让收入一般缴给财政部门,作为财政资金使用;有的地方,市政府采取一些变通程序将其直接划拨给企业或企业主管部门作为资本。这两种办法,即使增加了企业资本金,也不过是复制既有的模糊的产权关系,而且财政部门或企业主管部门可能并不将其用于增加企业资本金。如果将土地使用权转让收入集中到专门组建的土地投资公司的账户,由该账户给企业注入的资本就形成土地投资公司对企业的股权。这样,企业的这项增量资本有了确定的出资主体,由土地使用权转让收入形成的资本的营运也有了可承担责任的法人实体。

上述三例说明,在国家对企业增加资本金的同时,先行界定增量资本的出资主体,是可能的。对其他增资减债措施,也可仿此思路去分析与设计操作方法,这里不再赘述。这是用市场经济办法增加企业资本的思路。它将企业增资与改制结合起来,尽管这暂时只是限于增量资本明晰出资主体的局部改制,终究是向着国有企业建立现代企业制度的改革方向前进了一步。

这种做法,对国有企业制度改革至少有三个可预期的好处。一是避免继续复制与扩大出资主体缺位的模糊产权。二是利用企业增资减债机会设置有明确资金来源的多种形式的法人出资机构，并形成它们对企业的持股，可为国有企业的公司化改制创造投资主体多元化条件。三是出资主体的多元化将为弱化企业对政府部门的行政隶属关系和形成出资主体对企业的产权约束机制创造有利条件，从而对政企分开有所促进。当然，国有资本增量的出资主体明晰化不可能替代国有资本存量的产权明晰化；但是，增量改革完全有可能比存量改革先到位，并且前者将对后者起促进作用。

（原载《上海证券报》1995年9月18日）

破产财　岂可发？

本文题目也许会使读者纳闷：破产哪来财可发？这档子事，眼前还真有。且看一个实例。

一家从投产之日算起才不到 10 年的新建国有企业，由于投资决策失误和经营不善等诸种原因，资不抵债愈演愈烈，终于宣告破产。它的拍卖价是 5400 万元。按拍卖价算，该厂资产负债率高达 300% 以上。可是，它的破产，当地政府部门不但不赔，反而赚进一笔。

在 5400 万元拍卖价中，包含土地使用权出让金 2600 万元。在偿债前，当地政府先将这 2600 万元全部留下，据说是要用来安置破产企业职工的，法规依据是《国务院关于在若干城市试行国有企业破产有关问题的通知》（下文简称《通知》）。这样，只剩 2800 万元能偿付债权人，按债务总额算，清偿率平均仅 15%；由于抵押贷款优先清偿，其他一般债务清偿率只有 9%。

我们来看《通知》规定："企业破产时，企业依法取得的土地使用权，应当以拍卖或者招标方式为主依法转让，转让所得首先用于破产企业职工的安置；安置破产企业职工后有剩余的，剩余部分与其他破产财产统一列入破产财产分配方案。"

任何懂得中文的人，无论如何都不致会将这个规定误解为破产企业土地使用权转让所得一律归地方政府或政府部门支配使用，即使安置破产企业职工后有剩余的也不必用于清偿债务。

现在的问题是，本文所说的这家破产企业职工的安置，是否真需要 2600 万元？企业主管局为安置该厂职工编造的预算，要价是 1700 万元。那么，至少还剩余 900 万元。而且，同级政府其他局也说，该局定的标准过高，以后别的破产企业攀比起来，怕政府负担不起。可见它的预算是宽打的。不过，宽打可以窄用，未必都要用到破产企业职工头上。

这家破产企业的职工，除了企业收购方接收的职工以外，需要安置的，包括 70 多名离退休职工在内，总共 400 多人。就以 500 人平均，按土地使用权转让所得 2600 万元计，人均 5.2 万元。即使主管局预算要的 1700 万元，人均也达 3.4 万元。按目前一般"行情"，这个金额足可"买断"全部工龄。事实上，该厂是投产不到 10 年的新企业，在职职工平均年龄才 30 多岁，比老企业安置显然容易得多。

综上所述，该破产企业土地使用权转让所得，用于职工安置以后，尚有上千万元的剩余。这样估算似乎不过分。不过，绝对数对本文而言并不重要。重要的是确定一个事实，该破产企业拍卖所得，确有一个不小的部分，既非用于安置职工，也未用于向债权人偿债，而是流入了当地政府部门，甚至是对该企业破产多少负有责任的政府部门。

问题的焦点在于这种行为背后的机制。尽管对国务院上述规定不可能产生误解，但是，这并不意味着政府部门都不会作出自己的解释，像早已有之的"上有政策，下有对策"那样。你规定土地使用权转让所得"首先"用于破产企业职工安置，我就来个按"规定"土地使用权转让所得"就是"用于安置职工，就该全部留下，用不完，归我支配。本文涉及的那家破产企业所在的当地政府各有关部门之间，对作这样的解释并无异议。只是那 2600 万元截留下来以后，究竟是归你局还是我局支配，或者你我各支配多少，据闻已吵了好几个月。

那么，债权人到哪里去了呢？该争的为什么反而不争？该企业的最大债权人是一家国家专业银行在当地的分支机构，拥有其绝大部分债权，当然最有发言权。可是，它不发愁。目前由于破产企业尚少，它还有足够的呆账准备金可用作企业破产冲账。它提取的呆账准备金累积到中国人民银行规定的控制比例时，就不能再提；用掉了，可以继续再提。因此，只要有可用的呆账准备金能冲账，未追索回的债权，于它无损，损失也不过是总行的。它吃地方的饭，何不给地方政府作点"贡献"？这里，机关角色意识压过债权人意识。

至于地方法院，它作为地方政府的一个机构，在该企业破产处理的全过程中，都同地方政府及其有关部门进行了充分的协调。它的行政意识更强于司法意识。否则，何以解释该企业土地使用权转让所得扣除安置职工的必需以后的剩余，为什么不判给债权人？！

我们从这个案例看到的是，该破产企业所在地的地方政府及其有关部门、地方法院和国家银行地方分支机构的合谋。这个合谋使债权人首先是国家银行蒙受上千万元的额外损失。"额外"者，即在企业破产造成债权损失之外，债权人还损失了部分本可用于偿债的破产财产。这种合谋行为是体制现象，它在其他地方的企业破产过程中也有另外形式的表现。所以，为防止这种合谋，切实保障债权人的合法权益，体制上需要进行怎样的改革，已成为一个不可回避的课题。

以计划经济体制下"吃银行"的心态，将企业破产财产也当"免费午餐"来吃，但须知它们吃的"午餐"决不是免费的，而是有人付费的。付费者，直接的主要是企业的最大债权人国家银行，间接的是国家银行的债权人，即银行存款户，首先是在银行储蓄的居民。当前，在国家专业银行的资本充足率早已保证不了的情况下，银行债权损失难保不会转嫁到存款户头上，最简单的转嫁办法就是通货膨胀，存款贬值。所以，如何切实保障国家银行存款户（主要是城乡居民储蓄户）的合法权益，企业破产怎样使他们免受损失，起码是尽可能把他们的损失降到最低限度，也已经成为体制和政策上亟待解决的课题。

（原载《改革》1995 年第 5 期）

学术刊物的生命在于探索

——《经济研究》创刊 40 周年座谈会书面发言

人的生命在于运动,学术刊物的生命在于探索。值此《经济研究》创刊 40 周年和《经济学动态》创刊 35 周年之际,谨致诚挚的祝贺;同时,我想以曾经多年从事《经济研究》编务的亲身体会,对这个问题谈点看法。

制定一个鼓励与支持学术探索的明确的编辑方针,并精心组织实施,这对学术刊物的正确定位和充分发挥学术刊物的功能是至关重要的,尤其是在改革时期。《经济研究》1985 年经编委会审议通过的编辑方针(《经济研究》1985 年第 4 期),就是这样一个编辑方针。它适应以经济建设为中心的改革开放新形势,将鼓励与支持学术探索同贯彻实施党在新时期的基本路线统一起来。它倡导面对现实而不是回避现实的当代中国与世界重大经济理论问题的探索,通过坚持从实际出发的研究深化理论和提高学术水准,将现实问题的深层次理论研究同经济学的学科建设结合起来。它主张在坚持马克思主义指导的同时,实行学术上的对外开放,促进对外学术交流,有鉴别地吸取现代经济学的一切具有科学意义的切合实际的研究成果,为我所用。它坚持开展学术问题的百家争鸣,遵循实践是检验真理的唯一标准的基本原则,提倡基于平等态度的自由的切实的讨论,以理服人,反对强加于人。它在依靠《经济研究》原有作者队伍和充分发挥他们的作用的同时,把有计划地发现和培养大批年轻的有发展前途的作者作为《经济研究》开创新局面的战略性问题明确地提上了议事日程。

这个编辑方针的实施是有成效的，它对促进中国改革与建设事业和经济学的理论建设作出了贡献。而某些时候某些方面对它的干扰或偏离，则既不利于经济实践与理论的发展，也有损于《经济研究》本身的形象。这已是有目共睹的事实。当然，这个编辑方针仍需随着实践的发展而继续充实与完善。但是，有一点可以肯定，它只能是更有利于鼓励与支持学术探索，而不是逆转这个方向。否则，《经济研究》将失去自己的学术地位。

《经济研究》是全国性的经济学刊物，既不是社会科学院也不是经济研究所的学报，因此，它对院内院外、所内所外的作者均应一视同仁。就是说，它只能以明确规定的编辑方针为依据，以文章的学术水准决定稿件的取舍，在这样一个高层次学术刊物上不能容许任何人享有特权，以维护其学术尊严；更不能容忍个别人因某种非学术的特殊追求而翻手为云覆手为雨的言论侵占它的宝贵篇幅。同时，就一般意义而言，高层次学术刊物尽力减少以至排除空泛的、平庸的作品，也意味着对实事求是的、有真知灼见的严谨的学术探索的鼓励与支持。

《经济研究》在全国的学术地位是历史形成的，但决不是永恒的。在新的历史条件下，它能不能继续保持并增强这种地位，不仅取决于它内容是否充实和学术水准高低，而且取决于它能不能从学术发展战略上正确诱导经济理论研究。这种诱导不是居高临下的指导或领导，而是循着客观实践的需求和学术发展的轨迹的因势利导。《经济研究》编辑部在80年代发起的两个学术讨论会，就是为此目的而召开的。这两个会规模都不大，但对经济理论研究发生了实际影响。一个是1985年在杭州召开的经济机制理论讨论会，一个是1988年在天津南开大学召开的宏观经济基本理论讨论会。经济机制理论讨论会召开的目的，就是要破除长期统治着我国经济理论研究的脱离实际经济过程空泛议论先验的所谓"经济规律"的主观主义学风，提倡对实际经济过程及其机制的实事求是的研究，为突破不切实际的传统观念的探索扫除方法论障碍。会后的情况，特别是

《经济研究》面貌的显著变化表明，这个学术讨论会收到了预期的成效。当时也预计到从理论脱离实际的学风转到注重实际问题的研究，难免会一时出现对策性研究较多而基本理论研究缺乏的情况，这是不必苛求的。事实上，《经济研究》经历的这段时间并不长，1987年它就以宏观经济问题的争论为契机，提出了在坚持从实际出发的新的基础上研究宏观经济基本理论与基本方法的问题。1988年在南开大学召开的学术讨论会意图就在推动中国宏观经济理论的学科建设。这个会的实际影响也是好的。本来，《经济研究》编辑部还打算在1989年将企业理论与产权理论的探索提上日程，以推动中国微观经济理论的学科建设。后来由于1989年年初我就离开了编辑岗位，因而未再过问。不过，在认真研究实际经济过程的基础上深化理论研究和提高理论层次，在我国经济学界已是不可逆转的趋势，这是经济学的学术发展本身的轨迹。

　　鼓励与支持学术探索，包含着倡导严肃的实事求是的学术评论与批评，但是不能容忍对作者探索权利的侵犯。这对《经济研究》这样一个全国性学术刊物来说是一个原则问题，因为中国不改革就没有出路，而不探索就根本不可能进行改革。从这个意义上说，反对探索，实质是反对改革。在这个不仅涉及《经济研究》编辑方针，而且同人民与国家的命运相关的问题上，80年代曾发生过争论，90年代依然有争论。但愿这个关于应不应保护探索权的争论不致需要跨世纪，那才是中国经济学走向成熟和改革走向成功的标志。

（未发表原稿）

"小金库"清理与大金库改革

国务院专项部署检查"小金库",1995年已是第三次了。"小金库"(起初叫"小钱柜")呈越清越多之势。第一次(1985年)清查出5亿元,第二次(1989年)清查出13.7亿元,第三次清查出40亿元。

财政部、审计署与中国人民银行1995年《关于清理检查"小金库"的意见》对"小金库"的定义是:"凡违反国家财经法规及其他有关规定,侵占、截留国家和单位收入未列入本单位财务会计部门账内或未纳入预算管理,私存私放的各项资金均属'小金库'。"

我国财政体制将财政资金分为预算资金与预算外资金,因此,准确地说,使用财政拨款的预算单位侵占、截留的财政资金(包括预算资金与预算外资金)都是"小金库"。

"小金库"的形成,渠道众多,诸如隐匿营业收入、营业外收入、投资分红所得与盘盈资产,虚报冒领与虚列开支,截留规费与罚没收入,侵占变卖资产或出租公房所得,侵吞"公款私存"的利息,通过价格转移索取回扣,以乱拉赞助、捐赠和乱摊派、乱收费所得私存私用,等等。

"小金库",大黑洞。它使国家资金脱离国家监督,任由单位领导人擅自支配,不仅成为滥发财物、公款私分、账外报销、铺张挥霍等各种违规开支的财源,而且为贪污、行贿受贿、挪用公款、利用职权投机倒把,甚至用公款赌博嫖娼养情妇等腐败犯罪行为大开方便之门。据检察机关目前查办的贪污贿赂案件分析,侵吞、侵占、行贿的资金90%以上来自"小金库"。

"小金库"的产生和蔓延，有体制、法制和政策不健全、不完善等多种原因。但笔者认为，财政资金管理体制改革严重滞后是其基本原因。

我国现行财政资金管理体制仍然是将财政资金分为国家预算资金和预算外资金进行管理的体制。这种财政资金双轨制还是 50 年代初期建立的。

财政资金双轨制是计划经济的产物。我国经济改革以前，国家依靠计划经济的行政控制手段，尚可管住当时规模不大的预算外资金。但是，财政资金双轨制同改革开放以来整个经济的变化越来越不适应，同正在建立的社会主义市场经济体制的矛盾越来越突出。

（1）预算外资金实力与地位已发生根本变化，而对它的管理仍是计划经济的老办法，结果不能不失控。预算外资金当初只是作为国家预算的补充而建立的。50 年代初仅有机关生产收入（用于机关零星开支）和乡自筹资金（用于乡村文教卫生的行政经费），以后陆续增加了地方财政各项税收附加收入，以及企业主管部门集中的与企业留用的各种专项基金等。1952 年全国预算外资金收入仅相当于国家预算收入的 7.8%，到 1978 年还只有 31%。改革开放以来则迅速上升，1984 年达 81%，1988 年达 91.2%，1992 年升到 97.7%，预算内外资金收入已几乎相等。当预算外资金还处于补充地位时，政府靠审批和检查等行政手段管理预算外资金，尚能见效。但是，面对着日益成长的市场经济环境，对于已经增长到同国家预算资金旗鼓相当的预算外资金，这种管理办法就失灵了。1986 年《国务院关于加强预算外资金管理的通知》就曾指出："在资金的管理和使用方面存在不少问题"，如"有些单位巧立名目乱收费，化预算内收入为预算外收入，有的甚至将这笔资金变成单位的'小钱柜'"。可见，"小金库"（"小钱柜"）的由来是同财政资金双轨制直接相关的。自上述《通知》以来近 10 年，化预算内收入为预算外收入、再变"小金库"的现象愈演愈烈，以致相当一部分预算外资金没有纳入财政管理，处于失控状态。北京市副市长王宝森正是以这种体制性的失控状态为可乘之机，利用其主管市财政的职权监守自盗，编造假预算，预留资金擅自支配，逃避国家监督，肆无忌惮地贪污受贿、挪用公款，并为其支持者的奢靡生活提供别墅、高档公寓等物质条件。

（2）这种财政资金管理体制同正在建立的现代企业制度不相容。在计划经济中，国有企业财务依附于国家财政，企业资金是财政资金的组成部分，企业没有独立的法人财产。即使企业留用的专项基金，包括基本折旧基金、大修理基金和企业利润留成，都要作为预算外资金归财政管理。这种管理体制的弊端是：①对企业资金实行行政控制，束缚了企业自主经营；而一旦放松行政控制，由于缺乏产权约束，企业资金又难免滥用。②难以防止预算内外资金相互流用。事实是，既有预算单位化预算内收入为预算外收入的情况，也有财政部门为平衡预算的需要而将预算外资金征集为预算内资金的情况，如国家能源交通重点建设基金（1983—1993年）和国家预算调节基金（1989—1993年），不仅要对企业税后利润征集，而且要对企业基本折旧基金和其他更新改造基金征集，以致侵蚀企业资本金。③在行政性的财政管理失灵而产权约束又尚未建立的情况下，预算外资金成为方便政府各部门及其某些领导人向企业伸手摊派或"报销"开支的财源。④个别以国家资金恃权经商的人，利用其企业既无行政控制又无产权约束的体制弊端，私吞国有资产。贵州省国际信托投资公司董事长阎健宏（曾任贵州省计委副主任）就是通过以发放贷款的权力索贿受贿以及将大笔大笔营业收入转移到账外等手段，私吞国有资产数以百万计，犯下了贪污、受贿、投机倒把和挪用公款等数罪并罚的死罪。

（3）财政资金双轨制不利于政府职能转变，而且助长政府部门以权谋私的行为。一方面，政府各部门集中了一部分本该形成企业法人财产归企业支配的资金，成为对企业经营任意干预的手段。另一方面，各级政府多年来增设了各种没有正常财政拨款或拨款不足的机构，让其靠收费"创收"，以预算外收入维持生存，于是五花八门的乱收费、乱设基金的现象普遍蔓延。这种钱权结合使政府职能转变更加困难。某些政府部门之间争夺收费权的纠纷时有所闻。80年代中期以来，行政事业单位预算外资金膨胀特别迅猛，1992年比1984年增长了5.2倍，而同期国有企业及其主管部门的预算外资金仅增长1.9倍。有行政性收费和罚没收入的单位，私设"小金库"现象尤其严重。

由于市场化改革中经济条件的变化，计划经济体制下建立的财政资金双轨制已难以有效运行，防止预算内资金向预算外泄漏、预算外资金向"小金库"泄漏的堤坝已难以修补。清理检查"小金库"主要依靠单位"自清自查"，这本身就表明财政部门对财政资金的监督管理力不从心。上百万个单位，究竟有多少个进行了认真的如实的"自清自查"，恐怕谁也说不清。本文开头提到的三次清查出的金额，其实不过是"冰山一角"，而且清查时大多早已支出。例如，1995年6月底按全国各单位上报的"小金库"自清自查表统计的清出金额14.7亿元，其中10.8亿元已经支出。至于组织清查的成本，尚无人统计或估算。同时，在一次又一次的清查和被查的博弈中，被查者的对付办法也越来越多。所以，就"小金库"论"小金库"，不可能根治"小金库"。

"小金库"的治本之策在于大金库改革。具体说，就是要改革作为计划经济产物的财政资金双轨制。首先是企业资金从财政资金中分离出来，建立由明确的出资者承担责任的企业法人财产制度。据1979—1992年统计，国有企业及其主管部门的预算外资金占全国预算外资金收入的比重，历年分别在70%—83%。所以，它在预算外资金中是主角，理顺了这一块，就可使大部分预算外资金转化成为受产权约束的国家资金。其次，地方财政预算外资金和行政事业单位预算外资金也要区别情况进行改革。事业单位的经营性收支与财政性收支要分流，按分别制定的相应规则运作与管理。行政单位和地方财政的预算外资金原则上应同预算资金并轨，纳入公共财政，依法进行预算管理。同时，凡有必要设置的行政机构，都应确定正常的预算经费来源，并将其收支置于财政部门的预算管理范围内。

（原载《改革》1996年第1期）

附 注

2014年8月31日十二届全国人大常委会第十次会议《关于修改〈中华人民共和国预算法〉的决定》，增加了"政府的全部收入和支出都应当纳入预算"的规定，从法律上宣告了预算外资金的终结。

国有产权营运体制改革评析

中国国有企业的改革包含两个层次的改革。一是企业制度的改革，即国有企业实行公司化改革。二是所有者职能系统的改革，即国有资产管理体制改革与国家资本出资主体的构建。本文以国家资本出资主体的构建为主题，先描述国有产权营运体制改革现状，再分析其利弊与发展趋势。

一 目前改革方式

中国国有企业原来只有同政府的企业主管部门的行政隶属关系，以及同政府财政部门的财务隶属关系，不存在企业同明确的出资主体的产权关系。

国有企业实行公司制改革试点以来，陆续出现了构建不同形式的国家资本出资主体的尝试。

（1）公司制改革试点企业中，部分企业的改革办法是，以其分离出的经营性资产，加上向社会募股，设立新的公司，原企业留剩部分就改为总公司或集团公司，作为对新设公司的国家股权的持股主体。例如，马鞍山钢铁总公司"代表国家"持有马鞍山钢铁股份有限公司60%以上的股份。

（2）1992年，国家国有资产管理局经国务院批准对东风汽车集团、东方电气集团、中国重型企业集团、第一汽车集团、中国五矿集团、天津渤海化工集团和贵州航空工业集团实施企业集团国有资产授权经营试点，"将企业集团中紧密层企业的国有资产统一授权给核心企业（集团公司）经营和管理"，集团公司成为集团成员企业的持股主体或产权主体，在企业集团内建立母子公司关系。

（3）各级地方政府分别组建国有资产经营公司或国有控股公司。最早的是 1987 年成立的深圳市投资管理公司。其他地方在 1992 年以后陆续建立。目前主要有两种类型。一类是一个地方政府建立一个综合性的国有资产经营公司，如武汉市国有资产经营公司、泉州市国有资产经营公司等；一类是由地方政府的企业主管部门改建的行业性的国有资产经营公司或国有控股公司，上海、北京等大城市都这样组建。上海市政府 16 个专业管理局已分别改组为专业性国有资产经营公司（控股公司）或具有产权经营与生产经营双重职能的集团公司。

（4）全国性行业总公司改组为国家控股公司。1993 年《中共中央关于建立社会主义市场经济体制若干问题的决定》规定："按照现代企业制度的要求，现有全国性行业总公司要逐步改组为控股公司。"1994 年，国务院确定中国石油化学工业总公司、中国航空工业总公司和中国有色金属工业总公司进行分别改建为国家控股公司的试点，目前正在组建。国务院的一些企业主管部门也纷纷申请国家授权改组为行业性国家控股公司。

（5）国家计划部门的投资分配机构通过重组建立国家控股公司。1988 年，经国务院决定，成立了 6 家隶属于国家计委的国家专业投资公司；它们本身无资本金，不是具有出资能力的投资机构，实际只是执行国家计委投资决策的投资分配机构。1994 年成立国家开发银行时，这 6 家国家专业投资公司并入该行，并在 1995 年新组建了国家开发投资公司，作为用国家资本金对国家重点建设项目投资的国家控股公司，它主要从事政策性投资业务。

二　进展与局限

上述各项措施，推行的背景和所起的作用不尽相同。

马钢型的出资主体，是为国有企业改组的股份有限公司的国家股设置的持股主体。这样使公司能向社会公众发行股票，并在证券交易所上市。但是，作为该持股主体的原企业（总公司或集团公司）本身的出资主体仍然缺位，它同企业主管部门依然保持着行政隶属关系。这种体制影响着国家股占控股地位的公司治理结构的建立与健全，也是微观机制上限制国家股流通的因素。目前上市公司的国家股尚未流通，虽然主要是由于宏观原因，但这个微观因素也不可忽视。

企业集团实施国有资产授权经营，促进了企业集团内部以资本为纽带的母子公司关系的形成。80年代开始产生的企业集团，它的所谓"紧密层企业"，除集团核心企业投资建设的以外，还有不少是政府以行政划拨方式划归集团核心企业统一管理的企业。由于核心企业对它们没有出资关系，而且它们同政府财政部门仍各自保持着财务隶属关系，因此，核心企业尽管可以在集团内部统一规划安排它们的生产经营，但对它们的管理还是行政管理。国有资产授权经营，通过政府授权方式，确定集团核心企业对属于同级财政的集团成员企业的国家资本行使出资者职能。这样使核心企业与成员企业之间得以建立起以资本为纽带的母子公司关系，代替了行政管理关系，从而改变了集团内部彼此若即若离的不确定状态，促进了企业集团的顺利运作与发展。但是，集团核心企业本身的出资主体或产权界定问题尚未解决。

地方政府组建的国有资产经营公司或国有控股公司，为地方国有企业确立了产权主体，有利于推行国有企业的公司化改组和国有存量资产的流动与重组。例如，深圳市投资管理公司作为市属国有企业的出资主体和其控股、参股公司的持股主体，从事国有资本的投资运作和产权经营。它和企业之间建立了出资者与企业法人的关系，不存在行政隶属关系。由于企业不再需要主管部门，深圳市政府就不设主管企业的专业局，只设经济发展局、贸易发展局等经济综合管理部门。深圳市投资管理公司原先对国有企业还兼有某些一时交不出去的行政管理职能，1992年深圳市国有资产管理委员会成立后，这些职能就移交给了该委办公室，这样便进一步实现了国有产权经营职能与国有资产管理职能的分离。为了改变国有产权垄断经营状况，并完善地方企业集团内母子公司关系，该市在1994年又成立了两家国有资产经营公司，即深圳市建设投资公司和商贸投资公司。这是在地方企业集团基础上建立的国有控股公司。现在，深圳市三家国有控股公司根据"谁投资、谁派人、谁管理、谁负责"的原则，建立了产权代表委派制度和产权代表报告制度，以人事权与财产权的统一代替了国有经济中二者脱节的体制，有利于形成通过人事选择保证产权控制的机制。

然而，深圳市的体制还是孤例。上海市近年通过国有控股公司的组建与运作，推动了资产重组、企业改革和产业结构调整，但这些国有资产经营公司或国有控股公司本身的出资主体仍然没有界定。此外，目前各地组建国有资产经营公司或国有控股公司都是地方政府自立规章，全国尚无统一规范，因而彼此差异很大。有的地方，各级政府层层推行国有资产授权经营，甚至市辖区政府的各个专业局都分别翻牌为国有资产经营公司或国有控股公司，才几千万元的资产规模也成了一家"国有控股公司"。这类机构，不少兼有出资人与行政双重职能。

国家开发投资公司可以承接原中央基本建设基金贷款转为企业的国家资本金部分，作为其出资主体。但是，它作为政策性投资公司，本身资本的经常性来源和筹资的法定程序问题尚待解决。

三 行政总公司改组的争议

关于全国性行业总公司和国务院的企业主管部门改组为国家控股公司问题，目前引起很大争议。

行业总公司和企业主管部门的改组要求强烈。它们关注的热点，以试点行业总公司为例，一是要求国务院授权总公司管理与经营其全系统的国有资产，原来有行政隶属关系的企业改成它的子公司，企业的所有者权益转为总公司对子公司的资本投入，在产权与财务关系上由总公司一个口对国家；二是要求子公司的国有资本收益和国有资产转让收入由总公司统一收取，然后按规定标准由总公司向国家上缴部分资本收益，但近几年内应缴国家的资本收益全部留给总公司作为国家追加资本；三是要求将总公司改组成既从事产权营运又从事生产经营的混合型控股公司，并由国家授予其统贷统还的融资权和统一对外贸易权，等等。

关于国家控股公司组建问题，国内在理论上已进行多年讨论，意见并不一致。但是，1995 年以来，对全国性行业总公司上述改组设想表示异议的，以国有大型企业和企业集团以及政府综合性经济管理部门尤为激烈。最突出的表现是 1996 年 3 月全国八届人大四次会议期间，以东风汽车公司总经理马跃牵头的三十余名全国人大代表联名提案，申述了大型企业集团公司改组为国家授权投资机构，与行业管理部门、行业总公司改组相比具有明显优势，并对行业管理部门、行业总公司改组为国家控股公司可能出现行业性垄断表示忧虑。

对全国性行业总公司、企业主管部门改组为国家控股公司可能产生的弊端，人们的疑虑主要是，一怕翻牌，二怕收权，三怕垄断，四怕分割。翻牌，就是政府行政部门或行政性总公司改名不改实，改组后依然保持政府行政权力，政府职能并不转变。收权，就是改组过程中凭借政府行政权力上收企业法人或企业集团公司法人权力，导致产权行政化，"婆婆"加"老板"，把企业卡得更死。垄断，就是国内形成行业性垄断，行业性控股公司不仅排斥系统外的企业竞争，而且在系统内具有直接从事生产经营职能的总公司将特权挤压子公司，国内垄断将导致中国企业丧失在国际市场的竞争力。分割，就是阻碍跨行业的资产重组与企业重组，维持"条条"分割的格局，延缓产业结构调整的进程。地方政府的企业主管局或行政性公司改组的行业性国有资产经营公司或国有控股公司也可能产生类似弊端，但是，由于它的影响主要及于当地，地区之间企业尚有竞争，因而它引起的反应还没有那样强烈。

四 难点待解

中国国有产权营运体制的改革取向正面临着抉择。抉择如何，将直接制约它的改革前景，并对中国经济改革与发展的总体格局产生不可忽视的影响。而这种抉择将取决于如何处理如下难点问题。

1. 立法与授权

各国设立国家控股公司的通常程序是先立法、后授权，或者立法与授权是同一过程，即为某个国家控股公司设立单独制定特殊法律。总之是授权以法律为依据。

在我国，作为国家财产基本法的《国有资产法》尚在草拟，规范国有资本出资机构的组织与行为的法律亦未制定，而当前各级政府以至政府部门却在纷纷推行国有资产授权经营。这种授权具有下列特征：

（1）它没有法律依据，是单纯凭借政府行政权力的行政授权。这就产生它在财产权上是否具有法律效力的问题。

（2）它由各级政府自定为授权主体，可是该授权主体自身并没有得到国家财产权的授权。自身没有被授权的主体，能不能向他人授权？这就产生该授权主体的授权资格问题。

（3）由于对授权者与受权者各自的责任以及与之对称的权力没有法律界定，这种行政授权的随意性很大，往往导致权力有人争，责任无人担，从而难以形成真正具有完全民事行为能力的产权主体。

（4）它使各个层次的国有产权主体之间的产权联系被层层行政权力割断，作为授权者的某级政府或其部门与作为受权者的国有资产经营公司或集团公司之间，行政权控制财产权的政资不分、政企不分状态将难以改变。

解决上述问题的途径是加快有关立法进程和提高立法质量，而立法进程之能否加快和立法质量如何，将取决于有关各方对国有资产管理与国有产权营运体制改革的基本问题能否尽快取得比较切实的共识。如果做不到这一点，继续无序授权，那就不免会走先授权、再整顿的弯路，大大增加改革成本。

2. 资本与出资

作为出资主体的控股公司是公司法人，因而它自身先要有组成该公司法人的出资主体，然后才能充当其他企业的出资主体。

目前我国的国有资产授权经营，是政府授权国有资产经营公司或集团公司对其下辖企业或子公司行使出资者职能，即把后者的国有资本存量通过政府授权划作前者对后者的出资。但是，作为母公司的国有资产经营公司或集团公司本身的出资主体问题并没有解决。这些母公司同作为授权主体的政府之间，仍保持着行政隶属关系。这种做法，如果只是作为改革的过渡步骤，未尝不可。但若作为长久的制度安排，则可能出现两种情况：一种情况是这些母公司依然摆脱不了政府过多的行政干预，很难真正作为独立的公司法人从事投资与产权运作业务；另一种情况是授权经营后政府放松行政控制，这些母公司对下辖企业或子公司拥有很大权力，它们自身却由于没有出资主体而不受产权约束，以致作为所有者的国家对它们在产权上难免失控。而一旦国家产权失控，出现混乱，继之而来的很可能是政府为整顿秩序而强化行政控制。鉴于目前各地各级政府纷纷宣布这样的授权经营有可能导致大大小小的国有资产授权经营公司林立的局面，对后一种情况尤其需要预察。

当然，从事国家资本营运的控股公司，总有最高一层母公司不设出资主体的问题。但是，第一，这样的母公司只能集中于国家控股公司（含具有国家控股公司资格的特大型企业集团公司）这一层面。国家控股公司的设立，既要防止垄断，应尽可能形成多家适度竞争的格局，又不宜过于分散，山头林立。国家控股公司可下设次层控股公司，形成母子公司关系的分层控股结构，这种母子公司关系可受公司法调整。第二，国家控股公司由于不再设出资主体（控股主体），而是作为特殊公司法人设立，因而需要国家最高权力机关制定特殊法，规范其组织与行为，明确界定其职责范围与权限，并对其设立程序以及主要人事任免程序、政府监管职责、审计监督、公司报告制度及其审议等作出具体规定，以保证国家对国家控股公司不致失控，避免国家控股公司蜕变为凌驾于社会之上的寡头。第三，国家控股公司虽不设出资主体，但不能没有法定的资本来源和法定的资本充足率约束。在我国，国有企业的资本存量通过体制改革可以成为设立国家控股公司的资本主要来源。但是，在改制过程中，国有企业资产重组与债务重组应统筹安排。国家控股公司有责任保证其控股（特别是全资）子公司的资本充足，解决它们的过度负债问题。国家控股公司自身若资本不足，除非转让子公司部分股权，就需要国家财政拨款弥补，不过这种财政拨款须由国家最高权力机关审议与授权，因此国家控股公司特殊法应对这种拨款程序作出规定。

这里主要是讲国家控股公司设立时的初始资本来源。营利性国家控股公司一旦营运以后，就应依靠自身资本增值滚动发展，不再依赖国家财政拨款增资。政策性国家控股公司应是个别的，尚需国家财政拨款补贴和增资，但应以实现国家政策目标所必要的成本和投资为限度，这种财政拨款程序也该由其特殊法作出规定。

3. **国家所有与地方公有**

目前各级政府授权其部门、行政性公司或所辖企业集团公司改组为隶属于各该级政府的国有资产经营公司（控股公司），这种授权实际是行使所有者职权。地方政府拥有决定或批准其所属地方国有企业产权转让的权力，而决定或批准企业产权转让的权力正是所有者的权力。这些事实已经突破国家统一所有、政府分级监管的原则，它表明在国家所有的同时，事实上也存在着地方公有。可是，地方公有至今只是被默认，立法原则尚未予以承认。这就产生了实践与原则的矛盾，它意味着各级地方政府事实上有权不经国家批准就转让原则上并未归其所有的企业产权，并有权将其并不拥有所有权的企业授权其下属机构行使出资者权力。

这种实践与原则的矛盾产生的实际影响是，首先，地方政府事实上像所有者那样对地方国有企业行使权力，但是可以不承担所有者应尽的财产责任，而让这类责任最终由作为"统一所有"主体的国家兜着。其次，由于原则上未予承认和法律上并未界定，地方政府对其事实上行使的所有权缺乏安全感。而且国家机关有关部门确实有人主张中央政府对地方政府所辖企业产权应保留上收或划拨的权力。由于产权上的不安全感，地方政府处理国有企业产权问题的行为难免趋向短期化，这已不是理论上的推论，近年不少国有企业产权交易案例可以证明。

与其受原则与实践的矛盾困扰，不如将原则与实践统一起来，通过立法承认事实上存在着的地方公有，并明确界定国家所有与地方公有的边界。凡属国家所有的产权应归入国家控股公司系统分层控股、持股，地方政府无权处置或授权经营。凡属地方公有的产权，就划归各该级人代会与地方政府管辖，界定产权的同时界定责任，使权力与责任对称，产权与事权统一。这样既可能使中央真正集中注意力于增强关键性国有企业或企业集团的活力与实力，又可能使地方对其公有产权的行使更注意兼顾当地的眼前利益与长远利益。

国有产权与地方公有产权界定之后，在日益发展的社会主义市场经济条件下，不会妨碍国有产权与地方公有产权之间以及地方公有产权相互之间的流动与重组，毋宁说更有利于它们的流动与重组。不过，这种流动与重组，将不再是靠行政划拨，而是通过明确的产权主体之间的产权交易来实现，从而有利于资源优化配置。

这些看法，只是一孔之见。实际工作中，要在这些问题上取得共识，尚有一段不短的路程。鉴于中国的改革方式和既有的权力与利益格局，中国国有产权营运体制改革看来很可能还会沿着已经启动的方式继续走下去。如前所述，这种方式不免产生无序状态。不过，二十来年的改革实践表明，中国的各项改革常常是通过众多的无序走向有序，只是改革成本与这个过程的长短成正比。

(原载《经济导刊》1996年第4期)

国有企业产权交易行为分析*

一 导言

(一) 研究主题和研究方法

通过国有企业存量资产的流动和重组实施国有企业战略性改组，已经提上改革开放的议事日程①。国有企业产权交易正在展开。产权交易中的国有资产流失问题是使人对国有企业产权交易心存疑虑的一个重要因素。何谓国有资产流失？国有企业产权交易中有没有国有资产流失？产权交易是否必然产生流失？不交易是否就没有流失？国有资产流失的根源究竟何在？应通过怎样的体制改革、政策调整和法制建设，才能既有效地实施国有企业存量资产的流动和重组，又防止或减少国有资产流失？这是当前改革实践中提出的亟待解决的问题，也是本课题关注的焦点。

对这些问题的回答，不仅需要从理论上分清是非，更需要对当前国有企业产权交易的实际情况进行深入细致的调查、研究和分析。因此，本课题的研究方法着重于案例研究，由课题组成员选择典型案例直接进行调查，收集和掌握每个案例的尽可能完整的第一手资

---

* 本文是中国社会科学院招标课题"国有企业产权交易中国有资产流失问题"研究总报告，唐宗焜、韩朝华合作。

① 《中共中央关于制定国民经济和社会发展"九五"计划和2010年远景目标的建议》(1995年9月28日)指出："要着眼于搞好整个国有经济，通过存量资产的流动和重组，对国有企业实施战略性改组。"《中华人民共和国国民经济和社会发展"九五"计划和2010年远景目标纲要》(1996年3月17日)规定："着眼于搞好整个国有经济，对国有企业实施战略性改组。"

料，然后运用现代产权理论的方法对其进行经济分析。

所谓经济分析，就是分析既定制度和政策环境中经济活动当事人的行为。就本课题而言，就是要从经济上分析国有企业产权交易当事人（政府部门、企业和个人）的行为，即从既定体制和政策环境中各类职能载体的人格化意义上分析交易当事人的行为，完全不涉及任何个人品质方面的问题。诸如贪污盗窃、行贿受贿和挪用公款等犯罪行为都不在本课题研究范围之内。这里对产权交易当事人行为的分析，着眼于角色分析，至于扮演角色的究竟是张三还是李四，对本课题来说并不重要。这样分析可以使我们了解国有企业产权交易中所反映出来的体制、政策和法律等方面诸多深层问题。

按照本课题的任务，它要回答产权交易与国有资产流失有无联系或者有怎样的联系，因而选择的案例集中于国有企业产权出让方的案例，没有选择国有企业作为产权受让方的案例。为便于比较，选择的案例中，有发生国有资产流失的，也有不流失的，还有不交易就流失的。通过不同类型的典型案例的比较分析，可以使我们更全面地把握问题的实质。

一个国有企业不能充当自身的交易主体，所以，本报告的标题"国有企业产权交易行为分析"只是简化的说法。准确地说，应是对国有企业产权出让方当事人的交易行为的分析。本报告也就限定在这个范围内分析国有企业产权交易当事人行为。

案例本身的典型性和案例资料的完整性决定着这种分析的质量。因此，案例的选择不在多，而在精。对案例，不抓则已，抓住一个就力求将其来龙去脉弄个水落石出。这是课题组的主观意图，至于实际效果如何，尚待读者评说。这里所谓案例的典型性，不是就产权交易实务，而是对应于本课题任务说的。课题选择的主要案例，已分别写出案例研究报告。[①]

[①] 详见唐宗焜、韩朝华、王红领等《国有企业产权交易行为分析（案例研究）》，经济科学出版社1997年版。

本课题在着重进行案例研究的同时，也研究了全国国有企业产权的现状以及产权交易的一般情况。我们力图将案例分析与总体把握结合起来，并对国有企业在产权交易与非交易情况下的产权状况进行比较，以便更深入地了解当前国有企业产权问题的症结所在及其改革方向。

本报告是在各个案例研究分报告和背景资料分析基础上撰写的课题研究总报告。其结构安排如下：第一部分对课题研究主题、范围与方法以及报告所用概念的含义作简略的交代；第二部分是对实际产权交易过程中的几个主要问题进行概括的案例分析，也是报告的重点；第三部分在上述分析基础上探讨几个有关的理论问题，并提出改革政策建议。

（二）概念界定

鉴于目前对产权、产权交易和国有资产流失等概念的含义众说纷纭，本报告在进入实质分析前对所用概念予以界定。不过，因本报告重点不在探讨范畴，这里的概念界定仅以本报告的分析需要为限，其他论述从略。

资产与产权

讨论国有资产与产权交易问题，首先碰到的是资产概念与产权概念的异同问题。

资产，从一般意义上讲，是指自然人或法人持有的具有交换价值的任何实物、凭证或其他资源。资产可以有多种分类方法。如以资产形态分类，它可划分为实质资产和金融资产；以资产在企业再生产中的功能分类，它可划分为固定资产和流动资产；以资产载体分类，它可划分为有形资产和无形资产。从会计实务的角度来看，资产是经济单位拥有或控制的能以货币计量的经济资源，它包括固定资产、流动资产、长期投资、无形资产、递延资产和其他资产。它们反映在资产负债表左方（资产方）的相关科目中。

资产是产权的载体。就这个意义而言，任何资产的交易都是通过资产形态的变换实现财产权利（产权）的交易。但是，对我们要讨论的国有企业产权交易来说，这样讲就嫌过于宽泛，它不能回答单项资产交易与企业产权交易的区别。

企业产权交易与单项资产交易

企业产权的交易不同于单项资产的交易。第一，它交易的是已经形成生产能力的整体资产，而不只是作为孤立生产要素存在的单项资产。第二，企业产权交易通过整体资产的交易实现了企业的所有者权益的易主，而单项资产交易只是企业资产形态的变化，不涉及企业所有者权益的转让。这是二者的根本区别。在企业产权交易中，整体资产既可以全部转让，也可以局部转让。但这个局部是指企业所有者权益的局部，并不是将整体资产拆零还原成单项要素进行交易。

企业产权交易，从交易形态上看，可分为两大类。一类是通过证券交易即金融资产交易实现企业股东权益（所有者权益）的转让。它适用于募集公众资本的股份公司，现代市场经济中对公众公司的兼并和收购一般采取这种形式。另一类是通过企业实质资产的直接交易实现企业所有者权益的转让，现代市场经济中对非公众公司的企业兼并和收购通常采取这种形式。我国国有企业目前绝大部分尚未进行公司制改造，即使今后进行了公司制改造，其中上市公司也只可能是少数，因而国有企业的产权交易普遍适用这种形式。本课题所研究的就是这类企业产权交易。

国有资产流失：所有者权益流失与债权流失

按照现代企业的责任制度，企业的所有者要以其对企业的足额出资对企业的债务承担责任（本文不涉及无限责任），所以清偿到期债务是维护所有者权益的前提。企业资产负债表的右方由企业负债和所有者权益（股东权益）构成，同左方的资产相对应。

资产负债表的逻辑公式是：资产－负债＝所有者权益

而不是：资产－所有者权益＝负债

后一个等式是不成立的，绝不能替换前一个等式。明确这一点，对于研究国有企业的产权交易和讨论国有资产流失问题至关重要。

"国有资产流失"这个词组现已成为流行说法，但它的含义不甚确定。如果国有资产是指国有企业的全部资产，那么从产权的角度来说，就必须分清这些资产中有多大份额对应于债权人的债权，又有多大份额对应于所有者权益。举一个极端的例子，一个已资不抵债的企业，它那份虽已不足以清偿债务但眼前尚存在的资产，如果日后发生了流失，那纯粹是债权人的债权流失；在资不抵债的情况下，对国家来说，所有者权益其实早就无可再流失了。还有一类在80年代完全没有财政拨款、全靠银行贷款或其他借款建设起来的"国有企业"，自始就没有任何国家资本投入（有的经济学家因此戏谑地称其为"国没有企业"），在其清偿债务之前，它的任何资产流失其实都是债权人的债权流失。所以，"国有资产流失"按其实质应分解为债权流失和所有者权益流失两类。而且在分析所有者权益有无流失之前，须先分析债权人的债权有无流失。

对国有企业的债权流失和所有者权益流失，就国家而言，其经济含义是不一样的。诚然，国有企业的最大债权人是国家银行，因此国有企业的债权流失首先是国家银行资产的流失。但是，国家银行资产的90%以上是由银行负债形成的。在突破银行资本充足率临界点的情况下，国家银行的资产流失势必导致银行的债权人即存款户和金融债券持有人等债权主体所拥有的金融资产流失。目前银行存款大半是城乡居民储蓄存款①，因而银行对企业的债权流失最终多半将分摊到储蓄户头上，他们的金融资产流失首先表现为存款贬值（实际负利率）。所以，国有企业产权交易中，不仅要维护国家对企业的所有者权益，而且必须慎重处理企业债务问题，保障债权人的权益，这也是对人民负责。

在所有者对企业债务承担应有责任的前提下，"国有资产流失"

---

① 根据国家统计局公布的《1995年国民经济和社会发展统计公报》，1995年年末国家银行和农村信用社各项存款余额为45958亿元；其中，城乡居民储蓄存款余额达29662亿元，占64.54%。如果剔除企业存款中比重极大的派生存款（贷款转存款）因素，城乡居民储蓄存款在银行存款中的比重其实还要高得多。

其实只能是指国家在企业中的所有者权益（简称"国家权益"）流失，也就是国有企业资产总额扣除企业债务后的净资产流失。在国有资产重组和产权交易中，以存量资产清偿企业债务或政府负债（无论显性负债或隐性负债），是不能误认为国有资产流失的。本报告在分析产权交易中有无国有资产流失时，严格限定于这里界定的含义。

企业产权的账面价、评估价与市场价

企业产权的价格可分为账面价、评估价与市场价。在现代市场经济中，一般按市场价格进行产权交易。产权交易的市场价格取决于被交易资产未来收益的折现值。这时，只有资产的出让价格显著低于其未来收益的折现值才意味着发生了资产流失。但是，交易双方对其未来收益的预期通常会有差异。产权交易的成功条件是：出让方愿意接受的最低价≤受让方愿意接受的最高价。若前者高于后者，就交易不成；若后者高于前者，则有成交可能，二者的差额成为交易双方讨价还价的谈判区间，该差额的分割比例取决于双方谈判地位和交易策略的相互较量。不过，只要不受非市场因素干扰，价格的市场形成机制未受破坏，且信息与竞争不存在障碍，那么，交易双方成交的市场价格就不致引起资产流失，无论账面价或评估价如何。

中国资本市场特别是产权市场目前尚在形成之中，对交易中的企业产权的市场评价机制还未形成，因而难以按市场价格交易。在这种情况下，产权交易中有无资产流失的判断标准就比较复杂。根据经验研究，在国有企业的资产评估中，评估价普遍高于账面价，这是正常的情况。因此，若国有资产不经评估即以账面价转让或折价入股，在一般情况下可以肯定会存在国有资产流失。但是，评估价本身还难以作为标准来判断产权交易中是否存在国有资产流失。实际成交价低于评估价不一定就等于发生了国有资产流失；实际成交价高于评估价也未必就不存在国有资产流失。特别是因为目前国内的资产评估方法大多采用重置成本法，按重置成本分别对单项资产逐项评估，然后加总得出评估值，这种方法只考虑了通货膨胀因素对各项资产价格的影响，并未考虑各项资产结合形成的综合生产能力和盈利能力，更未考虑企业经营者和职工整体素质对企业盈利能力的影响，因此，它的评估值，相对于企业未来收益而言，既可能低估，也可能高估。要了解交易中国有资产有无流失，重要的是要分析进入产权交易的国有企业的具体情况，看其实际成交价格有没有达到当时当地条件下按其未来收益预期本来可能实现的价格。如果没有达到，就要研究其原因何在。有鉴于此，本课题的重点在于具体分析国有企业产权交易当事人行为与交易中国有资产有无流失之间的联系，而不在于对资产流失量的精确估算。

所有权与产权

所有权是产权的根本，因而首先从所有者权益变动的意义上考察企业产权交易是完全必要的。但产权并不局限于所有权。产权是一组关于经济权利配置（assignments）的规则，它界定社会分配给特定个人或经济主体的经济权利。其核心是对经济物品的支配权，即使用和处置经济物品并获得收益的权利。它决定每个经济主体与一项经济物品的关系：能用来做什么和不能用来做什么。这些权利依附于一定的经济物品，并能在交易中与其他经济物品的类似权利相交换[1]。从支配权意义上看企业产权交易，就不仅要问所有者权益转让的量，而且要注意交易后企业实际控制权的归属，即产权出让方是保留了对企业的控股权还是让出了对企业的控股权，以及与此相关的企业决策结构有怎样的变动。在不同的产权交易中，如果交易导致的控制权结构是不同的，则即使出让方转让的所有者权益在绝对量上相同，它们对出让方也会具有不同的经济含义。在本报告的案例分析中，我们将涉及这方面的问题。

---

[1] John Eatwell, Murray Millgate and Peter Newman, *The New Palgrave: A Dictionary of Economics*, Volume 3, The Macmillan Press Limited, 1987, p. 1031.

二　案例综合分析

本报告选择了几类具有典型意义的案例，以便对国有企业产权交易当事人的行为做多侧面的深入分析。其中，国有企业与外商之间的产权交易将作为分析重点。这是因为，在1994—1995年本课题进行案例调查时已发生的国有企业产权交易中，国有企业与外商之间的产权交易更接近市场交易。而且，在这类交易中，国有企业产权出让方所面对的是产权主体明晰并谙熟交易技巧的外商，双方的行为方式形成鲜明对照。通过对双方不同行为方式的分析，我们也许可以得到更多的启示。关于国有企业产权的国内交易，本报告选择了由本企业职工买断企业产权这样一种交易类型作为分析对象，因为这是当前地方国有小企业产权交易中较普遍采用的一种形式。

下面的分析包括交易项目、交易动机、交易方式、交易条件、交易地位、交易规则、交易后果、交易主体、交易与流失。

（一）交易项目

以下几桩产权交易是本报告将要分析的案例。

案例1　美国PPG公司以合资名义并购南昌化工原料厂刚建成投产的白炭黑生产线（以下简称白炭黑案例）

南昌市化工原料厂（以下简称化原厂）系该市化工局主管的市属国有企业。1986年，该厂向美国PPG公司购买了白炭黑专利使用权进行技术改造。整个技改项目的实际投资额逾1亿元人民币，资金来自国家银行贷款。在这个项目建成投产并度过了艰难的市场开拓期，开始进入收益期时，1991年PPG公司提出了对该厂白炭黑生产实行全面合资经营的要求。这一意向得到市政府和化原厂响应。中美双方经过近两年谈判，于1993年1月签订了合资经营合同，成立了"南吉化学工业有限公司"（以下简称"南吉公司"）。

PPG对南吉公司出资300万美元（按当时汇率约合人民币1700万元），掌握60%股权，并以合资经营名义并购化原厂新建成的白炭黑生产线。PPG通过并购该生产线的核心车间，分离和付费使用辅助设施，以及固定低租金用地等一系列交易策略、产权安排和组织结构设计，仅以300万美元的出资就将中方投入上亿元人民币建成的白炭黑生产线置于其完全控制之下。这是一宗外商以局部收购实现整体控制的交易。

案例2　菲律宾厂商以所谓"合资承包"形式并购福州铅笔厂（以下简称铅笔厂案例）

福州市轻工局所属福州铅笔厂是该市重点国有企业，也是全国制笔行业的优秀企业，多年经营状况良好，资产负债结构基本合理，有较好的发展前景。1995年1月，在市轻工局主持下，该厂与菲律宾厂商达成协议，以合资经营名义，由菲商单独承包经营铅笔厂，并自负盈亏，中方实际上退出经营。该厂资产一部分由菲商以现金收购后，中菲双方以分别持股43.1%和56.9%的比例合资，但在菲商承包经营20年期间，中方不分红，只收取固定承包金（头5年每年150万元，从第六年起递增3%）和商标使用费（每年约22万元）。承包金和商标使用费合计仅为中方出资额2155万元的8%左右。在菲商承包期间，中方让出了企业控制权和剩余索取权，却以其出资额对公司债务承担着责任。这是一宗并购、合资、承包三合一的交易。

案例3　香港中策公司一揽子并购泉州市37家国有企业（以下简称泉州案例）

1992年4月，印度尼西亚泉州籍华裔实业家黄奕聪应邀回乡考察，并与泉州市政府签订了合作开发项目的意向书。同年8月，黄奕聪之子、香港中策投资有限公司（以下简称"中策公司"）董事长黄鸿年与泉州市国有资产投资经营公司签订了对该市37家国有企业实行一揽子合资的合同。它包括了该市除公用事业（水、电、交通运输等）和专卖行业（烟草加工）以外的几乎全部市属国有工业企业。按照合资合同，双方组建了泉州中侨（集团）股份有限公司（以下简称"中侨公司"）。合同规定的交易内容如下：

（1）中侨公司的投资总额定为10亿元人民币；注册资本为4亿元人民币，其中，中方出资1.6亿元，拥有40%股权；中策公司出资2.4亿元，拥有60%股权。

（2）中方37家企业的厂房和设备经评估后双方确认的固定资产净值为2.97亿元，连同未偿债务（固定资产专项贷款）1.37亿元全部转入中侨公司；资债相抵后，净资产1.6亿元作为中方出资。

（3）中侨公司租用企业所占土地，但土地使用费可向市政府申请最初5年免交，第6年起减交。

（4）中侨公司每年按工资总额的28%提取退休养老保险基金，交市社会保险公司，用于退休职工的退休金和医疗费。

（5）中策公司在中侨公司成立之日起3个月内缴付不低于20%的出资额，其余出资额在两年内分批缴清。

（6）合资期限为100年。

中策公司在其承诺的出资额到位25%（6000万元）以后，即分几次向马来西亚华裔业主（也是泉州籍）的发林物业有限公司（以下简称"发林集团"）转让了对中侨公司的控股权。到1995年8月，中策公司只保留了不到6%的股份，发林集团则拥有53.3%股份。这是一宗外商买卖中国企业产权的交易。

案例4　天津渤海啤酒厂的破产拍卖（以下简称渤啤案例）

天津市渤海啤酒厂（以下简称"渤啤"）成立于1981年，隶属于市一轻局的酿酒工业公司。渤啤的全部建设工程分为三期；第一期工程完成于1985年；第二期工程1990年才完成；第三期工程始于1987年，后因进口设备遭受火灾，未能完成。渤啤从1985年开始部分投产起，除1985年盈利80万元、1986年保本外，其余年份均亏损。1995年1月破产拍卖。

渤啤全靠银行贷款建设（除接受一家兵工厂的土地和厂房外），加上历年亏损，破产时负债高达1.84亿元，而资产评估值（含50年土地使用权价格）仅9876万元。破产拍卖时，在只有一家买主应价的情况下，整体卖给了天津富仕达酿酒有限公司（由澳大利亚

FOSTER公司控股92.5%的合资企业），售价5400万元人民币（含50年土地使用权出让金2600万元）。

渤啤从成立至破产拍卖14年资产损失金额，仅按实际投入资金计，就达1.3亿多元。此外，国家对该厂的固定资产投资（未含渤啤成立时从一家兵工厂无偿接受的土地和厂房），若以全国同行业平均利润率估算，就损失应得预期收益2.6亿多元。这两者合计损失4亿元。但是，渤啤的资产流失主要发生在破产以前的投资决策失误、经营不善以及因疏于职守导致的火灾事故，不在于破产过程和产权交易，并且实际流失的绝大部分是债权人权益，而不是所有者权益。

案例5　国有小企业由职工买断并改制（以下简称职工买断案例）

1992年以来，山东省诸城市、山西省朔州市、黑龙江省宾县和四川省宜宾市等地率先在全市（县）范围内对地方国有企业试行了职工一次性买断所在企业的产权，并将企业改制为职工股份制企业或股份合作制企业的改革。上海等大城市也出现了国有小企业的职工买断所在企业的产权并实现企业改制的试点。1995年中共十四届五中全会提出对国有企业"搞好大的，放活小的"，"加快国有小企业改革改组步伐"的方针以后，职工买断企业产权的改革更在各地普遍发展起来。买断企业产权的办法是职工全员入股，按企业净资产评估值，以个人股份的形式用现金出资购买，承接企业全部资产（不含土地使用权）和债务，而企业产权出售收入则归政府所有。诸城的做法在目前很有代表性，我们在下面将以它为案例进行分析。

案例6　顺德市政府向港商出售非国有企业"华宝"的产权（以下简称华宝案例）

广东华宝（集团）股份有限公司于1993年4月30日由原集体所有制的广东顺德县经济发展总公司（1984年6月28日成立）改建成立。后者当初在没有政府担保的情况下靠30万元贷款起家，成长很快。尤其是进入90年代以来，它以"华宝空调"名扬海内外，资本积累迅猛增加。1992年6月改名为广东华宝集团公司后，顺德市政府于同年12月19日发文确认："属广东华宝集团公司所有的净资产数额为人民币 103280.77 万元,其产权为广东华宝集团公司所有。"1993 年 4 月股份公司成立时,注册资本 17.34 亿元,华宝集团公司以其资本积累投入,持股 8.05 亿股(每股面值 1 元),同时以每股 2 元的价格溢价发行法人股和内部职工股。

后来,顺德市政府领导人在公司董事会和股东均不知情的情况下同港商洽谈转让华宝产权,并在意向书中写明市政府是广东华宝集团公司百分之百股权持有人。市政府将华宝集团公司对股份公司持有的 8.05 亿股的 80% 即 6.44 亿股出售给港商,由港商对华宝公司下属的 12 户企业都实行控股(港商持有每户企业的股权均在 60% 以上)。1993 年 10 月 21 日,市政府直属的顺德市投资控股总公司同港商签署备忘录,内容与上述意向书基本相同,同时规定港商购买华宝集团公司股权的价款应支付给该控股总公司。

这项产权交易不属于国有企业的产权交易,而是政府出售非国有企业的产权。不过,它对本课题研究产权交易中的政府行为可作比较分析,且很有典型性,因而我们也将其纳入分析范围①。

(二) 交易动机

目前国有企业产权出让的主要推动者是地方政府。地方政府出让国有企业产权的交易动机取决于其对国有企业的评价。评价企业的标准有效率和效益的区别。效率是指生产率,它包括企业效率和配置效率;效益是一定的主体从经济活动中得到的收益,它不仅取决于生产率,而且受分配流程和分配结构的制约。地方政府直接感受的是效益,因此它们对国有企业的评价标准主要是效益,而不是效率。

据中外有关经济学家估算,自改革开放以来,中国国有企业的全要素生产率是增长的②。它反映了资源配置改善、技术进步和体制

---

① 这一案例的分析,使用了陶国峰先生的调研报告《广东顺德华宝集团产权交易的情况和思考》(《改革》1996 年第 1 期)的资料。

② 世界银行:《中国:国家经济备忘录》,1988 年,第 3 页;谢千里等:《改革以来中国工业生产率变动趋势的估计及其可靠性分析》,《经济研究》1995 年第 12 期;董辅礽、唐宗焜、杜海燕主编:《中国国有企业制度变革研究》,人民出版社 1995 年版,第 6—11、54—74、134—143 页。

改革的成效。但是，全国整体经济格局的变动已经引起了国民收入分配流程和分配结构的改组，导致了国有企业利润形成基础和利润分配的重大变化①。它表现为国有企业利润率的下降和政府财政收入份额的减少，而这正是政府最关注的效益。

导致国有企业利润率下降的主要原因有如下几个方面：（1）农产品价格的提高和乡镇企业的崛起，使国有企业原来借工农业产品价格剪刀差实现垄断利润的基础发生动摇；（2）消费品价格上涨、职工生活福利的工资化、社会保障隐性负债的显性化以及非国有企业的竞争等因素，推动着国有企业的工资成本上升；（3）银行贷款取代财政拨款成为企业投资的主要资金来源，导致企业负债过度和利息负担沉重；（4）政府机构改革滞后，政府部门和官员的设租、寻租行为泛滥，对企业的非规范收费层出不穷；（5）企业制度改革滞后，"放权让利"的改革在制度设计上的基本思路是扩大企业的经营自主权和强化个人收入激励，它在放松行政控制的同时并未建立起应有的产权约束，以致形成了个人收入增加与企业经营亏损、资产流失并存的局面；（6）产业结构、产品结构调整不力，企业经营不善，市场竞争力低。进入90年代以来，因国家财政状况恶化，财政对企业已无利可让，从上到下逐级放权让利的改革已难以为继。这时，政府既失去了80年代惯用的经济刺激手段，又不可能重操改革前那种实物控制、政治动员的指令型调控手段。同时，国家银行对国有企业的不良债权的累积也已近极限。中央银行实行从紧的货币政策，国家专业银行逐步向商业银行转变，以及地方政府和企业向社会集资的活动受到严格限制，都使地方政府和企业的筹资门路相当狭窄，企业既有的过度负债更难清偿，国家又尚无债务重组的决策。国有企业在其资本结构未获重组的情况下难以摆脱困境，而国有企业的存量资产却是地方政府可资利用的现成资源。于是，出售国有企业的产权，将其实际控制的国有资产存量变现，就成为地

---

① 唐宗焜：《国有企业利润转移与企业再生产能力》，《经济研究》1992年第7期。

方政府和企业在现阶段筹措资金、摆脱财政困境、搞活企业和地方经济的便宜选择。

1994年的税制改革加强了这种倾向。这次税制改革提高了中央财政在财政收入中的相对地位，并使同企业盈亏联系不紧的流转税成为中央财政收入的主要来源。中央财政收入从1993年的957.51亿元增加到1994年的2906.50亿元，增长2倍多；而地方财政收入从1993年的3391.44亿元减少到1994年的2311.60亿元，负增长31.8%[①]。从财政收入结构看，中央财政收入中各项税收所占比重从1993年的39.44%上升到1994年的63.33%；而地方财政收入中税收的比重从74.56%下降到40.74%，中央补助收入从12.82%上升到47.69%。中央税收结构中，流转税的比重从1993年的40.23%上升到1994年的84.25%；地方税收结构中，流转税的比重从73.89%下降为53.48%，而国有企业、集体企业所得税则从6.2%上升到12.7%[②]。中央税收返还以及按企业财政隶属关系划分的同企业盈亏直接相关的所得税成为地方政府的主要收入来源之一。这一税制改革保证和扩大了中央政府的财政收入，但在地方国有企业大量亏损的情况下，地方政府依靠国有企业来增加收入的前景并不乐观，还要背上补贴企业亏损、维持亏损企业和停产半停产企业职工生活、保障社会安定的重负。有的学者指出："国有企业产权交易热起来的直接原因是实行分税制后，地方与中央利益关系矛盾的表面化。……始作俑者实际上是各级地方政府。"[③] 地方的国企产权交易热与分税制确有联系，不过此"热"未待分税制正式实施，而是在分税制准备实施的时候即已出现，以致国务院办公厅于1994年4月22日以特急明传电报指令予以冷却。

从上文所述几个案例，我们可以更具体地了解当地政府以及企

[①] 《中国统计年鉴 1996》，中国统计出版社1996年版，第221页。
[②] 据《中国统计年鉴》1994年卷，第351—354页，1995年卷，第345—348页和这两卷中的"中央财政各项税收"的数据计算。
[③] 丁宁宁：《规范国有企业产权交易活动》，《改革》1995年第5期。

业经营者在国有企业产权交易上的动机。

1. 国有小企业发展乏力，地方政府欲卸包袱并盘活存量资产：泉州案例

泉州市的国有工业企业，除大中型企业各一家外，都是地方小企业。截至1991年年底，中央政府在泉州的投资所形成的固定资产净值仅4715万元。而市属国有企业共有52家，它分布于18个行业，有职工15356人（企业平均规模不到300人）。这些企业的基本状况是布局散、规模小、技术旧、产品不适销对路。它们在非国有经济的竞争压力下，逐渐失去了生存发展的空间。不少企业债台高筑，工资无着，生产难以为继。由此导致6000多名停产企业职工处于待业状态，3472名退休职工的养老成为问题。泉州市的政府部门和国有企业在谋求国家资金援助无望的情况下，将筹资的期望转向了外商。而且，国有企业一旦与外商合资，还能享受国家对合资企业的种种优惠政策。这实际上是推动地方政府与企业寻求中外合资的政策导向。

中侨公司的成立使泉州市政府放弃了对37家国有企业的控制权，但政府也由此摆脱了这些企业的资金短缺、人员安置、债务清偿等问题的困扰。市政府中原来的一些企业主管局随之撤销。至于中策公司在合资后向发林集团转让其对中侨公司的控股权，市政府并不介意，中侨公司的中方董事们表示，只要合同规定的外资能到位，他们并不在乎外方是谁。这表明，卸掉包袱，盘活地方政府控制的国有存量资产，是市政府推行这项产权交易的主要目的。这是当时地方政府注重国有企业引进外资嫁接改造的典型动机之一。

2. 借助外商实力，对付国内市场竞争：白炭黑案例

南昌化原厂的白炭黑项目从技术引进和技术改造角度来看是成功的。白炭黑是橡胶制品生产所需的填充剂，当时国内虽有厂家生产，但都规模小，成本高，品种单一，质量不稳。南昌化原厂引进美国PPG技术生产的白炭黑产品，质量好，批量大，赢得了国内客

户的好评，有着广阔的市场前景。这一项目的外方合作伙伴很有实力。PPG公司是在世界上享有良好声誉的化工厂商，在许多国家和地区设有分支机构或子公司，也同多家中国企业建立了合作关系。

南昌白炭黑的销售转旺之后，化原厂便面临着战略上的抉择：如何进一步发展？最理想的当然是自主发展，即在吸收和消化引进技术的基础上，开发自己的白炭黑技术，创立自己的品牌，占领国内市场，并逐步开拓国际市场。但这样做必须具备几个基本条件：①国内企业要有较雄厚的技术储备和较强的开发能力；②要有相当的资金保障；③要有恰当的激励制度，使企业经营者和工程技术人员既有动力又有压力去从事技术的开发。南昌化原厂目前基本上不具备这些条件。尤其是制度条件，更不是轻易就能具备的。因而自主发展战略难以在短期内奏效。

那么，退而求其次，有无可能在继续使用引进技术的基础上，自己投资扩大生产规模呢？江西省政府的经委和石化厅正是这样主张的。然而，由于化原厂在技术与经营上对PPG的依赖，自行扩大生产规模也相当困难。

首先，白炭黑生产技术和产品销售受制于PPG。化原厂在引进白炭黑技术时接受了PPG提出的附加条件，与其共同组建了专营该白炭黑产品经销业务的合资公司（名称为"南吉化学技术开发有限公司"，它不同于后来成立的包括生产在内的全部经营实行合资的南吉公司），双方对等出资，销售总收入的12.5%作为经销费归该合资公司。化原厂的白炭黑产品有60%—70%销往广东、福建、上海、江苏等地的外商投资企业；其中约80%的市场份额由PPG在东南亚的子公司转让给化原厂，20%则是化原厂在PPG台湾子公司协助下新发展的。南昌白炭黑使用了PPG的商标"Hisil‑233N"和"Hisil‑255N"，也是它受用户欢迎的原因之一。但是，根据双方协议，化原厂只能在技术转让合同所规定的年产量1万吨规模以内使用这两个商标，中方若自行扩大产量，必须用自己的商标销售产品，且须另付专利使用费①。这样，虽然产品完全相同，销路却会大相径庭。

其次，到80年末90年代初，国内生产白炭黑的厂家已增至百余家。法、德、日、韩等国的白炭黑产品也进入中国市场。它们在粤、闽、苏、鲁等地市场上与南昌白炭黑竞争。有的外商还在粤、鲁等地寻求合资生产白炭黑的机会。南昌化原厂要想单独与这些跨国公司竞争，显然力不从心。更关键的是，化原厂若选择自主发展战略，它将遇到的最大竞争者不是别人，正是旨在占领中国市场的美国PPG。并购南昌化原厂的白炭黑生产线是PPG开拓中国市场的战略步骤之一。但是，对于PPG的战略扩张来说，南昌化原厂并非其在中国唯一可选的合作伙伴。如果化原厂要自主发展，将马上处于与PPG对垒的地位，若无一定的政府保护，这样的选择风险甚大。

再次，南昌化原厂为建成白炭黑生产线已经负债9000余万元（技改贷款本息），若再贷款扩大生产规模，债务负担将更重。

最后，在现行体制下，南昌化原厂的经营者及其主管部门领导人缺乏为企业自主发展而冒险、拼搏的动力和压力。

化原厂白炭黑项目的技术引进是成功的，但它所面对的市场前景却是严峻的。对该厂的经营者来说，要想靠自己的力量领导企业消化、吸收引进技术，创品牌，争市场，谋发展，需要在企业机制、技术开发、员工素质、内部管理等方面进行脱胎换骨的改造。这既困难重重，又充满风险。相反，通过"合资嫁接"，背靠PPG这棵"大树"，借外商的技术、品牌、声誉、客户网乃至经营管理来保持竞争优势，显然要轻松得多。而且，合资不会恶化而可能改善化原厂经营者的个人地位。这样，从其个人动机看，合资可说是理性选择。

---

① 南昌化原厂购买PPG公司白炭黑技术的合同（合同号CUA-85164）中，"专利技术和专有技术使用权"一章规定："有关技术专利和专利使用权的技术文件仅能在本合同装置内使用。"对此，中国技术进出口公司有关人士的解释是："'专利'只对现有的一万吨白炭黑生产装置有效。要扩产需另向PPG支付专利费。"

南昌市政府注重合资成功的动机也是不难理解的。南昌的白炭黑生产线虽已进入收益期，但面临的风险仍然较大，未来的市场充满不确定性。若企业失去市场，效益恶化，地方财政收入、职工生活和社会安定都会受影响。因此，当地政府宁愿借助PPG的实力为白炭黑项目的生存和发展提供保障。同时，吸引PPG这样的跨国公司在南昌地区落脚，按现行政策，可算是地方政府在招商引资方面的一大政绩。

从上面的分析可见，白炭黑案例中，回避风险和市场竞争压力是地方政府和企业经营者选择企业产权出让的主要动机。

3. 不图高回报，但求无风险：铅笔厂案例

福州铅笔厂是全国制笔行业中一家基础较好、素质较高、有发展前途的企业。改革开放以来历任厂长经营有方，近年在消化原材料涨价因素、产品暂不提价的情况下仍保持了一定的盈利，并正在进行技术改造和产品开发，有一定的发展后劲，因而厂长并不愿意让外商接管经营。但市政府有关部门对该厂的未来收益前景却持悲观估计。他们认为，铅笔厂眼前虽仍盈利，但其实现利润正在下滑，与其将来再找出路，不如趁早让外商承包经营。市轻工局在给市政府的书面汇报中就写道："该厂从1990年以来，实现利润呈下滑趋势。如果再没有大的投入，进行大的技术改造，守着旧摊子再拖三五年，铅笔厂将如何？一些国有老企业因无力投入改造而积重难返，由盈转亏，即为前车之鉴。"外商承诺的每年150万元承包金基数，"已经是中外谈判力争的结果"。市财政局的总会计师也认为，铅笔厂近年来实现利润在下降，因此"合同规定后15年我方分利每年递增3%，虽然低，总比下降趋势好啊！"总之，在这些政府官员看来，接受外商这样的交易条件已是无疑的胜算。所以，他们积极推动铅笔厂与外商合资，并支持外商承包经营合资后的铅笔厂，实际目的是想脱卸企业经营责任。

上述几个案例显示，在一些地方政府官员看来，出让国有企业产权是在现行体制下摆脱国有企业困境的一个解决办法。其交易动

机，或为了获得资金，以救企业资金短缺之急；或为了甩包袱，以卸掉与企业亏损、职工失业、债务沉重等问题相关联的责任负担；或为了"吃太平饭"，以回避未来经营中的市场竞争压力和风险。因此，在这种产权交易中，固然也有盘活存量资产的考虑，但往往视外资注入和市场保障更重于国有资产的保值增值和中国企业的自主发展。

（三）交易方式

国有企业进行产权交易的对手分别有其他国有企业、本企业职工、国内民间资本和境外资本。目前，不同的交易对手偏重于不同的交易方式。这里着重分析国有企业与外商的交易。

进入90年代后，实力雄厚的国际财团和跨国公司接踵而来。其中，有一类是主营企业并购业务、直接从企业产权买卖价差中谋利的金融资本，另一类是旨在开拓和长期占领中国市场的产业资本。成批并购泉州国有企业然后将其控股权转让给马来西亚投资者的中策公司属于前者，而铅笔厂案例和白炭黑案例中的外商则属于后者。不过，炒卖中国企业产权的金融资本，最终还是要把企业产权转售给产业资本，才能套现盈利，因此它并购的目标企业也须是对产业资本有需求的企业。

海外产业资本为了迅速打入中国市场，缩短市场开拓期，减少进入成本，往往采用并购中国现成企业的方式。中国一些较好的国有企业集聚了雄厚的物质资源和人力资源，只是由于体制性与结构性缺陷而使其潜在的生产能力和盈利能力未能充分发挥出来。同时，它们拥有现成的国内市场，且同政府有"天然的"联系，便于得到政府多方关照。这些企业正是外商看好的并购目标。外商投入资本后，随之改变企业机制，在短期内即可见效益。不过，目前外资直接并购中国国有企业，还存在一些法律和政策方面的障碍，而中外合资经营则是中国政府所鼓励的，并制定有一系列优惠政策。因此，外商往往通过合资方式或以合资名义实现其并购中国企业的目的。战略投资者为了顺利实现其进入并占领中国市场的战略目的，在与中国企业合资时，大都根据以下原则行事：①选择基础好、实力强的国有企业为兼并收购对象，建立有利的进入据点；②掌握控股权，支配合资企业的经营；③控制关键技术和商标使用权的转让，掌握企业命脉，限制中方的自主发展；④要求较长的合营期（往往长达几十年甚至上百年），确保其地位长期稳定；⑤尽量压低母公司为拥有控股权所必要的资本投入，多使用东道国便宜的借贷资本，或者尽可能让合营企业自行滚动发展；⑥垄断外销渠道，防止中国企业借合资经营在国际市场上与其竞争；等等。这类跨国投资者富于进攻性和垄断性，精通商界谋略。它们为了达到目的，除了尽量利用东道国法律、法规、政策中于其有利的部分乃至钻政策空子以"用足政策"外，还会根据这些原则在合资企业的产权安排和组织结构上精心设计，确立于其有利的交易框架。

面对这类外商的进攻性策略，我国的国有企业产权交易当事人大多很不适应，常突出地表现出三个方面的问题：其一，不了解国际资本运作方式，不熟悉跨国公司开拓发展中国家市场的惯用策略，面对外商进行产权交易时缺乏知己知彼之明，往往不知所措，莫名其妙地导致国有资产权益的流失；其二，单纯着眼于引进资本，缓解资金困难，因急于求得谈判成功而不计代价，以致不惜迁就外商的不合理要求，不能有效地维护国有资产的正当权益；其三，缺乏企业整体资产概念，将企业整体资产价值等同于单项资产价值的简单加总，把企业出售当作单项资产出售，只看分项的物质资产，不看其综合生产能力，尤其忽视广阔的国内市场等无形资产以及企业拥有的优秀工程技术人员、管理人员和熟练技工等人力资本对企业盈利能力的价值。

我们现在来看几个案例的不同情况。

1. **外商靠局部并购实现整体控制：白炭黑案例**

南昌化原厂的白炭黑生产系统由白炭黑车间、水玻璃（白炭黑原料）车间、空压站这三个主体车间，以及配变电所、造气车间、铁路专线和机修、仪表、水电供应系统等配套设施与附属设施组成。

国家建设这一完整生产系统的固定资产投资是8930万元人民币（尚未含土地使用权），加上流动资金贷款，总投资就逾亿元。中外合资时，PPG以附属设施、配套设施在安全性和环保标准上不符合其要求为由，不让进入合资，坚持南吉公司在生产过程中付费使用；于是只有生产线的核心部分，即白炭黑车间、水玻璃车间和空压站转入南吉公司。与此相应，对化原厂的职工，南吉公司仅录用242人，其余一千多人仍留在化原厂。同时，对生产设施占用的土地使用权，PPG也坚持只租不买。这是投资者选择企业与市场的边界的一个例子。只要市场交易成本低于企业组织成本，产业资本的投资者就宁可通过长期合约以市场交易方式获得生产要素的稳定的、有保证的供应，这样不仅节约了自己的出资，而且降低了投资风险。这正是PPG的理性选择。

问题是中方的产权交易当事人对化原厂资产的分解与组合根本没有作这样权衡的观念，他们只着眼于单项资产的评价及其通过交易可能获得的资金。这宗交易对化原厂意味着什么呢？从形式上看，南吉公司和化原厂在附属设施、配套设施的使用上所确立的是一种市场交易关系——化原厂向南吉公司提供各种生产服务，南吉公司按市价向化原厂支付费用。但是，实际上，转入南吉公司的设施是白炭黑生产线的主体，而附属设施与配套设施在功能上是完全依附于它们的，即使不转给南吉公司，也只能为其白炭黑生产线服务。它们是一种专用性资产（Specific Assets），一旦失去生产线的主体部分，必将急剧贬值。因此，这项交易，从资产价值形态上看，南吉公司支付的只是白炭黑生产线的一部分；但从资产的功能形态上看，南吉公司获得了白炭黑生产系统的整体。对于PPG公司控制中国白炭黑生产和销售的战略目标来讲，局部合资与总体合资并无大的差异；但对于PPG为实现这一目标所需的成本来讲，局部合资显然要比总体合资低得多。所以，出资仅300万美元（约合人民币1700万元）的PPG不仅控制了南吉公司，还实际上控制了投资上亿元人民币的整个白炭黑生产系统。通过技术改造刚建成投产的白炭黑生产线本是南昌化原厂的新增长点，但经合资肢解后，化原厂留下的却是受南吉公司（实际是外商）控制的附属、配套设施，还有一千多名职工和尚待以逐年分红来偿还的几千万元技改贷款。而且最初双方商定的合资年限竟长达 80 年。从合资合同条款看，PPG 对化原厂须以这些附属、配套设施为南吉公司提供生产服务的责任和义务规定得非常具体、周详，却只字未提南吉公司必须使用这些设施的承诺。所以，尽管这些设施的效用离不开南吉公司，但是，只要 PPG 公司一旦感到有必要在南吉公司内部建设某项更有效率的新设施来代替，它就有可能甩掉这些设施中的任何一项。

这宗交易对化原厂的资产组合来说，其实不是"嫁接改造"，而是肢解复旧，即退回其引进白炭黑技术以前的状态，化原厂自身只能守着其原先的旧技术、老产品过日子，它以后的技术改造将更加困难。这是出让优质资产而恶化企业资产组合的例子，同市场经济中现代企业通过出售劣质资产而优化企业资产组合的资产重组惯例恰恰相反。

2. 外商以合资和承包名义并购国有企业：铅笔厂案例

福州铅笔厂与菲律宾厂商洽谈合资时，菲商的要求是：第一，由菲商控股；第二，由菲商承包经营，自负盈亏；第三，铅笔厂须向菲商出售 1000 万元固定资产。这三点均被中方接受。双方商定，合资公司的注册资本为人民币 5000 万元。铅笔厂整体资产转入合资公司的评估值为 3155 万元，其中 1000 万元由菲商以现金收购之后，剩下 2155 万元作为中方出资，占 43.1% 股权；菲商另行出资 2845 万元，拥有 56.9% 股权。外商单独承包经营后，铅笔厂完全由外商控制，中方的出资不再参加分红，只能得到固定的承包金：头五年每年 150 万元，从第六年起递增 3%。这项交易的有效期也很长（合营期限 50 年，承包期限 20 年）。承包金实际上是外商对企业整体并购的分期付款。

从形式上看，上述两个案例中的外商是与中方合资经营。但外商通过巧妙的产权结构设计，实现了中方生产系统向合资公司的完整转移，并将这些整体资产置于外商控制之下，同时又压低了中方的股权比例，从而使其并购成本降到最低限度。

从国有资产单纯保值的角度来看，在暂且假定交易价格合理的前提下，出让资产只是将既有的固定资产变现，从账面上看似乎并无损失。但若从资产增值角度来看，不同的出让方式，情况就会有所不同。在这两个案例中，中方出让的资产是正处于成熟期或收益期的整体资产，在正常的市场经济条件下，这些资产的转让价格应是其未来收益的折现值，而这样的资产价格是不宜分解计算的。一旦将这样的生产系统分解开，逐项计算各类设备或建筑物的重置价格，并以这种价格为基准谈判出让资产的成交价格，就无异于将整体资产拆零出售，犹如将种猪或下崽母猪当作屠宰后的猪肉出售一样，意味着中方无代价地放弃了这类整体资产的未来收益流量，投资未能实现正常增值。因此，在这两个案例中，地方政府和国有企业招商引资的目的似乎是实现了，但国家在这两个企业中的投资增值目的都落空了——中方是在为他人作嫁衣裳。

3. 外商以出资的小部分到位接管中国企业然后转卖控股权：泉州案例

如前所述，在泉州案例中，双方协议，中策公司在合资的中侨公司成立之日（1992年8月）起三个月内缴付不低于其出资额20%（按中策承诺的出资额2.4亿元计，为4800万元）的资本金，其余出资额应在两年内分批到位。中策公司在1993年年底前履约实缴了资本金5578.59万元，1994年又投入421.41万元，先后总计投入6000万元，占其应出资总额的25%。然后，1994年，中策公司就将其在中侨的绝大部分股权转让给了马来西亚的发林集团。发林集团在1994年出资到位10169万元，1995年（截至8月底）又到位10548万元，两次共实缴资本20717万元，占中侨公司实收资本总额38877万元（比注册资本4亿元尚少1123万元）的53.29%。而中策公司通过向发林转让股权，于1995年还从其6000万元已缴出资额中抽回了3840万元，使其实际出资额减至2160万元，只占中侨公司实收资本总额的 5.56%。至于中策公司在泉州国有企业产权的炒卖中究竟赚了多少钱，中方当事人一无所知，也并不关心。

泉州案例反映了与上述两个案例不同的另一类问题。中策公司并购泉州企业的本来目的是炒卖企业产权。而这样做的前提是它必须拥有企业的控股权。但中策公司实际到位的资本额仅达到其承诺出资额的1/4。也就是说，中策公司在一年左右时间内，利用名义上的出资控股实现了实际上的控股权，完成了预期的产权炒卖。幸好，中策公司和发林集团都履约先后出资到位，这项产权炒卖的结果并未给中方企业造成什么负面影响，而且泉州37家企业的净资产进入中侨公司后，也实现了国有资产增值的目的。但这类产权炒卖所固有的投机性对目前国内的国有资产管理者和经营者来说，还是一种很难驾驭的因素。因此，对国有企业从事这类产权交易持慎重态度还是有必要的。这种风险，在广东华宝产权交易中已经发生。虽然华宝不是国有企业，但是，企业产权被炒卖这种风险的性质，无论对国有企业还是非国有企业，都是同样的。华宝案例，下面再谈。

有的地方政府和国有企业由于不了解外商的财务投资和战略投资的区别，对外商财务投资的期望不切实际，致使企业合资后发生麻烦。这样的问题就曾在太原橡胶厂与中策公司合资经营的双喜轮胎工业公司发生过。太原橡胶厂及其主管政府部门寻求此项合资的主要意图是筹集巨额资金建设该厂在国家立项中未能争取到的子午线轮胎项目。可是，国家对引进外资有按规模分级审批的规定。为规避中央政府的审批，将合资公司的设立保持在地方政府审批权限范围内，双喜公司的注册资本就有意定为5000万元人民币，中策公司出资2750万元，以55%股权控股。子午线轮胎项目建设的合资则以该合资合同的补充协议形式规定。项目预算投资总额为5.97亿元人民币，也按中策公司控股55%的比例由双方出资。然而，在协议实施过程中，双方出资都有拖延，致使工程建设一再停工，彼此抱怨，直至中策公司借口双喜公司财务问题以董事长命令免去中方总会计师职务，触发了双喜公司包括总经理在内的中方全体高中级职员集体辞职的风波。中策公司在 1992 年先后同太原橡胶厂和杭州橡胶厂合资，它在对双喜公司实际出资 499.8 万美元、控股 55% 和对中策杭州橡胶公司实际出资 1524.9 万美元、控股 51% 以后，就以其对这两家合资公司的控股权在百慕大注册了一家"中国轮胎控股公司"，并于 1993 年 7 月在美国纽约证券交易所上市，共募集资本 1.037 亿美元，扣除上市费用，净得资本约 9400 万美元。中策以上市募集的这笔资本继续并购了重庆、大连和银川三家橡胶厂。显然，中策的目标不在战略投资，而在于通过企业并购与炒卖的金融资本运作以谋利。中国国有企业产权出让方若将外商的财务投资误作战略投资来对待或期望，就难免南辕而北辙。

4. 港商签约并接管内地企业后无力履行全部出资义务使内地产权出售方蒙受重大损失：华宝案例

香港蚬壳公司及其大股东翁氏家族各出资 50% 在英属处女岛注册的联营公司收购广东华宝（集团）股份有限公司 60% 的股权。1993 年 11 月 1 日它就全面接管了拥有 18 亿元人民币净资产（未含无形资产）的华宝公司的经营权，当时它已实缴的资本仅 1000 万元人民币。三个星期后，11 月 22 日，顺德市官方才与其正式签约，而合约仍规定"产权转移后一周之内"港商资本到位。合约双方确认华宝净资产 18 亿元。按 60% 股权计，港商应出资 10.8 亿元。同时，由于其收购行动使华宝公司预期的股票上市告吹，它有义务且曾承诺收购华宝的内部职工股和其他法人股。可是，蚬壳公司本身资产也不过几亿港币。翁氏家族原先指望通过作为上市公司的"蚬壳"的股价上升来筹资，未料当时其股价却直线下跌。该港商也曾同美国公司接洽，想转手出售华宝股权，未能成功。结果，翁氏家族及其蚬壳公司在履约出资上力不从心，一直拖到接管华宝半年之后，1994 年 5 月 5 日才一次缴付资本 2.4 亿元人民币。收购职工股和其他法人股的承诺更未兑现。在股东特别是职工股民群情激愤的压力下，经市政府干预，1994 年 7 月 25 日由华宝集团公司公告收购华宝（集团）股份有限公司的自然人股（每股 4 元）和其他法人股（每股3元），自然人股以现金方式结算，法人股以兑换一年期银行存折方式结算。这些股份当初以每股2元发行，华宝集团公司这次分别以3元和4元回收，仅直接损失就达3亿多元。同时，职工股东和法人股东也因公司未能上市而损失了预期股价升值的潜在收益。翁氏家族及其蚬壳公司由于无力履约出资，于1994年11月初同顺德市投资控股总公司达成协议，退回它对华宝的股权，但仅承担1亿元人民币的损失。其实，这1亿元也不过抵了它从华宝已经获取的收益。1993年11月它才接管华宝，且只实缴资本1000万元，可是当年就按华宝全年利润的60%分走8400万元红利；1994年由于其经营不善，利润下降，但它按60%股权仍分红1560万元。两年合计，它从华宝的分红所得即近亿元。

港商退回华宝产权后，成功集团有限公司收购了华宝。成功集团公司是由广东华宝集团公司原负责人因不满市政府向港商出售华宝产权而辞职出去在香港注册建立的公司。成功集团公司收购华宝的条件尚未披露，但是可以肯定，在产权性质上，今日华宝已非昔日华宝。

（四）交易条件

交易条件和交易价格直接决定着交易双方的权益，交易双方在谈判中据理力争是交易的常规。从我们考察的几个中外产权交易案例来看，作为收购方的外商是按这个常规行事的，他们寸权不让，寸利必争；作为出让方的中方当事人，尽管在谈判过程中也争过，但最后还是屈从于外商的压力，接受了相当不利的交易条件。与之对比，由本企业职工买断国有企业产权的案例却表明，这类交易中的定价者是作为出让方的政府，而作为受让方的职工则基本上是价格接受者。

1. 外商精心策划，中方自乱章法：白炭黑案例

PPG公司为了实现其对合资企业的出资额最小化和它通过合资企业实际控制的总资产额最大化的目的，在谈判中施展了一整套精心设计的策略。而中方当事人面对这样精明的谈判对手却缺乏章法，

以致在交易价格和条件上步步退让。

PPG公司的交易策略共包含五个相互衔接的步骤。

第一步，以合资名义实现企业并购，这可以达到两个目的：一是能利用中国政府对中外合资企业的优惠政策，二是能绕开企业并购程序上的障碍。

第二步，只并购白炭黑生产系统的核心资产，剔除其附属设施和配套设施，但确保后者仍能受其控制和为其所用。

第三步，竭力压低该核心资产的价格。中方以重置成本法对该资产进行评估得到的净值是6161.6万元。在现代市场经济国家中，企业并购按市场价成交，市场价通常高于评估价，评估价又高于账面价①。中方的评估价是按重置成本法以单项资产逐个评估后加总得出的净值，显然低于按收益现值法评价未来收益流量的贴现值所得出的评估值，更谈不上市场价。可是，PPG对这个评估价还想方设法分别就每项资产逐个往下压。一是拒绝中方将土地使用权作价入股的要求，坚持以每年每平方米3元人民币的固定租金长期使用这些场地；二是对合资以前几年的折旧期限、汇率标准和利息计算等方面逐项压价。最后商定的成交价格只有4400万元人民币。交易资产的规模和价格被大幅度地压缩。但若这4400万元资产完全作为中方出资投入南吉公司，外方要想在南吉公司中控股，其出资额就不得低于这个数；按当时的外汇牌价，至少也要800万美元。PPG方面不甘心就此罢休。

第四步，设定尽可能低的注册资本。PPG充分研究了中国的有关法规和政策。按照国家工商行政管理局在1987年公布的《关于中外合资经营企业注册资本与投资总额比例的暂行规定》，这个比例分四档：①投资总额300万美元以下的，注册资本不能少于投资总额的7/10；②投资总额300万美元以上至1000万美元的，注册资本不能少于投资总额的1/2；③投资总额在1000万美元以上至3000万美

---

① 据美国日内瓦投资公司记录的数百个并购交易项目，市场价平均超过账面价2.5倍。

元的，注册资本不能少于投资总额的 2/5；④投资总额 3000 万美元以上的，注册资本不能少于投资总额的 1/3。对 PPG 收购南昌白炭黑项目来说，显然不需要第④档那样高的投资额。而将第③档的 1000 万美元以上的资金额同第②档的 1000 万美元以下的资金额相比，前者每百万美元注册资本可支配相当其 2.5 倍的投资总额，而后者则只能支配相当其 2 倍的投资总额。因此，PPG 选择了第③档。但《暂行规定》对第③档有个限制性条款："其中投资总额 1250 万美元以下的，注册资本不得低于 500 万美元。"PPG 就按这一下限设定合资公司的注册资本为 500 万美元，投资总额定为 1170 万美元（按当时的外汇牌价折算，相当于 6700 万元人民币）。PPG 以 300 万美元现汇出资，化原厂以相当于 200 万美元（合 1120 万元人民币）的实物资产折价出资，分别持股 60% 和 40%。这样，PPG 仅出资 300 万美元就达到了控股的目标。

第五步，利用中国国家银行贷款来收购中国国有企业的资产。化原厂转入南吉公司的实物资产按双方议定的价格为 4400 万元人民币，其中 1120 万元作为中方出资后，还剩 3280 万元资产，由化原厂出售给南吉公司，即实际上由 PPG 收购。而收购这些资产所需的资金，PPG 并不注入现金，却要以南吉公司的名义向中国的国家银行借贷。这就是说，PPG 以中国国家银行的信贷资金收购国有企业，同时让化原厂在其中承担了 40% 的债务责任。

从结果来看，PPG 以其设计并被中方接受的交易框架，仅出资 300 万美元，就轻取中方投资上亿元人民币（按合资时的外汇牌价约合 1800 万美元）建成的新生产线的控制权。PPG 公司的交易策略合乎跨国公司的商业惯例，也不违反中国的法律。它的行为是跨国公司作为投资者的理性行为，即国际资本人格化的行为，因而是不难理解的。同时，从并购企业的操作实务来看，它的精明也值得我们国内的企业及其主管者研究与借鉴。问题是在这宗产权交易中，中方当事人行为缺乏必要的应对策略，也缺乏应有的产权约束和法律规范，以致受制于人，使国家权益蒙受损失，却是发人深省的。

2. 中方让利出售、外商廉价收购企业经营权和剩余索取权：铅笔厂案例

福州铅笔厂的产权交易中，外商的策略也是明确的。第一，它的目的是收购一家基础较好的现成企业，在中国从事文具生产。第二，采取承包经营方式；这种方式同一次性收购相比，可以取得投资少、风险低、收益高的好处。第三，通过合同规定"由承包方自主经营，自负盈亏，自担风险"，"承包方对合营企业产品的供应、生产、销售和利润（处置）等经营管理实行全面承包，人事安排有自主权"，等等，有效地排除了承包期内中方对企业经营的决策权和剩余索取权。第四，这项外商承包经营套上"合资"外衣，其意在一箭双雕，即一方面绕开中国法规对外商承包经营的限制性规定，另一方面又让中方事实上对企业经营承担风险。外商仅以其作为合资一方的出资额对其承包经营企业的债务承担责任，并未缴纳作为承包方按中国政府规定应缴纳的风险抵押金；这样，在外商承包期内，中方尽管对企业的经营已无权过问，也不分红，却仍要以其出资额对企业的债务承担责任。第五，企业董事会席位的中外比例为3∶5，且总经理由外方推荐，实际就是由外方任命。中方董事份额仅37.5%（3/8），低于中方的股权比例（43.1%）。其实，即使这个董事会也是形同虚设，不仅外方董事在名额上占压倒优势，而且外方的5名董事显然会代表投资者一人意志行事，但中方的3名董事则由不同部门的政府官员担任，目前的体制尚未形成约束他们的行为必然代表国家权益的机制。

在这项产权交易中，中方交出的是整个企业，向外商让渡了20年的经营权和剩余索取权。且不说资产转让价格有无低估，中方每年收入的承包金和商标使用费合计约172.5万元，仅为中方出资额2155万元的8%，比目前银行存款和国库券的同期利率都低，而且中方以其出资额事实上还承担着风险。按承包协议，外商承包经营期间，中方不得按出资额分红，从而公司资本增值的收益将同中方无缘，承包期满时中方至多能保住出资额的账面值。如果外商进行

掠夺式经营，以致资产贬值，或者外商在经营期间过度负债，导致不能清偿到期债务而破产，中方作为合资的一方还得承受实际损失。这样的产权交易，对中方来说，其实还不如让外商一次性买断有利。

就外商而言，通过"合资承包"方式接管铅笔厂却是节约资本投入的一个办法。它以1000万元现金购买中方资产，另以2845万元作为出资，拥有对注册资本为5000万元的合资公司的56.9%的股权。这样，它只需以不超过4000万元的投资就实际接管了整个企业。如果是一次性买断企业产权，那么它至少也需以现金出资3155万元（尚未计无形资产）来购买中方产权，而且它对企业的总出资额不能低于注册资本5000万元。

至于承包金基数定为150万元的理由，据说是因为铅笔厂近年的利润仅100万元左右。可是，交易双方都清楚：一则，铅笔厂的这100万元利润是已经开支了退休职工的退休金和其他社会性负担并缴纳了企业所得税后的净利润，而150万元承包金却尚需用来支付这类开支和缴纳所得税，仅退休职工的退休金和医疗费每年就需约140万元；二则，该厂在合资以前的几年里，出于市场竞争的考虑，在原材料涨价后产品暂不提价，因而当时的产品售价偏低，今后有提价增收的余地，且在1994年洽谈外商承包以前，铅笔厂已经决定1995年铅笔售价上调，仅此一项即可使铅笔厂增加利润400多万元（该厂年产铅笔4.5亿支，每支提价1分钱，合计就是450万元）；三则，该厂1994年年初在建工程资产就相当于既有固定资产净值的1/3多，这些技改工程建成投产后很快会有回报。商谈承包基数时，外方却断然拒绝考虑这些增利因素，而中方决策者也迁就外方的要求，让利发包。在中方当事人看来，确保这项产权交易的完成似乎比争得有利的交易条件更重要。

问题的关键还不在于承包金的多少，而在于中方当事人对该项交易没有明确的策略，决策者的首要目标是务求达成交易；至于交易条件，在外商的步步紧逼面前，中方只是节节退让，事实上被外商牵着走。

3. 政府定价，企业职工全员出资购买产权：职工买断案例

从职工买断国有小企业产权的案例中，我们看到的是完全不同于中方与外商的交易条件。

山东省诸城市按市政府指定的资产评估机构评估出来的企业净资产值，将地方国有企业的产权出售给本企业的全体职工，同时将企业全部资产和债务一并转移给改制后的企业。关于职工安置，企业出售价仅从净资产评估值中按人均1500元的标准一次性扣除现有退休职工医疗费和职工遗属抚恤费，按人均4313元标准一次性扣除经确诊患职业病的职工所需诊疗费，预留给改制后的企业开支。至于现有退休职工在以后的退休金支付，则仍按当地现行社会基本养老保险统筹办法办理。

按这个条件和价格进行的产权交易，并不存在国有资产流失。值得注意的倒是另一方面的问题，即产权交易中作为受让方的职工的权益是否受损。

撇开上述一次性扣除标准是否偏紧不说，这个交易条件和价格有两个问题尚需思考。

第一，现有退休职工今后退休金的支付责任全部转嫁到了改制后的企业，但是，企业出售价并未从净资产评估值中扣除所需退休基金，而要由改制后的企业逐年缴付社会养老保险金来承担。这意味着政府将企业因过去未预提职工退休基金而产生的对职工的隐性负债无补偿地转嫁给了买断企业产权的企业职工，因而实际上导致企业的出售价被高估。这种转嫁，在诸城那样全市国有小企业都出售改制的城市特别明显。

第二，职工买断企业产权时承接了原企业的全部债务，而这些企业的资产负债率大都极高（诸城改制的43户市属国有企业的账面资产负债率高达99.79%，资产评估升值后，资产负债率仍达90.68%）。这对受让方来说，是减少企业预期收益和增加经营风险的因素，但在产权交易价格上，受让方并未得到任何补偿，因而也导致企业出售价格被高估。当然，负债过度的企业，债务结构还有差别。例如，

诸城绝缘材料厂出售时，资产经评估升值51%，资产负债率仍高达87%，但其债务总额的73%是流动负债，而且改制后企业市场营销和成本控制业绩优异，所以还不致发生偿债危机，同时通过企业内部增资扩股和资本积累在降低资产负债率方面已初见成效。不过，这样的绩优企业尚属极少数。即使如此，也不能否认产权交易价格高估对改制后企业的不利影响。又如，山西省朔州造纸厂按净资产评估值定价为137.5万元出售给全厂职工（450人），并以此金额定为改制后企业的注册资本，同时将债权、债务相抵后的净负债约1000万元转移给改制后的企业，其中70%以上是基建贷款、技改贷款等长期负债。职工承接的债务相当于股本（净资产）的7倍多。人均股本约3000元，而人均负债高达2万多元。该厂多年属微利企业，出售前经营状况最好的年份1992年实现利税也不过30多万元。反差如此之大的高负债率和低利润率很可能使改制后的企业难以摆脱过度负债和偿债艰难的重负，一旦发生无力清偿到期债务的危机，而且真要按国家正在修订的破产法执行而宣告企业破产的话，职工的股本就得赔进去。国有企业这种高负债转嫁到职工头上的高风险，职工也许现在并未意识到，但这种风险一旦爆发，将难免引起职工与政府的纠纷，成为社会不稳定的因素。同时，企业过度负债通过产权交易全部转移给受让方，而在产权交易价格上不打折扣，这在市场经济社会里是不可设想的。

（五）交易地位

产权交易是一种交易双方相互博弈的过程。博弈结果不仅取决于交易双方各自对其成本与收益的评价，而且取决于彼此对交易对手这种评价与权衡的估量。虽然资产评估、权益分配、义务界定都有一定之规，但当它们影响交易的成败时，都得服从交易当事人对交易后果所作的评价。对交易成功评价较高、预期较大的一方处于较弱的交易地位，往往会为急于求得交易成功而宁愿付出较大的代价。它的交易对手则会充分利用这种机会，借以降低自己的成本和增加自己的收益。我们在上述中外产权交易案例中已经看到这种情况。同时，中方当事人由于缺乏必要的信息，他们面对外商的交易地位就进一步弱化。

首先，在现代市场经济中，一项资产的未来收益的折现值不仅取决于其本身目前实际的收入流量，还要取决于市场上同类资产的平均收益前景。产权交易要以市场价格为基准。而目前我国产权交易市场刚刚起步，尚未形成资产的市场评价机制，对国有资产的评估基本上只是分别以各项资产的账面值为基础推算其重置成本。这种评估方法不仅将企业整体资产分割评估，而且易受非市场因素影响，难以准确。在交易谈判中，遇到强硬的对手讨价还价时，往往无法坚持。而且，即使是让步也是心中无数，不知让到什么程度为宜。

其次，目前我国缺乏存量资产重组和涉外产权交易的战略规划及其有序的实施步骤，同外商的产权交易基本上是由各个地方政府或各个企业分别同外商的个别接触和谈判进行，缺乏公开的竞争和行市。这造成了交易信息的阻隔和交易过程的不透明，并使外商有机会压价并购。许多国外财团和跨国公司精心制定了进入和占领中国市场的战略，而且它们一般都有条件到中国各地考察投资环境，并在多家中国企业中选择合作伙伴。可是，我国由于对国有企业的产权交易缺乏应有的战略部署，各个地方以至各个企业各自为政，形成了地方与地方、企业与企业之间的自相竞争，从而给外商提供了利用这种竞争各个击破的机会。同时，我国的国有企业大多缺乏自己到世界上去寻找合作伙伴的能力，而国内又缺少这方面的中介组织。因此，国有企业选择交易对象时难以尽可能地挖掘潜在购买者，在议价地位上往往处于劣势。白炭黑案例就是中国地方政府和企业因怕外地企业拉走外商而急忙对外商作出重大让步的例子，渤啤案例则是公开拍卖也流于形式的例子。

1. 外商借国内企业自相竞争而压价并购：白炭黑案例

南昌化原厂与PPG公司在1991年7月就合资进行第一轮谈判时，双方意见分歧很大，谈判一度陷入僵局。谈判中断后，PPG方面转向了青岛，并于当年秋季与青岛一家企业签订了合资经营白炭黑的意向书。化原厂闻讯后，立即请示并经上级主管部门同意，邀请 PPG 方面回南昌重开谈判。PPG 回到了南昌的谈判桌上，但化原厂的让步也成了定局。因此，在化原厂就价格让步的"底线"请示市政府时，市政府的有关领导人指示，为了南昌市招商引资的大局，可以退至资产的账面价。如果我国对国有企业的产权交易有明确的战略指导和合理的程序安排，而且化原厂能通过规范而有效能的途径广泛寻找合作伙伴，"货比三家"，也许不至于如此被动。

2. 徒有其名的公开拍卖：渤啤案例

收购渤啤的外商是澳大利亚的 FOSTER（中译"富仕达"）公司。该公司是啤酒业的一家著名跨国公司，1994 年上半年就在天津市开发区（离渤啤 10 公里处）征地 300 亩拟建啤酒厂。天津市有关部门以该市仅有的两家啤酒厂（同属一轻局酿酒工业公司的天津啤酒厂和渤海啤酒厂）同其进行产权交易。1994 年 12 月 FOSTER 与天津啤酒厂签订了合资合同，成立天津富仕达酿酒有限公司。天津啤酒厂以厂房、设备和无形资产折价 2000 万元人民币出资，拥有 7.5% 股权，FOSTER 控股 92.5%。按照市政府有关部门要求，经双方协议，作为这一合资的附带条件是富仕达酿酒有限公司整体收购破产的渤啤。

1994 年 11 月 30 日，渤啤破产清算组公告宣布于 1995 年 1 月 10 日整体拍卖渤啤资产。拍卖前，天津市公信会计师事务所对渤啤的资产评估为 9876 万元人民币。但在拍卖前，只有富仕达公司一家前往登记，并明确表示，只接受 5400 万元的价格（含 50 年土地使用权出让金 2600 万元）。为保证拍卖成功，清算组决定将拍卖底价就定为 5400 万元。在拍卖现场，当拍卖师报出 5400 万元的开叫价时，只有富仕达一家应价，于是便按这一价格成交。拍卖完全流于形式，实际交易条件事先在一对一谈判中其实早已敲定。

3. 受让方谈判地位相对较弱的产权交易：职工买断案例

在职工买断国有企业产权的案例中，我们看到，交易谈判地位相对较弱的一方却是受让方（职工）。这是由交易双方的权力不对称和信息不对称产生的。政府（出让方）拥有行政的、法律的和组织的资源，企业出售与否由它决定，交易规则由它制定，资产评估机构的评估和交易价格也由它审定。职工（受让方）基本上是交易条件和交易价格的接受者。在信息方面，分散在各企业的职工对本企业之外的信息的了解和掌握根本无法与政府相比。即使对本企业的资产负债状况，职工个人一般也不拥有能对政府的资产评估机构的评估结果提出异议所必要的信息。

当然，在交易中，职工在某种程度上也能同政府讨价还价。例如，诸城市政府起初选择电机厂作为改制试点时，曾提出两个供选择的方案：一是改为国家控股，个人股不超过20%；二是企业存量资产出售给职工，国家以土地使用权作价入股。该厂职工对这两个方案均不接受。于是改行第三方案，即职工全员出资买断企业全部净资产，使用的场地则由企业租用。以后诸城企业出售就按这一方案实施。

（六）交易规则

当前国有企业产权交易中，政府行为的随意性相当大。首先，总体上尚无规范产权交易的基本法律、法规和指导国有企业产权重组的战略规划。其次，即使已有的某些同产权交易有关的单项法规或规章，一些地方政府也难免从地方眼前利益出发对其采取实用主义的态度。尤其是在同外商的交易中随意"变通处理"，以迁就外商的条件和要求，实现本地的筹资目标。铅笔厂案例就是一个中方当事人在法规问题上明知故犯的例子，白炭黑案例则是连产权交易合同都不签订就转让国有企业产权的例子。

1. 中方当事人明知有违国家法规仍迁就外商：铅笔厂案例

关于外商承包经营中外合资企业，国家对外经贸部和工商行政管理局在《关于承包经营中外合资经营企业的规定》（1990年9月13日，下文简称《规定》）中作出了严格的限制，铅笔厂与外商签订的"合资承包"合同书在七个方面与这项《规定》明显抵触。

（1）《规定》指出，允许实行承包经营的合资企业，应是"中外合资者已按合营合同如期如数出资并经过验资，确因经营管理不善而难以维持的合营企业"。而铅笔厂在与外商组建合资企业之前，就达成了由外商承包经营该合资企业的协议，这根本不符合《规定》的适用范围。

（2）《规定》要求，承包经营中外合资企业的主体应是"具备法人资格并有三年以上经营活动的中国或外国的公司、企业"。而这桩交易中的承包者是菲商为同铅笔厂合资而在英属维尔京群岛新注册的一家公司，即"香港万达集团有限公司"。熟悉商界手法的人不难看出，这个"万达公司"是个空架子。

（3）《规定》强调，承包"必须由合营企业与承包者签订承包经营合同。不允许合营企业投资各方之间签订承包利润的合同"。而铅笔厂的《承包合同》恰恰是由中外合资双方签订的由外方承包利润的合同。

（4）《规定》要求，"承包经营期内，承包者须于每年第一季度内向合营企业提交承包经营风险抵押金保函或风险抵押金。抵押金不得再另设担保，不得以合营者的出资作抵押"。铅笔厂的《承包合同》却公然订明："以承包方投入股本作为抵押物"，即以合资一方的出资作抵押。

（5）《规定》要求，"承包经营期间，合营企业的负债余额不得超过当年承包利润的总额"。但该《承包合同》却完全无视这项规定。

（6）《规定》指明："承包经营期限一般为一至三年，最长不得超过五年。"但这份《承包合同》却规定："承包经营期限为 20 年。"

（7）《规定》还明确限定："承包经营只能对合营企业的税后利润实行承包。"但该《承包合同》中规定的 150 万元承包金却是税前利润。

铅笔厂聘请的律师曾多次提醒中方决策者，这样的合同不具法律效力，一旦发生经济纠纷，中方将无法据以维护自己的利益。但当地政府有关部门的领导人却置若罔闻，坚持与外商达成明显违反中国法规的协议。这样一份合同在报市外经贸委审批时理所当然地被驳回。但市轻工局和市经委等三个政府部门的领导人竟试图以其个人签名的方式予以确认。他们似乎以为，只要是由其管辖的国有资产，就可以随意处置，即使违反国家法规也无关紧要。

在对外商资信证明的审查上，中方当事人又表现出缺乏起码的交易常识。菲商以"香港万达集团有限公司"作为与中国进行铅笔厂产权交易的法人，这个法人正是为隔离菲商个人（自然人）与中外合资企业间的财产责任而设置的。然而，菲商没有提供"万达"这个法人的任何资信证明，仅仅提供了菲律宾联合银行出具的 Dit Fernandez 先生在该行的个人存款证明。铅笔厂的主管部门领导人竟轻信这种个人存款证明就是可靠的资信证明，头脑中对交易对手究竟是法人还是自然人似乎连基本概念都没有。

2. 不签订产权交易合同的产权出让：白炭黑案例

产权交易必须签订产权交易合同，这是市场经济的常识。可是，在计划经济环境中生活惯了的人，连这点常识都可能置诸脑后。白炭黑案例就提供了一个这样的实例。南昌化原厂将其白炭黑生产系统的三个核心车间按双方协议价格 4400 万元整体移交给 PPG 控股的南吉公司，其中除 1120 万元作为化原厂出资外，3280 万元在合资合同中确定为"出售和转让"。显然，这是属于企业整体性资产的"企业出售"。可是，这项企业出售竟没有任何产权交易合同，而且在顶替产权交易合同的合资合同中对其出售价格的支付方式、支付期限、违约责任以及受让方该承担的义务和应作的承诺也未作任何规定。另一方面，该合资合同却详尽规定了化原厂须交出该项资产所有权的期限和它对这些设施所应承担的责任，以及当地政府须提供的承诺和化原厂须以配套设施、附属设施对南吉公司提供生产服务的保证。结果，1993 年 3 月 7 日南吉公司领到企业法人营业执照后的第 3 天，3 月 10 日，化原厂在既未收到价款也未得到支付担保的情况下就向南吉公司交出了资产所有权，而且同年年底 PPG 方面就按60%的股权分到了红利。可是，直到1994年5月江西省审计局对南吉公司进行财务审计时发现并指出这一问题后，南吉公司到1994年秋才偿付该资产的价款。这就是说，几千万元的国有资产在长达一年半的时间里处于受让方既未支付、又无担保、且无违约责任约束而出让方已交出了所有权的悬空状态。就中方当事人来说，这似乎已很难以一般的法制观念淡漠来解释。美商非常善于利用法律约束交易对手，争取和维护自己的权益，凡它所需要的，都通过合资合同及其附件作了详详细细的规定；而中方当事人对保障中方的权益和约束对方的责任连起码的要求都不提。二者的行为形成了鲜明对照。

（七）交易后果

不同的交易方式和交易条件，交易后果也不一样。

1. 企业重组，机制转换：泉州案例

泉州中侨（集团）股份有限公司成立后，在中策公司控股期间，经营并无起色，因为中策的目标是尽快转卖企业，不想在改善中侨公司的经营方面多支付成本。但是，发林集团在受让控股权后，就马上派马籍华人出任总经理，对中侨公司所属企业在全公司统筹进行了重组。规模稍大的企业按行业特点分别组建成粮油、轻纺、光电机、汽车配件和彩色包装等10个专业公司，规模小的企业合并为专业生产厂，同时将位于市中心的工厂迁往市郊，腾出厂址发展商业。重组后，强化了总公司对各专业公司的控制，投资决策权集中在总公司，专业公司所需投资须经总公司批准立项，并拨给资金。总公司严格规定和控制专业公司的资金使用规模和开支范围，并根据每月的经营业绩核定专业公司的工资总额，然后由专业公司经理对职工进行分配。专业公司经理、副经理和财务主管的工资和奖金由中侨公司总经理直接核定。

中侨公司前后两个阶段的变化，反映了中策公司财务投资和发林集团战略投资的不同性质与策略。前者的投资目标是通过企业产权炒卖赚取价差，因而其策略是将并购的企业在有利条件下尽快转售出手，它不介入企业经营。后者的投资目标着眼于进入中国市场，通过产业经营追求未来收益，因而它不能不关心以至控制企业的经营和结构调整。发林集团的主营业务是房地产，它投资泉州的长远目标是房地产开发。鉴于当地房地产开发的时机暂不成熟，因而它的策略是分三步走：一是注资改造与改组并购的企业，改善其经营；二是将市中心的工厂有步骤地向郊外迁移；三是一旦时机成熟就开发房地产。尽管房地产是其后期目标，但它提前进入泉州可以得到地价优惠。

泉州市37家企业一揽子合资在体制上引起的主要变化是：①成立了泉州市国有资产投资经营公司，作为中侨公司的中方持股主体，同时市政府的有关专业局相应撤销，从而实现了国有资产的产权管理和营运职能与政府的一般行政管理职能的分离。②通过政府机构改革转变政府职能，中侨公司内部主要通过财务权、人事权强化了对专业公司和生产厂的产权约束。

中侨公司目前经营业绩良好，改制前亏损的企业已全面转盈。从泉州市政府来看，通过一揽子合资虽然让出了对企业的控制权（这些企业从产业性质、企业功能和企业规模看都没有必要保持当地政府的控股权），但是换得一个新的机制，且37家企业的国有资本全部进入了中侨公司，实现了国有资本的保全。合资后，市政府一方面卸去了亏损企业补贴的重负，另一方面拥有着中侨公司40%以上的股权，这些国有资本能在中侨公司的业务发展中不断增值。泉州市政府的所得税收入和国有资本收益合计目前已高于企业改制前的利税收入。

2. 企业改制，政府职能转变：职工买断案例

职工买断国有小型企业产权的实践也初见成效。以诸城为例：①企业经济效益提高。1993年全市企业改制，1994年全市企业综合效益指数比上年提高16.9个百分点，资金利税率提高4.1个百分点。出售改制前市属国有企业累计亏损1亿多元，而改制后的1995年则无一企业亏损。②地方财政收入从1992年的1.09亿元上升到

1995年的2.6亿元，平均年递增33.8%，并免除了对亏损企业的财政补贴。③职工增加了工资收入，并分得了红利，工资加红利使1995年职工收入比1992年成倍增加。④企业技改投资增长，并缩短了工期。诸城绝缘材料厂出售改制后一年半的技改投资就相当于改制前27年技改投资总和的1.4倍。⑤市国资局收缴企业出售收入后，通过借贷合同先贷给原企业有偿使用一两年，期满收回本息后可对亟须发展的产业或企业作重点投资。⑥企业建立了新的治理结构，转变了机制；当地政府撤销了企业主管局，转变了政府职能。企业董事会、监事会由股东会选举；经理由董事会聘任，政府不任命。落选、落聘的企业干部，党委组织部门和政府人事部门不再安排易地为官。

但是，一些地方职工买断产权的企业，从原企业承接下来的过度负债问题尚待解决，以免后患。

3. 国有资产沉淀，产权更加模糊：铅笔厂案例

福州铅笔厂的产权交易是不成功的案例。制笔行业是竞争性很强的行业，从国有企业功能看，该行业的企业不必保持国有。但是，福州铅笔厂产权转让的交易方式和交易条件均不可取，交易后果并不好。第一，它以"合资承包"方式将产权转让、中外合资和承包经营三种不同的交易搅在一起，混淆了不同的权益和责任的边界，不仅没有明晰国有资产的产权，反而使其更加模糊。第二，从出让方来看，这种方式并不比由受让方一次性买断产权所能吸收的外资更多，反而使作为出资的国有资本在外商承包经营期间（20年）长期沉淀，除了收取承包金外，企业的国有资本本身不仅不增值，而且将以出资的方式对企业债务承担责任，并承受因外商可能进行掠夺式经营以及通货膨胀导致资本贬值的风险。第三，合同未就外商引进先进技术作出任何规定，未知这种不引进先进技术的所谓中外合资究竟有何作用；而且，即使日后在承包经营中引进先进技术，其投资收益也全归外商。第四，已离退休职工安置和尚未清偿的银行贷款等历史欠账在产权交易过程中未妥善安排解决办法，而是留

给了原厂的留守班子。这样，让出了企业，留下了欠账，日后解决这些历史遗留问题可能更困难。

4. 挖走核心，留下躯体：白炭黑案例

南昌白炭黑项目，在产权交易程序和交易条件上国有资产所有者权益未得到有效的维护，从而导致对其不利的交易后果。这不仅表现在转让的那部分产权的价格被低估，更重要的是让交易对手不付任何代价地肢解了化原厂，挖走了它已成为新增长点的核心生产能力，而留下其依附于合资企业的辅助设施和基本上无新技术、新产品和新市场的躯体，以及尚待分流安置的富余人员和尚待清偿的几千万技改贷款。据化原厂领导人说，同PPG联合将增强该厂的白炭黑在国内市场上的竞争实力；其实这不过是遁词，因为这种交易赋予南昌白炭黑的竞争优势并不真正属于南昌化原厂，而是属于PPG控股的子公司。PPG的控制不仅在于拥有控股权，而且它控制着公司的技术、商标、管理和销售网，合资合同对继续引进先进技术未规定任何有约束力的条款。南昌化原厂事实上是向外商无偿让出了国内市场，并没有以此换得技术。

（八）交易主体

当前，国有企业由于产权主体不明，它们的产权交易往往不得不由许多相关政府部门派员同企业经营者一起参加谈判，并经不同部门层层审批。这种方式，单是为了反复协调上下级政府之间、同级政府各部门之间以及政府部门与企业经营者之间的意见，就要花费大量的时间、精力和经费，从而大大增加交易成本。同时，更重要的是，尽管经过如此兴师动众的谈判和审批达成了交易，作为出让方的决策者、审批者和其他当事人，在产权上对交易后果事实上还是谁也承担不了责任。换言之，他们中间找不出能对交易的国有资产承担责任的产权交易主体。不过，具体情况也会由于交易对象和交易方式的不同而有所差异。我们现在就来看不同的案例。

1. 诸多部门介入，交易主体不明：白炭黑案例

南昌化原厂白炭黑项目的产权交易中，市政府及其计委、招商

局、化工局等部门的官员和厂长都参加了谈判，市国资局确认了资产评估结果，市计委批准立项（作为合资项目），可接受的交易条件由市政府主管领导人拍板，然后由厂长以企业法定代表人的名义同外商正式签订合资合同（无产权交易合同）。接着，江西省外经贸厅批准该合资公司成立，国家工商局向其颁发了企业法人营业执照。在该项目作为合资经营的谈判、签约、审批、注册登记程序均已完成，并由化原厂将白炭黑三个核心车间资产所有权移交给合资公司以后，省经委和省石化厅发现中方在该项交易中吃了大亏，于是向省政府写了报告。省政府有关领导人批示"明知吃大亏的事不能做"，要市政府中止合同的执行。为回答省政府的查询和命令，厂长写了报告，市政府办公厅、市计委、市经贸委、市国资局、市化工局联合组成调查组进行调查，写出了与厂方报告基调相同的调查报告，对该合资项目予以全面肯定，并指出中止合同必然引起外商起诉，提请省政府注意："最后败诉的肯定是中方，这笔经济损失谁来承担？"为处理省市政府之间的意见分歧，按省政府有关领导人的指示，由省经委牵头，召开了有省经委、省石化厅、省计委、省外经贸厅及南昌市政府有关部门参加的两次协调会。但是，鉴于合资合同已经生效，中止合同的"败诉"风险确实无疑，最终不得不吞下交易吃亏的苦果。这个交易过程向我们提出了一系列问题：

（1）省市政府诸多部门介入了这宗交易，市政府决策，厂长签署合同，省外经贸厅批准合资，省经委、省石化厅以及省政府又事后干预未果，但是，究竟哪个机构是国有企业的产权主体以及产权交易主体呢？

（2）恰在南昌白炭黑项目于1993年1月签订合资合同之前，国务院六个部门于1992年12月31日联合发出的《关于举办中外合资、合作经营企业和向外商出售国有资产必须严格执行对中方资产进行评估的有关规定的紧急通知》中规定："各级政府、各有关部门向外商出售国有资产产权必须经过审批。"可是它一点都未涉及究竟哪级政府、哪些政府部门有权"向外商出售国有资产产权"，又应该经过哪级政府、哪个政府机构审批。这样的规定，归谁来执行和监督呢？以白炭黑案例而言，"向外商出售国有资产产权"的，究竟算是南昌市政府，还是市化工局，或者是化原厂？这项产权交易是市政府决策的，那么市政府究竟是"出售"者，还是"审批"者？如果是市政府出售的，那么谁来审批？当省政府发现中方在交易中吃了大亏时，为什么对改变交易结果却无能为力？这些问题都不清楚。事实上，在这项产权交易的审批程序上，很难追究谁的法律责任，因为尚无法律、法规可依。上述《紧急通知》曾宣布："有关部门正在制定《向外商出售国有企业产权管理办法》，待国务院批准后即可执行。"然而，迄今已过了4年，仍未见其出台。

（3）合资公司的成立是省外经贸厅批准和国家工商局登记发照的，但它们只是分别履行批准合资和办理企业登记的职权，并无审批国有企业产权交易的职责。

（4）市国有资产管理局按其性质具有维护国有资产的所有者权益、防止国有资产流失的职责。但是，在这宗产权交易中，它能够做到的和已经做到的只是对会计师事务所的资产评估结果予以审核确认，却无权决定交易谈判中是否应该让步或者让步多少，无法左右交易条件和成交价格。市国资局作为市政府的一个部门，对市政府的决策也不能不唯命是从。

（5）省经委和省石化厅是从主管技术改造的职责范围关注南昌白炭黑项目的出售的。它们曾为该项目的技术引进和争取技术改造贷款出过大力气，而且正在为其进一步技术改造向国家申请技改贷款，也已有了眉目。因此，它们反对出售已经建成投产且步入了收益期的白炭黑生产线。但是，由于化原厂是市属企业，省政府的这两个部门无缘参与交易谈判。到它们发现问题表示反对时，早已生米煮成熟饭。再说，它们也并不拥有管理国有企业产权交易的职权。

总之，南昌白炭黑项目的交易，就出让方来说，是产权交易主体不明的交易。因此，不管交易中吃了多大的亏，国有资产有多大流失，也追究不到谁的责任。事实也是如此。尽管这宗交易曾引起纷争不已，上下惊动，最终还是不了了之，不得不接受既成事实。

2. 谈判马拉松，交易高成本：铅笔厂案例

福州铅笔厂的"合资承包"，市政府一开始就有指示：务必促成。市轻工局、财政局、经委的代表和企业经营者都参加了谈判。在整个谈判过程中，中方当事人内部就对这项交易存在着尖锐的意见分歧，主要是市政府及其有关部门的官员同正在有效地经营着该企业的厂长之间的矛盾。为了控制谈判过程，市轻工局根据市经委的要求，改变了起初由厂长出面与外商谈判的做法，成立了专门的谈判小组，由一位副局长任组长。同时，市轻工局的局长也亲自出面，直接参与了大部分谈判。于是中方谈判小组完全处于市政府有关部门的官员控制之下。每次同外商谈判，交易双方都要讨价还价，外商以新的出价来对抗中方的报价，可是，中方对外商新的出价该作出怎样的反应尚需在谈判小组内部先行协调，因而不能当场给予肯定的回答。这样，整个交易过程形成了马拉松式的谈判。除交易双方前期进行的意向性洽谈以外，在正式谈判过程中，单是中方谈判小组内部协调会议就开了6次，参与者合计57人次；加上同外商的谈判，中方人员耗费在会议桌上累计达168人次。仅此一项就可见中方交易费用之高。与此相对应的是，外商只派一名代理人同中方谈判，仅在关键时刻老板亲自露一下面，但因其交易主体和并购目的明确，代理人能忠实贯彻老板的意志，谈判中始终坚持其要求。而中方尽管那样耗时费事，却步步被动退让，最终还是基本按外商提出的条件签订合同。这是国有企业产权主体和产权交易主体缺位导致的后果。具有讽刺意味的是，负责同中方谈判的外商代理人，竟是一名曾经在福州铅笔厂当过副厂长、离厂后受雇于外商的中国人。他对铅笔厂内情了如指掌，同政府部门打交道熟门熟路，因而也节约了外商的交易成本。

3. 交易成本较低的一揽子合资：泉州案例

相对于白炭黑案例和铅笔厂案例，泉州37家国有企业由外商一揽子并购控股并实行中外合资，对中方而言，交易成本较低。一是

简化了谈判程序，避免了逐个企业的多重谈判；二是国有企业净资产 1.6 亿元全部进入合资的中侨公司，作为中方出资，在截至 1995 年 8 月公司全部实收资本中占 41.15%，由新成立的泉州国有资产投资经营公司统一持股；三是能吸引较大的外资，该月外资已实际到位 2.29 亿元，占公司实收资本的 58.85%（其中发林集团为 53.29%，中策公司为 5.56%）；四是便于进行产业结构和企业结构调整，实现资源重新组合，形成新的综合生产能力。

4. 市政府统一部署国有小企业出售改制：职工买断案例

诸城的国有小企业产权交易程序比较简单。首先由市委、市政府作出向职工出售企业产权的决定。接着由市政府从有关部门抽调人员组成工作组进入企业，协助企业成立改制筹备组。企业召开职代会通过职工购买企业产权的决议，以企业名义向市体改委、国资局、工业委员会递交企业改制申请书（同时提交可行性研究报告、公司章程和购股说明书）。市国资局委托市审计师事务所进行企业资产评估，并对评估结果审核确认。然后，市体改委、工委和国资局经请示市政府企业改制工作领导小组同意，向企业正式发文批准出售改制方案，最后履行职工购股和公司成立程序。在这里，市政府直接充当了出售国有企业产权的交易主体。

（九）交易与流失

从上面的分析可见，国有企业产权交易中，既有国有资产流失的案例，也有国有资产不流失甚至增益的案例，还有政府出售非国有企业产权并收缴其产权转让收入的案例。所以，尽管国有企业产权交易中存在着国有资产流失的情况，但国有企业产权交易与国有资产流失并无必然的联系。

反之，国有企业产权不交易，同样存在着国有资产流失的情况。在国有资产形成、配置、营运、更新和重组等各个环节都可以看到这类情况。近年已有不少经济论著对此作过不同程度的分析，本文不再详加描述。这里，我们只想分析渤啤在产权未交易情况下国有资产已流失的案例。这个案例也许有助于我们加深对国有资产流失的根本原因的了解。

所有者缺位的投资决策和经营管理：渤啤案例

渤啤是1981年成立、1985年才开始部分投产的新企业。它没有国有老企业的历史包袱，经营条件相对优越。例如，渤啤的职工平均年龄低，退休职工少；地处大城市，"企业办社会"负担轻；设备不存在老化问题，破产时固定资产评估的成新率在80%以上；天津市啤酒供不应求，渤啤和天津啤酒厂是当时天津仅有的两家啤酒生产企业，且后者规模小、设备陈旧，故渤啤的市场销售不成问题。但就是在这样的情况下，渤啤竟未能摆脱破产的厄运。其失误贯穿于从投资决策到破产的全过程。

（1）资产组合选择上的失误。70年代末，为适应天津啤酒市场的需求，市一轻局决定兴建渤啤。该厂的旧址是一家生产炮弹的兵工厂，啤酒生产工艺与设备完全不同于炮弹生产，渤啤从这家兵工厂继承下来的资产只是土地和厂房，所以渤啤其实是一家新建企业。但是，国家对渤啤的固定资产投资全部是银行贷款，而无资本金投入。这使渤啤一开始就形成了畸形的资本结构，背上了沉重的债务，同时也没有能对其债务承担责任的出资主体。

（2）筹建过程中的失误。首先，为了避开当时基建项目审批制度对投资规模的限制，市有关部门在报审渤啤项目时采取了"钓鱼法"，即将工程分解为若干部分，分批报审。而且，在每期工程中都将本应配套上马的环保设施、水循环利用系统等搁置下来。这既加大了工程总造价，也使渤啤已投产设备的生产能力一直达不到设计要求。另外，因环保设备不配套，渤啤每年被罚款几十万元；因没有水循环利用系统，渤啤的耗水量为设计用水量的4倍。其次，渤啤在一、二期工程中安装的都是国产设备，但在准备上三期工程时，遇南斯拉夫某公司通过其政府利用官方渠道向中国推销它的啤酒生产成套设备。这种设备的技术并不先进，工艺无独到之处，而价格却高于国际市场价格。当时中国轻工机械总公司用引进技术生产的啤酒生产成套设备已达到了80年代的世界先进水平，且价格仅为南斯拉夫厂商报价的 1/4。如果完全按商业原则行事，渤啤断无买南斯拉夫设备之理。但因这笔交易受到了当时中南两国政治上层的关注，渤啤就舍优择劣，购买了南斯拉夫设备。为此，中央政府应地方政府的要求，向渤啤提供了 1200 万元财政补贴，并对 8322 万元贷款给予利率优惠。再次，渤啤的建设工程共分三期进行。其中，只有第一期工程是按计划如期完成的。第二期工程完工拖延了三年，而第三期工程则因存放于市物资局下属仓库的 113 箱进口设备毁于火灾，且未投保财产险，续建资金没有来源，直至渤啤破产也未能上马。这也导致了投入渤啤工程的全部资产始终没有形成完整有效的综合生产能力。当初设计能力为 11 万吨，但事实上达到的最大生产能力仅 2.5 万吨。

（3）经营者任用上的失误。渤啤从开始建设至宣告破产，历时 14 年，共调换 9 任厂长。其中，除了第一任（建设期）厂长干了 4 年，第二任（开始生产期）厂长干了 3 年之外，后 7 任厂长在任时间平均仅 1 年，最短的一位仅 3 个月。副厂级干部的调换也达 52 人。如此频繁地调换企业领导人，使得任何一任经营者都无法潜心于企业的建设和经营。这不能不说是渤啤主管部门的严重失误。

（4）经营行为的偏差。渤啤在设备购买上的失误固然有政府行政干预的原因，但也有渤啤及其主管部门领导人自身动力方面的原因。如果他们坚持按商业原则办事，拒绝买南斯拉夫设备，并非绝无可能。在这方面，已有我国南方两家企业的先例。然而，渤啤的经营者及其上级管理者就个人利益而言并无拒绝接受进口设备的必要；相反，买进口设备，他们至少还有出国考察的机会。另外，在渤啤已陷入困境、前途渺茫之际，一些厂长之所以仍愿到渤啤就职，主要的一个动力是谋取住房，因渤啤是新建企业，住房较其他老企业宽松。有的厂长一到渤啤就分房子，房子到手就调离。有的厂长还干过用贷款买住宅楼的事。

总之，渤啤这个项目在资产组合选择、项目审批、设备购买到日常经营管理的各个环节上都出现了严重失误，这些失误涉及了国有经济中的各个决策层面。渤啤破产完全是因为对局部环节和一段时期的失误不加制止，且根本无人承担责任，任其蔓延，以至日积月累，步步失控，最后在资金枯竭和因长期拖欠电费而被断电的情况下实在无法拖延，不得不破产拍卖了事。导致大堤崩溃的漏洞太多，也就弄不清到底哪个洞是决堤祸首。这正是计划经济体制中国有企业产权不明晰、政资不分、政企不分的典型后果。

渤啤的破产过程本身也耐人寻味。

首先，渤啤在1988年进口设备被烧毁之后，国家投资没有新的来源，工程续建无望已成定局。在这种情况下，产权流动、企业重组是可能使其起死回生的唯一出路。可是，它却被不死不活地拖了整整5年，直到1993年10月底因资金枯竭、供电停止而不得不停产，然后宣告破产。1994年进行破产处理又整整历时1年。1989—1993年累计账面亏损1856万元，还有潜亏7398万元，二者合计共亏损9254万元。它不仅无力偿债，而且每年还要靠新的银行贷款"输血"，制造新的亏损。例如，1992年它陷于停产困境时，在市政府协助下，争得银行贷款300万元，当年就全部亏损掉。1993年又得到银行贷款300万元，当年却亏损了356万元，到10月底已无钱购进原材料和再发工资。这还只是指明亏。可是，就在1993年10月底停产之后，筹划破产处理之时，该厂竟仍能从一家专业银行的地区支行获得"抵押贷款"1198万元，贷款期限13个月（1993年11月27日至1994年12月31日），企业在早已资不抵债、丧失偿债能力条件下获得的这笔巨额"抵押贷款"，也得到了区公证处的公证。市轻工局1993年12月10日在给市政府的《关于渤海啤酒厂恢复生产的紧急报告》中仍宣称，该厂1994年"停亏是有希望的"。可是，未知"停亏"的办法何在。总之，该厂之所以能如此长期苟生，全靠政府保驾和国家银行贷款"输血"。如果1988年火灾烧毁进口设备而续建无望时，断然进行资产重组，则至少最后这6年的亏损和资产贬值尚可避免。这是存量资产不能流动与重组而导致国有资产流失的明显事例。

其次，渤啤产权转让时，当地政府将市一轻局所属另一家啤酒厂即天津啤酒厂搭配处置，从而增加了成交的难度。天津啤酒厂是建于50年代的老企业，设备陈旧，工艺落后，历史包袱沉重，令有意受让渤啤产权的厂商望而却步。1993—1994年，天津市有关部门曾同国内外六七家厂商洽谈，均未能成交。青岛啤酒股份有限公司愿出价5000万元整体收购渤啤，可是天津方面不同意。马来西亚华裔业主的麦康集团虽然以出价5000万元人民币（含土地使用权）和接收全部在职职工的承诺同市一轻局草签了买断渤啤产权的协议，并勉强表示接受市政府要求其"买一个、合一个"（在买断渤啤的同时与天啤合资）的条件，但它始终未签与天啤合资的合同，因而其买断渤啤的交易最后也告吹。于是才有渤啤破产拍卖场上澳商富仕达以事先同中方达成默契的5400万元人民币（含土地使用权）独家"竞"价的一幕。它比麦康多400万元，但是并不承担接收全部在职职工的义务。

再次，渤啤历时一年的整个破产处理过程中，政府行政行为始终占主导地位。经过一段时间的酝酿后，由市一轻局提出该厂破产申请报告，市经委拟定破产方案，经市政府批准后，市经委调整工业办公室下达冻结该厂资产的通知。接着，市高级人民法院发布民事裁定书宣告其破产，并由法院牵头组成破产清算组，市财政局、审计局、经委、计委、国资局、土地局、工商局、房管局和一轻局等政府部门都派员参加了破产清算组。市法院在履行渤啤破产法律程序的过程中，同市政府及其有关部门进行了充分协调。据报道，该院经济审判庭庭长事后向记者表示，目前破产案"审判中必须充分考虑"在"尽量减少债权人国家银行的损失"的同时，"要有利于地方减轻财政压力和债务包袱"。至于谁该是渤啤的出资者，并对企业债务承担民事责任，似乎并未涉及。

最后，企业破产财产的拍卖收入，除了安置职工的必需部分以外，并未全部首先用于偿还企业债务。渤啤破产后债务清偿率仅15％，其中非抵押贷款的一般债务清偿率仅9％。而在其破产财产的全部拍卖收入 5400 万元中，土地使用权出让金 2600 万元被当地政府部门以安置职工名义全部留用。1994 年《国务院关于在若干城市试行国有企业破产有关问题的通知》规定，土地使用权"转让所得首先用于破产企业职工的安置；安置破产企业职工后有剩余的，剩余部分与其他破产财产统一列入破产财产分配方案"。按照《破产法》规定的分配顺序，破产企业的财产理应先用于偿债。政府部门留用的这 2600 万元，按渤啤 1994 年年末全部在职职工 553 人和离退休职工 78 人合计 631 人平均，每人达 4 万多元；在职职工中有 200 名为合同制职工，且其中 147 人按劳动合同规定终止期限就在 1995 年（恰在渤啤破产拍卖这一年），如果 2600 万元按固定职工（353 人）和离退休职工（78 人）合计 431 人平均，每人达 6 万元。即使其中扣除一部分用于对合同制职工的补偿，人均还有 5 万多元。按照目前的安置费用标准，怎么也用不了这么多钱。国务院上述《通知》规定："对自谋职业的，政府可以根据当地的实际情况，发放一次性安置费，不再保留国有企业职工身份。一次性安置费原则上按照破产企业所在市的企业职工上年平均工资收入的 3 倍发放，具体发放标准由各有关市人民政府规定。"据《中国统计年鉴》数据，天津市 1994 年国有经济单位职工年平均工资为 5806 元，那么，乘上 3 倍，就只有 17418 元。事实上，根本不需要对渤啤所有的在职固定职工都发放一次性安置费，拍卖企业的买方根据其需要就接纳了 150 名职工。同时，渤啤的在职职工平均年龄仅 30 多岁，其中 1/3 年龄在 30 岁以下，3/4 在 40 岁以下，与老职工较多的老企业相比，渤啤的职工安置任务显然要轻得多。全部在职职工（包括固定职工和合同制职工）和离退休职工共 631 人，除去渤啤产权受让方接纳的 150 名职工外，即使假定其余 481 人都按上述标准（人均 17418 元）发放一次性安置费，合计也不过需要 837.8 万元。总之，无论怎样估算，渤啤这笔 2600 万元的土地使用权出让金，在实际用于职工安置以后，肯定大有余裕。据保守估计，其剩余至少有 1000 多万元。本该用来偿还企业债务的这千余万元破产财产，被截留在地方政府部门手中，这已不是国有资产流失与否的问题，而是侵犯了债权人的权益，造成了债权人权益的额外损失。渤啤的破产，有投资决策失误、经营管理混乱和火灾责任事故等诸多原因，可是，从未听说任何机构或个人对其承担民事责任。而在该企业破产拍卖后，包括企业主管部门在内的当地政府部门反而借此获得了千余万元的额外收入，并且各有关部门为争这笔巨额资金的支配权而争吵不休。这就不能不令人对国有经济旧体制深思。

同时，值得注意的是，渤啤从成立到破产 14 年间资产流失的绝大部分是债权人权益的流失，而不是所有者权益的流失。它完全靠贷款建设，而破产拍卖后债务清偿率平均仅 15%，其中非抵押贷款的一般债务清偿率仅 9%。所以，我们在考察国有企业的资产流失问题时，着眼点不能仅限于研究如何防止所有者权益的流失，必须同时研究如何防止债权人权益的流失。而且，从所有者必须以足额出资对企业债务承担民事责任的原则来说，在维护所有者权益之前，首先要对债权予以保障。

三 理论思考与政策建议

（一）产权交易与资产重组势在必行

产权交易和资产重组不仅在市场经济中对实现市场配置资源的功能具有普遍意义，而且对当前我国从计划经济体制向社会主义市场经济体制转轨具有特殊意义。

生产要素的流动是资源配置的市场机制运作的前提。而要素流动是通过交易实现的，它既表现为增量的投入，又表现为存量的重新组合。存量重组离不开产权交易。没有产权交易和资产重组，也就没有市场经济。

市场经济中的现代企业需要两种不可或缺的战略，一是企业营运战略，二是产权交易战略。前者解决企业如何有效经营的问题，后者解决企业如何定位与构建的问题。成功的交易战略对企业的盈利与成长具有营运战略不可替代以至不可比拟的作用。同时，对社会来说，它也是资源优化配置所不可缺少的机制。

在我国从计划经济体制向社会主义市场经济体制转轨过程中，通过产权交易实行资产重组是回避不了的步骤。

第一，我国国有经济总体规模早已超出了国家财政和国家银行的支持能力。它表现在国有企业的资本空壳化倾向日趋严重，国家财政对国有企业的资本增补乏力，国家银行对国有企业的不良债权有增无已。这是由多种原因形成的，诸如企业固定资产折旧基金提取不足并上缴政府，以国家银行贷款替代国家出资的无资本或资本不足企业的建设，企业上缴利税与折旧基金形成的国家资本过度用于铺新摊子的建设，企业固定资产投资挤占流动资金，财政对企业政策性亏损补贴的欠账，投资决策失误和企业经营性亏损导致的财产损失，以及被某些以权谋私的人用以盗窃或挥霍国家财产的制度黑洞，等等。无论具体原因如何，国有企业资产负债率极高的过度负债，以及相当大量的国有企业缺乏甚至丧失清偿到期债务的能力，已是毋庸置疑的现实。据1994年对已清产核资的12.4万户国有工商企业统计，企业账面资产负债率平均为75%（即债务资本比率为3∶1）；据有关部门测算，若以所有者权益冲抵挂账损失，则资产负债率实际为83.3%（即债务资本比率为5∶1）。反映企业偿债能力的流动比率（流动资产/流动负债），据国际经验，正常值为不低于2，而我国这12.4万户企业仅为1.05，可见其到期偿债能力之低。企业负债过度和偿债乏力的同义是企业资本不足。国家财政由于连年赤字和政府债务日增，增补企业资本的能力十分有限。国家银行对企业的不良债权的累积已近极限，银行自身也面临着资本不足的问题。所以，适当收缩国有经济总体规模将是提高国有经济整体素质的必要条件。有所不为，才能有所为。通过存量资产的流动与重组，国有资产退出一些领域，用以充实需要保留国有的领域，使国有企业的资产负债结构得到合理调整，才有可能搞活整个国有经济。

第二，国有经济的产业分布和产业组织结构不适应改革开放以来已经变化了的环境。竞争性产业中的国有经济比重仍然偏大。例如，1994年全国建筑业企业资产总额中，国有企业占67.57%；在一些竞争性很强的工业部门中，按资产总额计，国有企业所占比重分别为：饮料工业60.48%，化学工业66.08%，普通机械制造业55.21%。可是，竞争性行业的国有企业大多竞争力不强，不仅机制僵化，而且设备更新、技术改造和产品开发缺乏资金来源，产品难以适应市场需求。如饮料工业，国有企业虽然占全行业资产总额的60.48%，但国内主要碳酸饮料市场几乎已为外资垄断。同时，对于投资不足的自然垄断性行业、基础设施、公益事业以及需要国家重点扶持的产业，国家在资本投入上又力不从心。要改变这种被动状况，就必须通过存量资产的流动与重组，调整国有经济的产业分布和产业组织结构。

第三，国有企业的改革目标是建立现代企业制度，而建立现代企业制度就意味着建立出资者与企业法人的有限责任制度和企业破产机制。有限责任制度，就是企业以其全部法人资产对其债务承担民事责任，出资者则履行其出资承诺，足额出资，并以其足额出资为限对企业债务承担责任。出资不到位的出资者不足以承担其对企业的责任。企业破产机制，就是丧失清偿到期债务能力的企业要依法破产偿债。破产偿债的前提是出资者已按其出资承诺缴足了出资额。如果没有缴足或者根本未出资而宣告企业破产，实质是出资者逃避其对企业应承担的责任。国有企业要建立现代企业制度，就必须解决出资者缺位以及出资不足甚至对某些企业根本未出资的问题，将企业债务资本比率通过增资减债调整到出资者能对企业债务承担其责任的水平，这样才能建立起有限责任制度和企业破产机制。就总体上来说，通过产权交易进行资产重组与债务重组，是国有企业建立现代企业制度的必经步骤。

第四，已离退休职工的社会保障、企业富余人员的分流和"企业办社会"职能的分离问题，也是国有企业建立现代企业制度非闯不可的难关。这些问题的解决，都需要相应的资金来源。现有离退休人员，过去在计划经济条件下所得的工资，不含退休养老费用和目前住房提租购房所需的开支。国有资产存量中实际包含着过去由国家财政对职工的这种隐性负债所形成的资产。通过存量调整，以一部分国有资产补偿这种隐性负债，是完全必要的，也是可行的。退休养老费用，只需将相应资产的所有者权益从政府转到社会保障机构，为已离退休职工建立退休养老基金。住房开支则应直接补偿给个人。现在由于尚未通过存量资产调整为已离退休人员建立基金，仍要靠现有企业及其职工缴纳的职工养老保险金来支付他们的离退休金和医疗等费用，势必增加企业在职职工的社会保障制度建设的难度，也增加了离退休人员社会保障的不确定性和不安全感。至于企业富余人员的分流，目前全国国有企业富余人员据保守估计至少有2000万人，现有失业保险基金至多只能承受其20%，80%以上的富余人员仍须由企业及其主管部门安置。如果没有存量资产的流动与重组，这一关也将难以闯过。"企业办社会"职能的分离，除了可能转向经营的单位分离出去独立经营以外，就只有由政府或非营利性社会机构接办。而在目前财政拮据的情况下，不通过存量资产的流动与重组，也是难以办到的。反之，只要真正着眼于搞活整个国有经济，积极而有序地推行国有资产存量的流动与重组，解决这些难题所需的资金是可能筹集到的。这些历史遗留问题，在体制转轨时期采取一次性解决办法，比久拖不决更有利于降低改革成本和促进社会稳定。若寄希望于企业改革后逐渐消化，则这种期望将难免落空，它不仅将阻碍现代企业制度的真正建立，而且将使这些历史遗留问题更趋恶化，解决起来更加棘手。

总之，要建立社会主义市场经济体制和现代企业制度，并通过结构调整优化资源配置，产权交易与资产重组势在必行。若无存量资产的流动与重组，则既不可能实现国有企业战略性改组，也不可能真正搞活整个国有经济。存量资产能否有效流动与重组，将成为当前我国经济的制度改革与结构调整能否取得实质性进展的关键。

(二) 产权交易与国有资产流失没有必然联系

我们在上文的案例分析中已经看到，国有企业产权交易中确实存在国有资产流失的情况；但是，国有企业产权交易并非必然产生国有资产流失，而国有企业产权不交易情况下国有资产的流失未必就不严重。本节再从总体上对国有资产流失问题略作分析。

事实上，国有资产流失问题在计划经济中早就存在。但是，在计划经济中，由于不存在资本市场，国家对企业实行实物控制，价格和货币只是计算实物的名义单位，国有资产没有与其实物形态相对应的金融形态，其潜在价值不能通过市场交易以投资收益折现值的方式表现出来，人们无法客观地确定资产的交易价值。在这种情况下，人们很难察觉国有资产因配置或使用不当而发生的流失[①]。其实，即使在那个时期，也不乏数年一度从账面上冲销物资报损的记录。不过，除此之外，只要国有资产的账面价值和实物数量没有受损，人们就以为不存在国有资产的流失。同时，在改革前，国有资产流失较少表现为个人或小集团的损公肥私，而过多地表现为决策失误、经营不善、资源浪费等原因带来的损失，因而不容易使人想到资产权益的得失问题。

改革开放以来，特别是进入 90 年代以来，随着产权交易的兴起，国有资产流失问题日趋明显，引起了人们的关注。但是，人们的注意力往往局限于国有资产会计价值的流失，并将国有资产的流失单纯归结为产权交易中国有资产向非国有主体的非法转移。

国有资产会计价值的流失确实不可忽视，单是它的规模就相当巨大。例如，据有关部门调查，1992 年全国 8550 家国有企业与外商合资，其中约 60% 的企业未经评估的资产按账面价作为出资，共计 675 亿元，若按资产评估平均升值率 45% 估算，中方的所有者权益就少计约 300 亿元。当然，如本报告前面所说，评估价本身还不足以作为判断交易中国有资产是否流失和流失多少的绝对标准，但是，根据持续的通货膨胀因素和资产评估价普遍高于账面价的一般经验，则资产以账面价参与合资，可以肯定存在着所有者权益的流失，只

[①] 参见袁志刚《关于国有资产流失问题的若干思考》，《经济研究》1995 年第 4 期。

是流失量不一定就等于评估价与账面价的差额。国有资产在交易中的会计价值流失不仅表现在不评估或低估有形资产，而且表现在低估甚至无偿出让无形资产，允许交易对手长期无偿或几乎无偿使用生产经营场地，在产权交易条件和价格上作无原则让步，中外合资企业的外商资本尚未到位就按协议的股权比例分红，合资的外方在以设备作价入股、代购进口原材料和控制产品外销过程中通过价格转移手段获取额外收益，国有企业整体资产肢解或拆零按单项资产作价出售，国有企业改组的股份公司在分红送股时对国家股不分不送或少分少送，或者低价协议出让国家股，等等。除了资产会计价值的流失，事实上还存在着簿记难以反映的国有资产流失。例如，没有得到应有补偿的企业控制权转移，某些非国有主体利用同政府部门或国家金融机构工作人员的关系网获取特殊融资便利，等等。通过这类渠道造成的流失似乎尚未引起应有的重视。

至于将国有资产流失单纯归结为产权交易中国有资产向非国有主体非法转移这个问题，也要分析。诚然，这类流失大量存在。但是，国有资产的流失和产权交易中国有资产向非国有主体的非法转移毕竟是两个问题，后者只是前者的一部分。首先，国有资产向非国有主体的非法转移并不都通过产权交易渠道。其次，国有资产不是仅仅通过非法转移才流失到非国有主体，通过合法交易程序的流失同样大量存在着。上文案例分析已经表明，既有违反法律、法规造成的流失，又有合法交易中的流失，也有由于无法可依而形成的流失。再次，国有单位之间的资产或产权转移，并非就不存在国有资产流失。例如，政府部门或国有企业将产权转让收入或土地使用权出让金挪作非经营性用途，即使尚未流出国有部门，但就国家对企业的所有者权益而言，已经流失。

下页表根据国有资产流失的方式和性质，将其分成四类，即 A_1B_1 型、A_2B_1 型、A_1B_2 型和 A_2B_2 型。这四类行为都导致国有资产流失，但只有两类行为与产权交易有关。而且，根据现在可能了解的情况，也无法肯定，在这四类国有资产流失的方式中，与产权交易有关的流失是否比不涉及产权交易的流失更严重。表内所列各项仅为举例，并非全部流失情况。

国有资产流失的方式及其性质

性质＼方式	不涉及产权交易（A_1）	涉及产权交易（A_2）
无寻租动机（B_1）	A_1B_1 盲目决策、疏于管理、经营不善、浪费资源、产销脱节、玩忽职守等	A_2B_1 产权交易中无原则让步、国有资产不评估或低估、整体资产无偿肢解或拆零出售、无补偿地让渡企业控制权、在合资中外商资本未到位就让外商参与分红、在交易中疏忽失职上当受骗等
有寻租动机（B_2）	A_1B_2 贪腐、行贿受贿、权钱交易、挪用公款公物、化公为私、内部人控制下的盈余分配、利用关系网的特殊融资便利等	A_2B_2 为谋取个人或小团体利益在产权交易中牺牲国有资产的权益等

虽然国有资产流失与国有资产向非国有主体转移这两种现象在当前国有企业的产权交易中结为一体，但造成这种局面的原因显然不在于国有企业的产权交易本身，而在于国有企业的产权制度。国有资产流失，不论其表现形式如何五花八门，具体原因如何错综复杂，其体制根源还是我国国有经济系统中缺乏有效的产权约束，因而无人对资产的有效保值和正常增值真正负责。

（三）防止国有资产流失的治本之策是规范企业的产权主体

国有资产流失现象，无论在产权交易或非交易情况下都存在，其根源不在于产权交易，而在于国有企业产权不清。国有企业的产权不清，不是指企业的国家所有权是否明确，而是指国家所有权职能的行使和国有资产所有者的地位没有独立的运作方式与实现形态。这表现在政府层次就是国家所有权职能与政府的一般行政管理职能混淆在一起，即所有者职能与政权职能不分，并使国家所有权职能依附于政府的行政系统与行政层次，形成部门分割、地区分割，没有独立的机构能按法定程序对国家资本的保全与增值真正负责，也就是所有者不到位；表现在企业层次就是国有企业缺乏或没有能对企业债务真正承担责任的出资主体，所有者权益与债权实际上混淆不清，企业破产机制难以形成，企业既受行政干预过多之苦，也为缺乏产权约束所害，这就是出资者缺位。

国有企业产权交易要防止国有资产流失，首先须规范产权交易主体。规范产权交易主体，就是规范交易中既能对作为所有者的国家承担责任，又能对企业的债权人承担责任，同时受所有者委托有权进行产权交易的责任与权利主体。这样的产权交易主体，只能是具有民事行为能力、能履行民事义务和行使民事权利的主体。具备这种资格的产权交易主体，只能是企业的出资主体，也就是企业的产权主体。行使行政管理职能和不拥有独立的企业法人财产的政府机构，并不具备这样的条件。凭借政府行政权力进行产权交易，就不免产生上述案例中反映出的种种弊端。没有明确的产权主体，就不会有明确的产权交易主体，从而产权交易行为的规范也无从谈起。

国有企业产权的明晰化，要从企业与所有者职能机构两个层次的产权界定着手。

国有企业进行公司化改革，是企业层次界定产权的过程。企业产权界定的真实含义，不是简单地规定所有权的归属，而是要依法定程序确立企业的出资主体，这种出资主体必须有能力保证企业的资本充足，并对企业债务承担不可推卸的责任。所以，要按照《公司法》的规定，建立对企业具有产权约束力的有效运行的资本结构与公司治理结构。公司法人财产权是由出资者的出资派生的，因而理论上不加分析地简单地讲出资者所有权与法人财产权绝对分离，把法人财产权说成不受出资者所有权约束的权利，会对实践产生误导。现代市场经济和转型期经济的实践都表明，资本结构的合理安排是形成健全的公司治理结构的前提，它要解决的问题正是要形成出资者和债权人对公司的有效产权约束，从而建立对经营者的激励与约束机制。

所以，国有企业公司化改革，单是进行企业层次的股份制改组是不够的，必须同时改组行使国家所有权的职能系统，构建同国有企业公司化改革相适应的营运国家资本的所有者职能机构。后者改革的滞后已经严重阻碍了国有企业的改革。

构建国家资本所有者职能机构的关键是所有者职能与国家政权职能分离。具体说，就是要实行所有者职能与政府的行政管理职能分离、国有资本营运职能与政府对国有资产的管理职能分离，体现国家资本收益的利润处置与体现政府社会行政管理职能的公共财政收支分离、国家对企业的人事权与国家对企业的财产权相统一而同党政干部任免制相分离。行使国有资本营运职能的机构，应是拥有独立的法人财产的经济实体，而不具有政府的行政管理职能。这样的法人实体，才有能力作为企业的出资主体。

国家所有权职能系统的运作包含着多层次的委托—代理关系。管理国有资产的任何一级政府及其部门、从事国有资本营运的机构（法人实体）和国有企业经营者，对于作为所有者的国家来说，都是处在不同层次的代理人。任何委托—代理关系中，都存在着代理人背离委托人的目标追求其自身目标的可能性，并利用其与委托人之间的信息不对称将这种可能性变为现实，这就是所谓代理问题。委托人要想使代理人能按自己的目标行事，就须具有以委托人目标为导向的有效激励机制，同时必须建立使委托人对代理人不致失控的治理结构。在多层次的委托—代理关系中，上层代理人又成为下层委托人，这种双重角色易于导致其角色错位，产生更严重的代理问题。因而在这种系统中建立有效的激励机制与治理结构就更复杂，也更有必要。鉴于国家所有权职能系统具有多层次委托—代理关系，必须首先解决授权者本身怎样被授权、监管者本身怎样受监管的问题，这样才可能防止国家所有权失控。所以，必须通过立法正确界定国家所有权职能系统的有关当事人（机构、个人）的责任与权利，建立依法授权与监管的法制化程序。对国有资产管理与经营的没有法律依据的行政性"授权"，不只是事实上无效的授权，而且难免国家所有权失控的危险。

(四)产权重组、企业重组与债务重组要相互结合

正确处理产权重组、企业重组与债务重组的相互关系,是国家对国有企业产权交易在宏观指导上需要研究与解决的问题。

国有产权重组,首先是就全国而言的,企业内部的产权重组需要以全国的重组目标为指导,因此对国有经济总体的战略调整需要制定全国性的战略规划,并通过相应的政策措施,引导各地区、各部门国有存量资产的流动与重组。这个战略规划,应以产业性质和国有企业功能为主要依据,确定国有资本应进入或退出的领域,设定战略调整目标。配套政策措施应有利于激励各部门、各地区的重组逐步接近这种目标。对国有资本应当退出的领域,要制定限制国有资本增量投入和鼓励非国有资本置换其存量的政策。对国有资本需要进入和充实的领域,应结合国有资本营运机构的构建和国有企业公司化改革,制定企业资本金增补方案和增资减债所需的融资政策。目前,由于部门分割、地方分割依然存在,国有企业产权转让收入大多局限在本地、本部门范围内使用,其中不少开支仍用于对国有资本应退出领域的再投入,有的甚至被挪用于非经营性项目开支。不改变这种各自为政的状态,战略调整目标将难以实现。因此,需要以市场为导向,制定相应的政策,鼓励国有资本退出领域的产权转让收入跨地区、跨部门以股权形式投入需要资本进入和充实的领域,尤其是其中具有良好发展潜质的大型企业和企业集团。

产权重组、企业重组要同债务重组相互结合,协调推进。第一,国有存量资产的流动和重组要与债务重组统筹规划,各部门、各地区的国有企业产权转让收入应首先用于置换企业的过度负债,而不是铺新摊子。第二,企业增资与减债要并行,不能只增资、不减债,要防止企业继续不受信用约束地扩张。第三,对自始就没有国家资本金或国家出资严重不足的国有企业,破产处理时不能简单地用银行呆账准备金如数冲销其债务,使所有者不出资或出资不足的后果被随意转换成债权人的损失,这个资本缺口应由财政筹资弥补。第

四，鉴于国有银行当前也面临着资本充足率偏低的问题，为保障存款人的权益和促进银行改革，国家对解决国有银行和国有企业的资本充足率问题应作统筹安排。第五，要制定有效的拓宽直接融资渠道的政策，鼓励目前已近 4 万亿元的城乡居民储蓄存款部分地分流为公众对企业的投资，这样既能分散银行的风险，又能促进企业的产权重组与债务重组。第六，债务重组，在企业的所有者承担其应有责任的前提下，债权人不免也要承受一定的损失，但应尽量使债权人的损失降到最低限度。

（五）加强对涉外产权交易的战略指导

90 年代以来，外商特别是跨国公司对中国的投资方式正转向直接兼并与收购中国现成企业，尤其是市场容量大的产业领域中具有发展潜质的国有企业。它们通过并购达到控制企业、进而占领中国市场的目的。

改革开放以来，我国利用外资取得了举世瞩目的成就。截至 1995 年年底，全国外商投资企业已投产开业的有 12 万多家，就业人数近 1600 万人，实际使用外资金额达 1354 亿美元。从总体上看，引进外资对促进我国经济增长和改革、提高国民经济整体素质功不可没。中国要永远坚持对外开放的方针，并逐步改善外商投资环境。但是，面对以并购中国企业为特征的外资进入的新形势，我国利用外资战略调整明显滞后，国有企业及其主管部门在体制、法律、战略和人员素质等方面都难以应对。

首先，利用外资的目的，在不少地方并不明确。境外资本的引进，如果不伴之以先进的技术与管理以及国外销售网络等资源的引进，则无助于我国企业素质的提高。同时，利用任何外资都是要花费成本的。可是，不少地方或部门对利用外资单纯着眼于筹集资金，以缓解当时当地资金困难为主要目的，并将外资当作"免费午餐"，不计引资成本。于是招商引资中重数量、轻质量的倾向难以抑制，并在中央政府制定的优惠政策之外，又纷纷出台当地的优惠政策，形成了优惠引资的竞赛。有的地方当局甚至明确提出"没有数量就没有质量"的口号，更助长了对引资数量的盲目追求。

不少地方、部门和企业盲目追求引进外资，也事出有因。企业普遍负债过度，资本不足，国内居民储蓄直接转化为投资的渠道不畅，而国家政策对引进外商直接投资却网开一面，且给予种种优惠。这种环境客观上刺激了将引进外资直接投资单纯当作缓解资金困难的筹资手段的倾向。事实上，企业负债过度和资金不足的主要原因不在于全国总体资本绝对不足，而是在于体制。通过改革，形成居民储蓄能直接转化为投资的机制，并对存量资产进行调整，大多数企业的资金困难是有可能解决的。最近，国家决定对外商投资企业逐步实行国民待遇，从优惠政策向公平竞争、市场导向转变。这种政策调整将有助于利用外资质量的提高。但是，要从根本上改变地方、部门和企业将引进外资当作单纯筹资手段的倾向，上述改革措施仍是不可缺少的。

即使引进外资单纯是为了缓解企业资金困难，其实也不必仅限于引进外商直接投资一途，向境外商业银行借款和向国际资本市场发行债券同样是可以引进外资的途径。作为引进外资东道国，对利用外商直接投资和借外债的成本与收益应该加以权衡。那种只是着眼于外商直接投资无须偿还、借外债要还本付息因而不加分析地以为利用任何外商直接投资就一定比借外债合算的观点，是没有根据的。在地方政府和国有企业尚无独立承担外债风险能力的体制下，中央政府集中控制外债举借是必要的。不过，也要看到，利用外商直接投资，如果不伴之以先进技术和管理的引进以及国际市场的开拓，而对外商让出国内市场或企业控制权又未能得到应有的补偿，这样利用外商直接投资就可能比举借外债会付出高昂得多的成本。由于国内融资困难，举借外债又无门，有些地方政府和国有企业为急于筹资而饥不择食，难免采取这种高成本的外资利用方式。

就国际资本流动而言，一个国家也难以始终保持国际资本的净流入。许多发展中国家的经验表明，如果利用外资的战略失当，资本净流入很容易转变为资本净流出。那时，外资的流动不仅不会增加国内的资本供给，反而会变为国内资本短缺的诱因。这种情况，无论在利用外商直接投资还是借外债条件下都是可能出现的。因此，一味地单纯为缓解资金困难而引进外资，是不可能持久的。

其次，我国国有经济的现行体制很不适应涉外产权交易。例如，从交易主体来看，外商是产权明晰的产权主体，对交易有明确的商业目标，其代理人在交易中能忠实地贯彻所有者的意志；而中方由于国有企业产权不明晰，经过部门分割、地方分割的责权不明确的多层次委托—代理关系，交易中往往受多重目标的牵扯，交易当事人在交易中难免程度不同地背离所有者的意志。从交易行为看，外商奉行的是市场行为，决策迅速，操作灵活；而中方交易行为基本上仍是政府行为，决策迟缓，运作不灵。从交易方式看，外商一般采取的办法是在中国境内或境外设立投资性的子公司，作为并购中国企业或同中国企业合资经营的出资主体，这样就在其母公司资产或家族财产与其对中国投资企业的责任之间建立了有效的隔离带；而中方尽管在合同上一般由企业法定代表人签署，但由于政企不分问题尚未解决，交易双方发生经济纠纷时，政府仍难以摆脱牵累。凡此种种，就外商方面而言，属于交易惯例，但中方由于自身体制不适应，就使自己在交易中处于不利地位。一言以蔽之，这样的产权交易，其实是市场主体（外商）和行政主体（中方）的博弈；在这种博弈中，前者胜算而后者失算，往往难免。

再次，涉外产权交易缺乏战略指导和法律规范。对外开放已18年了，利用外资已从初期的"三来一补"等出口加工贸易发展到近年外商并购中国企业，可是，由于战略调整滞后，许多地方的招商引资实践仍沿着80年代对外开放初期形成的给外商超国民待遇的特殊优惠政策惯性运作。外商对中国企业的兼并与收购，由于缺乏规范涉外产权交易行为的法律，往往就在一般中外合资经营的名义下进行，甚至产生了连产权交易合同都不签订就实现了产权易手的现象，并且外商并购中国企业普遍享受中外合资企业的政策优惠。同时，国有企业产权哪些可以向外商转让，可以转让到什么程度，哪些不可以转让，也尚无明确的战略。1996年全国人大八届四次会议批准的《国民经济和社会发展"九五"计划和2010年远景目标纲要》规定了"积极合理有效地利用外资"的方针，其中比过去新增的"合理"二字，反映了利用外资的战略调整趋向。1995年6月经国务院批准由国家计委、国家经贸委和外经贸部联合发布的《指导外商投资方向暂行规定》和《外商投资产业指导目录》，将外商投资项目分为鼓励、允许、限制和禁止四类，"作为指导审批外商投资项目的依据"，并规定它"适用于在中国境内投资举办中外合资经营企业、中外合作经营企业和外资企业的项目以及其他形式的外商投资项目"。这个《暂行规定》和《指导目录》规定了利用外资的产业政策目标，体现了利用外资方针中"合理"二字的产业政策含义。但是，它们都没有涉及国有企业产权的涉外交易问题。外资兼并与收购中国企业的产权交易已成为外商对中国直接投资的热点，而我国相关的立法与战略仍处在缺位状态。这就不仅难免导致国有资产流失，而且可能丧失按照中国的国家利益进行资产重组的机会，使资产重组易于受外商特别是跨国公司进入中国的战略所左右。

（六）培育企业并购市场，促进产权交易的市场化

产权交易中发生国有资产流失的体制根源，除了国有企业产权主体与产权交易主体不明之外，还有市场体系发育不足。产权交易的市场化将有助于防止国有资产流失，并加速存量资产的有效流动与重组。

当前，我国经济尚处于计划经济向社会主义市场经济转轨过程中，市场体系尤其是资本市场发育不足是不可避免的。但是，市场是在交易过程中逐渐成长起来的，没有交易，也就没有市场。不可能等到某个早晨突然出现了成熟的市场才去交易。产权交易与产权市场也是一样。因此，不能因为交易中发生了国有资产流失就去禁止或遏制产权交易的发展和产权市场的培育。当然，市场交易须遵循市场规则，因而需要规范。但是，市场交易组织与交易行为的规范也离不开市场本身的发育成长。我国证券交易与证券市场的形成过程就是一个现实的例证。自 1990 年深圳、上海证券交易所开业之日起，证券市场一经启动就停不下来，而它若无规范就非出问题不可。事实上，我国的证券市场在这六年里也的确出过大大小小不少问题，这就逼着有关方面不断地设法规范证券交易和证券市场。尽管目前对其规范的立法仍然滞后，例如它的基本法《证券法》迟迟未能出台，但终究已有不少规范的法规和规章，证券市场总是在朝着规范化方向成长。产权市场看来也要走"边培育、边规范"的路。当然，如果能从我国实际出发，认真研究与借鉴于我有用的国际经验，规范的形成相对超前于产权市场的发育也是可能的和有益的，它将有利于降低培育产权市场的成本。

  这里所说的产权市场，是指市场经济中通行的那种与证券市场并行的非证券化的产权交易市场，即非公众公司的企业兼并与收购市场，简称并购市场。在现代市场经济中，有成熟的并购市场。例如，证券市场最发达的美国，并购市场也很发达。这是因为，即使在美国，向公众募股的公司在全国企业总数中也属少数，上市公司更是极少数，尽管它们的资产规模相对于其他企业巨大无比。所以，并购市场对大多数企业而言仍是进行重组的机制。非证券化的企业并购，由于既无股票那样的市价，又无期货那样的标准化合约，且企业情况千差万别，影响其价格的因素复杂，所以并购过程中交易双方还是要进行"一对一"的谈判，并购市场并不是一个有形的交易场所，而是无形市场。不过，现代市场经济中存在着发达的为企业并购提供服务的中介机构，特别是投资银行能为并购交易双方提供高度专业化的系列化服务，成为促进并购活动市场化的重要因素。

  我国各地近年来先后成立了百余处产权交易市场，它们分别以"产权交易所""产权交易中心"或"产权交易市场"命名，是有形的产权交易场所。它们的职能不尽相同，但一般有沟通信息、牵线搭桥、咨询服务、资产评估、法律顾问等功能，有的还兼具对交易进行审查、监督等行政职能。在交易方式上，有协议转让、招标和拍卖等，个别地方有企业托管，有的还模拟证券市场从事撮合成交、非上市公司的股权证挂牌交易和非股份制企业的产权拆细上市交易。这些产权交易市场的组建，一般由地方政府的体改委或国资局牵头、地方政府批准，也有由国家银行分支行的信托投资公司等金融机构设立的。许多省、市乃至部分地、县都建立了这样的产权交易市场。从形态上看，有实行会员制的，也有实行股份制的，或者二者兼备。这些交易组织对促进产权交易及其市场化和推动存量资产的流动与重组起了积极作用。但是，它们带有明显的政府背景与行政色彩，交易主体职能、中介职能和监管职能容易混淆。有些兼营产权交易与股权证交易业务的，也易于办成证券市场或准证券市场。可见，我国现有"产权交易市场"的内涵不同于现代市场经济中无形的并购市场，它们基本上属于一些市场化程度很低的产权交易中介组织；同时这类组织也不同于并购市场中为交易双方分别提供服务的纯中介机构。

总之，并购市场在我国尚待培育。企业并购的市场化程度并不表现在是否已建立有形市场，而是表现在是否形成了尽可能充分地发掘潜在买主或卖主的机制，能否发现买主愿意支付的最高价与卖主可接受的最低价之间的均衡价格。在市场经济中，企业并购已成为高度专业化的业务，因而需要具备这方面专业知识的专业人才和专门机构提供中介服务。拥有这类专业人才和强大数据库支持并具有融资能力的投资银行，就是提供这种服务的合适的中介机构。我国近年已开始引进国外投资银行业务，这对我国并购市场的培育是完全必要的。同时也需要积极扶持国内投资银行业的发展。对于我国现有的上述产权交易有形市场，即产权交易组织，则要在继续发挥其积极作用的同时，引导其逐步分离交易中介职能和行政职能，分离其非证券产权交易职能和证券交易职能，使其变成真正为产权交易服务的中介机构。

(七) 加快立法进程，实行产权交易的规范化

产权交易的发展已使产权交易的规范化迫在眉睫。要促使产权交易市场化，离不开产权交易的规范化；同时，产权交易的市场化

也有利于完善产权交易规范化。

国有企业产权交易的规范,要以规范国有资产管理与经营的母法《国有资产法》为依据。但是,《国有资产法》尚在制定过程中。为适应已经兴起的产权交易形势,亟须加快《国有资产法》的立法进程,或者先制订规范国有企业产权交易的暂行行政法规,待《国有资产法》颁布后再修订。这些立法,既要考虑在现实环境中的可操作性,又应在立法规范上适度超前,对国有企业制度与国有产权制度的改革起促进作用。立法要有改革支持,改革也要立法促进。

产权交易的规范,首先要规范产权交易主体。产权交易主体与产权主体要统一。在国有企业产权主体缺位的情况下,规范其产权交易主体有困难。不过,可以根据中央已经确定的"要着眼于搞好整个国有经济,通过存量资产的流动和重组,对国有企业实施战略性改组"的方针,将国有企业产权交易同新的国有资本出资主体的构建统筹考虑,使产权转让收入既能集中于责权明确界定的出资主体,又能跨地区、跨部门以股权形式进行有效率的再投资。

产权交易的法律规范,既要规范企业行为,也要规范政府行为。鉴于国有企业产权交易目前就国有产权出让方来看基本仍是政府行为,就更要注意对政府行为规范。在产权交易的审批程序上要区分所有者职能的审批和政府行政管理职能的审批。企业的合并、分立、出售、收购和破产等应由所有者(出资者)批准。产权交易中涉及国家产业政策和政府管理以及有关法律、法规(如劳动法、社会保障法、土地使用管理法、国家资源保护法、中外合资合作经营企业法和企业登记管理法规等)的事务,则属政府行政部门审批的职权范围。这两种职能性质不同的审批是不该混在一起的;若不明确分工,政府行政管理职能的审批极易取代所有者职能的审批,也就是事实上取消所有者职能的审批。在交易程序上,对所有者(出资者)履行其对企业债务应承担的责任,切实保障债权人的权益在产权交易中不受侵犯,要作出明确规定。对中介机构的组织与行为的规范,要使中介机构职能与政府职能分离开来,防止政府部门利用中介机构从事经营活动和中介机构凭借政府权力垄断经营。

(八) 产权交易亟须解决的四大难题：制度、市场、战略和立法

综合上面各节所论，当前我国产权交易的发展与规范亟须解决的难题，可以概括为四大问题，即制度问题、市场问题、战略问题和立法问题。

制度问题包括两个层次的制度改革，即企业层次和国有资本营运层次的制度改革，实现国有企业和国有资本出资主体两个层次的法人化（公司化）。其中，构建法人化的国有资本出资主体是关键。这个问题能否解决或者解决得好不好，将直接影响国有企业法人化（公司化）改革的成败，因为公司治理结构受公司资本结构制约，而国有资本出资主体如何构建又将制约国有资本控股、参股的公司的资本结构。对产权交易来说，也只有适应市场经济的出资主体作为企业的责任主体，才能成为适应市场经济的企业产权主体和产权交易主体，从而才能有效地规范产权交易。

市场问题包括两类资本市场的培育和成长，即证券市场和非证券化的企业并购市场的培育和成长。要积极培育股票市场通过融资和并购推动存量资产重组、优化资源配置的功能。同时，要努力促进非证券化的企业并购市场的形成和成长，关键是正确引导和规范为企业并购提供专业化服务的中介机构的发展，特别是投资银行业务的发展。

战略问题包含两类战略，即国有存量资产流动与重组的战略和外资利用战略。存量资产的流动与重组是从搞好整个国有经济着眼实施国有企业战略性改组的关键。国有企业战略性改组不能没有改组的战略。国有存量资产流动与重组的战略既是国有企业改组的战略，也是产业结构调整的战略。以存量资产流动与重组的正确战略作为产权交易的导向，才有可能避免或减少产权交易的盲目性和社会经济资源的误置。在当前资源配置的市场机制尚不成熟和国有企业产权交易主要是政府行为的情况下，这种战略导向尤其不可缺少。外资利用战略包含外债战略和吸引外商直接投资战略。吸引外商直

接投资战略又分为吸引外商战略投资和财务投资的战略，其中包括涉外产权交易战略。对利用外资的战略导向，仅有产业导向目录是不够的，要制定实施产业导向的法规、政策体系。对外商直接投资的进入和控股等问题，要区别不同情况制定明确的战略性对策，把合理利用国际资源和中国经济的自主发展更好地结合起来。

立法问题包含两类立法，即财产基本法和产权交易法。财产基本法，既要制定国有财产法（国有资产法），也要制定非国有财产法。产权交易法的制定与实施，需要同时制定与完善相关的法律、法规体系。立法与改革、立法与市场成长要相互促进，改革和市场成长呼唤立法，立法要立足于促进改革和市场成长。

制度改革、市场成长、战略形成和立法进程四者不是彼此孤立，而是相互作用的。它们同产权交易的关系，也不是单向作用，而是双向作用的。产权交易亟须解决这四大难题。然而，这丝毫不意味着只有等这四大难题解决了才能开展产权交易。其实，如果不开展产权交易，这四大问题本身也是难以解决的，产权交易的兴起与发展会推动这些问题的解决，而这些问题解决的过程又将是促进产权交易市场化、规范化发展的过程。

（原载唐宗焜等《国有企业产权交易行为分析（案例研究）》，经济科学出版社1997年版。《改革》1997年第2、3期连载本文第二、第三部分）

附　录

财政部国有资本金基础管理司编《国有资产产权法律事务工作手册》（2000年）经作者授权转载本文，题为《国有企业与外商产权交易案例透析》，并加编者按：

"本文原题为《国有企业产权交易行为分析》，是中国社科院招标课题，获1998年度孙冶方经济科学奖，作者是唐宗焜、韩朝华。

本书编者略加删节。本文以国有企业与外商的产权交易为主线展开分析，极其精辟深刻，发人深省。相信即将介入国有资产产权法律事务的律师读后会深受启发，未来在与精通商界谋略，善于钻我国政策法律空子的外商打交道时心中有数，从容应对，真正为国有企业当好顾问，为政府当好参谋，防止国有资产流失，维护国家与民族利益。"

不完全资本市场的功能残缺

市场经济是市场配置资源的经济。资本市场是配置资本这种稀缺资源的市场。市场是通过竞争机制、价格机制配置资源的。买者和卖者在市场规则约束下自由进入或退出市场，是竞争机制、价格机制等市场机制得以形成的基本条件。由是观之，目前我国的资本市场只能说是不完全资本市场。

所谓不完全资本市场，就是有行政机制进入或侵入的资本市场。换言之，它是体现计划经济本性的行政机制和体现市场经济本性的市场机制并存和冲突的资本市场，在某些情况下甚至可以说是由行政行为控制市场行为、使市场行为从属于行政行为的资本市场。可见，不完全资本市场和不完善资本市场是两个不同的概念。后者的不完善性在于竞争环境以及信息供应的充足程度和信息分享的平等程度等方面的缺陷，前者的不完全性则在于市场机制的缺损。所以，不完全资本市场肯定不可能是完善的资本市场，而不完善资本市场却可以是完全的资本市场。

不完全资本市场存在的事实意味着，一方面，资本市场在我国已经产生，并正在成长，市场配置资源（首先是资本）的机制在逐渐形成；另一方面，资本市场的成长还受着计划经济固有的对资源的行政控制与配置方式的扼制，资源配置的行政机制尚未基本让位于市场机制。由于前者，我们现在已有可能利用资源配置的市场机制，通过存量资产的流动与重组，推进国有企业战略性改组和建立现代企业制度的改革，促进经济结构调整和产业整合，有机会进入资本市场的真正的企业家也获得了能施展其企业家才能的活动空间。但是，由于后者，我国经济（首先是国有经济）的实质性的制度改革和真正市场导向的结构调整仍然步履维艰，市场配置资源的机制的形成过程面临着重重障碍，以致难免扭曲。

按照市场准入准则竞争进入市场是资源能真正实现市场配置的前提。目前，在我国，股票发行与上市，由政府自上而下实行额度分配。这是以行政分配方式配置市场资源，企业能否进入资本市场取决于政府的特许。在这种情况下，有幸进入资本市场的，固然有成长性好的绩优公司和具备企业家素质的经营者，但也不乏成长性差、业绩不良的公司和并不具备企业家素质的经营者。前者一进入资本市场，就如鱼得水，如虎添翼，它们善用市场资源，加速公司成长，推动产业整合。后者进入资本市场后，有的只是昙花一现，有的甚至公司上市当年就业绩严重滑坡而被接管。

公司上市额度分配方式，在我国从计划经济走向市场经济进程中股票市场起步阶段也许有其不可避免性，然而它的弊端现在已日益显露。例如，由于投资者和经营者之间横插着各级政府及其各个部门控制额度分配这道行政壁垒，拥有资本的投资者和拥有人力资本的企业家难以自由进入资本市场进行双向选择，实现财务资本与人力资本的优化组合。完全有可能真正的企业家被挡在资本市场门外，平庸的经营者却有机会进入资本市场后低效使用甚至滥用从股市募集的资本，这意味着资本不能流动到有能力高效率地使用它的人手里，既降低了资源配置效率，又不利于企业家队伍的成长。又如，由于公司上市取决于政府特许，而不是依市场规则竞争进入，政府特许意味着"设租"，因而势必有"寻租"，事实上，围绕股票发行与上市的"寻租"活动早已不是秘密，它不仅大大增加了股票发行与上市成本，而且滋生腐败现象。再如，由于上市额度由政府按行政层次和行政系统分配，各级、各地政府及其各个部门对公司上市选择各有所好，致使上市公司良莠不齐，上市质量没有保证。一方面，确有善于使用分配到的市场资源的（尽管是通过行政分配方式获得的），他们选择成长性好的产业和企业上市；另一方面，也有单纯着眼于筹资的，甚至把推荐公司上市作为其重点特困企业缓解资金困难的救急手段。所以，上市资源的行政分割，难免导致公司上市选择同全国产业结构调整与产业整合的目标相背，本该收缩的产业挤占了正在成长的产业急需的资源，在一个产业或行业内部，也不难看到业绩好、有实力的企业没有机会上市，而衰落的甚至该淘汰的企业却在通过上市"输血"的现象。

资本的生命力在于流动，资本市场通过资本的流动实现其优化配置。可是，目前我国上市公司约三分之二的股份不可流通，只有三分之一股份可流通。同时，由于禁止开放柜台交易，非上市公司股票更没有合法交易渠道（尽管各地有一些证券交易中心在进行非规范的交易）。这种股权结构和股市结构，既难以形成对公司的市场评价机制，也难以形成市场化的兼并收购机制，从而资本市场的基本功能——资源有效配置的功能难以形成。

资本市场的主体——公司运作的有效性基于其法人治理结构，而法人治理结构的有效性基于公司的资本结构。就对公司管理层的激励与约束而言，债权人和股东的动机与手段不同，控股股东和分散股东有异，不同性质或身份的控股股东也不一样。我国国有企业改制的公司，包括上市公司和非上市公司，作为其控股股东的国有资本出资主体，总的看来，至今尚未到位。这类控股股东，有的是企业主体部分分离出来组成股份公司后留下的母体躯壳，有的是财政局、国有资产管理局等政府部门，有的是政府的企业主管部门改成的国有控股公司或国有资产经营公司。这样的控股股东本身就存在着激励不足、政企不分、政资不分、不受产权约束等旧体制弊端，难以保证有足够的动机与能力对公司管理层施行有效的激励与约束，从而公司也难以形成有效的法人治理结构。在这种情况下，面对公司不能令人满意的表现，与其责怪公司管理层对股东不负责任，不如首先问问公司的控股股东有没有切实承担起它对公司以及其他股东和债权人应有的责任。所以，就国有企业改制的公司来说，要建立有效的法人治理结构，需从源头抓起，首先规范控股股东的组织与行为。资本市场的制度建设，也要有利于控股股东的有效激励与约束机制的形成。这是资本市场形成其优化资源配置的功能所不可缺少的条件。

兼并收购是资本市场借以实现其资源配置功能的机制。目前，企业并购已成我国经济热点。上市公司有可能利用股市融资对非上市公司或企业实施并购，推动资产重组，并已有成功案例。非上市公司也有由于得到政府特许而并购上市公司成功的个案，但同样有非上市公司按政府授意并购绩劣上市公司的失败个案。由于当前上市公司只有小部分股份可流通的股权结构，以及有关股票交易的持股限额公告的具体规定，通过二级市场交易并购上市公司极少可能，即使有例外，也成本极高，而有办法争取到政府特许以非市场方式协议转让不可流通的股份的，又能以完全不同于该种股票市价的超低价并购上市公司。相对于证券市场和上市公司，现在我国非上市公司或非证券化企业的并购，市场化程度更低。虽然某些有实力的企业或企业集团遵循商业原则并购企业的成功案例正在逐渐增多，但是以行政方式或按行政程序实施的合并更是大量存在。在外资跨国公司并购中国企业的交易中，我们又不难发现产权清晰的市场主体（外方）和产权模糊的行政主体（中方）的博弈导致中方吃哑巴亏的情景。

资本市场是长期融资市场，自然有融资功能，但是，资本市场之所以成为市场经济中整个市场体系的核心，则是由于其资源配置功能，这是它的基本功能。当前我国不完全资本市场的特征是融资功能孤军突进，资源配置功能发育严重滞后。作为资本市场基本功能的资源配置功能发育受抑制的状态，意味着不完全资本市场的功能残缺。这种功能残缺使我国资本市场潜伏着极大风险。

资本市场的成长已成为当前我国经济体制改革与结构调整能不能取得实质性进展的关键。但是，资本市场的现状同体制改革与结构调整的需求很不适应。现在，需要进一步开放资本市场，并在资本市场的发展战略上将培育其资源配置功能放在首位，使不完全资本市场尽快地逐步成长为完全的资本市场，从而对我国经济形成市场配置资源的机制发挥其核心作用。这样，社会主义市场经济体制才能真正确立。

（原载《改革》1997年第5期）

合作制重建和合作社思想再启蒙

当前我国正处于合作制重建过程中。经20世纪初"海归"传播合作社意识与合作社知识的启蒙推动,20世纪上半叶合作社在我国曾有一定程度发展,直至抗日战争时期中国工业合作社运动(工合)闻名于世。可是,50年代全国规模的农业集体化运动中断了合作社发展进程,所以现在需要重建合作社。

由于当年的集体化是在"农业合作化"名义下推行的,从此造成的集体制和合作制的混淆,一直困扰着改革开放以来合作制的重建,致使合作社被边缘化。而合作社长期被边缘化的后果是,当合作社萌芽生长的时候,其他各种企业形态都早已有了长足发展,合作社被挤压到非常狭窄的空间,合作社发展受到合作社公司化的威胁。因此,正本清源,厘清合作制和集体制的原则区别、合作制和公司制的原则区别,阐明合作社的本性,成为摆在合作制重建面前的严重任务。合作制重建和合作社思想再启蒙必须相伴而行。

合作社思想再启蒙是合作制重建不可或缺的条件

合作制重建,并不是重建20世纪50年代我国"农业合作化运动"中所建立的所谓"合作社"。恰恰相反,只有正确认识和根本否定当年的所谓"农业合作化运动",正本清源,合作制重建才能顺畅推进。因为那样的"农业合作化运动"(也包括手工业和个体商业的"合作化"),只是借用"合作化"名义,实际推行全盘农业集体化运动。它所建立的"合作社"是集体经济组织，在制度上正与合作社相悖。

当年在"合作化"名义下推行集体化的结果，在实践上消灭合作制的同时，在理论上、思想上以至法律上也混淆集体制和合作制的界限，导致以集体制概念误解或曲解合作制，以集体制顶替合作制。改革开放三十余年来，在指导思想上尚未对此进行必要的澄清，各级党政部门担负经济领导工作的许多官员头脑中对合作社的诸多误解或曲解仍未消除，再加上经济体制转轨过程中形成的部门利益和集团利益的诱惑，以致自觉不自觉地表现出对合作社的政策歧视，使合作社发展障碍重重。因此，必须从合作社的 ABC 讲起，在合作社基本问题上正本清源，澄清集体制和合作制的混淆，在广大民众和官员中普及合作社知识，培育合作社意识，让大家正确理解合作社的理论和实践，了解合作社在世界上的历史和现状，以及合作社对改善民生、促进经济增长和社会进步的贡献，懂得合作社如何运作。合作社思想再启蒙是合作制重建不可或缺的条件。

合作社立法过程是澄清集体制和合作制混淆的过程

集体制和合作制混淆未能澄清的最直接后果是合作社立法的严重滞后。不错，我国现在已经有《中华人民共和国农民专业合作社法》（简称《农民专业合作社法》），在其支持下，近几年来农民专业合作社迅速发展。但是，该法实在来之不易。不要忘记，直到已经进入 21 世纪之初，立法机关有关领导人还拒绝将合作社立法列入立法议程，理由据说是"农民'谈合色变'"。立法者本应通过合作社立法程序去澄清集体制和合作制的混淆，却因自己思想囿于这种混淆而拒绝立法。事实是，农民害怕的是剥夺农民、控制农民的集体经济组织，而不是农民自己的、真真切切为他们服务的合作社。

农民对合作社的潜在需求从来没有泯灭。在农民专业合作社立法之前，各地农民为缓解他们的经营困难，特别是卖难买难和中间商盘剥，已经不顾立法缺位，纷纷自发地成立起不同形式的"合作经济组织"，即他们需要的合作社。农民专业合作社（那时叫做"农民专业合作经济组织"）首先是为他们联合销售和联合购买的需求而建立的，因为现实存在的计划经济年代沿袭下来的已经成为集体经济组织的供销合作社不能满足他们联合销售和联合购买的需求。正是农民自发的合作社实践倒逼着农民合作社立法的启动。2003年全国人大换届后，经全国人大农业与农村委员会申报，全国人大常委会将"农民专业合作经济组织法"列入立法规划，在2006年审议通过，并正名为《农民专业合作社法》，于2007年7月1日起实施。目前正在总结历年来的实施经验，针对存在的问题进行修订。

《农民专业合作社法》制定的过程是澄清集体制和合作制混淆的过程。该法起草组集合了一些懂得已取得国际共识的行之有效的合作社理论与实践、并了解集体化本质与弊端的专家，他们在起草过程中摒弃了集体制因素，并多次征求起草组外合作社专家和法律专家的意见。因此，全国人大常委会通过的《农民专业合作社法》，从总体上看，遵循了国际通行的合作社原则，与集体制划清了界限。其中针对集体制剥夺农民的弊端，借鉴国际经验，设立社员账户的制度安排，以法律形式在制度上保障社员对合作社的所有者权益，这对中国来说更有创新意义。

合作社原则的形成和发展

那么，什么是国际通行的合作社原则呢？国际通行的合作社原则不是任何圣哲或天才的发明，而是在历史上合作社运动从失败到成功的实践过程中形成的，并随着国际合作社运动实践经验的积累不断丰富和发展。

国际通行的合作社原则最初产生于世界上第一个成功的合作社——英国曼彻斯特1844年成立的罗契戴尔公平先锋社。此前欧洲空想社会主义者曾经提出并实验过多种合作社方案，其中以英国罗伯特·欧文的"新和谐村"实验尤为著名，但是最终都失败了。失败的根本原因是他们幻想以取消市场经济来改造资本主义社会。欧文的"新和谐村"实验就是建立在企图取消市场与货币的幻想上的，这样的合作社孤岛不可避免地会被市场经济的汪洋大海所淹没。罗契戴尔公平先锋社的产生虽然也是由于他们所处的市场经济环境所迫，它的创始社员试图依靠自己的联合，改变他们作为弱势群体受市场势力侵害的处境；但是，他们认真研究和汲取了先前合作社实验失败的历史教训，没有重蹈他们的先辈那样幻想逃避或摆脱市场经济环境的覆辙，而是立足于市场经济的现实，探索市场经济环境中合作社的可行途径，实行一整套既能在市场经济中生存和发展、又能维护自己权益的制度。他们寻求到的能将合作社与市场经济啮合的制度安排，终于使合作社获得成功，迄今历经170余年而不衰。

罗契戴尔公平先锋社制度安排所体现的基本原则，经国际合作社联盟总结推广，成为国际通行的合作社原则。先锋社自身并未对其原则进行概括，它们体现在该社对其运行规则细节作出详尽规定的章程，以及实施时的会议纪要和各种实践活动中。国际合作社联盟1930年大会决定成立专门委员会，调查研究该社成功经验，并比较研究迄至20世纪30年代各国罗契戴尔模式和非罗契戴尔模式的合作社，对罗契戴尔公平先锋社创立的合作社原则作出明确的概括和评价。1937年国际合作社联盟巴黎大会批准该委员会报告，第一次对罗契戴尔原则作出定义性的概括。这次大会正式命名的罗契戴尔原则包括：开放的社员资格；民主控制（一人一票）；盈余按社员的交易额比例分配给社员；资本有限利息；政治与宗教中立；现金交易；促进教育。其中前四项被确认为决定合作社本质的根本性原则。

合作社原则随着国际合作社运动实践经验的积累和合作社生存环境的变化不断发展，从而使合作社在世界上永葆青春。1937年确定罗契戴尔原则为国际合作社运动共同遵循的准则以后，经过第二次世界大战和战后恢复，世界经济、政治格局发生重大变化，国际合作社运动内部也出现了新的情况，合作社结构从消费者合作社为主扩展到多种类型的合作社，地域分布从欧洲为主延伸到全世界。在新的历史条件下，需要明确合作社原则哪些是根本的，无论如何都必须坚持的；哪些是从属的，可以随着情况变化而改变或放弃的。因此，国际合作社联盟1963年大会决定对成员组织实施罗契戴尔原则的现状进行第二次调查研究，并要求联盟中央委员会任命一个有权威的委员会来重新审视和阐明现代条件下合作社的基本原则。该委员会的任务是阐明一切国家一切类型的合作社都应该而且可能遵循的普遍原则。1966年国际合作社联盟维也纳大会审议并批准了该委员会经过认真的调查研究提交的关于合作社原则的报告。委员会认为对合作社原则过于简单的表达可能产生误导；因此它采取了完整含义的表达方式。这比1937年报告只列举合作社原则名称的简单表达方式使人们有可能更确切地理解每项原则的内涵。

1966年报告阐明并获得大会批准的合作社原则是：

（1）合作社的社员资格应该是自愿的。一切能够使用其服务和愿意承担社员责任的人都可获得，没有人为的限制或者任何社会的、政治的或宗教的歧视。

（2）合作社是民主的组织。它们的事务应该由以社员认可的方式选举或任命的人来管理，并对他们负责。第一级合作社的社员应该享有一人一票的平等投票权，参与对他们的合作社产生影响的决策。在第一级以外的合作社，也应该在民主基础上以适当方式进行管理。

（3）股份资本如果有利息的话，应该只接受严格限制的利率。

（4）由合作社经营产生的盈余或储蓄（如果有的话），属于该合作社的社员，并应以不使一个社员以他人损失为代价而获益的方式进行分配。它可以按社员决定作如下分配：提取用于合作社营业发展的储备金；提取为社员提供共同服务的储备金；在社员中按他们同合作社的交易额比例分配。

（5）一切合作社都应该向它们的社员、管理人员和雇员以及社会公众提供合作社原则与合作方法的教育，包括经济和民主两个方面。

（6）一切合作社组织，为了最好地为它们的社员与社区的利益服务，应该通过每一个实际的途径，积极地同其他合作社开展地方性、全国性与国际性合作。

该委员会报告在结论中指出，上列各项原则"对真正的、有效的合作社实践来说应该继续被认为是根本的，无论是在现时，还是在可预见的未来"。"这些原则不是任意和偶然联系的。它们形成一个系统，是不可分离的。它们彼此支持和相互补充。它们应该而且能够被一切合作社全部遵守，只要是属于合作社运动的组织，无论其经营的目标和领域如何。"报告同时指出："这些原则虽然源于治理个人社员同合作社的关系和合作社个人社员彼此间的关系，但是它们的应用绝不局限于第一级合作社。它们应该被代表合作社之间合作的机构忠诚地遵守。"

1966年阐明的合作社原则同1937年概括的罗契戴尔原则根本含义是一致的，但是内容更充实，表达得更清晰、更精确，将合作社原则进一步具体化了，从而更便于在实践中把握和贯彻。在条文上，增加了"合作社之间合作"原则，不再包含"政治与宗教中立"和"现金交易"两项。1937年概括的原则，主要来自消费者合作社实践经验的总结，因为当时存在的合作社主要是欧洲消费者合作社；而1966年确定的原则适用于一切国家一切领域一切类型的合作社。

1966年以后经过又一个三十年，经济全球化进程加速，新兴国家蓬勃发展，苏联瓦解和东欧剧变等新形势，使国际合作社运动又面临着新的机遇与挑战。适应新的形势重申和明确合作社的界定标准，成为国际合作社运动刻不容缓的任务。

国际合作社联盟利用其成立一百周年的时机，研究新形势、新情况和新问题，概括新经验。经过充分准备，1995年9月在英国曼彻斯特举行的联盟成立百年代表大会上通过了《关于合作社界定的声明》（以下简称《声明》），全面阐明了合作社定义、价值与原则。这个《声明》同国际合作社联盟1966年大会批准的合作社原则报告相比，有如下鲜明特点：

一是它提出了一个精确的合作社定义，全面概括了合作社价值，清晰表达了经过重新审议和修订的合作社原则，并将合作社定义、合作社价值和合作社原则联系起来构成一个整体，提供了区分什么是合作社、什么不是合作社的明确的界定标准。

二是该文件言简意赅，它的全部内容就是以最简练的文字表述合作社定义、价值与原则；中文译本全文不到一千字，却使人们对合作社本性有一个完整清晰的概念，而且具有可操作性。因此，可以说，这个文件是国际合作社运动全面确立合作社的世界性标准的经典性文件。

综上所述，1844年世界上第一个成功的合作社罗契戴尔公平先锋社创立合作社原则以来，1937年、1966年和1995年国际合作社联盟的三个文件成为合作社原则发展史上的三个里程碑。

合作社和非合作社的界定标准

现在我们来看国际合作社联盟1995年通过的《关于合作社界定的声明》的内容。

《声明》的三个部分——合作社定义、价值与原则是相互关联的整体。《声明》指出："合作社原则是合作社将其价值付诸实践的指针。"而合作社价值和合作社原则的综合，形成合作社定义。

合作社区别于其他企业形态，具有其独特的价值标准。合作社价值包括合作社基本价值与合作社伦理价值。《声明》指出："合作社是建立在自助、自担责任、民主、平等、公平与团结的价值基础上的。"这是合作社的基本价值。同时，"合作社社员继承合作社创始人的传统，信奉诚信、开放、社会责任与关怀他人的伦理价值"。

《关于合作社界定的声明》阐明的合作社原则包括如下七项：

原则1　自愿与开放的社员资格

合作社是自愿的组织，向一切能够使用其服务并愿意承担社员责任的人们开放，没有性别的、社会的、种族的、政治的或宗教的歧视。

原则 2　民主的社员控制

合作社是由其社员控制的民主的组织，社员主动参与合作社的政策制定和决策。选举产生的男女代表要对社员负责。在第一级合作社，社员有平等的投票权（社员一人一票）；其他层次的合作社也以民主的方式组织。

原则 3　社员经济参与

社员对他们的合作社公平地出资，并民主控制他们的合作社的资本。合作社资本至少有一部分通常是合作社的共同财产。社员对作为取得社员资格的条件而应募的资本如果有报酬的话，通常只收取有限的报酬。

社员分配盈余用于如下某项或所有各项目的：可能以建立公积金来发展他们的合作社，公积金至少有一部分是不可分割的；按社员同合作社交易额的比例向社员返利；支持社员认可的其他活动。

原则 4　自治与独立

合作社是由其社员控制的自治的、自助的组织。如果合作社要同其他组织（包括政府）达成协议，或者要从外部筹资，则必须以确保其社员的民主控制和坚持他们的合作社自治为条件。

原则 5　教育、培训与宣告

合作社为其社员、当选代表、管理人员和雇员提供教育和培训，以便他们能够有效地对他们的合作社的发展作出贡献。合作社要把合作的性质和好处告诉公众，特别是年轻人和舆论带头人。

原则 6　合作社之间的合作

合作社通过地方性、全国性、区域性和国际性机构一起工作，来最有效地为它们的社员服务，并加强合作社运动。

原则 7　关注社区

合作社通过它们的社员认可的政策，为社区的可持续发展效劳。

以上是《声明》所阐明的合作社原则和每项原则的基本点。同时，提交大会审议的关于起草该《声明》的背景报告，对这些合作社原则的内涵还系统地作了更详细的说明。

然后，随着《声明》实施后国际合作社运动新经验的积累，特别是 2008 年国际金融危机以来合作社的表现比其他企业形态更有弹性，即对危机具有更强应变能力的事实，以及 2012 年联合国国际合作社年活动的成效，2015 年国际合作社联盟安塔利亚大会批准的《合作社原则指南》，对上述合作社原则的丰富内涵和它们在 21 世纪如何应用又作了进一步阐明。其重点是为合作社原则在合作社企业实践中的应用提供详细指导和建议，以帮助合作社社员、领导人与管理人员更有效地、高效率地经营他们的合作社；主要对象是正在到来的新一代的合作社领导人，同时它也可以用作全世界合作社教育者、学习者和其他想了解合作社原则如何在实践中应用的人们的参阅资料。

综合合作社原则与合作社价值，《关于合作社界定的声明》给出了如下合作社定义：

"合作社是自愿联合起来的人们通过联合所有与民主控制的企业来满足他们共同的经济、社会与文化的需求与抱负的自治联合体。"这个定义指明了合作社的主体、宗旨、特性、企业形态、所有制结构和法人治理结构。

概括地说，这个合作社定义的基本点是：

（1）合作社是"自治联合体"，即独立自主的联合组织。这是合作社的基本性质，包含了联合和自治（自主）两层含义。就是说，合作社不是任何其他组织或机构（无论公共机构或私营企业）的附属物，而是按联合组成合作社的成员的共同意愿自主经营的实体。

（2）这个自治联合体的主体是"自愿联合起来的人们"，它强调了这个联合体是人的联合，不是资本的联合；而且他们的联合是自愿的，不受任何人强制，既不能强制加入，也不能强制退出。所谓"人的联合"，既包括自然人的联合，也包括法人（合作社）的联合；第一级合作社通常是自然人的联合，而由合作社之间合作形成的第二级、第三级合作社等通常是法人的联合。

（3）这些人自愿联合的目的是"满足他们共同的经济、社会与文化的需求与抱负"，这意味着合作社的唯一宗旨是为社员服务，满足社员需求，这种服务不只是经济的，而且包含社会的、文化的，内容非常丰富。虽然合作社从根本上是出于经济的需求形成的，但是在满足社员经济需求的同时，可以通过经济途径来满足他们社会的、文化的需求。所谓"社会的"需求，是指社员在社会目标方面的需求，如医疗保健、儿童或老年人照护、环境保护，等等；所谓"文化的"需求，包括尊重与弘扬民族文化，改善社区人际关系，以至开展文化体育活动等人们在文化上、精神上的需求。

（4）这个目的是"通过联合所有与民主控制的企业"来达到的，这是实现合作社宗旨的载体。它肯定合作社是市场经济环境中运作的企业，而且是区别于其他企业形态的一种特定形态的企业。这里阐明了合作社企业的所有制结构（联合所有）和法人治理结构（民主控制）。联合所有与民主控制的主体都是社员，即"自愿联合起来的人们"。社员联合所有和社员民主控制是将合作社同资本控制或政府控制的企业等各种组织区分开来的双重特征。合作社作为企业，在市场经济环境中生存和发展，和其他类型的企业同样必须讲究效率，提高竞争力；同时，合作社作为人们自愿联合的自治组织和社员联合所有、民主控制的企业，又必须坚持公平，把效率和公平统一起来。

合作社定义、价值与原则不可分割，三位一体，反映合作社的本质。所以，它们综合起来就告诉我们，什么是合作社，什么不是合作社。这就是界定合作社的世界性标准。它不仅是国际合作社运动的共识，而且得到联合国及其专门机构国际劳工组织的充分认同。

2002年第90届国际劳工大会通过的《合作社促进建议书》（国际劳工组织第193号建议书）毫无保留地吸纳了国际合作社联盟《关于合作社界定的声明》的全部内容。该《建议书》的主题是向其所有成员国政府提出支持一切部门一切类型合作社发展的立法与政策建议，为合作社发展营造良好的政策与法律环境；而它们的合作社促进政策应该支持的必须是《关于合作社界定的声明》所阐明的合作社，即名副其实的合作社。

2001年联合国大会第56/114号决议批准的《旨在为合作社发展创造支持性环境的准则》，明确要求各国政府"采用国际合作社联盟1995年通过的《关于合作社界定的声明》的合作社定义，承认合作社价值与原则的独特性质"，作为给合作社发展创造支持性环境的法律与政策调整对象的依据，即应该限定给《声明》所阐明的这样的组织创造支持性的政策与法律环境。同时要求各国政府尊重公民组建合作社的权利，"保证不许法律或惯例限制公民以任何同合作社价值与原则相一致的能力充分参与合作社运动的权利，同时不应该限制合作社运动的运营"。该《准则》指出，政府对合作社的"政策目标是使合作社作为法人实体能够得到确认，并保证它们以及合作社运动设立的一切组织和机构同其他结社和实体处于真正平等地位。为了确保平等，合作社的特殊价值与原则必须得到充分承认，这是合乎社会要求的，对社会有益的；要采取适当措施，保证它们的特殊性质和实践不成为任何种类的歧视和亏待的理由"。

合作制和集体制的原则区别

明白了合作社的本性，就不难理解合作制和集体制的原则区别。

集体经济组织（集体企业）根本不同于作为自治联合体的合作社。它既不是联合，也没有自治。集体经济是计划经济体制的产物，在经济关系上从属于计划经济体制中占垄断地位的国有经济，是国有经济的附庸；在管理体制上受政府控制，政社不分，政企不分，是政府行政机构的附属物。

集体经济组织（集体企业）不存在合作社社员那样个人自愿联合。在计划经济体制下，农村人口都被强制圈在集体经济组织中，没有任何选择的自由，个人和家庭完全依附于集体经济组织；再加上城乡隔离的户籍制度，个人和家庭被剥夺了迁徙的权利，没有离开当地集体经济组织的自由。在城市，集体企业只是垄断资源的国有经济容纳不了的适龄劳动人口被安置就业的场所，集体企业职工待遇通常低于国有企业职工，成为"二等国民"，他们同样没有选择的自由，如果他们不愿在集体企业就业，就只有失业的"自由"。

集体经济组织（集体企业）的集体所有和合作社的联合所有恰恰相反。合作社的联合所有以确认社员个人在合作社中的所有者权益为前提，是全体社员对合作社的联合所有和社员个人在合作社中的所有者权益的统一；集体经济组织（集体企业）的集体所有则以剥夺其中劳动者个人的所有者权益为前提，劳动者个人除了干活拿工分（农民）或工资（集体企业职工）外，一无所有。而且，所谓"劳动群众集体所有"，事实上，就连集体经济组织（集体企业）中的劳动者作为整体也无权支配其生产资料和产品，它们实际归各级政府权力部门支配。集体所有制还以最终过渡到国家所有制为目标，集体化只是迈向国有化的台阶。

集体经济组织（集体企业）和合作社的法人治理结构迥异。合作社实施社员民主控制，包括全体社员通过民主程序控制他们合作社的资本及其增值、重要人事任免、经营战略决策、收益分配，以及合作社的成立、分立、合并或终止等。而在集体经济组织（集体企业）中，劳动者对这类事务都无权过问。集体经济组织（集体企业）实施的是自上而下的行政控制，在上面受党政机关控制，在内部由上级党政机关任命或认可的领导人实施行政控制，他们不是对内部的劳动者负责，而是对上级负责。即使某些方面有所谓"民主选举"或"民主管理"的规定，也往往流于形式。

集体经济组织（集体企业）和合作社的目标也不相同。合作社的唯一宗旨是为社员服务，满足他们经济、社会与文化需求。集体经济组织（集体企业）的目标则是服从国家（政府）的需求。农村集体经济组织为国家（政府）控制农产品供应来源和工业化资金积累的需求而建立。城镇集体企业的主要目标是维持国有企业和国有单位安置不了的劳动力就业，并为国有企业配套服务。

综上所述，集体制和合作制是两种完全不同的制度，是决不能混淆的。《农民专业合作社法》的最大贡献是从法律上澄清集体制和合作制的混淆，从而促进了农民专业合作社的发展。但是，它的这种澄清还局限于农民专业合作社范畴，并未涉及计划经济体制下形成和现实存在的供销合作社系统、信用合作社系统和农村社区集体经济组织，当然更不涉及城镇集体企业。因此，农民专业合作社以外，集体制和合作制混淆的澄清仍然任重道远。

合作制和公司制的界限

当前，除了集体制和合作制的混淆，还存在着公司制和合作制的混淆。这和改革开放三十余年来合作社被边缘化以及由此造成的合作社现实生存环境有关。

让我们概略回顾一下合作社是怎样被边缘化的。且不说改革开放以前计划经济体制下合作社被消灭殆尽。改革开放之初，本是合作社发展的大好时机，那时，除原已存在的国有经济、集体经济外，其他经济成分尚未发展起来，合作社发展的空间非常广阔；然而，由于没有对集体化正本清源，指导思想上对集体制和合作制的认识混淆不清，痛失了合作社有可能大发展的这个战略机遇期。

那时，鉴于集体经济体制的弊端已经暴露出来，曾经有一种倾向，就是试图鼓励"各种形式的合作经济"的发展。反映在1982年《宪法》中，就是恢复被1975年《宪法》取消了的合作社条款。但是，它仍然沿用了1954年《宪法》中"合作社所有制，即劳动群众集体所有制"的定性，并且列举"各种形式的合作经济"规定："农村人民公社、农业生产合作社和其他生产、供销、信用、消费等各种形式的合作经济，是社会主义劳动群众集体所有制经济。""城镇中的手工业、工业、建筑业、运输业、商业、服务业等行业的各种形式的合作经济，都是社会主义劳动群众集体所有制经济。"这个规定的本意是想支持合作经济发展，但是，由于立法者思想上尚未摆脱集体制和合作制的混淆，将合作社仍然定性为集体所有制经济，就为集体所有制经济吞没合作社经济留下了后患。

正是由此，1986年全国人大通过的《民法通则》，在企业法人条款中，就只有集体所有制企业，而没有合作社。这部作为"调整平等主体的公民之间、法人之间、公民和法人之间的财产关系和人身关系"的基本法的《民法通则》，完全取消了合作社的法律地位。随后，1988年国务院颁发的《企业法人登记管理条例》，依据《民法通则》，也取消了合作社的注册登记资格；不允许按国际通行的合作社原则组建的企业注册登记，只允许按历史形成的集体所有制含义规范的企业注册登记。这就在法律上堵塞了人们自愿联合起来办合作社的通道。2006年制定的《农民专业合作社法》，在农民专业合作社领域突破了这个法律障碍，然而，城乡其他各种类型的合作社依然没有摆脱这个法律羁绊。

还须注意，《农民专业合作社法》是在合作社长期被边缘化后"三农问题"极端严峻的背景下制定的。20世纪80年代农村改革步步推进，而90年代农村改革却停滞不前。如果说，80年代在指导思想上还想到合作社，却由于集体制和合作制的混淆，而造成集体所有制经济吞没合作社经济的结果；那么，90年代在指导思想上竟完全忘记了合作社。当时政府明确宣布和推行的农村政策是提倡和支持所谓农业产业化的"公司＋农户"模式，闭口不提合作社。在这种政策导向下，农村、农业与农民问题即所谓"三农问题"越积越严重，到21世纪初已成了我国非解决不可的头号问题（所谓"重中之重"）。农民也等不及了，纷纷自发地办起自己的合作社，你不让叫合作社，他就叫"合作经济组织"。正是这样的形势推动了《农民专业合作社法》立法的启动。

这就带来一个问题。《农民专业合作社法》起草时，改革开放之初尚不存在的各种所有制的非国有经济经过二三十年都已有了长足发展，唯独合作社经济除外。这样，刚刚萌芽的农民合作社的发展，已被挤压到非常狭窄的空间。面对农民合作社的这种生存环境，怎么办？为避免农民专业合作社成立条件过于严格而难以注册登记，最终通过的《农民专业合作社法》在某些条款上对现实环境就有所妥协。而这样的妥协实际为"公司+农户"模式的合作社内部化提供了可乘之机，形成某些合作社内部一股独大和资本控制的公司化倾向。

所以，现在我们面对的，不仅有尚需继续澄清的集体制和合作制的混淆，又有新产生的公司制和合作制的混淆，也需要澄清。

与自然人企业制度相区别，合作制企业（合作社）和公司制企业（公司）都是法人企业制度。这是合作制和公司制的共同点。合作社具有独立的法人财产制度，有能力作为独立的民事主体行使民事权利和履行民事义务。合作社以其全部法人财产承担债务清偿责任，社员以其对合作社的出资为限对合作社债务承担责任。从这个意义上说，合作社也可以说是一种特殊形式的公司。国外正是在这个意义上有把合作社也称作"合作公司"或"合作社公司"的。但是，不能把这样的"公司"混同于股份制的公司，否则就会混淆合作制和公司制。例如，美国不少合作社就直接取名"公司"，我国有些人不了解这个情况，听说美国实行"公司+家庭农场"，就望文生义地搬来，在中国也提倡"公司+农户"，其实美国"公司+家庭农场"中的"公司"是合作社。美国是就合作社外部关系上是同公司一样承担有限责任的法人企业，而把合作社也称作公司的。

然而，公司制企业（公司）和合作制企业（合作社）是有原则区别的两种企业制度。它们的主体、目标、所有制结构、法人治理结构和分配规则都是不相同的。

合作社的主体是社员。合作社的唯一宗旨是为社员服务，社员入社目的是获得合作社的服务。合作社是社员所有的，社员是合作社服务的使用者，所以合作社也就是使用者所有的。消费者合作社是消费者社员所有的，农产品销售合作社是出售农产品的农民社员所有的，合作银行或储蓄与信贷合作社是社员作为利用其融资服务的客户所有的，保险合作社是作为投保人的社员所有的，员工合作社是利用合作社创业和就业的员工社员所有的，如此等等。作为所有者的社员自然不应该是合作社的营利对象，合作社则要为社员去营利。现代合作社作为一种企业形态，和其他企业形态一样是营利性企业，但它们是社员自愿联合起来通过合作社去营利。合作社除了社员利益，没有合作社自身独立的利益。

正因为合作社是需要合作社服务以满足他们共同需求的人们自愿组成的联合体，合作社是人的联合（人合），而不是资本的联合（资合）。公司则是资本的联合（资合）。人合以人为本，以人为中心；资合以资为本，以资本为中心。公司的主体是股东，他们投资的目的是实现资本增值，获取投资回报。

合作社的性质，规定了合作社的法人治理结构不同于公司的法人治理结构。合作社遵循的原则是成员权利平等，公司遵循的原则是股份权利平等。合作社社员出资是获得社员资格的条件，而不是单纯为了获取投资回报，他们的财产权利是从属于成员权利的。合作社内部成员权利平等，社员通过一人一票制民主程序平等地共同控制合作社。合作社不能由个人或少数人控制，任何社员不能靠牺牲其他社员的利益来谋取私利。社员民主控制是实现社员作为合作社的所有者与使用者的权益的保证。所有者、使用者与控制者三位一体是合作社的本质特征。公司股东对公司的权利来自其对公司的投资，他们投资就是为资本增值，这是单纯的财产权利，股东权利从属于他们的财产权利。股东权利平等是以股权衡量的权利平等，即股权平等，同股同权，按股份份额分配投票权，所以，控制公司的是大股东特别是控股股东。在股权悬殊情况下，控股大股东完全有可能盘剥中小股东，这在目前我国的上市公司中表现特别明显。

既然社员权利来自其成员资格，成员资格是不能转让的，所以合作社的成员权利就是不可转让的权利。为取得成员资格并承担成员义务而缴纳的入社股本（出资）不可转让，原因也就在于此。社员退社只能从合作社退股，或者按照合作社章程规定，由合作社回购其股本后让其他社员认购。在公司制企业里，公司股权因为是单纯财产权利，所以是可以转让的权利，股东有权在一定的市场上依法进行股票交易或股权转让。而且有实力的企业可以通过收购其他公司的股权而入主目标公司，依靠股权收购所获得的控股权达到控制该公司的目的。

在收益分配上，合作社的资本增值和盈余是社员的权益，因此，合作社实行惠顾返还原则。合作社盈余按社员同合作社交易额比例（生产者的供销合作、消费者合作以及生产者或消费者的金融合作等），或者按社员在合作社的劳动贡献比例（生产合作或员工合作），返还给每名社员。联合社对成员社也要按同样原则实行惠顾返还。而公司募股或发行股票，以及股东投资，直接目的都是资本增值。股东认购股份是为获取投资回报，公司募股或发行股票是为募集资本扩张经营赢利，公司和股东之间是资本交易关系。资本增值的利润首先在公司和股东之间分配，然后股东分红部分按股权份额分配，但实际分配往往受控股股东控制，这个问题在我国上市公司尤其突出。

合作制和公司制在各自系统内部不同层次组织之间的关系也是有原则区别的。公司制系统内部，母公司对子公司是控股关系，在所有权关系上母公司持有子公司的控股权，在法人治理结构上母公司控制子公司，在利润分配上母公司按股权份额获得最多的权益。合作社系统内部，联合社和成员社的关系完全不同于母公司对子公司的控股关系。控股关系是自上而下的母公司对子公司投资、控制的关系，而联合社是成员社之间自愿联合形成的，合作社系统内部不同层次之间的关系是自下而上联合的关系；最基层的合作社是第一级合作社，由第一级合作社之间合作成立第二级合作社（联合社），第二级合作社之间如有需要可以再合作成立第三级合作社（联合社），以此类推。所以，各级联合社都要植根于第一级合作社，归根结底是要以社员为本。联合社和成员社的关系，在所有权关系上是联合社归成员社联合所有；在法人治理结构上是成员社通过民主程序共同控制联合社，授权联合社行使其职责；在盈余分配上联合社要按各个成员社参与交易的份额实施惠顾返还。我国供销合作社和信用合作社在计划经济体制中形成的不同层次组织之间的关系，完全颠倒了这种联合社和成员社的关系，变成联合社对成员社自上而下控制的关系，即所谓"上级社"和"下级社"的关系。这不是合作社之间合作的联合社和成员社的关系。

总之，什么是合作社，什么不是合作社，在世界上早已有了共识，并为各国合作社实践经验所证明，而在我国却长期混淆不清，以致改革开放以来已长达三十余年，合作制重建尚处于起步阶段，而且步履维艰，合作社远未获得和其他各种企业形态共同发展、平等竞争的正常地位，这是值得深刻反思的。集体制和合作制的混淆，公司制和合作制的混淆，依然是我国合作制重建道路上的两大路障。正本清源，为合作制重建清障，仍然是摆在我们面前的艰巨任务。

(《合作社真谛》自序扩展稿，写于2014年)

市场经济不能没有合作社

在市场经济中，参与市场交易的不同群体，竞争实力千差万别。竞争实力处于底端的群体，在市场交易中没有或几乎没有谈判权力，他们只有自愿联合起来，通过合作机制，才能争得自己的谈判权力。合作社是市场交易中对谈判权力垄断者的制衡力量，因而是任何市场经济不可或缺的组成部分。没有合作社，市场谈判权力强者恒强、弱者恒弱，市场经济就会失衡，从而使社会失衡。

20世纪上半叶合作社在我国曾有一定程度发展，直至抗日战争时期中国工业合作社运动（工合）闻名于世。可是，50年代全国规模的农业、手工业和个体商业的集体化运动，事实上消灭了合作社，中断了合作社发展进程，所以现在需要重建合作社。

由于当年的集体化是在"合作化"名义下推行的，从此造成的合作制和集体制的混淆，一直困扰着改革开放以来合作社的重建，致使合作社长期被边缘化。

20世纪90年代政府农村政策鼓励和支持的不是合作社，而是"公司＋农户"模式，即资本控制农户的模式，以致农民卖难买难等社会化服务长期得不到解决，成为形成重中之重的"三农问题"的重要因素。在这种形势下，各地农民自发地成立各种形式的农民专业合作经济组织，推动了2006年《中华人民共和国农民专业合作社法》（简称《农民专业合作社法》）的制定。

然而，《农民专业合作社法》是国家作为解决"三农问题"的一个举措制定的，仍未从整体上改变合作社被边缘化的现状。农民专业合作社以外的城乡其他各种类型的合作社的成立与发展依然未能得到法律的支持。而世界各国的实践经验证明，任何经济领域，只要存在市场交易谈判权力悬殊的矛盾，就必然产生一定群体对合作社服务的需求，因此合作社决不能局限于某个部门。

在我国，重建合作社的主要法律障碍来自 1986 年制定的《中华人民共和国民法通则》（简称《民法通则》）。它规定的所有法人类别中都不含合作社；而在企业法人类中，有集体所有制企业，却没有合作社。依据《民法通则》制定的《中华人民共和国企业法人登记管理条例》，只允许集体所有制企业而不允许合作社注册登记。《民法通则》如此规定的根源就在于合作制和集体制的混淆。

集体制和合作制的机制背道而驰，是两种根本不同的经济制度。合作社是自愿联合起来的人们通过联合所有与民主控制的企业来满足他们共同的经济、社会与文化的需求与抱负的自治联合体。而同计划经济体制与生俱来的集体经济则是国有经济的附庸，政府控制经济资源的手段，个体经济向国有经济过渡的桥梁。

合作社是自愿联合起来的人们自立、自治、自助的经济组织。合作社的唯一宗旨是为社员服务，满足他们共同的需求。合作社企业的联合所有是以确保社员个人所有者权益为前提的，社员民主控制则是合作社企业的法人治理机制。合作社在机制上无论是集体经济组织还是公司制企业都存在着原则区别。合作制重建就是按合作社本性重建合作社。

全世界合作社实践历史形成的合作社价值与合作社原则，决定了合作社是人的联合，而不是资本的联合；是以人为中心，而不是以资本为中心的企业。因此它们具有投资者所有的企业不具备的功能，在促进经济、社会平衡方面，对诸如就业创业、扶贫济困、小微企业融资、小企业分享服务、企业破产重组与避免失业、食品安全与消费者权益保护、环境保护与生态建设、托幼养老助残等难题的缓解，都能发挥其他任何形态的企业或社会组织不可替代的独特作用。

2017 年十二届全国人大五次会议通过的《中华人民共和国民法

总则》（简称《民法总则》），经过多方努力，终于确认了合作社法人地位。在法人类别中增设了"特别法人"，并将"城镇农村的合作经济组织法人"列入其中。

现在需要做的是将《民法总则》这个规定落实到可操作的法律上，那就是制定合作社基本法，即合作社法，给所有部门、一切类型的合作社确立法律地位。这样才能让城乡各类合作社成为市场主体，使它们有可能获得和其他市场主体竞争生存的均等机会。

（未发表原稿，写于 2018 年）

八十年代《经济研究》编辑琐记

我负责编辑《经济研究》历时五年半，从 1983 年 7 月至 1988 年底编完 1989 年第 1 期。

我接手《经济研究》编务之时，农村改革正在兴起，城市改革刚刚启动，经济体制改革方向是市场化取向还是坚持计划经济为主、市场调节为辅，争论相当激烈。1979 年春无锡价值规律讨论会就有多名经济学家提出的社会主义经济是商品经济、受价值规律调节的观点，这时却受到打压，甚至商品经济概念都被质疑。在这种情况下，能不能认清改革开放大趋势，把握办刊大方向，是我面临的考验。

静悄悄的启动

应《经济学家茶座》之约，我写过一篇随笔《1985：〈经济研究〉变了》，讲述了最初刊物面貌的演变。外界普遍感觉到"《经济研究》变了"是在 1985 年，事实上，《经济研究》的变化不是自 1985 年开始。"文化大革命"前，我当过《经济研究》编辑八年半。我深感再那样编毫无意思，因此 1983 年所长要我回到《经济研究》负责编辑工作时，起初我并未接受，后来推辞不了才勉强同意。可是我这个人有个毛病，不干则已，要干就不懂怎样轻松应付，学了经济学却没学会计算个人机会成本。所以一上岗就在考虑怎样才能使《经济研究》适应历史大趋势，走在改革开放前沿，立足中国，面向世界。

然而，刊物面貌在一定时期有它的惯性，改变需要一个过程，不是想变就能立即变的，因为它依赖于作者队伍和编辑队伍状况，而当时《经济研究》作者队伍和编辑队伍知识结构都严重老化。尤其是编辑队伍还有年龄老化和专业单一化的缺陷。15 名编辑人员中，50 岁以上的就有 9 名，40 岁以下的只有 3 名。与这种年龄结构相应的是知识结构，有 9 名毕业于 50 年代，3 名毕业于 60 年代，2 名自学成才，学的都是源自苏联的政治经济学专业。而编辑部本身的体制又被卡得死死的，编辑人员编制一个都不能动，既不能进也不能出。财务上编辑部又没有分文激励手段。我明白自己的能量有限，至多是螺蛳壳里做道场，只能脚踏实地一步一步往前走。

1983 年下半年，只是为《经济研究》启动转型作了一些前期准备，主要是调查研究，征询作者和读者对《经济研究》的意见和建议，以及编辑部内部酝酿，刊物内容还看不出什么起色。《〈经济研究〉1983 年工作总结》对当年刊物状况有这样的评估："理论和实践结合好、质量高的文章少，一般性的文章多。有的文章或者限于一般议论，不解决实际问题；或者太实，理论高度不够；或者缺乏新意，没有深度。"

《经济研究》转型实际是在 1984 年启动的。但限于当时条件，只能逐渐推进，因而转型启动可说是静悄悄的。

1984 年我们主要做了哪些事？在此将《1985：〈经济研究〉变了》一文中所述有关内容再复述一下。

在前期调查研究基础上，1983 年年底我们拟了个《关于 1984 年改进〈经济研究〉编辑工作的设想》。其中着重提出"编辑部全部工作都要以提高刊物质量为中心……努力改变《经济研究》还不适应社会主义现代化建设需要的状态"；"进一步贯彻理论联系实际的方针……《经济研究》的内容，要把社会主义现代化建设中的重大经济理论问题摆在首位，同时要坚持和发展学术性刊物的特色"；"改进同作者的联系，扩大作者队伍，吸引更多质量较高的文章"。

刊物"把社会主义现代化建设中的重大经济理论问题摆在首

位",无疑更要将改革开放的探索摆在首位。编辑部内部明确这个指导思想后,《经济研究》1984年第1期就刊发了这样的编者按:"经济体制改革,从理论基础到方案设计,包括总体设计和分部设计,都有许多问题需要从理论上进一步深入研究和讨论。这是经济理论战线上刻不容缓的任务。预期在新的一年里,经济理论界同实际经济工作部门的同志将更亲密合作,以马克思主义为指导,从中国国情出发,勇于改革,勇于创新,共同探讨具有中国特色的社会主义经济体制。本刊愿本着百家争鸣的方针,提供更多的篇幅,围绕这个主题开展讨论,广泛反映不同的理论观点和改革建议。"这是向作者和读者释放的关于刊物重点转移的第一个信号。

该年实际发表了约70篇直接探讨经济体制改革的文章,平均每期五六篇,多的一期有八九篇,内容涉及经济体制改革的理论基础、模式选择、国有企业改革、农村改革、金融改革、价格改革和经济各部门、各领域的改革。其中有的论文是为《中共中央关于经济体制改革的决定》起草直接准备的,如1984年第12期发表的马洪《关于社会主义制度下我国商品经济的再探索》,它的主题是论证"社会主义经济是在公有制基础上的有计划的商品经济",并以此作为进行经济体制改革的理论依据。

刊物质量反映编辑工作质量,编辑工作质量反映编辑人员的政治、业务素质,编辑人员素质主要体现在出题、组稿、审稿、选稿、编辑加工等各项工作中,因此刊物改变面貌要从提高编辑素质做起。1984年,编辑部围绕《经济研究》同社会主义现代化建设的新形势不相适应,同它在全国经济学界的地位不相适应的问题,在全体编辑人员中认真讨论了如下两个问题:①什么是《经济研究》的新局面,《经济研究》要开创什么样的新局面?②怎样理解理论联系实际,《经济研究》怎样才是真正贯彻了理论联系实际的原则?经济理论为社会主义现代化建设实践服务同马克思主义经济科学的学科建设是什么关系?通过讨论,尽管还说不上思想统一,但大多数编辑对刊物转型方向还是加深了认识,在组稿选题和来稿选用的标准掌握上有了更多的共识。

20 世纪 80 年代《经济研究》转型最大的困难是作者队伍青黄不接，原有作者率先更新知识结构、从经济理论研究的苏联范式中解放出来的尚属少数，而年轻作者队伍的形成刚刚开始。编辑部决定打破常规，敞开大门，大量吸引新作者，扩大作者队伍。选稿、用稿和版面安排一律以文章质量为准，对作者不分亲疏，不论资历，平等对待。1984 年，经济学研究生毕业的还不多，编辑部就尽力从在校研究生中发现有成长前景的作者。如该年第 10 期同时发表的就有三篇研究生论文，包括楼继伟、周小川的《论我国价格体系改革方向及其有关的模型方法》，蔡重直的《我国金融体制改革探讨》和陈宗胜的《指令性计划如何运用价值规律和经济杠杆》。这一年，在《经济研究》首次发表文章的作者占全部作者的 40%，外地作者占全部作者的比重也由 1983 年的 30% 上升到 40%。

1984 年，《经济研究》开展了一次中青年优秀经济理论文章评奖。评选范围是 1979 年至 1984 年 6 月在《经济研究》发表的文章，入选 10 篇（论文 9 篇，调查报告 1 篇）。我在为获奖作品撰写的评论（《面向经济实践 推进经济理论》，《经济研究》1985 年第 2 期）中逐篇阐明了这些作品入选的理由。当然，它们的入选只能是在当时情况下比较而言。评奖的意图是编辑部要向读者和作者表明刊物将倡导什么样的方向。

《经济研究》新的编辑方针

经过近一年半时间的边编刊物边调查研究，我拟了个《关于〈经济研究〉编辑工作的几个方针性问题的汇报提纲》，于 1984 年 12 月 1 日报送中国社会科学院经济研究所分党组，并获批准，随后又得到编委会认可。这是《经济研究》新的编辑方针，在《经济研究》1985 年第 4 期刊登。

此前《经济研究》只有 1978 年复刊时拟定的一个仍然以阶级斗

争为纲的编辑方针，它规定《经济研究》"以马克思列宁主义、毛泽东思想为指导，以阶级斗争为纲，坚持毛主席的革命路线，为无产阶级政治服务，为工农兵服务……"，"高高举起和坚决捍卫毛泽东思想的伟大旗帜"，"批判修正主义，批判资产阶级"。虽然随着全国工作重点的转移和改革开放的启动，《经济研究》的内容在实际操作中已有所变化，但是并未形成任何明确的成文的编辑方针。

新的编辑方针是《经济研究》实施转型的总纲。正是经过1984年静悄悄的启动，《经济研究》才能自1985年起按明确的新的编辑方针以更大步伐推进转型。

新的编辑方针，归结起来，有如下要点：

（1）刊物定位：《经济研究》是"全国经济学界的综合性的经济理论的学术刊物"。它不是地方性、部门性、实务性的刊物，也不是社会科学院或经济研究所的学报。

（2）重点转移：《经济研究》"着重探讨社会主义现代化建设以及当代世界经济发展中的重大经济理论问题，特别要以我国经济体制改革的理论和实践的研究和讨论作为重点"。这是刊物稀缺资源的配置战略，不能让刊物稀缺资源浪费在假大空议论上。

（3）范式转换：《经济研究》要破除不切实际的传统观念和从观念出发的苏联范式，推动经济理论研究走上理论与实践相统一的科学轨道。"要与社会主义现代化经济建设和经济体制改革问题的研究密切联系，开展马克思主义的具有中国特色的社会主义经济学基本理论问题的探讨"。

（4）实践标准：《经济研究》"要遵循实践是检验真理的唯一标准这个基本原则，坚持从实际出发，从发展社会生产力出发，鼓励和支持对经济实践中的新情况、新问题和新经验的研究"，即倡导从实际经济过程出发探索经济理论问题，不盲从，不随风倒。

（5）学术风格：《经济研究》作为学术刊物，须有鲜明的学术风格；要在现实经济问题探索的同时，推动经济学科建设。现实经济问题研究和经济学科建设相辅相成，经济学科建设要立足于现实经济问题研究，现实经济问题研究要放眼经济学科建设，二者都要坚持从实际出发，统一于实践标准。

（6）兼容并包：《经济研究》要建设成为激励开拓创新、平等竞争的学术平台，拒绝门户之见，反对学霸作风。

（7）全球视野：《经济研究》立足中国，面向世界。不仅要探索中国社会主义现代化建设的重大经济理论问题，而且要探索当代世界的重大经济理论问题；研究中国经济理论问题，也要有全球视野。

（8）作者队伍：作者队伍是刊物的生命之源，学术刊物的水准根本上要依靠高素质的作者队伍。《经济研究》要彻底摆脱经济理论研究的苏联范式，开拓新局面，必须更新作者队伍。当时面临的困境是，原有作者队伍的主体习惯于苏联范式，其中正在自觉更新知识结构的还很少，而新的经济学人才刚刚在培养，作者队伍严重青黄不接。因此，新的编辑方针提出："要把有计划地发现和培养大批年青的有发展前途的作者作为有关《经济研究》开创新局面的战略性问题提上议事日程，采取切实措施，予以落实。"

（9）编辑队伍：《汇报提纲》指出，编辑队伍"存在着年龄老化、知识老化和专业单一化的严重缺陷"。而编辑队伍更新是编辑部自身无权解决的，因此"建议所分党组从队伍建设的战略上考虑、安排编辑队伍有步骤地更新和培训的计划"。然而，这个建议后来事实上完全落空。

从苏联范式解放出来

《经济研究》转型，就是让经济理论研究从苏联范式解放出来。什么是经济理论研究的苏联范式？读一读斯大林的《苏联社会主义经济问题》和以其为总纲的苏联《政治经济学教科书》（社会主义部分）就可知道。苏联范式就是斯大林范式。它告诉我们，社会主义经济存在着先验的"本质"和"规律"。所谓经济理论研究的任务就是表述与注释这些"本质"和"规律",并据此去解释当局政策。归根结底就是一句话,从内容看是辩护社会主义经济制度的优越性,即为国家所有制和计划经济体制作意识形态辩护;从方法论看是从定义出发,完全无视实际经济过程。1958 年"大跃进"失败后,中央领导人总结经验教训,学的就是《苏联社会主义经济问题》和苏联《政治经济学教科书》这两本书。苏联范式长时期统治着我国经济论坛和课堂。我们在 20 世纪 50 年代所受的政治经济学教育就是这个范式,深受其害,因而一旦觉醒更感彻骨之痛。这是我决心从苏联范式解放出来的动力。

《经济研究》转型,1984 年已静悄悄启动,但是外界明显感觉到是在 1985 年。《〈经济研究〉编辑部 1985 年工作小结》有这样的记载:"中国农村发展问题研究组《国民经济新成长阶段和农村发展》(第 7 期)和中国经济体制改革研究所综合调查组的《改革:我们面临的挑战与选择》(第 11 期)两篇经济研究报告发表后反响都较大,特别是第 11 期出版后,有些未订《经济研究》的读者纷纷来购刊物,有的单位还自己打印体改所的报告。"

体改所报告之所以引人注目,是因为它广泛调查研究了当时人们普遍关注的宏观经济形势,即投资、消费需求和信贷投放全面膨胀的通货膨胀问题。它依据有二十余位年轻人参与的直接调查获得的第一手数据,从经济运行的微观机制分析着手,考察宏观经济问题产生的原因,揭示宏观经济形势的微观基础,从而提出经济体制改革战略重点选择的建议。此前还没有用这样的分析方法研究宏观经济形势的文章。这在当时来说是新的思路。

中国农村发展问题研究组的文章,从农村改革启动后六年间农业生产和农民收入激增引起的国民经济结构变化着手分析,提出了"我国国民经济正在走向一个以结构大变动为主要特征的新成长阶段"以及须从国民经济大背景下考察农村发展的重大命题,对促进我国经济改革和农村发展有重要意义。1985 年第 10 期发表的该研究组成员陈锡文个人署名的《国民经济的格局变动与乡镇企业的发展》，也是这个命题的一个侧面的展开论述。它以对国民经济增长原有模式和机制的评价作为铺垫，考察当时正在崛起的乡镇企业实况及其对改变我国工农、城乡、就业和收入分配等格局所起的推动作用，提出对今后国民经济发展及其格局变动的判断。

这些文章的发表给《经济研究》带来了新风，以致当时有人好奇地问："这样的文章《经济研究》也能发表啊？"因为《经济研究》在他们心目中已经形成了固化的印象。带来新风的这些文章，新就新在它们不是在书房里闭门造车，而是扎根于经济实况调查研究，并通过经济实践的机制分析得出结论的。

1985 年在《经济研究》发表"去苏联范式化"文章的，有年轻作者，也有中老年作者。第 3 期发表的《劳动者个人收入分配的若干变化趋势》一文的作者赵人伟，就是一位和我一样在 50 年代受苏联范式政治经济学教育的中年作者，但是他的这篇文章一反苏联范式，用现代经济学的分析工具分析了我国劳动者之间收入差距的变化趋势、各年龄段收入的变化趋势，以及消费品分配中实物分配和货币化分配的变化趋势。赵人伟是最早觉悟需要并身体力行更新知识结构、实现研究范式转变的中年经济学家之一。

该年第 9 期发表的《为什么"一放就乱"——论价值规律调节生产的作用》一文的作者，则是马克思经济学说和现代经济学功底深厚的老教授高鸿业。"一管就死，一放就乱"是计划经济体制一直困扰着决策层的顽症。高教授用市场经济理论言简意赅地回答了计划经济为什么会"一放就乱"。他指出，价值规律调节生产的作用的实现，至少必须具备四个条件：存在竞争、有效率的市场、企业行为的资本约束和社会总需求的资源约束。缺乏这四个必要条件，正是计划经济"一放就乱"的根源。这个结论的政策含义，就是经济体制的市场化改革，市场机制替代计划机制，必须创造价值规律调节作用得以实现的这些必要条件。改革开放已经 40 年的今天，我们在原则上明确了"市场在资源配置中起决定性作用"，可是还得审视市场机制能够起作用的这些必要条件是否已完全具备。

《经济研究》实行对外开放方针。1985年第10期发表了匈牙利经济学家科尔奈·亚诺什的论文《国有企业的双重依赖——匈牙利的经验》，这是他提交该年在北京召开的中国社会科学院经济研究所和世界银行合作研究项目成果讨论会的论文，是他专门为中国读者撰写的，使更多中国读者直接领略了他的思维方式、理论框架和分析方法。这对中国读者来说完全是新的，它丝毫没有充斥我们国内报刊讨论国有企业、国有经济问题时的传统老调。该文以经验实证方法，对匈牙利1968年至1985年经济体制改革特别是国有企业改革过程深入地、系统地作了描述性、批判性的理论分析，揭示了改革的进展、困难和矛盾。作者指出，匈牙利的经济改革并未真正形成市场经济因而导致国有企业既依赖市场（水平依赖）又依赖政府（垂直依赖）的双重依赖。这些分析，不仅对中国当时刚启动的改革有启蒙作用，而且在今天也仍不失其警示作用。

1986年度孙冶方经济科学奖评定获奖论文共12篇，其中6篇是《经济研究》1984—1986年间发表的。它们是：蔡重直的《我国金融体制改革的探讨》（1984年第10期），赵人伟的《劳动者个人收入分配的若干变化趋势》（1985年第3期），吴敬琏的《再论保持经济改革的良好经济环境》（1985年第5期），中国经济体制改革研究所综合调查组《改革：我们面临的挑战与选择——城市经济体制改革调查综合报告》（1985年第11期），华生、何家成、张学军、罗小朋、边勇壮《微观经济基础的重新构造》（1986年第3期），中国农村发展问题研究组《论国民经济结构变革——新成长阶段农村发展的宏观环境》（1986年第5期）。《经济研究》这6篇获奖论文中，有4篇是年轻作者的作品。

社会主义经济机制理论讨论会

1985年，《经济研究》编辑部召开了两个学术讨论会，一个是5月份在北京开的中国社会主义经济理论回顾与展望讨论会，另一个是 10 月份在杭州开的社会主义经济机制理论讨论会。前一个会是经济研究所领导班子为纪念《经济研究》创刊 30 周年召开的，其主题是我建议的；后一个会是我倡议召开的。

有 165 人参加的《经济研究》创刊 30 周年讨论会，广泛回顾和梳理了我国经济理论已经讨论过的问题和取得的进展，讨论了当前需要着重研究的经济理论问题，以及经济理论工作的经验教训。该会讨论综述《中国社会主义经济理论的回顾与展望》发表在《经济研究》1985 年第 6 期。其中关于经验教训指出："社会主义经济理论研究要有所作为，就必须面向实践，认真研究和回答社会主义现代化建设中的重要问题。"为此必须解放思想、实事求是，而"解放思想、实事求是就是要实行学术自由，发扬科学精神。学术自由和科学精神是统一的。"对于学科建设，该文写道："有人认为，三中全会《决定》(《关于经济体制改革的决定》) 明确肯定了社会主义经济是公有制基础上的有计划的商品经济，由此我们过去对社会主义经济的一整套不合乎实际的传统观念就要有根本改变，社会主义政治经济学的理论体系和某些基本范畴也要重新研究。"

有 55 人参加的社会主义经济机制理论讨论会，规模只有上个会的三分之一，意义和收获却明显超过上个会。《经济研究》创刊 30 周年讨论会提出了社会主义经济理论研究和传统观念要转变，但是没有回答怎样转变。经济机制理论讨论会则是直接回答这个问题的，这是一个切实讨论和解决问题的会。这个讨论会的目的就是推动我国经济理论研究的范式转换。1985 年 5 月底刚上任的经济研究所所长兼《经济研究》主编董辅礽出席并作了讨论引导性的讲话。与会者在四天的互动式讨论中各抒己见，自由切磋，提出和议论了关于经济机制研究的不少问题。尽管在具体问题上观点有异，但是经济理论研究必须研究经济机制则是会议的共识。正如《经济研究》1985 年第 12 期发表的该讨论会述评《从实际经济过程出发研究经济机制》所概述的，经济机制存在于一切经济过程中，不研究经济机制就不可能揭示客观经济规律、认识经济关系的本质，也回答不了实际经济生活中提出的问题。"特别是当前经济体制模式和经济发展模式转换过程中，不认真研究经济机制，我们就将寸步难行。""当前，社会主义政治经济学在我国正面临着重要的转折关头，而从实际经济过程出发广泛深入地开展经济机制的研究将是实现这个转折的关键。"我在会议总结发言中说："研究经济机制就要深入研究实际经济过程，只有在实际经济过程中才能真正把握经济机制。""脱离了经济过程，也就没有经济机制可言。因此，研究经济机制，必须吸取过去孤立地静止地研究所谓'经济规律'或'规律体系'的教训，不能再走那样一条老路，那样研究是没有出路的。我们研究经济机制，一定要坚持从实际经济过程出发。"（《对社会主义经济机制研究的几点意见》，《经济工作者学习资料》1986年第29期）这个讨论会有一个特点，就是邀请了一批年轻人与会，其中绝大多数是研究生，有贾康、马建堂、史晋川、罗首初、洪银兴、张素芳、张振斌、陆德明、赵新亚、李智生等。他们思想活跃，在讨论中提出不少有意义的问题，给会议带来勃勃生机。

年轻经济学者脱颖而出

上面谈编辑方针时说过："《经济研究》要彻底摆脱经济理论研究的苏联范式，开拓新局面，必须更新作者队伍。"鉴于当时作者队伍的实际状况，新的编辑方针提出："要把有计划地发现和培养大批年轻的有发展前途的作者作为有关《经济研究》开创新局面的战略性问题提上议事日程，采取切实措施，予以落实。"

最重要的措施就是实施向年轻作者开放的方针。破除论资排辈，不问老中青或新老作者，一律以文章质量决定取舍。1983年调查读者意见时，我听到，读者对以前刊物论资排辈在显著位置发表个别名人大而空的文章特别反感。过去《经济研究》的形象使年轻作者望而生畏或敬而远之，有稿不敢投。要吸引年轻作者的稿源，必须改变这种形象。不仅要认真处理年轻作者来稿，择优刊登，以作示范，而且不能坐等来稿，编辑要主动到年轻作者中间去发现和争取可用稿件。例如，中国农村发展问题研究组的经济研究报告《国民经济新成长阶段与农村发展》，是该组八位成员共同议论后，周其仁执笔成文的。原先他们没有想公开发表，更未想在《经济研究》发表。编辑部乔桐封同他们有联系，发现该文草稿后拿回来给我看，我阅后感到很好，决定采用，并提出修改意见，征得作者同意就发表了。

然而，只靠在已认识的年轻作者中间去发现稿源还是太慢，我们想了个笨办法，向全国财经院系和研究机构征集经济学各学科的研究生毕业论文。发函后，得到各地方、各部门研究生培养单位积极支持，编辑部成批成批收到他们寄来的研究生毕业论文，仅1985年就有三百多篇。我们就在这里面淘宝。这个工作量可大了，一篇毕业论文就十几甚至二十多万字，编辑们负担不轻，可是大家很积极地阅看，个别编辑连出差时还带着在旅途上看。发现有可取的内容，就商请作者改写、浓缩或节录后采用。这样在《经济研究》发表的就有：史正富的《社会主义经济中的投资膨胀与治理》（1985年第4期），戴冠来的《论价格的基本职能》（1985年第6期），王振中的《国内价格与国际市场价格的关系》（1985年第9期），张学军的《总供给与总需求矛盾的理论模型论证》（1985年第11期），徐子旺的《市场一体化、贸易流的结构变化与西欧工业结构的老化》（1986年第4期），刘桂苏的《国民经济结构优化的数量分析》（1986年第10期），刘小玄的《西方宏观经济学的微观基础理论的若干发展》（1987年第1期）。

《经济研究》篇幅有限，为了更好地记录我国经济理论队伍年轻一代的成长，我们还从研究生毕业论文选编了《经济学博士硕士论文选》，由经济日报出版社出版。1985年卷选摘了31篇，其中有张维迎、史正富、马建堂、张少杰、蔡重直、华生、刘兰兮、张晓光、张学军、林志军、周慕冰等作者的论文；1986年卷选摘了20篇，其中有刘桂苏、曹远征、费越、曹文炼、张风波、赵涛等作者的论文，并附录了编辑部收到的当年全部论文目录。原来计划每年编选出版一卷，1985、1986 年得到时任经济日报出版社社长庄怡的财务支持，使两卷论文选得以如期出版。但是，1987 年出版社领导班子换届后，不愿再资助出版了。经编辑部和出版社协商，勉强出版了 1987 年卷，篇幅大大压缩到 1985 年卷的一半还不到，只选摘了袁志刚、陈剑波等 12 位作者的论文，封面设计也显得很小气，看了很不舒服，也难以向热情支持我们的研究生培养单位交代。

为了加强编者和作者的沟通，推进经济理论研究，编辑部还抓住一些引起特别关注的文章发表的契机，发表评论或召开小型座谈会讨论。例如，1985 年第 7 期和 1986 年第 5、8 期先后发表中国农村发展问题研究组《国民经济新成长阶段和农村发展》及其续篇《论国民经济结构变革》和《论农村非农产业的发展》（署名改为"发展研究所产业和企业研究所"），三文发表后，《经济研究》1987 年第 2 期发表了署名"柳明春"的文评《从战略上研究当前我国经济实践的理论成果》，肯定他们深入实践进行周密的调查研究，并比较研究国际经验，提出了"把经济体制改革和经济发展密切联系起来的对实践有指导意义的战略性见解"。同时，文评引用这些文章的作者的话："在全球经济竞赛的舞台上，我国似乎应当自觉地树立起一个优秀的长跑运动员的形象。如果我国恰恰属于全球现代化进程中'大器晚成'的类型，那么为了争得短跑的名次而恶化了长跑的竞技状态，对我国来说就是战略选择上的失败。"对此，评论指出："这对我国经济社会发展战略可谓警策之言。"柳明春是我的笔名。我还在 1987 年 9 月 5 日《光明日报》以柳明春笔名发表过一篇评介《经济学博士硕士论文选》1985 年卷的文章，题为《青年经济学者的学术硕果》。

小型座谈会讨论过的专题有：国民经济新成长阶段问题（《经济研究》1985 年第 9 期）、经济体制改革战略问题（1987 年第 4 期）、当前我国宏观经济研究的基本理论和方法问题（1987 年第 8 期）等。召开这些座谈会的目的，就是想让对有关重要问题的不同观点能够表达出来，以扩展和深化问题的研究。会后都选择一些发言稿在《经济研究》发表。

转型时期学术刊物质量的提高有一个过程，因为原有作者的知识更新和年轻作者的成长都需要时间，但是，主编学术刊物对学术发展战略不能不有所考虑。起初，不能苛求所有发表的文章学术水准都很高，事实上没有那么多稿源。编者能够做的是遵循学术发展规律和经济改革、经济发展的进程有意识地一步步往前推进。我的做法是，在经济体制改革问题上，沿着改革市场化取向逐步扩展研究领域，深化理论探索。在研究方法上，从开始时较多现象描述渐渐上升到从实际出发的科学的抽象，如《经济研究》1988年第8期发表的樊纲的论文《灰市场理论》就是一个范例。从《经济研究》总体布局看，在苏联范式转向从实际经济过程出发研究经济机制的初期，发表的文章中对策性研究比重高一些在所难免，但是，按《经济研究》的学术刊物定位，不能停留在这个水准上，要逐步提高基础理论研究的比重。因此，我们关注选用的论文中理论的新的生长点，因势利导。例如，1987年第4期发表的宋国青、张维迎、程晓农的《宏观经济讨论中的若干理论问题》和1987年第6期发表的邓英淘、罗小朋的《论总量分析和总量政策在我国经济理论与实践中的局限性——兼析我国经济运行中的某些基本特征》两篇论文，都提出并探讨了有学术价值的宏观经济基本理论问题。编辑部不失时机地在7月初召开座谈会，讨论"当前我国宏观经济研究的基本理论和方法问题"，《经济研究》1987年第8期报道了讨论的主要观点，并选发了9篇发言稿；接着，第9期又开辟专栏发表了6篇讨论文章，以后各期也有相关文章发表。经过认真准备，1988年5月《经济研究》编辑部和《中青年经济论坛》编辑部在南开大学联合召开了宏观经济基本理论和研究方法学术讨论会，以推进我国宏观经济理论建设。讨论会前公开征文，征集到五百多篇论文。《经济研究》1988年第5、6期发表了提交讨论会的8篇论文，它们的作者是程晓农、贾康、刘小玄、胡汝银、万存知、史晋川、杨仲伟、张曙光、马建堂等。这些讨论使我国宏观经济研究的理论层次显著提高。

《经济研究》支持年轻作者的成长，受到普遍好评。《〈经济研究〉1986年工作小结》有这样一个记载："读者对培养和扶持年轻的经济理论工作者的做法，反映是好的。如江小涓的文章发表后，她所在的陕西财经学院的教师说，《经济研究》以文章质量取舍，没有'门第观念'，居然把一个青年人的文章排在显要位置上。"这是她的第一次投稿。江小涓的文章是《归纳性研究与社会主义经济理论的重塑》，副题《古典政治经济学体系沿革的启示》。该文针对我国经济理论脱离实践的根本缺陷，以经济学说史为鉴，论证"归纳法或演绎法，都无法单独完成对经济问题的理论研究"，但"从时序上讲，在进行演绎推理之前，要有归纳研究过程，由此得到可靠的前提和有概括力的理论要素"。李嘉图的演绎法是以亚当·斯密的科学成果为前提的，而斯密则是从考察普遍存在的经济现象以及现象之间的联结开始，通过历史归纳，再进入抽象演绎，形成概念、范畴，建立他的理论体系的（1986年第8期）。

然而，也有人对年轻经济学者的成长和《经济研究》的做法看不顺眼。这样的人告状指责："1985年11月《经济研究》杂志第11期发表了中国经济体制改革研究所写的城市经济体制改革综合调查报告，题为《改革：我们面临的挑战与选择》，并作为第一篇重要文章刊出。……报告主张市场机制要在经济系统运行中起重要作用……报告对社会主义的就业、社会福利制度全盘加以否定，主张建立劳动力市场，要学习西方的办法，实行失业保险，'让农民进城'……报告说：'占就业人口百分之六十以上的青年……愿意冒失业风险，自主选择职业'……报告主张建立资金市场，金融改革'实行双轨制'，'扶持民间信贷的发展'。"告状者断言，这些都是"自由化倾向"。据此，他还有针对性地提出："有些以青年理论工作者组成的研究所，应当充实力量，实行老、中、青相结合，加强领导……"他所谓"充实力量"，用习惯说法，就叫"掺沙子"；所谓"加强领导"，就是加强控制。

他列举那些观点对该文的指责，究竟是"自由化倾向"，还是要不要改革的问题，今天已无须再费口舌。至于对年轻学者的态度，当时我作了这样的回应："近几年来成批成批的有志于为推进改革和建设而愿意在经济研究中有所作为的年轻人进入经济理论队伍，给经济学界增添了新的活力。他们中间不少同志善于学习，勤于调查，勇于探索，敢于创新，很有思想，很有才华。这是十分可喜的现象。个别同志对他们表现出贵族老爷式的苛责态度，动辄扣之以'资产阶级自由化'的帽子，这是完全要不得的。首先，对他们的探索、创新精神应该支持和鼓励，而不是斥责。其次，对他们由于年轻而不可避免地在理论研究中某些方面表现出的不成熟甚至失误，需要的也是满腔热情的帮助和引导。无论怎样，千万不能有意无意地去挫伤他们理论研究的锐气。中国需要更多的孙冶方，需要成批的具有孙冶方那样的理论勇气而在学识上随着时代的前进又大大超过孙冶方的经济学家。这是中国马克思主义经济科学兴旺发达的希望之所在，也是中国经济体制改革和社会主义现代化建设成功的希望之所在。"[1]

本文记叙了 20 世纪 80 年代我编《经济研究》所做的一些事，给广大读者和作者一个交代，对错任由历史评说。至于其间的甜酸苦辣，就留给自己品尝吧，不在这里唠叨了。

（原载《我与〈经济研究〉》，社会科学文献出版社 2018 年版）

---

[1] 唐宗焜：《经济理论工作者的社会责任感》，《经济研究》1986 年第 5 期。

从 1959 年经济所两件事说起

——在 2019 年 5 月 18 日经济所建所 90 周年
国际研讨会上的主旨演讲

今天所庆会议，我就讲些经济所经历过的事，说点感受。从 1959 年两件事说起，就是一篇学术论文和两个调查报告。

两个调查报告都是经济所昌黎工作组写的，先后在 4 月和 5 月完成。4 月报告受到毛泽东主席肯定。他以《党内通信》批示下发，称报告反映的情况和提出的意见，"是有普遍性的，各地各级党委都应注意解决，越快越好"。可是，5 月报告《关于农村公共食堂的几个问题》却在庐山会议上被指名批判说："食堂是个好东西，未可厚非……可是有个右派出来了：一个科学院调查组，到河北昌黎县，讲得食堂一塌糊涂，没有一点好处，攻其一点，不及其余。"经济所一下被炸晕了，昌黎工作组负责人董谦就被打成"右倾机会主义分子"。到 1961 年，农村公共食堂实在已难以为继，终于肯定："在 1959 年春，只有科学院的昌黎调查组是正确的。"董谦因此得到平反。

一篇学术论文是孙冶方的《论价值》，它和庐山会议没有联系。不过，巧合的是，该文完稿日期 8 月 2 日恰是庐山会议开幕的日子；发表《论价值》的《经济研究》1959 年第 9 期又很特别，此文是独一无二的学术论文，排在最后一篇，其余篇幅都用于转载庐山会议公报与决议和发表批判"右倾机会主义"的文章了。

《论价值》是孙冶方的代表作。他的基本观点是：价值是效用与费用的比较，即有用效果与劳动耗费的比较。一切节约归根到底是时间的节约，劳动时间的调节及其所支配的社会劳动在各类生产间的分配，正是价值规律的调节作用，它存在于一切社会化大生产中，包括社会主义经济。孙冶方的价值论美中不足的是，他说的价值是计算价值，忽视了价值规律同市场机制（价格机制、竞争机制）的内在联系。但是他的学术贡献是不可否认的。价值规律是否调节社会主义经济一直是困扰着经济理论研究的难题，孙冶方独树一帜突破了这个理论困境。同时，他的价值论具有不可忽视的现实意义。"大跃进"和人民公社化运动造成不计成本的得不偿失和国民经济比例严重失调，就是违背价值规律的恶果。而"得不偿失"、"比例失调"恰恰是庐山会议禁言的，也是该期《经济研究》发表的批判"右倾机会主义"的文章批驳的。

所以，1959年的这两件事，两个实事求是调查研究、如实反映情况的报告和一篇严肃求真探索、不随波逐流的学术论文《论价值》，是经济所历史上值得纪念的体现科学精神的范例。

任尔东南西北风，孙冶方咬定他的价值论不放松。他以其价值论为纲，在20世纪60年代组织全所主力编写《社会主义经济论》，并和薛暮桥、于光远共同发起在全国开展社会主义经济核算、经济效果和再生产三大问题的讨论，从理论上清理"大跃进"的教训。

孙冶方的学术论文具有深厚的实践背景，他在经济领导工作中积累了丰富的实践经验，并能独立思考，抽象出理论，概括形成他的观点。

他重视调查研究，1961年亲自率领调查组到上海国棉一厂和上海机床厂调查。1961—1963年，他以其价值论指导和实际调查成果，写成了三个内部研究报告，即《关于全民所有制经济内部的财经体制问题》《固定资产管理制度和社会主义再生产问题》和《社会主义计划管理体制中的利润指标》，在国内开创了经济体制的研究。

昌黎工作组也叫"昌黎试验田"，是孙冶方在经济所领导工作中的创造。这个工作组不是一般的调查组，而是蹲点挂职参与实践，同当地干部、农民一起工作、劳动、生活，并在实践中进行调查研究，因而能反映实际情况。这是经济所理论研究同实践联系的实验，所以叫"试验田"。

孙冶方到任以前，经济所研究人员最大的苦恼是很难看到经济部门的资料，因为那时是严格保密的。所以，他就任所长首先做的一件大事就是为研究人员了解实际情况创造条件。采取的措施，第一是向中央申请经济所由中国科学院和国家计委双重领导，第二是经济所所址从中关村迁到经济机关集中的三里河，第三就是建立持续观察、调查基层情况的经济研究"试验田"。这三项都做到了。

孙冶方是有思想、有明确治所方针的所长，所以他能凝聚人心，引领经济所在学术上砥砺前行。可惜，他未能如愿大展宏图。但是，他直面实际求真探索的科学精神深深影响着经济所人。

经济所能够真正了解实际，始于改革开放。1979年中财委组织经济状况大调查，经济所近半研究人员分别参加了经济体制组、经济结构组和理论方法组的调查研究，对全国经济学界探索经济改革与发展起了引领作用。

我个人在调查研究中也受益匪浅。对我影响最深刻的是1983—1984年的"中国国营工业企业管理体制"调查研究。这是经济所和世界银行的第一个合作研究项目。它选择20个不同规模、行业、地区的企业，对每个企业的人财物、产供销体制进行全面调查，逐个访谈厂级领导人和中层干部，听他们详细讲实际情况，并及时整理出访谈记录。然后，课题组成员各自撰写研究报告或论文。这个调查研究，彻底颠覆了我对计划经济和国有企业的传统观念，认识到计划经济不可行，国有企业体制非改不可，并初步感悟到改革的路径。传统观念是20世纪50年代接受苏联范式的政治经济学教育形成的，它从定义出发，完全脱离实际，为既存体制辩护。这个合作研究项目使我从苏联范式解放出来，确立了坚持从实际经济过程出发研究经济的理念，通过剖析实际经济过程的机制，去揭示经济的本质。我以后的理论研究和主编《经济研究》都是努力这样去做的。

顺便说一句，这个项目给经济所留下了全套调查原始资料，它们反映的是作为改革起点的国有企业体制的原貌，这种体制原貌是永远不可再复制的，具有标本意义，可以供往后的经济研究再开发利用。

总之，理论研究务必尊重实践，独立思考，求真探索。而随波逐流，人云亦云，则是学术之大忌。这是我的一点感悟，与各位分享。

谢谢大家！

（未发表原稿，写于2019年）

编选者手记

本文集编选了代表笔者主要学术思想的文章，包括如下几个部分：经济改革研究报告，关于国有企业双层法人化改革、合作制重建、价值规律与市场机制、所有制范畴与所有制结构的论文，经济改革时评。笔者研编兼任，因此也选入了一组反映笔者编辑思想的经济研究评论。

选入的经济改革研究报告是笔者在三个重点项目中的研究成果，反映国有制改革进程中不同阶段的状况和提出的问题。

《计划经济实践中的矛盾》是笔者参与经济所和世界银行合作项目"中国国营工业企业管理体制"调查研究的成果（1982 年立项，1983—1984 年调查，1985 年完成研究报告），基本反映改革启动时国企体制原貌，以确凿的事实揭示了计划经济体制自身克服不了的矛盾和国有企业政资不分、政企不分、职责不清、无人负责的体制弊端，证明计划经济不可行，国有企业体制必须改革。

《国有企业利润转移和企业再生产能力》是参与国家社科基金重点项目"国家所有制改革"的研究成果（1988—1992 年），通过数据实证分析揭示国有企业出资者缺位、资本金流失和企业再生产投资严重依赖外部资金的状况，以及"拨改贷"因混淆信贷职能与出资职能而导致的国家通过国家财政和国家银行对企业的双重索取权。这个项目通过问卷和数量表先后进行两批调查，获得了 1172 个有效样本企业近 400 个变量的 3400 万个数据。《国有企业利润转移和企业再生产能力》一文用的是第二批调查的数据，包括 769 个有效样本企业 391 个变量 1980—1989 年连续十年的数据。

《国有企业产权交易行为分析》是笔者主持中国社会科学院招标重点项目"国有企业产权交易中国有资产流失问题"的研究成果（1994—1996年），通过典型案例对产权交易全过程的剖析和有关当事人行为的考察，证明国有资产产权交易中确实存在国有资产流失，但流失的原因不在产权交易本身；而是由于没有对国有产权承担责任的产权主体，缺失国有资产和国有产权交易的立法，所谓"国有企业战略性改组"无战略规划，以及市场发育滞后。同时也证明在国有企业和国有产权现实体制下即使没有产权交易同样存在国有资产流失。因此，防止国有资产流失的对策不应该是停止国有企业产权交易，而是要推进国有制产权改革和市场化改革，以及国有经济和国有企业的法治建设。

国有企业双层法人化改革论是笔者学术思想的重点，包括上述经济研究报告在内的一系列文章都是论述这个主题的。该理论萌发于1985年的发言提纲《全民所有制（国家所有制）改革设想》，这个设想来自笔者参与"中国国营工业企业管理体制"调查研究的感悟。企业调查显示，政府许多部门都在管企业，但是没有任何机构对国有资本出资承担责任。于是在经济学家正争论国有企业能不能实行股份制的时候，笔者提出了国有资本出资者职能应由"从事企业化经营的投资公司"来行使，实质上提出了国有资本出资主体的法人化改革问题，包括实现出资者到位、政企分开、政资分开、当事人责任界定、国资运作纳入法治轨道，以及实现企业的财产权和人事权统一，等等。显然，它是以实行股份制为前提的；但是，它隐含的意思是，如果不进行国有资本出资者职能的法人化改革，仅仅从企业层次对国有企业进行股份制改革，不可能有效地实现国有企业建立现代企业制度的改革目标。这些观点，笔者在以后一系列探索国有资产管理和国有产权营运体制改革的文章中都逐步展开了深入论证。

国有企业双层法人化改革研究提供了一个国家所有制结构分析框架。它从实际经济过程出发，运用现代产权理论，解析国家所有权各个构成要素的不同职能（功能），通过对其各个不同职能的相互联结和相互作用的剖析揭示其运行机制，从而揭示其实质。这个分析框架可以检验国有产权和国有企业体制改革的进程和实效。

合作制重建论已在专著《合作社真谛》作了全面论述，本文集只选入了概述其基本思想的文章。价值论和所有制论选入了笔者的有关代表性论文。

直面现实、经验实证分析是本文集文章的特色，因此，在表达笔者观点的同时，也留下了相关时期的有关经济史料和经济改革踪迹。

唐宗焜

2020 年 8 月

《经济所人文库》第二辑总目(25 种)

(按作者出生年月排序)

《汤象龙集》　《李伯重集》
《张培刚集》　《陈其广集》
《彭泽益集》　《朱荫贵集》
《方　行集》　《徐建青集》
《朱家桢集》　《陈争平集》
《唐宗焜集》　《左大培集》
《李成勋集》　《刘小玄集》
《刘克祥集》　《王　诚集》
《张曙光集》　《魏明孔集》
《江太新集》　《叶　坦集》
《李根蟠集》　《胡家勇集》
《林　刚集》　《杨春学集》
《史志宏集》